Marcel Twele
Warum wir eine Erbschaftssteuer brauchen

Ideen & Argumente

Herausgegeben von
Anna Goppel, Daniel Eggers, Wilfried Hinsch
und Thomas Schmidt

Marcel Twele

Warum wir eine Erbschaftssteuer brauchen

—

Eine philosophische Verteidigung

DE GRUYTER

Publiziert mit Unterstützung des Schweizerischen Nationalfonds zur Förderung der Wissenschaftlichen Forschung.

ISBN 978-3-11-221533-3
e-ISBN (PDF) 978-3-11-123539-4
e-ISBN (EPUB) 978-3-11-123546-2
ISSN 1862-1147
DOI https://doi.org/10.1515/9783111235394

[CC BY-NC-ND]

Dieses Werk ist lizenziert unter einer Creative Commons Namensnennung - Nicht-kommerziell - Keine Bearbeitung 4.0 International Lizenz. Weitere Informationen finden Sie unter https://creativecommons.org/licenses/by-nc-nd/4.0/.

Library of Congress Control Number: 2023941770

Bibliografische Information der Deutschen Nationalbibliothek
Die Deutsche Nationalbibliothek verzeichnet diese Publikation in der Deutschen Nationalbibliografie; detaillierte bibliografische Daten sind im Internet über http://dnb.dnb.de abrufbar.

© 2025 beim Autor, publiziert von Walter de Gruyter GmbH, Berlin/Boston. Dieses Buch ist als Open-Access-Publikation verfügbar über www.degruyter.com.
Dieser Band ist text- und seitenidentisch mit der 2023 erschienenen gebundenen Ausgabe.

Umschlagsgestaltung: Martin Zech, Bremen
Umschlagskonzept: +malsy, Willich
Druck und Bindung: CPI books GmbH, Leck

www.degruyter.com

Danksagung

Ich möchte hier den Personen danken, die mich beim Schreiben der Dissertation unterstützt haben. Vor allem danke ich meinen BetreuerInnen Gabriel Wollner und Kirsten Meyer, die mir schon während meines Studiums mit viel Rat, Hilfe und Zuspruch zur Seite standen und mich die letzten drei Jahre in der Arbeit an meinem Dissertationsprojekt, sowohl in inhaltlichen wie in formalen Angelegenheiten, unterstützt und gefördert haben. Durch ihre kritischen Rückmeldungen und konstruktiven Anregungen haben sie die vorliegende Arbeit erheblich bereichert. In Kirsten Meyers Kolloquium (das ich nunmehr seit sechs Jahren mit großem Gewinn besuche) haben wir jedes meiner Kapitel besprochen, was mir eine unschätzbare Hilfe war. Als Teil von Gabriel Wollners Arbeitsgruppe „Global challenges in economic and environmental ethics", hatte ich das Glück, an vielen Konferenzen und Workshops teilzunehmen, von denen ich bis heute enorm profitiere. Auch an die wöchentlichen „Team-Lunchs" mit anschließender Besprechung denke ich mit Freude und Dankbarkeit zurück.

Besonderer Dank gilt auch Stefan Gosepath, der meine Arbeit (in einer vorläufigen Fassung) vollständig gelesen und kommentiert hat. Ferner möchte ich den Teilnehmer*innen der Kolloquien (von Kirsten Meyer, Stefan Gosepath und Gabriel Wollner), welche ich in den letzten Jahren besuchen durfte, danken. Hier habe ich viele weiterführende und kritische Rückmeldungen zu meiner Arbeit erhalten. Ich danke Tully Rector für das Korrekturlesen (einer englischen Übersetzung) des zweiten Kapitels. Außerdem danke ich Mirjam Müller und Felix Pinkert für viele produktive Gespräche in der Anfangsphase der Arbeit.

Zu großem Dank verpflichtet bin ich ferner Lukas Stanczyk und Mathias Risse, die mich während meines Aufenthaltes in Harvard betreut haben. In dieser Zeit hatte ich außerdem viele gute Gespräche mit Zoë von Dohnányi, Dan Baras, Louis-Philippe Hodgson, Silvan Wittwer und Temi Ogunye, für die ich ebenfalls sehr dankbar bin. Ich danke auch den Organisator*innen und Teilnehmer*innen der Konferenzen, auf denen ich Teile meiner Arbeit vorstellen konnte. Hier seien insbesondere der Workshop für Politische Philosophie (an der FU Berlin), das Forum Wirtschaftsphilosophie und das Harvard Graduate Colloquium genannt. Besondere Erwähnung verdient auch das IRI THESys in Berlin, welches nicht nur meine Stelle als wissenschaftlicher Mitarbeiter ermöglicht, sondern auch meinen Auslandsaufenthalt finanziell unterstützt hat. Hier möchte ich vor allem Axel Klie, Olof Krüger und Jeanette Latino danken.

Über die gesamten drei Jahre habe ich viele anregende Gespräche mit Lukas Tank und Jonas Harney geführt, deren hilfreiche Kommentare und kritische Nachfragen von unschätzbarem Wert für mich waren (und sind). Danke dafür!

Zuletzt danke ich meiner Familie, insbesondere Veronika Klauser und meiner Mutter Birgit Mühe, die mich immer wieder bestärkt und mir Mut zugesprochen haben. Meine Mutter hat die gesamte Arbeit Korrektur gelesen. Veronika Klauser hat mich nicht nur im Schreiben der Arbeit, sondern in jeder erdenklichen Hinsicht unterstützt.

Inhalt

Einleitung —— 1
1 Empirischer Hintergrund —— 4
1.1 Zunehmende ökonomische Ungleichheit —— 4
1.2 Der Rückbau der Erbschaftssteuer —— 7
2 Übersicht der Arbeit —— 9
3 Methodologie —— 12

I Gleichheit —— 19
1 Das ökumenische, egalitäre Argument für die Erbschaftssteuer —— 20
1.1 Führt mehr monetäre Gleichheit zu mehr Chancengleichheit? —— 24
1.2 Führt mehr monetäre Gleichheit zu mehr politischer Gleichheit? —— 28
1.3 Führt mehr monetäre Gleichheit zu mehr sozialer Gleichheit? —— 31
1.4 Führt mehr monetäre Umverteilung zu mehr monetärer Gleichheit? —— 36
1.5 Führt mehr monetäre Umverteilung zu mehr Nutzen für die Schlechtestgestellten? —— 37
1.6 Führt eine Erbschaftssteuer zu mehr monetärer Umverteilung? —— 44
2 Die konkrete Ausgestaltung der Steuer —— 46
2.1 Empfängerorientierung —— 47
2.2 Allgemeiner Freibetrag —— 47
2.3 Progression und Höhe? —— 48
2.4 Kein höherer Freibetrag für Familienmitglieder —— 49
2.5 Freibetrag für wohltätige Organisationen? —— 49
2.6 Zweckgebundenheit —— 51
2.7 Zusätzliche Maßnahmen —— 52
3 Erbschaftssteuer und Vermögenssteuer im Vergleich —— 53
3.1 Das Argument größerer Freiheit —— 54
3.2 Das Argument größerer wirtschaftlicher Effizienz —— 55
Fazit —— 57

II Der Tod des Erblassers —— 58
1 Interessen (allgemein, vor dem Tod und nach dem Tod) —— 60
2 Das Argument toter Erblasser —— 63
2.1 Interessen toter Erblasser —— 66
2.2 Freischwebende Interessen ehemals lebender Erblasser —— 70
2.3 Ehemalige Interessen ehemals lebender Erblasser —— 73
2.4 Nach-Tod Interessen noch lebender (zukünftiger) Erblasser —— 76
2.5 Vor-Tod Interessen noch lebender (zukünftiger) Erblasser —— 81

3	Interessen und Rechte —— 83	
	Fazit —— 84	

III Eigentum —— 86

1	Libertäre Eigentumsrechte und die Erbschaftssteuer —— 87	
2	Das Recht zu vererben als Teil des libertären Eigentumsrechtes —— 92	
3	Der Staat im Libertarismus —— 94	
4	Vier Argumente für eine egalitäre Erbschaftssteuer innerhalb des Libertarismus —— 95	
4.1	Das einfache Argument —— 97	
4.2	Das Argument der Risikovermeidung —— 103	
4.3	Das Argument der Wiedergutmachung —— 109	
4.4	Das Argument des starken Provisos —— 117	
	Fazit —— 122	

IV Verdienst —— 124

1	Das Verdienstkonzept —— 126	
1.1	Drei Bedeutungen von ‚Verdienst' —— 126	
1.2	Formale Bestimmungen —— 127	
1.3	Moralischer vs. ökonomischer Verdienst —— 128	
2	Ökonomischer Verdienst (bei David Miller und Thomas Mulligan) —— 131	
2.1	Das Prinzip der fairen Rekrutierung —— 131	
2.2	Das Prinzip des fairen Lohnes —— 133	
3	Der Verdienst der Erben und der Erblasser —— 134	
3.1	Keine verdienstbasierten Ansprüche von Erben? —— 135	
3.2	Verdienstbasierte Ansprüche von Erblassern? —— 138	
3.3	Individuelle Verdienstansprüche vs. verdienstgerechte Gesamtverteilung —— 141	
4	Erbschaftssteuer als Mittel für eine verdienstgerechte Verteilung (I): Anwendung der Kernprinzipien —— 144	
4.1	Anwendung des Prinzips der fairen Rekrutierung —— 144	
4.2	Anwendung des Prinzips des fairen Lohns —— 145	
5	Erbschaftssteuer als Mittel für eine verdienstgerechte Verteilung (II): Die erweiterte Verdienstkonzeption —— 149	
5.1	Beitrag durch Kapital und Produktionsmittel —— 149	
5.2	Nicht-marktvermittelter Beitrag —— 151	
5.3	Verdienst und Chancengleichheit —— 152	
	Fazit —— 154	

V	Familie —— 156
1	Das Eigentumsrecht der Familie —— 157
	Fazit —— 165
2	Der intrinsische Wert familiärer Beziehungen —— 165
2.1	Zwei Voraussetzungen, die erfüllt sein müssen, damit Geben zum Wert von Familienbeziehungen beiträgt —— 167
2.2	Wie die Erbschaftssteuer Familienbeziehungen verbessert —— 170
2.3	Verteilung des Gutes gelungener Familienbeziehungen —— 171
	Fazit —— 173
3	Familienbeziehungen als Grundlage assoziativer Verpflichtungen —— 174
	Fazit —— 179
4	Die Familie als Privatangelegenheit —— 179
	Fazit —— 185
5	Instrumentelle Argumente für innerfamiliären Vermögenstransfer —— 186
5.1	Solidarität zwischen Familienmitgliedern —— 187
5.2	Wirtschaftliche Funktion von Familienunternehmen —— 189
5.3	Weitergabe identitätsstiftender Güter —— 190
	Fazit —— 193
	Abschließendes Fazit —— 194

Schluss —— 195

Literatur —— 207

Personenregister —— 216

Sachregister —— 219

Perspektive, weil ich mindestens einen der egalitären Maßstäbe für korrekt halte – genauer: weil ich glaube, dass es starke pro tanto Gründe gibt, die entsprechende(n) Form(en) der Gleichheit herbeizuführen.[4] Hieraus allein erklärt sich, dass es mir auch im späteren Verlauf der Arbeit um die Verteidigung einer *egalitären* Erbschaftssteuer (und nicht um die Verteidigung irgendeiner beliebigen Erbschaftssteuer) geht.

In den späteren Kapiteln werden jedoch zusätzliche normative Maßstäbe berücksichtigt, wie *libertäre Eigentumsrechte,* eine bestimmte Konzeption von normativem *Verdienst* oder *besondere Verpflichtungen zwischen Familienmitgliedern,* da die bekanntesten Einwände, die gegen eine Erbschaftssteuer vorgebracht werden, auf diesen (nicht-egalitären) Idealen basieren. Um die egalitäre Erbschaftsteuer gegen jene Einwände zu verteidigen, müssen entweder die Ideale selbst oder bestimmte ihrer (vermeintlichen) Implikationen zurückgewiesen werden, auf welche sich die Gegner*innen der Erbschaftssteuer stützen. Ich werde, soweit dies möglich ist, die zweite Strategie verfolgen, d. h. ich werde zeigen, dass die egalitäre Erbschaftssteuer auch dann erlaubt oder sogar geboten ist, wenn wir andere normative Maßstäbe als den egalitaristischen anlegen. Ist meine Argumentation erfolgreich, so können sich Verteidiger*innen der Steuer auf einen breiten *rationalen* Konsens berufen.[5] Dies bedeutet nicht, dass alle angeführten normativen Maßstäbe gültig (korrekt, wahr etc.) sind, sondern nur, dass Vertreter*innen dieser unterschiedlichen Ideale – sofern sie sich von rationalen Argumenten überzeugen lassen – aufgrund der besagten Ideale zustimmen müssten, dass eine egalitäre Erbschaftssteuer erlaubt oder sogar geboten ist. Entsprechend kann man sich auch dann für eine egalitäre Erbschaftssteuer – also eine Erbschaftssteuer, die aus egalitären Prinzipien folgt – gewinnen lassen (oder ihr zumindest indifferent gegenüberste-

---

4 Zur Unterscheidung von pro tanto und all-things-considered siehe Abschnitt 3.
5 Ein ‚rationaler Konsens' meint einen Konsens unter vollständig rationalen Personen. Der Umstand, dass ein solcher Konsens mit Blick auf die Erbschaftssteuer – zumindest zwischen Vertreter*innen der genannten Positionen (Egalitarismus, Verdienstansatz etc.) – hergestellt werden kann, gibt Grund zur Zuversicht, dass die Institution der Erbschaftssteuer nicht nur *moralisch,* sondern außerdem mit Blick auf ihre *politische Legitimität* überlegen ist. Denn zumindest gemäß *einiger* Theorien politischer Legitimität muss kein tatsächlicher Konsens zwischen real-existierenden Individuen bestehen, sondern es reicht aus, dass es zwischen allen Personen zu einem Konsens *käme,* wenn diese vollkommen rational wären (vgl. Bratu & Dittmeyer 2017, 66–67). Eine weitere Bedingung für die Zuversicht wäre allerdings, dass die korrekte Theorie politischer Legitimität eine Konvergenz- und keine Konsenstheorie ist, d.h., dass sie keinen Konsens mit Blick auf abstrakte Prinzipien, sondern lediglich einen Konsens mit Blick auf konkrete politische Institutionen erfordert (vgl. Vallier 2011).

hen), wenn man die normative Ausgangsbasis dieser Arbeit, nämlich den egalitaristischen Maßstab, nicht teilt.⁶

Der Rest dieses Einleitungskapitels ist wie folgt aufgebaut: Ich beginne mit einer kurzen Motivation der Fragestellung, d. h. ich erkläre, warum es gerade jetzt wichtig ist, sich aus einer moralphilosophischen Perspektive mit der Erbschaftssteuer zu beschäftigen (1). Anschließend gebe ich einen Überblick über den Aufbau der Arbeit (2). Zum Schluss lege ich die wichtigsten meiner methodologischen Grundlagen dar (3).

1 Empirischer Hintergrund

Eine normative Auseinandersetzung und Beurteilung einer bereits bestehenden gesellschaftlichen Institution scheint vor allem dann erforderlich, wenn der Verdacht besteht, dass die Institution defizitär und (daher) verbesserungsfähig ist. Was die Institution der Erbschaftssteuer betrifft, so lassen sich zwei historische Entwicklungen beobachten, welche eine erneute Beurteilung dieser Steuer besonders dringlich machen: Die Zunahme sozialer Ungleichheit (1.1) und der Rückbau der Erbschaftssteuer sowie die damit einhergehende politische Mobilmachung gegen die Erbschaftssteuer (1.2).

1.1 Zunehmende ökonomische Ungleichheit

Große ökonomische Ungleichheiten werden von vielen Menschen als problematisch erachtet. Joseph Stiglitz bezeichnete diese unlängst als eine von drei *existenziellen Krisen* unserer Zeit (neben dem Klimawandel und fehlender Demokratie) (vgl. Stiglitz 2019, xiii); Stéphane Hessel hält den Kampf gegen ökonomische Ungleichheit (neben dem für Menschenrechte und den Schutz des Planeten) für eine der *großen aktuellen Menschheitsaufgaben* (vgl. Hessel 2010, 13), und die UN zählt die Verringerung ökonomischer (und anderer) Ungleichheiten zu den siebzehn Zielen für nachhaltige Entwicklung (*Sustainable Development Goals*) (vgl. UN 2020, 21). Bevor ich im nächsten Kapitel ausführlich auf die Frage eingehe, was genau an ökonomischer Ungleichheit problematisch ist, soll hier kurz auf ihr gegenwärtiges Aus-

---

6 Jemand, der ausschließlich auf Grundlage nicht-egalitaristischer Maßstäbe für eine egalitäre Erbschaftssteuer argumentiert, wird diese vermutlich nicht als ‚egalitäre Erbschaftssteuer' bezeichnen wollen. Dies ändert aber nichts daran, dass es sich – nach meiner Definition einer egalitären Erbschaftssteuer – weiterhin um eine egalitäre Erbschaftssteuer handelt – siehe Fußnote 3.

maß und auf ihre – gegen Ende des 20. und Anfang des 21. Jahrhunderts – zugrundeliegende Dynamik eingegangen werden.

Ökonomische Ungleichheiten bestehen sowohl global wie auch innerhalb von Gesellschaften. Der Einkommensanteil des reichsten Prozents der Weltbevölkerung wuchs seit 1980 von 16 % auf 22 % (Stand 2016) und wächst weiter an, während der Einkommensanteil der unteren fünfzig Prozent der Weltbevölkerung nahezu unverändert bei 9 % liegt (vgl. UN 2020, 25). Die Vermögensverteilung fällt sogar noch ungleicher aus: Die reichsten zehn Prozent der Weltbevölkerung besitzen heute 85 % des weltweiten Vermögens, wovon ca. die Hälfte auf das reichste ein Prozent entfällt.[7] Auch innerhalb vieler Gesellschaften hat die ökonomische Ungleichheit zugenommen (vgl. UN 2020, 31). In Deutschland etwa wuchs das Vermögen der reichsten zehn Prozent zwischen 1970 und 2010 von 44 % auf 66 % des nationalen Gesamtvermögens (vgl. Rehbein et al. 2015, 9). Die folgenden Zahlen zeigen die aktuelle Verteilungssituation in Deutschland auf eindrückliche Weise (vgl. Grabka et al. 2020, 27):

– Das reichste Tausendstel der Bevölkerung hält 20 % des Gesamtvermögens,
– das reichste Hundertstel verfügt über 35 %,
– das reichste Zehntel über 66 %,
– und die untere Hälfte hat lediglich einen Anteil von 1,3 %.

Ein Grund für die wachsende Ungleichheit sind ungehinderte Erbschaften. Diese kommen in der Regel denjenigen zugute, die bereits ohne eine Erbschaft zu den Bessergestellten zählen: „Besonders selten erben Arbeiter, Niedrigeinkommensbezieher, Personen mit geringem Nettovermögen und Pflichtschulabsolventen. Hingegen weisen Hocheinkommensbezieher und Universitätsabsolventen eine über-

---

7 Unter politischen Philosoph*innen ist es umstritten, ob (ökonomische) Ungleichheit zwischen Personen, die nicht derselben Gesellschaft angehören, überhaupt ein moralisches Problem darstellt (vgl. Caney 2005). Darüber hinaus mag man sich fragen, wie die Erbschaftssteuer – die, historisch gesehen, höchstens zu einer Umverteilung zwischen Gesellschaftsmitgliedern geführt hat – einen reduzierenden Effekt auf die globale Ungleichheit haben kann. Der Frage, ob nur innergesellschaftliche Ungleichheit oder auch globale Ungleichheit ein moralisches Problem darstellt, möchte ich mich enthalten. Die Antwort auf die zweite Frage – ob das hier verteidigte Erbschaftssteuermodell zur Reduzierung globaler Ungleichheit beitragen kann – hängt entscheidend davon ab, wofür die Steuer letztlich verwendet wird. Ist auch globale Ungleichheit ein Problem, so könnten die Einnahmen aus der Erbschaftssteuer bspw. für Entwicklungszusammenarbeit, Demokratieförderung, die Stärkung der globalen Zivilgesellschaft oder ein globales Grundeinkommen eingesetzt werden (wenngleich ein globaler Schuldenerlass wohl eine größere und direktere Wirkung auf die globale Ungleichheit hätte).

durchschnittliche Erbhäufigkeit auf" (Schürz 2013, 218; vgl. Koller 2013, 67, 71; speziell für die BRD siehe Grabka 2020, 31).[8]

Erbschaften für sich genommen sind aber nicht der einzige Grund dafür, dass die ökonomische Ungleichheit zunimmt. Ein entscheidender Faktor für die wachsende Ungleichheit in kapitalistischen Gesellschaften ist der Umstand, dass Kapitaleinkünfte (unter den vorherrschenden ökonomischen Bedingungen und Weichenstellungen) schneller wachsen als die Wirtschaft insgesamt. Investieren Menschen ihr Vermögen am Kapitalmarkt, so vergrößert sich dieses über lange Sicht exponentiell. Menschen, die über ein kleines oder gar kein Vermögen verfügen, bleibt diese Möglichkeit versagt. Sie müssen sich mit ihrem Lohneinkommen begnügen, dessen Höhe stagniert oder zumindest sehr viel langsamer anwächst (vgl. Piketty [2013] 2014, 113–199).[9] Hinzu kommt, dass mit der Größe des Vermögens die Kapitalerträge *prozentual* zunehmen. Wer bereits über ein großes Vermögen verfügt, erhält nicht nur mehr Kapitaleinkünfte (welche dann reinvestiert werden können), sondern ist auch in der Lage, diese *gewinnbringender* zu investieren als weniger vermögende Personen (vgl. ebd., 430–452).

Neben einer Vermögenssteuer gilt die Erbschaftssteuer vielen als naheliegendes Instrument, um bestehende Ungleichheiten zu verringern und der zukünftigen Entwicklung – hin zu noch größerer Ungleichheit – entgegenzuwirken. Vor dem Hintergrund wachsender ökonomischer Ungleichheit und dem besagten Potential der Erbschaftssteuer scheint es angebracht, bereits bestehende Erbschaftssteuermodelle daraufhin zu überprüfen, inwieweit sie dieser Aufgabe gewachsen sind und ob sie in ihrer konkreten Ausgestaltung bestehen bleiben oder verändert werden sollten. Dort, wo es bisher noch keine Erbschaftssteuer gibt bzw. wo sie abgeschafft wurde, wäre ihre (Wieder)einführung zu erwägen.

---

[8] Vogel und Künemund geben zu bedenken, dass der Zusammenhang von (innerfamiliären) Erbschaften und steigender Ungleichheit weniger eindeutig ist als oft angenommen wird. Reiche Personen würden nämlich tendenziell mehr Geld ausgeben und entsprechend weniger vererben als Personen in der Mittelschicht (vgl. Vogel & Künemund 2013, 185). Entscheidend ist jedoch, dass diese nicht nur prozentual, sondern in absoluter Hinsicht weniger vererben.
[9] Was Lohnzuwächse angeht, so ergibt sich global betrachtet ein differenziertes Bild. Während die Löhne der unteren siebzig Prozent der Weltbevölkerung zwischen 1988 und 2008 um über 50 % anstiegen, lässt sich im siebten und achten Dezil – worunter zu einem großen Teil die Mittelschicht westlicher Industriestaaten zählt – nur ein sehr geringer oder sogar negativer Wert beobachten. Erst unter den oberen fünf Prozent (und insbesondere dem obersten Perzentil) sind wieder Wachstumsraten von über 50 % zu verzeichnen (vgl. Lakner & Milanovic 2013).

Beschäftigung mit der Institution der Erbschaftssteuer zum aktuellen Zeitpunkt besonders dringlich macht.

2 Übersicht der Arbeit

Die vorliegende Arbeit besteht aus fünf Kapiteln und hat folgende grobe Struktur: Kapitel 1 behandelt primär Argumente *für* die Erbschaftssteuer. Kapitel 2 behandelt einen verbreiteten Einwand gegen eine Klasse von Argumenten gegen die Erbschaftssteuer. Kapitel 3 - 5 beginnen jeweils mit Argumenten *gegen* die Erbschaftssteuer. Zum Teil kann jedoch gezeigt werden, dass die – den Argumenten zugrundeliegenden – Prinzipien bzw. Perspektiven selbst eine Erbschaftssteuer erlauben oder erforderlich machen. Die Argumente gegen die Erbschaftssteuer können also nicht nur zurückgewiesen werden, sondern ihre philosophischen Grundlagen können selbst in den Dienst der Erbschaftssteuer gestellt werden. Im Folgenden gebe ich eine kurze Übersicht über alle fünf Kapitel.

Im ersten Kapitel wird die Erbschaftssteuer auf egalitaristischer Grundlage verteidigt. Es werden vier verschiedene egalitäre Ideale vorgestellt, nämlich Chancengleichheit, politische Gleichheit, soziale Gleichheit und der Nutzen für die Schlechtestgestellten, und es wird gezeigt, dass die Erbschaftssteuer besser zur Realisierung dieser Gleichheitsideale beiträgt als der status quo (ohne Erbschaftssteuer). Jedes der egalitären Ideale spricht also – sofern es sich um ein gültiges normatives Ideal handelt – dafür, eine Erbschaftssteuer einzuführen (anstatt sie nicht einzuführen). Es folgen einige Vorschläge dazu, wie eine egalitäre Erbschaftssteuer – also ein konkretes Steuermodell, welches aus den egalitären Idealen abgeleitet werden kann – beschaffen sein müsste, um die gewünschten Formen der Gleichheit so gut es geht zu realisieren. Auch wenn der Fokus der Arbeit auf der komparativen Gebotenheit der Erbschaftssteuer im Vergleich zum status quo (ohne Erbschaftssteuer) liegt, wird zum Abschluss des ersten Kapitels ein kurzer Vergleich zwischen der Erbschaftssteuer und einer naheliegenden alternativen Steuer – der Vermögenssteuer – vorgenommen. Ich werde dafür argumentieren, dass es – zumindest aus egalitaristischer Perspektive – einen starken Grund für den Vorzug der Vermögenssteuer gibt (sofern man sich zwischen beiden Steuermodellen zu entscheiden hätte), eine abschließende Antwort aber auf empirisch-ökonomische Analysen angewiesen ist.

Im zweiten Kapitel wird ein verbreitetes Argument behandelt, welches ich „das Argument toter Erblasser" nenne. Dieses wird mit dem Anspruch vorgebracht, die Erbschaftssteuer gegen eine ganze Klasse von Einwänden zu verteidigen – nämlich gegen alle Einwände, welche die Interessen oder Rechte der Erblasser ins Zentrum stellen. Zu diesen „erblasserzentrierten" Einwänden gehören auch einige der Einwände aus den folgenden Kapiteln (drei bis fünf), sodass das zweite Kapitel wichtige theoretische Vorarbeit für alle nachfolgenden Kapitel leistet. Das Argument toter Erblasser besagt, dass die Interessen und Rechte von Erblassern aus moralischer Perspektive nicht zählen, da die Erblasser bereits verstorben sind. Sollte dies zutreffen, so wären alle „erblasserzentrierten" Einwände gegen die Erbschaftssteuer auf einen Schlag widerlegt.

Ich rekonstruiere das Argument toter Erblasser in seiner plausibelsten Variante und nehme diese zum Ausgangspunkt für eine Überprüfung des Argumentes. Daraufhin unterscheide ich fünf verschiedene Klassen von Erblasserinteressen, auf deren Grundlage sich Einwände gegen das Argument toter Erblasser vorbringen lassen. Im Hauptteil des Kapitels weise ich vier dieser fünf Einwände zurück, indem ich zeige, dass vier der fünf Klassen von Erblasserinteressen aus moralischer Perspektive nicht berücksichtigt werden brauchen. Ich schließe das Kapitel mit Überlegungen dazu, ob es für die vorgebrachten Argumente einen Unterschied macht, ob man von Interessen oder von Rechten der Erblasser spricht. Das Argument toter Erblasser wird gestärkt aus dieser Untersuchung hervorgehen, wenngleich nicht für alle Klassen von Erblasserinteressen gezeigt werden kann, dass diese ohne moralische Bedeutung sind. Der (partielle) Erfolg des Argumentes toter Erblasser befreit jedoch nicht davon, sich mit den wichtigsten „erblasserzentrierten" Argumenten und den ihnen zugrundeliegenden Theorien (nämlich Libertarismus und Verdiensttheorien) im Detail auseinanderzusetzen. Der Grund dafür ist, dass sowohl im Libertarismus als auch in Verdiensttheorien nicht nur die Interessen bzw. Ansprüche der Erblasser, sondern außerdem die Interessen bzw. Ansprüche aller anderen Individuen berücksichtigt werden müssen, um aus Sicht der jeweiligen theoretischen Perspektive zu einem Gesamturteil zu gelangen.

Das dritte Kapitel knüpft an ein weit verbreitetes „erblasserzentriertes" Argument gegen die Erbschaftssteuer an, und zwar, dass diese gegen die moralischen Eigentumsrechte von Erblassern bzw. Erben verstoße. Verteidiger*innen der Steuer halten diesem Einwand oft das Argument toter Erblasser entgegen: Der Erblasser sei bereits verstorben und daher zählten auch seine Eigentumsrechte nicht mehr. Da ein Transfer des Eigentums weder zu Lebzeiten des Erblassers noch nach dessen Ableben stattgefunden habe, hätten auch die vermeintlichen Erben keinen Anspruch auf das Eigentum. Das dritte Kapitel nimmt diese Debatte zum Anlass, das Verhältnis zwischen der Erbschaftssteuer und der libertären Eigentumsrechtsdoktrin insgesamt genauer zu untersuchen. Zunächst zeige ich, warum es in der Tat ein besonderes Konfliktpotential zwischen libertären Eigentumsrechten und einer umverteilenden Steuerpolitik gibt. Anschließend greife ich das – auf dem Argument toter Erblasser basierende – Argument gegen die Berücksichtigung der Eigentumsrechte von Erblassern und Erben auf und prüfe seine Stichhaltigkeit. Daran anschließend werden drei weitere Argumente kritisch beleuchtet, auf welche sich

Verteidiger*innen der Steuer im Rahmen einer libertären Philosophie berufen (können). Das Ergebnis dieser Untersuchung ist ein geteiltes. Drei der insgesamt vier besprochenen Argumente, welche den Libertarismus mit einer egalitären Erbschaftssteuer versöhnen sollen, sind nicht erfolgreich und das erfolgreiche Argument basiert auf umstrittenen Prämissen, die nicht von allen Libertarier*innen vertreten werden. Zumindest aber wird gezeigt, dass Befürworter*innen der Erbschaftssteuer auf die (rationale) Zustimmung aus dem „linkslibertären Lager" zählen können.

Im vierten Kapitel wird ein weiteres wichtiges „erblasserzentriertes" Argument gegen die Erbschaftssteuer aufgegriffen. Hiernach habe der Erblasser einen verdienstbasierten Anspruch auf sein „am freien Markt" erarbeitetes Vermögen, da dieses dem individuellen Beitrag des Erblassers zur sozialen Wohlfahrt entspräche. Dieser Anspruch impliziere, dass der Erblasser darüber zu entscheiden hat, wer nach seinem Tod über sein ehemaliges Vermögen verfügen darf. Eine Erbschaftssteuer würde diesem Anspruch entgegenlaufen und sei daher aus einer Verdienstperspektive zurückzuweisen. Ich beginne damit, die philosophischen Prämissen des Argumentes zu explizieren, woraus ersichtlich wird, dass das Argument am überzeugendsten ist, wenn es einen sogenannten *ökonomischen* Verdienstansatz voraussetzt. Unter Philosoph*innen wird dieser Ansatz am prominentesten und elaboriertesten von David Miller vertreten, weshalb ich mich im Weiteren auf dessen Verdiensttheorie konzentriere. Zunächst wende ich seinen Ansatz auf die Frage an, ob Erblasser oder Erben einen verdienstbasierten Anspruch auf das Erblasservermögen haben, und ich werde zeigen, dass es durchaus möglich ist, dass Erblasser ihr Vermögen pro tanto nicht verdient haben und Erben das Vermögen pro tanto verdient haben. Ferner argumentiere ich, dass uns dies noch nichts darüber sagt, ob eine Erbschaftssteuer – aus Verdienstgesichtspunkten – alles in allem gerechtfertigt ist. Um dies zu beantworten, müssen wir auf die Gesamtverteilung von Verdienstansprüchen blicken und die gesellschaftlichen Verhältnisse als Ganze in den Blick nehmen. Millers Annahme, dass ein „freier" (weitgehend unregulierter) Markt dafür sorge, dass Menschen erhalten, was sie (entsprechend des Ideals ökonomischen Verdienstes) normativ verdienen, erweist sich als unhaltbar. Ich zeige, dass eine staatliche Umverteilung mittels Erbschaftssteuer zu einer verdienstgerechteren Gesamtverteilung beiträgt, als „das freie Spiel" des Marktes. Verdienstgesichtspunkte sprächen dann nicht gegen eine egalitäre Erbschaftssteuer, sondern würden diese, im Gegenteil, selbst erfordern.

Im fünften Kapitel gehe ich auf eine Reihe von Einwänden gegen die Erbschaftssteuer ein, die sich um „die Familie" drehen. Auch wenn „Familienargumente" gegen die Erbschaftssteuer weit verbreitet sind, wird selten präzisiert, wie diese genau funktionieren. Zuweilen gewinnt man den Eindruck, dass sich – aus Sicht derjenigen, die solche Argumente vorbringen – mit dem Schlagwort der Familie jede weitere Argumentation erübrigt. Ich zeige im Gegenteil, dass eine Differenzierung und Präzisierung von Familienargumenten nötig ist, um die (nachträglich recht offensichtlichen) Schwächen der Argumente sichtbar zu machen. Es ist zu vermuten, dass die weite Verbreitung derartiger Argumente vor allem auf ihre theoretische Unschärfe zurückgeht.

Ich unterscheide fünf Familienargumente und zeige, dass keines von ihnen überzeugen kann. Gemäß des ersten Einwandes verstößt eine Erbschaftssteuer gegen das Eigentumsrecht der Familie. Der zweite Einwand sieht den Wert von Familienbeziehungen durch die Erbschaftssteuer bedroht. Der dritte Einwand gibt zu bedenken, dass Eltern besondere Verpflichtungen gegenüber ihren Kindern haben und eine Erbschaftssteuer dem Nachkommen dieser Verpflichtungen im Weg stehe. Der vierte Einwand betrachtet die Erbschaftssteuer als einen staatlichen Eingriff in die private Sphäre der Familie, aus welcher sich der Staat herauszuhalten habe. Der fünfte und letzte Einwand verweist auf die wünschenswerten Konsequenzen, welche die Möglichkeit zum innerfamiliären Vermögenstransfer für die an diesem Transfer beteiligten, aber auch für die Gesellschaft als Ganze habe. Entsprechend führe die Einführung einer Erbschaftssteuer zu schlechteren Konsequenzen. Ich weise jedes dieser fünf Familienargumente zurück.

3 Methodologie

In diesem Abschnitt möchte ich die wichtigsten methodologischen Annahmen der Arbeit darlegen. Ich beschränke mich hier auf fünf Punkte, die ich für besonders zentral halte und die dabei helfen sollen, die späteren Inhalte besser nachzuvollziehen und einzuordnen.

Erstens möchte ich mich der Frage enthalten, ob es sich bei dem hier verfolgten normativen Anliegen um eines der *Moral*, der *Gerechtigkeit* oder der *politischen Legitimität* handelt. In der politischen Philosophie sind diese Begriffe zumeist mit (voneinander) unterschiedlichen Bedeutungen besetzt. Zudem werden die Begriffe von verschiedenen Autor*innen ganz unterschiedlich verstanden und zueinander in Beziehung gesetzt. Viele Philosoph*innen machen etwa einen kategorialen Unterschied zwischen i) *moralisch* geboten (oder erlaubt) auf der einen Seite und ii) *politisch legitim* auf der anderen Seite. Prinzipien politischer Legitimität werden dabei zumeist als den moralischen Prinzipien lexikalisch vorgeordnet angesehen. Um zu zeigen, dass die Erbschaftssteuer alles in allem erlaubt ist, reiche es demnach nicht aus, ihre moralische Gebotenheit (oder Erlaubtheit) zu demonstrieren, sondern es wäre außerdem (oder ausschließlich) zu zeigen, dass sie politisch legitim ist – was zumeist darauf hinausläuft, ihre *öffentliche Rechtfertigbarkeit bzw. Zustim-*

mungsfähigkeit aufzuzeigen (vgl. Rawls 1993).[11] Hinzu kommt der Begriff der *Gerechtigkeit*, der manchmal als ein moralischer Wert unter vielen verstanden wird (siehe bspw. Cohen 2011 oder Miller 1999) und manchmal eng geführt wird mit politischer Legitimität; etwa derart, dass eine *Konzeption der Gerechtigkeit* dezidiert und ausschließlich Prinzipien bezeichnet, die legitim sind (vgl. Rawls 1993). Schließlich verkompliziert sich das Bild noch dadurch, dass auch das Prinzip politischer Legitimität als ein Moralprinzip gedeutet werden kann. In diesem Fall gäbe es also moralische Prinzipien der Legitimität und andere moralische Prinzipien, die von etwas anderem als von Legitimität handeln.

In bestimmten (theoretischen) Kontexten mag es nützlich sein, zwischen ‚moralisch', ‚legitim' und ‚gerecht' zu unterscheiden. In dieser Arbeit werden die Begriffe jedoch durchgehend *synonym* verwendet und sollen jeweils eine Disjunktion aus allen drei Begriffen bezeichnen. Als weiteres Synonym ist manchmal von ‚normativ' die Rede. Auch wenn dieser Begriff häufig weiter verstanden wird, sodass er Gründe *aller Art* bezeichnet, meint er hier Gründe der Moral, Legitimität *oder* Gerechtigkeit. Wie die in dieser Arbeit behandelten Prinzipien bezeichnet werden, spielt keine Rolle, solange Klarheit darüber besteht, was die hier verfolgte Argumentation letztlich leistet. Möchte man zeigen, dass der Staat alles in allem eine Erbschaftssteuer einführen darf, so müsste man entweder nachweisen, dass die hier behandelten Prinzipien öffentlich rechtfertigbar – und damit legitim – sind (Rawls zeigt dies – dem eigenen Anspruch nach – bspw. für drei der vier in Kapitel 1 behandelten egalitären Prinzipien) oder man müsste die These der lexikalischen Vorordnung politischer Legitimität zurückweisen (vgl. Wendt 2017). Alternativ könnte man zugestehen, dass die Implementierung der Steuer so lange nicht erlaubt ist, wie es ihr an hinreichender „öffentlicher Zustimmung" mangelt, sie also den zusätzlichen „Filter" politischer Legitimität nicht durchlaufen hat (während man zugleich auf ihre *moralische* Richtigkeit beharrt).

---

11 Der theoretische Anspruch, nicht nur die moralische Gebotenheit (oder Erlaubtheit) der Steuer aufzuzeigen, sondern *zusätzlich* ihre Legitimität, ist leicht nachvollziehbar, nämlich, wenn beides eine (gewichtige) Rolle spielt. Der ausschließliche Fokus auf Legitimität, wie oft im *Public Reason Liberalismus* der Fall (zu dessen wichtigsten Vertretern der „späte" Rawls gehört), mag hingegen irritieren. Denn selbst wenn Forderungen der Legitimität Forderungen der Moral vorgeordnet sind, so könnte letzteren immer noch eine „Tie-breaker-Funktion" zukommen. Eine mögliche Erklärung für die Position, dass es (in der politischen Philosophie) ausschließlich darum gehe, die Legitimität (und nicht die moralische Korrektheit) bestimmter Handlungen bzw. Prinzipien aufzuzeigen, könnte lauten, dass Individuen als Privatpersonen ein Prärogativ haben, jenseits des Politischen, vollumfänglich ihrer je eigenen, subjektiven, Konzeption des Guten und Richtigen zu folgen. Zusätzliche (moralische) Erwägungen wären dann bloß supererrogatorisch – also gut oder lobenswert, aber nicht verpflichtend.

Zweitens ist meine Herangehensweise eine *prinzipien-pluralistische*. Ich setze voraus, dass sich die verschiedenen egalitären Prinzipien (die ich in Kapitel 1 vorstelle) als auch die später behandelten Prinzipien libertärer Eigentumsrechte (Kapitel 3) ökonomischen Verdienstes (Kapitel 4) und besonderer Verpflichtungen zwischen Familienmitgliedern (Kapitel 5) nicht *in einem strengen Sinne* ausschließen. Man muss sich also nicht zwischen ihnen entscheiden, sondern kann sie gemeinsam vertreten (so etwa im „einfachen Argument" und im „Argument der Risikovermeidung" in Kapitel 3, in denen zugleich egalitäre Prinzipien und Prinzipien libertärer Eigentumsrechte vertreten werden). Die einzelnen Prinzipien haben demnach nur einen *pro tanto Status* und können – sofern sie nicht logisch auseinander ableitbar sind – grundsätzlich miteinander in Konflikt geraten.

Dies wiederum wirft die Frage auf, ob und falls ja, wie man zu einem *all-things-considered* Urteil zwischen ihnen gelangt. Lassen sich die Prinzipien in eine lexikalische Ordnung bringen (was ihre ordinale Vergleichbarkeit voraussetzt) und falls ja, in welche? Oder lassen sie sich gewichten und miteinander „verrechnen" (was ihre kardinale Vergleichbarkeit voraussetzt)? Zu diesen Fragen werde ich mich (mit wenigen Ausnahmen, wie den erwähnten Argumenten in Kapitel 3) enthalten, da die Ordnung bzw. Gewichtung der meisten Prinzipien für deren praktische Anwendung (zumindest auf dem hiesigen Abstraktionsniveau) einen bloß geringfügigen Unterschied macht.[12]

Häufig ist in dieser Arbeit die Rede davon, dass eine bestimmte individuelle Handlung oder eine bestimmte kollektive Institution *erlaubt* oder *geboten* ist. Auch wenn diese Begriffe in der Regel so genutzt werden, dass sie alle moralischen Faktoren miteinbeziehen, gebrauche ich sie in einem schwächeren Sinne. Zumeist meine ich damit *pro tanto geboten* oder *pro tanto erlaubt* (also geboten oder erlaubt mit Blick auf ein bestimmtes Ideal). Geht es mir dagegen um ein *all-things-considered geboten* oder um ein *all-things-considered erlaubt*, so mache ich dies entweder explizit deutlich oder es ergibt sich aus dem Kontext.

Drittens werde ich den Prämissen meiner „Gegner*innen" (Vertreter*innen von Prinzipien, die ich selbst nicht für korrekt halte) so weit es geht entgegenkommen. Erst wenn sich zeigt, dass sich auf Grundlage der gegnerischen Prämissen nicht für die von mir vorgeschlagene Institution (die egalitäre Erbschaftssteuer) argumen-

---

12 Eine logische Implikation dieser ersten methodologischen Annahme ist es, dass nicht auszuschließen ist, dass die hier behandelten Prinzipien durch andere moralische Prinzipien, welche in dieser Arbeit nicht zur Sprache kommen, überwogen oder übertrumpft werden. Auch wenn ich die im Diskurs um die Erbschaftssteuer verbreitetsten (und die – nach Meinung vieler Philosoph*innen –, wichtigsten) moralischen Ideale in dieser Arbeit aufgreife, ist nicht auszuschließen, dass sich *weitere* moralische Prinzipien anführen lassen, die letztlich (alles in allem) gegen eine Erbschaftssteuer sprechen.

tieren lässt, weise ich die Prämissen selbst zurück (so in Kapitel 3 und z.T. in Kapitel 5). Diese Vorgehensweise mag insofern überraschen, als viele glauben, dass es der Philosoph*in (anders als der Rhetoriker*in oder politischen Strateg*in) darum gehen sollte, den besten Argumenten zu folgen und dadurch der wahren oder korrekten Theorie näherzukommen, anstatt die Argumente anhand eines zuvor festgesetzten Ergebnisses auszuwählen. Mein Verständnis von Philosophie (zumindest der moralischen bzw. politischen) ist *praktischer:* Zwar sollte das Ergebnis einer moralphilosophischen Untersuchung nicht in moralisch falschen Handlungsempfehlungen (bzw. Anweisungen) bestehen, die Begründung für diese Empfehlungen (bzw. Anweisungen) darf aber durchaus auf falschen bzw. unwahren Prämissen basieren, sofern dies dabei hilft, einen „überlappenden Konsens" in der Gesellschaft aufzuzeigen und letztlich ein Handeln entsprechend der wahren oder korrekten Prinzipien zu befördern.[13] Auch der in Kapitel 1 verfolgten ökumenischen Argumentation geht dieses (praktische) Verständnis politischer Philosophie voraus.

Viertens vertrete ich in dieser Arbeit einen komparativen (im Kontrast zu einem optimalen) Ansatz. Ein optimaler Ansatz fragt danach, welche Handlungen ausgeführt bzw. gesellschaftliche Institutionen eingerichtet werden müssen, sodass einem bestimmten Prinzip bzw. Ideal – unter gegebenen (oder idealisierten) Bedingungen – bestmöglich entsprochen wird. Ein komparativer Ansatz fragt danach, ob eine bestimmte Handlung bzw. ein Set an Institutionen *besser* ist als ein(e) andere(s) (vgl. Hamlin & Stemplowka 2012, 51).[14] In dieser Arbeit wird danach gefragt,

---

13 Die zuletzt vorgestellte Methode lässt sich zum einen dadurch motivieren, dass man eine (auf Rationalität und Konvergenz abzielende) Variante des Prinzips (politischer) *Legitimität* akzeptiert, was es erforderlich macht, die Erbschaftssteuer durch das Aufzeigen eines überlappenden rationalen Konsenses als legitim auszuweisen. Darüber hinaus sprechen jedoch auch rein *pragmatische* Gründe dafür, eine möglichst breite rationale Übereinstimmung für (tatsächlich) moralisch gebotene politische Institutionen nachzuweisen, in der Hoffnung, damit zu einer de facto Übereinstimmung beizutragen und die Realisierung der Institution wahrscheinlicher zu machen. Aus rein pragmatischen Gründen wäre es allerdings auch nützlich, zu einem Konsens zwischen (offenbar) *irrationalen* Anschauungen beizutragen, also solchen, die auf (offenbar) falschen Schlüssen, Inkonsistenzen etc. basieren. Dass dies ebenfalls zur Aufgabe der politischen Philosophie gehört, ist zumindest fraglich.
14 Nicht zu verwechseln ist die optimal vs. komparativ Unterscheidung mit der zwischen satisficing vs. optimizing (weder in der instrumentellen, noch der intrinsischen Variante von satisficing – vgl. Slote [2004] 2009, 14). „Satisficing Approaches" besagen, dass es einen bestimmten Punkt gibt, ab dem genug eines bestimmten Ideals (oder einer Menge verschiedener Ideale) verwirklicht wurde, sodass eine Verbesserung der Situation (mit Blick auf das fragliche Ideal) keinen Unterschied mehr für die Rationalität bzw. moralische Gebotenheit der Handlung macht. Der hier verfolgte komparative Ansatz besagt hingegen, dass eine bestimmte Handlung (bzw. ein bestimmtes Set an Institutionen) besser zur Realisierung bestimmter Ideale beiträgt als ein(e) andere(s). Dies schließt nicht

ob es – gemessen an verschiedenen (egalitären und nicht-egalitären) moralischen Idealen – besser wäre, eine Erbschaftssteuer einzuführen als sie nicht einzuführen. Die Gesellschaftszustände, die miteinander verglichen werden, sind a) die Gesellschaft, wie sie jetzt ist, *ohne* eine egalitäre Erbschaftssteuer und b) die Gesellschaft, wie sie jetzt ist, *mit* einer egalitären Erbschaftssteuer. Es wird dafür argumentiert, dass Zustand *b* vorzuziehen ist.[15] Ob es sich bei der besseren Alternative um die beste aller (im Hier und Jetzt realisierbaren) Gesellschaftszustände handelt, bleibt offen.[16] Denkbar ist, dass alternative Steuermodelle, wie eine Vermögenssteuer oder eine hohe Steuer auf Kapitaleinkünfte (oder eine Kombination aus diesen Steuern und der Erbschaftsteuer) zu einem besseren Ergebnis führen würden. Auch mögen alternative Politikinstrumente jenseits des Instruments der Besteuerung (oder diese in Kombination mit einem alternativen Steuermodell) effektiver zur Verringerung ökonomischer Ungleichheit beitragen; bspw. pre-distributive Maßnahmen, wie ein Recht auf Arbeit, die Stärkung von Arbeitnehmerrechten und Gewerkschaften oder der Ausbau demokratischer Strukturen innerhalb von Unternehmen. Der hier verfolgte komparative Ansatz fragt aber nicht nach diesen (noch) besseren oder optimalen Gesellschaftszuständen, sondern ausschließlich danach, ob es besser wäre eine egalitäre Erbschaftssteuer einzuführen als sie nicht einzuführen.

Da auch die optimale Strategie mit realistischen Machbarkeitsbeschränkungen kombinierbar ist (und bspw. auch die Nicht-Pflichtbefolgung Dritter berücksichtigen kann – vgl. Hamlin & Stemplowka 2012, 51–52), stellt sich die Frage, welchen Sinn es überhaupt hat, eine komparative (statt einer optimalen) Strategie zu verfolgen. Sollte man nicht *immer* nach der – unter Berücksichtigung der gegebenen Umstände – besten Option fragen? Es gibt allerdings zwei Gründe, die für eine komparative (und gegen eine optimale) Strategie sprechen. Zum einen ist uns die optimale Option häufig unbekannt. Nicht immer lässt sich feststellen, ob man unter allen realistischen Optionen diejenige gefunden hat, zu der keine bessere realisierbare Alternative mehr existiert, denn oft ist unklar, wo die Grenzen des Machbaren verlaufen

---

aus, dass das Ideal aus Gründen der Rationalität oder Moral vollständig herbeigeführt bzw. – im Falle eines *insatiable principles* (vgl. Raz [1986] 1988, 235–236) – maximiert werden soll.

15 Dass es sich bei einer der beiden Vergleichsgrößen um den status quo handelt, ist keine zwingende Folge der komparativen Methode: „It would be equally ‚comparative' to address the relative justice of two hypothetical societies, neither of which approximated the world as we know it" (Hamlin & Stemplowka 2012, 52).

16 In einer *bestimmten* Hinsicht ist die Strategie aber optimal, denn es wird nach dem *optimalen Modell einer Erbschaftssteuer* (im Hier und Jetzt und unter realistischen Bedingungen) gefragt.

(vgl. Wiens 20–21, 2015).[17] Dies lässt sich auch am Beispiel einer *stark-umverteilenden* Erbschaftssteuer sehen. Einige halten eine solche Steuer – angesichts der vorherrschenden gesellschaftlichen Machtkonstellationen – für unrealisierbar (vgl. Koller 2013, 74–75), andere sehen die Zeit für noch viel weitreichendere Veränderungen gekommen (siehe unten).[18] Meiner persönlichen Einschätzung nach ist der Vorschlag „realistisch genug", um sich für ihn einzusetzen. Dabei ist auch zu bedenken, dass Philosoph*innen einen Beitrag dazu leisten können, dass sich gesellschaftliche Diskurse und damit die Grenzen des Machbaren zum Positiven verschieben.

Zum anderen legt der Fokus auf eine *lokale* Institution wie die Erbschaftssteuer – im Vergleich zu einem Fokus auf die gesellschaftliche Ordnung als Ganze – einen Vergleich zweier Optionen nahe. Womöglich bestünde die optimale Option (im Hier und Jetzt und unter realistischen Machbarkeitsschranken) in politischen Schritten hin zu einer Eigentumsdemokratie (vgl. O'Neill et al. 2012) oder einem liberalen Sozialismus (vgl. Schweickart 2011). Es ist aber zumindest unklar, ob die Erhebung einer egalitären Erbschaftssteuer Teil dieses optimalen Pfades wäre. Die Frage, ob die Erbschaftssteuer eine Rolle auf dem Weg zu einer realistischen Utopie (oder im Rahmen einer solchen Utopie) spielt (und falls ja, welche), geht weit über das Anliegen dieser Arbeit hinaus. Der theoretische Fokus auf die lokale Institution der Erbschaftssteuer gibt die komparative Strategie damit gewissermaßen vor.[19]

Fünftens und letztens gehe ich davon aus, dass die meisten aller moralischen Akteure – seien es staatliche Akteure, Bürger*innen in ihrer Rolle als Citoyens oder Bürger*innen in ihrer Rolle als Marktteilnehmer*innen – weitgehend gewillt sind, ihre moralischen Pflichten zu befolgen. Es wird also bspw. vorausgesetzt, dass (in der Regel) Politiker*innen nicht korrupt sind, Bürger*innen bei ihrer politischen

---

17 Die Wahl der komparativen Methode scheint in diesem Fall durch einen *instrumentellen Satisficing Approach* motiviert zu sein: Man wählt eine Option, die man für hinreichend gut hält, in der Hoffnung, dass dies – vor dem Hintergrund epistemischer Beschränkungen – zum optimalen Ergebnis führt.

18 Peter Koller spricht sich daher für eine „maßvolle, den vermögenden Schichten einigermaßen zumutbare *Anhebung der Erbschafts- und Schenkungssteuern und ihrer Progression*" aus (Koller 2013, 76, kursiv im Original).

19 Dies soll keineswegs heißen, dass die Frage, welche Rolle die Institution der Erbschaftssteuer innerhalb einer realistischen Utopie (oder auf dem Weg dorthin) spielt, keine Berechtigung hat. Ich glaube im Gegenteil, dass es sehr wichtig ist, sich Gedanken über alternative Gesellschafts*ordnungen* und Möglichkeiten (tiefgreifender und umfassender) Gesellschafts*transformation* zu machen. Ferner dürfte die Erbschaftssteuer in manchen alternativen Gesellschaftsordnungen (oder im Rahmen der Transformation zu diesen) eine ganz zentrale Rolle einnehmen. Bspw. sprechen sich Vertreter*innen einer Eigentumsdemokratie fast einhellig für die Einführung einer hohen, zweckgebundenen Erbschaftssteuer aus (vgl. O'Neill et al. 2012).

Wahlentscheidung die Interessen aller berücksichtigen und Marktakteure ihre Steuern zahlen und nicht (auf illegale Weise) umgehen. Probleme der Nichtbefolgung werden zwar vereinzelt angesprochen, die grundsätzliche Annahme dieser Arbeit ist jedoch die einer *sufficient compliance* – einer hinreichenden Pflichtbefolgung. Damit ist nicht gemeint, dass *alle* Akteure *immer* pflichtgemäß handeln, sondern nur, dass *insgesamt* hinreichend viele, hinreichend pflichtgemäße Handlungen „zusammenkommen", sodass eine (egalitäre) Erbschaftssteuer implementiert und über einen längeren Zeitraum aufrechterhalten werden kann.

Zum Abschluss dieses Einleitungskapitels möchte ich mein Vorhaben noch einmal in Kürze zusammenfassen[20]: Im Wesentlichen werden in dieser Arbeit zwei Ziele verfolgt. Das erste Ziel besteht darin, zu zeigen, dass gute Gründe für eine egalitäre Erbschaftssteuer sprechen. Ich selbst halte mindestens eines der genannten egalitaristischen Prinzipien für einen guten Grund, die Erbschaftssteuer einzuführen, und so beginne ich im nächsten Kapitel mit einer Verteidigung der Erbschaftssteuer auf egalitaristischer Grundlage. Das zweite Ziel der Arbeit besteht darin, die bekanntesten Einwände gegen die Erbschaftssteuer, die sich auf nichtegalitäre Prinzipien berufen (nämlich Eigentums- Verdienst- und Familienargumente) zurückzuweisen. Ist mein Vorhaben erfolgreich, so wäre die unter vielen Politiker*innen und im öffentlichen Diskurs anzutreffende Abwehrhaltung gegenüber der Erbschaftssteuer – zumindest auf Grundlage der hier behandelten philosophischen Positionen – nicht berechtigt. Ich verstehe die Arbeit als einen Beitrag, die Erbschaftssteuer als politisches Mittel im Kampf für eine gerechtere Gesellschaft zu rehabilitieren.

---

[20] Für eine ausführliche Zusammenfassung der Arbeit, in der die wichtigsten argumentativen Schritte und Resultate rekapituliert werden, siehe das Abschlusskapitel.

I Gleichheit

Eine Erbschaftssteuer kann unterschiedliche Formen annehmen. Welche ihrer möglichen Formen als moralisch geboten erachtet werden, hängt wesentlich davon ab, auf welcher Grundlage für die Steuer argumentiert wird. Viele Philosoph*innen, Politiker*innen und Ökonom*innen, die sich für eine Erbschaftssteuer aussprechen, berufen sich dabei auf im weitesten Sinne *egalitäre* Prinzipien und Argumente. Unregulierte Erbschaften führten zu größerer Ungleichheit und diese sei aus einer moralischen Perspektive besorgniserregend (vgl. Atkinson [2015] 2016; Duff 1993; Halliday 2018; Haslett 1986; O'Neill 2007; White 2018).[21] Egalitäre Argumente für die Erbschaftssteuer können an eine lange Tradition anknüpfen. Bereits Mitte des neunzehnten Jahrhunderts setzten sich Aktivisten, Philosophen und Autoren für die Einführung einer Erbschaftssteuer ein und machten Vorschläge, wie man diese in den Dienst egalitärer Ideale stellen kann; so beispielsweise die „Rational Socialists" in Belgien, der französische Philosoph Francois Huet oder der amerikanische Autor und Verleger Orestes Brownson (vgl. Cunliffe & Erreygers 2013, 54–69). Auch in dieser Arbeit wird die Erbschaftssteuer (unter anderem) mittels egalitärer Erwägungen verteidigt. Das konkrete Steuermodell, für welches sich auf dieser Grundlage argumentieren lässt, nenne ich „egalitäre Erbschaftssteuer".

Ich beginne das Kapitel mit einer Erläuterung der hier zum Zuge kommenden ökumenischen Argumentationsfigur. Es werden verschiedene egalitäre Prinzipien bzw. Ideale vorgestellt, nämlich Chancengleichheit, Politische Gleichheit, Soziale Gleichheit und der Nutzen für die Schlechtestgestellten, und es wird gezeigt, wie jedes der behandelten Gleichheitsideale für sich genommen einen Grund dafür liefert, große ökonomische Ungleichheit zu verringern. Schließlich demonstriere ich, warum sich die Erbschaftssteuer als Instrument eignet, ökonomischer Ungleichheit entgegenzuwirken (1). Im zweiten Teil des Kapitels bespreche ich, welche konkrete Form eine egalitäre Erbschaftssteuer haben müsste, um diesem Ziel zu entsprechen (2). Auch wenn die vorgebrachte Argumentation lediglich auf eine Verbesserung des status quo abzielt (und nicht auf ein – unter realistischen Bedingungen – optimales Steuersystem), nehme ich zum Schluss des Kapitels einen

---

21 Häufig wird in solchen Argumentationen das *systemisch bedingte Anwachsen* der Ungleichheit als das entscheidende Problem dargestellt. Die Ideale, welche der Argumentation zugrunde liegen, würden aber auch die heute existierenden Ungleichheiten als höchst problematisch erachten; unabhängig davon, ob diese noch weiter anwachsen und unabhängig davon, ob das Anwachsen „systemisch bedingt" ist. Egalitäre Argumente für die Erbschaftssteuer sind daher bspw. nicht auf strittige ökonomische Erklärungen zunehmender Ungleichheit angewiesen, wie die, dass in kapitalistischen Gesellschaften die Kapitalrendite langfristig schneller zunimmt als das Einkommen (vgl. Piketty [2013] 2014).

∂ Open Access. © 2023 beim Autor, publiziert von De Gruyter. [(cc) BY-NC-ND] Dieses Werk ist lizenziert unter einer Creative Commons Namensnennung – Nicht kommerziell – Keine Bearbeitung 4.0 International Lizenz.
https://doi.org/10.1515/9783111235394-003

Vergleich zwischen der Erbschaftssteuer und einer naheliegenden Alternative, der Vermögenssteuer, vor und komme zu dem Schluss, dass – wenngleich es pro tanto Gründe gibt, die komparativ für eine Erbschaftssteuer sprechen, die Vermögenssteuer einen – aus egalitaristischer Sicht – erheblichen Vorteil hat (3).

1 Das ökumenische, egalitäre Argument für die Erbschaftssteuer

In diesem Kapitel wird ein ökumenisches, egalitäres pro tanto Argument für die Erbschaftssteuer vorgestellt. Das Argument ist *ökumenisch* (ecumenical) in dem Sinne, dass es verschiedene moralische Grundsätze (Politische Gleichheit, Chancengleichheit, Soziale Gleichheit sowie Nutzen für die Schlechtestgestellten) zur Verteidigung der Erbschaftssteuer anführt, sich aber nicht darauf festlegt, welche dieser Grundsätze korrekt sind.[22] Dies schließt nicht aus, dass mehrere oder alle Grundsätze gelten. Für eine erfolgreiche Verteidigung der Erbschaftssteuer reicht es aber bereits aus, dass nur ein einziger gilt (und die späteren Einwände gegen die Erbschaftssteuer, welche auf *anderen* Grundsätzen basieren, erfolgreich zurückgewiesen werden).[23] Der Vorteil einer solchen Strategie liegt darin, dass man einen gewissen Grad der Neutralität bewahrt, indem man sich nicht auf die Geltung eines spezifischen kontroversen Prinzips festlegt, sondern nur auf die Geltung eines beliebigen Prinzips aus einer *Menge* kontroverser Prinzipien.

Es handelt sich um ein *pro tanto* Argument, da jedes Prinzip für sich genommen (und jede beliebige Kombination der Prinzipien) einen *pro tanto* Grund für die Einführung einer egalitären Erbschaftssteuer liefert. Ob es einen *all-things-considered* Grund für die Einführung der Erbschaftssteuer liefert, hängt davon ab, ob das Prinzip einer Abwägung mit allen anderen gültigen Prinzipien standhält. Einige Gründe, die *gegen* die Erbschaftssteuer sprechen – und die auf anderen Prinzipien wie dem Prinzip libertärer Eigentumsrechte und dem Verdienstgrundsatz basieren – werden im Verlauf der Arbeit behandelt.

---

22 Die ökumenische Methode ist in der Politischen Philosophie weit verbreitet. Für ein alternatives ökumenisches Argument innerhalb der Debatte um die Erbschaftssteuer siehe Bird-Pollan (2016). Für ein bekanntes ökumenisches Argument aus einem anderen Kontext, nämlich der Migrationsethik, siehe Joseph Carens (1987).

23 Sollte eine Verteidigung der späteren Gegeneinwände nicht gelingen, so könnte es einen Unterschied machen, ob nur ein egalitäres Prinzip, mehrere oder alle egalitären Prinzipien gelten (und welche von ihnen gelten), da dies die „Waage der Gründe" zugunsten der Erbschaftssteuer kippen könnte.

Egalitär ist das Argument in zweifacher Hinsicht. Erstens ist es *intrinsisch* egalitär. Denn die fundamentalen Grundsätze, von denen soeben die Rede war, sind entweder Grundsätze, die auf Gleichheit als solche abzielen oder prioritaristische Prinzipien, welche den Wert der Gleichheit dadurch verkörpern, dass sie den Ansprüchen der Schlechtestgestellten (radikale) Priorität einräumen. Zweitens ist das Argument *instrumentell* egalitär. Es sieht in der ökonomischen Umverteilung von oben nach unten oder in der Verringerung ökonomischer Ungleichheit als solcher ein Instrument, um Gleichheit oder Priorität im fundamentalen Sinne herzustellen.[24] *Strikte* ökonomische Gleichheit wird nicht angestrebt, da geringe monetäre Unterschiede für die fundamentalen Gleichheitsideale vermutlich nicht von Belang sind (vgl. Atkinson [2015] 2016, 17; Duff 1993, 19). Der Einfachheit halber werde ich aber weiterhin von „ökonomischer Gleichheit" sprechen, wenn ich die Verringerung großer ökonomischer Ungleichheit meine.

Viele Autor*innen, welche in der Erbschaftssteuer ein Instrument sehen, der wachsenden Ungleichheit entgegenzuwirken, beziehen sich damit zunächst auf *ökonomische* Ungleichheit. Anthony Atkinson bspw. sieht in der Erbschaftssteuer eine Maßnahme, welche „die Ungleichheit der Einkommensverteilung verringern könnte" (Atkinson [2016] 2015, 7) und beschränkt sich in seiner Argumentation explizit „auf die wirtschaftliche Dimension der Ungleichheit" (ebd., 24). Gleichzeitig gibt auch er zu bedenken, dass es letztlich einer „umfassenden Gerechtigkeitstheorie" wie des Utilitarismus, des Capability Approach (vgl. Sen 1980; Nussbaum 1992) oder John Rawls' *Justice as Fairness* bedürfe, um zu erklären, was an monetärer Ungleichheit problematisch ist, in welchem Maße sie problematisch ist und warum sie problematisch ist (vgl. Atkinson [2015] 2016, 21–24). Sein Argument ist damit egalitär in einem instrumentellen Sinne. Ob es außerdem in einem intrinsischen Sinne egalitär ist, bleibt offen, da er sich nicht auf eine umfassende Gerechtigkeitstheorie festlegt (und auch kein ökumenisches Argument mit verschiedenen intrinsisch egalitären Grundsätzen vorlegt). Auch Stuart White stellt zunächst einen Zusammenhang zwischen der Erbschaftssteuer und der Verringe-

---

24 Ähnliche Bezeichnungen, nämlich die zwischen *intrinsic* und *non-intrinsic egalitarianism* finden sich auch bei Martin O'Neill (2008). O'Neill trifft mit diesen Begriffen allerdings eine andere Unterscheidung. Intrinsic egalitarianism bezeichnet dort lediglich eine Unterklasse dessen, was der Begriff hier bedeutet, nämlich eine Position, wonach *strikte distributive* Gleichheit intrinsisch wertvoll ist. Dagegen umfasst der Begriff, wie ich ihn verwende, auch nicht-strikt-egalitäre Prinzipien wie den Nutzen für die Schlechtestgestellten und Prinzipien nicht-distributiver Gleichheit, wie soziale bzw. relationale Gleichheit. Non-intrinsic egalitarianism bedeutet bei O'Neill (je nach Interpretation) entweder dasselbe wie relationaler Egalitarismus (also ein Egalitarismus, dem es in finaler Hinsicht um relationale Gleichheit geht) oder er bezeichnet einen instrumentellen (ökonomischen) Egalitarismus, der aber ausschließlich auf relationale Gleichheit als intrinsischen Wert abzielt.

rung *ökonomischer* Ungleichheit her; anders als Atkinson begründet er diese aber explizit im Wert von Chancengleichheit und politischer Gleichheit, was seine Argumentation außerdem zu einer intrinsisch egalitären macht (vgl. White 2018, 170–72).

Auch die hiesige Argumentation wird sich vor allem um den instrumentellen Wert ökonomischer Gleichheit drehen, der seinerseits im intrinsischen Wert bestimmter Formen nicht-ökonomischer Gleichheit oder Priorität gründet. Die fundamentalen Prinzipien, auf welche ich dabei zurückgreife, haben (bis auf das letzte) große Ähnlichkeit mit denen von Rawls. Der hier vertretene Ansatz unterscheidet sich aber in mehrerlei und gravierender Hinsicht von Rawls Theorie. Erstens lege ich mich nicht auf die Existenz aller Prinzipien fest, sondern nur darauf, dass mindestens eines von ihnen gültig ist (daher die Bezeichnung ökumenisch). Daraus folgt zweitens, dass ich die Prinzipien nicht zwingend lexikalisch geordnet betrachte; weder in der Reihenfolge, die Rawls ihnen zuweist, noch in einer anderen. Drittens stehen die Prinzipien nicht zwingend in einem übergeordneten Zusammenhang und daher auch nicht zwingend in dem übergeordneten Zusammenhang, dass sie das Ergebnis einer hypothetischen Einigung im Urzustand sind. Gleichzeitig sehe ich nicht, warum der hier vertretene Ansatz nicht mit Rawls Theorie vereinbar sein sollte.[25] Die Formulierungen des Prinzips politischer Gleichheit, des Chancenprinzips und des Prinzips des Nutzen für die Schlechtestgestellten weichen, wenn überhaupt, nur geringfügig von Rawls Formulierungen ab; und in jedem Fall sollte die vorgestellte Argumentation auch für Rawls Varianten der Prinzipien einschlägig sein.

Visuell lässt sich die *Begründungs*struktur des egalitären Argumentes wie folgt darstellen:

---

[25] Dies hängt natürlich einerseits davon ab, wie man Rawls Theorie interpretiert oder ob man bereit ist, bestimmte Aspekte seiner Theorie leicht abzuwandeln und andererseits davon, wie man die von mir aufgeführten egalitären Prinzipien genau ausbuchstabiert. Eine Schwierigkeit, die hier behandelten Prinzipien in Rawls „politischen" Kontraktualismus einzubetten, könnte bspw. darin bestehen, dass Rawls bestimmte Formen sozialer Gleichheit oder bestimmte Konzepte von Nutzen (für die Schlechtestgestellten) als „unvernünftig" (unreasonable) zurückweisen würde, weil diese „metaphysisch zu tief reichen" (z.Bsp. weil sie als Teil einer Konzeption des guten Lebens gedacht werden).

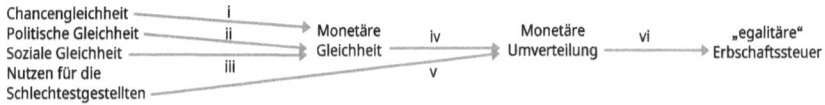

Abb. 1: Begründungsstruktur

Die einzelnen Elemente der Begründungsstruktur lassen sich als Werte oder Ideale bezeichnen (und auch in Form von Prinzipien formulieren: „Führe Chancengleichheit herbei" etc.). Dies gilt nicht nur für die höherrangigen *fundamentalen*, sondern auch für die *abgeleiteten* Elemente.[26] Die Pfeile symbolisieren jeweils einen „Begründungszusammenhang" zwischen den verschiedenen Elementen. Die *Kausal*struktur verläuft genau umgekehrt zur Begründungsstruktur:

Abb. 2: Kausalstruktur

Hier handelt es sich bei den einzelnen Elementen um deskriptive Phänomene, die einander – unter bestimmten Hintergrundbedingungen – kausal bedingen. Die Pfeile stehen also jeweils für einen Kausalzusammenhang. Ich werde im Folgenden jeden dieser kausalen Zusammenhänge aufzeigen und damit zugleich das Begründungsverhältnis demonstrieren. Dabei behandle ich die einzelnen Elemente in der Reihenfolge, wie sie in der Begründungsstruktur auftreten, was meines Erachtens das Verständnis des egalitären Argumentes erleichtert.

Es werden also folgende Argumentationsschritte benötigt: Es muss gezeigt werden, dass i) monetäre Gleichheit zu mehr Chancengleichheit, ii) politischer Gleichheit und iii) sozialer Gleichheit führt, iv) monetäre Umverteilung zu mehr monetärer Gleichheit führt und v) monetäre Umverteilung einen Nutzen für die

---

26 Statt von ‚fundamental' und ‚abgeleitet', kann man auch von *finalen* oder *intrinsischen* auf der einen und *instrumentellen* Werten, Idealen (und Prinzipien) auf der anderen Seite sprechen. Manchmal werden aber auch *finale* Werte mit *instrumentellen* Werten kontrastiert und *intrinsischen* Werten werden *extrinsische* Werte gegenübergestellt. Üblicherweise werden die Begriffe ‚finale' und ‚intrinsische Werte' in der philosophischen Literatur jedoch synonym gebraucht und als Gegenstück zu instrumentellen Werten verstanden. Auf den Begriff des extrinsischen Wertes wird verzichtet. Ich schließe mich dieser – in der normativen Ethik und politischen Philosophie – weit verbreiteten Gepflogenheit an.

Schlechtestgestellten schafft.[27] Außerdem muss gezeigt werden, dass vi) eine „egalitäre" Erbschaftssteuer zu mehr monetärer Umverteilung führt. Was in dieser Arbeit nicht geleistet wird, ist eine Verteidigung der intrinsischen Prinzipien selbst. Die ökumenische Strategie macht dies aber zu einem gewissen Grad verzeihlich. Im Weiteren werde ich die verschiedenen Argumentationsschritte im Detail besprechen. Dabei werde ich zunächst jeweils erklären, wie die einzelnen Gleichheitskonzeptionen und politischen Maßnahmen zu verstehen sind. Im Anschluss daran werde ich teils empirisch-fundiert, teils spekulativ für den jeweils relevanten kausalen Zusammenhang argumentieren. Schließlich gehe ich jedes Mal auf mögliche Gegeneinwände ein, welche entweder den kausalen Zusammenhang in Frage stellen oder auf moralisch problematische Nebeneffekte hinweisen, die sich auf die Realisierung des (für die Argumentation relevanten) fundamentalen Prinzips oder eines der anderen egalitären Prinzipien auswirken.

1.1 Führt mehr monetäre Gleichheit zu mehr Chancengleichheit?

Ich beginne mit dem Prinzip der Chancengleichheit, welches – besonders in kapitalistischen Gesellschaften – auf eine breite Zustimmung stößt. Das Prinzip wird regelmäßig zur Verteidigung der Erbschaftssteuer herangezogen (siehe etwa Haslett 1986; Ascher 1990; Van Parijs 1997; Gates & Collins 2003) und manchmal sogar als der *stärkste* Grund für die Steuer angesehen (vgl. Cunliffe, Erreygers & Reeve 2013, 4). Häufig wird zwischen einer „schwachen" und einer „starken" Variante des Chancenprinzips unterschieden, von denen sich aber nur die starke Variante zur Verteidigung der Erbschaftssteuer eignet. In der schwachen Variante erfordert das Prinzip der Chancengleichheit lediglich die Abwesenheit von Diskriminierung bei der Besetzung von Berufen und öffentlichen Ämtern: Nicht das Geschlecht oder die Hautfarbe sollen über den Zugang zu begehrten gesellschaftlichen Positionen ent-

---

27 Ingrid Robeyns ist der Ansicht, dass es auch für eine Verbesserung des absoluten Nutzens der Schlechtestgestellten mehr ökonomischer Gleichheit (genauer: einer absoluten *Obergrenze* ökonomischen Wohlstands) bedarf (vgl. Robeyns 2019, 257–260). Dies mag zumindest auf jene Aspekte von Nutzen zutreffen, deren Zugangschancen kompetitiv (und von Einkommen und Vermögen abhängig) sind (vgl. Brighouse & Swift 2006). Für alle anderen Aspekte von Nutzen gilt jedoch, dass niemandem damit geholfen ist, wenn das Geld anschließend nicht umverteilt wird. Hier wäre die Obergrenze kein Instrument, um den Schlechtestgestellten zu helfen, sondern ein unter realistischen Bedingungen notwendiger *Nebeneffekt* ökonomischer Umverteilung. In jedem Fall aber wäre eine *Umverteilung* (anstelle einer Obergrenze) mit Blick auf den absoluten (positional oder nichtpositionalen) Nutzen der Schlechtestgestellten die *vorzugswürdigere* Alternative. Denn hierdurch würden a) die kompetitiven Zugangschancen zusätzlich vergrößert und b) die Schlechtestgestellten auch mit Blick auf „nicht positionale" Aspekte ihres Wohlergehens bessergestellt.

scheiden, sondern alleine die Eignung (Talente, erworbene Fähigkeiten, Anstrengungsbereitschaft) vgl. Friedman & Friedman [1980] 1990, 132).

Die meisten Verfechter*innen der Chancengleichheit gehen jedoch über dieses Minimalverständnis hinaus. Wenn Politiker*innen bspw. für mehr Bildungsgerechtigkeit werben, steht oft ein anspruchsvolleres Prinzip der Chancengleichheit im Hintergrund, welches manchmal *faire* Chancengleichheit genannt wird. Hiernach reicht es nicht aus, dass gesellschaftlicher Erfolg ausschließlich von der Qualifikation abhängt; die Chancen diese Qualifikationen zuallererst zu erwerben, sollen ebenfalls für alle möglichst gleich „verteilt" und nicht von der sozialen Herkunft bestimmt sein. Nur so würden – in auf Effizienz bedachten, kapitalistischen Gesellschaften, die (als solche) Chancen auf gesellschaftliche Positionen an Qualifikation knüpfen – gleiche Chancen auf gesellschaftlichen Erfolg gewährleistet. Letzterer ist die „Währung" des Prinzips fairer Chancengleichheit (zumindest in seiner kanonischen Formulierung):

„[T]hose who are at the same level of talent and ability, and have the same willingness to use them, should have the same prospects of success regardless of their initial place in the social system [...] In all sectors of society there should be roughly equal prospects of culture and achievement for everyone similarly motivated and endowed" (Rawls [1971] 2009, 73).

In der politischen Philosophie hat sich dieses Verständnis als Standardauslegung des Ideals der Chancengleichheit etabliert und wird im Weiteren vorausgesetzt.[28]

Wie nun hängt das Prinzip der Chancengleichheit mit ökonomischer Ungleichheit zusammen? Die Chancen einer Person werden zu einem nicht unerheblichen Teil durch ihren gesellschaftlichen Hintergrund bzw. ihre soziale Position bestimmt; in Rawls Worten „[by] their initial place in the social system" (Rawls [1971] 2009, 73). Ob ein Mensch mit Einstieg in das Berufsleben über die nötigen Eigenschaften und Ressourcen verfügt, welche es ihm ermöglichen, anerkannte gesellschaftliche Positionen zu bekleiden und die damit verbundenen Tätigkeiten auszuführen, hängt entscheidend davon ab, in welchem Maße ihm seine soziale

---

[28] Eine verbreitete Kritik an diesem Prinzip lautet, dass es die ungleichen Talente der potentiellen Marktteilnehmer*innen als Ausgangsbasis für ungleiche Belohnungen akzeptiert. Dies sei deshalb problematisch, weil ein Staat die Verteilung gesellschaftlicher Vor- und Nachteile nicht von Eigenschaften abhängig machen sollte, von denen gilt, dass die Bürger*innen mit diesen Merkmalen ungleich ausgestattet sind und die schlechter Ausgestatteten keine Schuld an ihrer nachteiligen Position tragen. „Angeborene Talente" und pures Glück/Pech sollten für eine faire Verteilung gerechtigkeitsrelevanter Güter keine Rolle spielen (vgl. Olsaretti 2004, 24–30). Manche Vertreter*innen des Chancenprinzips verzichten daher auf die „same level of talent and ability" - Klausel. Die hier vorgebrachte Argumentation ist mit beiden Auslegungen des Prinzips vereinbar.

Umgebung diese Ressourcen bereitgestellt hat. Elternhaus, Freunde, das weitere soziale Umfeld, die Art der Schulbildung und wertvolle Erfahrungen sind ausschlaggebend für die Entwicklung der eigenen Fähigkeiten und des Habitus und damit für die Chancen, bestimmte gesellschaftliche Positionen zu erhalten (vgl. Rehbein 2015). Ökonomisches Kapital (also Einkommen und Vermögen) spielt eine wesentliche Rolle dabei, die genannten Voraussetzungen zu gewährleisten. So gibt es einige *basale* Voraussetzungen dafür, dass Kinder ihre Fähigkeiten entwickeln:

> „Children who lack medical and dental care, who have asthma, who grow up amidst environmental hazards, whose parents are frequently unemployed or underemployed and experience great stress, who live in unsafe neighborhoods isolated from adult role models with professional careers, who are hungry or undernourished, and who are read too little if at all by their parents, are much less likely to do well in a school than children who do not face these challenges" (Satz 2012, 156).

Neben einer sauberen Umwelt, Gesundheitsversorgung, gesunder Ernährung und elterlicher Fürsorge spielen aber auch weniger basale Voraussetzungen eine Rolle für die späteren Chancen einer Person. Die Möglichkeit, zu reisen und kulturelle Unterschiede kennenzulernen, anspruchsvollen und herausfordernden Hobbys nachzugehen oder sich in einem geistig-kulturell anregenden Umfeld aufzuhalten, tragen ebenfalls in erheblichem Maße zur Entwicklung gesellschaftlich wertgeschätzter Fähigkeiten und Eigenschaften einer heranwachsenden Person bei. Ob ein Kind die genannten Ressourcen und Möglichkeiten erhält, hängt unmittelbar mit der *ökonomischen* Situation der Eltern zusammen. Eine Bereitstellung ökonomischer Ressourcen durch Umverteilung könnte daher einen wichtigen Beitrag zu mehr Chancengleichheit leisten.

Ein geläufiger Einwand gegen den Vorschlag, mittels ökonomischer Umverteilung für mehr Chancengleichheit zu sorgen, lautet, dass nicht in erster Linie ökonomische Ungleichheit die Ursache für Chancenungleichheit ist, sondern dass es vielmehr auf die elterliche Erziehung und die innerfamiliäre Weitergabe von kulturellem Kapital ankomme. Darauf lässt sich zweierlei erwidern: Erstens sind (wie bereits im obigen Zitat angedeutet) auch die Qualität der Erziehung, die man seinen Kindern zuteil werden lässt, und insbesondere das Verfügen über kulturelles Kapital, nicht unabhängig von der eigenen ökonomischen Situation. Zweitens gilt, dass ökonomische Umverteilung (auch jenseits ihrer Auswirkungen auf Erziehung und kulturelles Kapital *der Eltern*) durchaus zu mehr Chancengleichheit beiträgt – wenn auch (bedauerlicherweise) längst nicht genug. Solange eine ökonomische Umverteilung die Chancengleichheit zumindest verbessert, scheint dies *pro tanto* für eine solche Umverteilung zu sprechen.

Manchmal wird der Einwand zu einer grundsätzlichen Kritik am Prinzip der Chancengleichheit ausgebaut. Wenn ungleiche Chancen nicht nur das Ergebnis ungleicher ökonomischer Bedingungen sind, sondern vor allem das Ergebnis ungleicher familiärer und sozialer Voraussetzungen, so würde das Prinzip der Chancengleichheit implizieren, dass man es Eltern grundsätzlich verbieten müsste, ihre eigenen Kinder zu bevorteilen (vgl. Friedman & Friedman [1980] 1990, 136). Es wäre dann bspw. verboten, den eigenen Kindern Bettgeschichten vorzulesen. Axel Tabarrok spitzt diesen Gedanken noch weiter zu: Konsequent zu Ende gedacht würde das Prinzip der Chancengleichheit sogar implizieren, „that all inheritances–monetary, genetic, and experiential–be abolished [which] would require a massive program of eugenics and the raising of children communally" (Tabarrok 2005, 14). Dies sei offenkundig ein nicht hinnehmbares Ergebnis, weshalb das Prinzip der Chancengleichheit in Gänze abzulehnen sei.[29] Der Einwand verliert an Stärke, wenn man das Chancenprinzip bloß als ein *pro tanto* Prinzip versteht, welches durch andere Gründe überwogen oder getrumpft werden kann (und wird). Viele Prinzipien hätten absurde Implikationen, würde man sie als das *einzige* Moralprinzip betrachten. Das Prinzip der Chancengleichheit ist dabei keine Ausnahme. Wenn es uns absurd erscheint, dass Eltern ihren Kindern keine Bettgeschichten vorlesen dürfen, dann liegt dieser Intuition vermutlich ein anderes Moralprinzip zugrunde, welches das Chancenprinzip trumpft oder überwiegt. Auf einen solchen Grund, nämlich den Wert familiärer Beziehungen, werde ich später (in Kapitel 5) näher eingehen.

Gelegentlich wird das Chancenprinzip als Begründung für eine Erbschaftssteuer mit dem Hinweis zurückgewiesen, dass der Eingriff in die ungleichen Vermögensverhältnisse zu einer Zeit geschieht, wenn die Würfel bereits gefallen sind: „unequal inheritances are received typically not when the beneficiaries are children or in early adulthood, but when they are in their fifties. If the concern is with unequal starting points, these unequal opportunities occur at the wrong stage in the life cycle" (Cunliffe, Erreygers & Reeve 2013, 4; Bracewell-Milnes 1997, 194). Diese Sorge ist jedoch nur teilweise berechtigt. Selbst wenn die Erben in einem Alter sind, in dem sie keiner Berufsarbeit mehr nachgehen und bereits alle Vorteile ihrer

---

[29] Dass das Prinzip der Chancengleichheit, wie es bspw. von Rawls vertreten wird, wirklich derart beunruhigende Implikationen für die Praxis hat, ist – aus verschiedenen Gründen – zu bezweifeln. Zum einen scheint hier vorausgesetzt zu werden, dass auch ungleiche Chancen, die auf genetische Unterschiede zurückgehen, einzuebnen sind. Dies trifft (wenngleich plausibel) auf die Rawlsche Formulierung des Prinzips aber gerade nicht zu. Zum anderen geht es bei der Chancengleichheit, wie sie hier vorgestellt wurde, nur mittelbar um Gleichheit mit Blick auf Geld, genetische Ausstattung und Erfahrung. Die unmittelbare Währung des Prinzips ist gesellschaftlicher Erfolg (gemessen u. a. im Erlangen bestimmter Berufe und Ämter, die mit Anerkennung, Verantwortung und Entlohnung für ihre Ausübung verknüpft sind). Womöglich sind daher – mit Blick auf die Herstellung von Chancengleichheit – weniger drastische und mindestens ebenso effiziente Mittel denkbar, etwa eine Umverteilung von Arbeit und ihrer Entlohnung (allerdings zu Lasten *ökonomischer* Effizienz) sowie ihre kulturelle Umwertung.

(ursprünglichen) privilegierten Ausgangssituation ausgeschöpft haben, folgt nicht, dass sich eine ökonomische Umverteilung – aus Sicht der Chancengleichheit – erübrigt. Dies ist aus drei Gründen so: Erstens können sich die ökonomischen Vorteile über mehrere Generationen auswirken, etwa wenn Kinder oder Großenkel der Erben finanzielle Unterstützung erhalten, aber auch, wenn sie lediglich von der Sicherheit und dem Status profitieren, der damit einhergeht, in eine wohlhabende Familie geboren zu sein (vgl. auch Halliday 2018, 123–135).

Zweitens lässt sich größere Chancengleichheit nicht nur durch eine Angleichung nach unten (*levelling down*), sondern auch durch eine Angleichung nach oben (*levelling up*) erreichen.[30] D. h., selbst wenn man die Erben (was ihre Chancen anbelangt) nicht mehr absolut schlechter stellen kann, so lässt sich die relative Position weniger privilegierter Gesellschaftsmitglieder dadurch verbessern, dass man ihre Position an die absolute Position der Bessergestellten angleicht. Zwar wären diejenigen, die von einer Umverteilung mit Blick auf Chancengleichheit profitieren würden, in erster Linie junge Menschen, und diese stünden nicht mehr im Wettbewerb mit den Erben, die durch eine Erbschaftssteuer in ökonomischer Hinsicht „belastet" würden. Sie stünden aber im Wettbewerb mit deren Kindern und Enkelkindern.

Drittens ist es nicht abwegig anzunehmen, dass das Prinzip der Chancengleichheit eine *ökonomische Entschädigung* derjenigen erforderlich macht, deren Chancen nicht (rechtzeitig) verbessert wurden; sei es aus normativen Gründen (weil andere normative Prinzipien dagegen sprachen) oder aus pragmatischen Gründen (weil es schlicht nicht möglich war) oder aus Gründen der „non-compliance" (weil sich die relevanten Akteure nicht an das Prinzip der Chancengleichheit gehalten haben).

1.2 Führt mehr monetäre Gleichheit zu mehr politischer Gleichheit?

Ein weiteres egalitäres Ideal, welches häufig zur Verteidigung ökonomischer Umverteilung und einer Erbschaftssteuer herangezogen wird, ist das der politischen Gleichheit (Duff 1993, 24–25; Gates & Collins 2003, 17–19; Beckert 2007, 20). Bei genauerer Betrachtung zeigt sich, dass es sich nicht um ein einziges Anliegen, sondern um ein komplexes Bündel verschiedener Ansprüche handelt. Es umfasst (zumeist)

---

30 In der philosophischen Literatur bezeichnet ‚Levelling Down' manchmal ausschließlich solche Angleichungen nach unten, die mindestens eine Person schlechter stellen, ohne irgendjemanden besserzustellen. Ich verwende den Begriff hier in einem schwächeren Sinne, sodass sich auch bei einer Umverteilung „von oben nach unten" von einem Levelling-Down-Effekt (bei gleichzeitigem bzw. zeitlich versetztem Levelling-Up-Effekt) sprechen lässt.

„klassische" liberale Rechte wie die Gleichheit vor dem Gesetz, das Recht zu wählen und gewählt zu werden sowie das Recht auf Versammlungsfreiheit und freie Meinungsäußerung. Mit diesen formalen Rechten ist es aber nicht getan. Zusätzlich sollen Bürger*innen in die Lage versetzt werden, tatsächlich (und möglichst in gleichem Maße) von ihren politischen Rechten Gebrauch zu machen. Sie sollen – in Rawls eigentümlicher Formulierung – über den *fairen Wert* dieser Rechte verfügen (vgl. Rawls [1971] 2009, 224–225). Manchmal wird dies so interpretiert, dass Bürger*innen die effektive Chance darauf haben sollen, gleichen *Einfluss* auf die Politik und gesellschaftliche Diskurse auszuüben. Ein weiterer Aspekt politischer Gleichheit besteht darin, dass eine demokratisch gewählte Regierung die Interessen bzw. Entscheidungen ihrer Bürger*innen in möglichst gleicher Weise repräsentiert – unabhängig davon, wie viel Einfluss die Bürger*innen tatsächlich haben.

Die Annahme, dass sich eine ökonomische Umverteilung positiv auf politische Gleichheit auswirken würde, findet unter Politikwissenschaftler*innen und politischen Philosoph*innen breite Zustimmung. Zum einen erwartet man sich davon einen *levelling-down*–Effekt. Individuen oder Interessengemeinschaften, die über *große* Mengen Geld verfügen, können erheblichen Einfluss auf politische Kräfteverhältnisse und Entscheidungen ausüben. Sie können ihr Geld für politische Kampagnen, Parteispenden und Lobbyarbeit einsetzen sowie durch eigene Medienangebote und die Gründung politischer Thinktanks oder Stiftungen auf den öffentlichen und akademischen Diskurs Einfluss nehmen (vgl. Christiano 2012; Wright [2010] 2017, 141). Ein eindrückliches Beispiel dafür, wie reiche Individuen großen Einfluss auf die öffentliche Meinung nehmen, stellt die Kampagne gegen die Erbschaftssteuer selbst dar.

„Estate tax repeal is on the agenda only because the estate tax offends the sensitivities of some very wealthy individuals and hefty campaign contributors. [Those individuals] spent millions of dollars on advertising spin, constructing a mythology about the estate tax that went largely unchallenged in the media and the public square" (Gates & Collins 2003, 5).

Eine Umverteilung ökonomischer Ressourcen würde dafür sorgen, dass reiche Individuen weniger Möglichkeiten haben, den Ausgang der Politik – wie im Falle der Erbschaftssteuer – zu ihren Gunsten zu beeinflussen.

Zum anderen hätte die Umverteilung ökonomischer Ressourcen einen *levelling-up*–Effekt zur Folge, da sie die Lebensumstände sozial benachteiligter Menschen verbessert und sich damit positiv auf deren politische Einflussmöglichkeiten und Beteiligung auswirkt. Drei Faktoren scheinen mir dabei besonders wichtig zu sein: a) *Zeit und Energie.* Menschen, die in prekären Verhältnissen leben, haben weniger Zeit und Energie sich gesellschaftspolitisch zu engagieren. Eine ökonomische Umverteilung könnte dagegensteuern. Ökonomische Ressourcen und sozialstaatliche Absicherung führen zu materieller Sicherheit und verringern damit Existenzängste und negativen Stress. Außerdem können sie zu mehr Unabhängigkeit beitragen, indem sie den Schlechtestgestellten größere Wahlfreiheit darüber geben, welche Jobs sie annehmen. Damit werden diese weniger anfällig für Ausbeutung, lange Arbeitszeiten und beschwerliche Arbeitsbedingungen (welche ebenfalls Zeit und Energie rauben).

b) Bildung. Ein weiterer Grund, warum sich viele Menschen nicht politisch engagieren, mag mit ihrer mangelnden politischen Bildung zu tun haben (vgl. Bödeker 2012). Wenn Menschen nur wenig von politischen und wirtschaftlichen Sachverhalten verstehen und nicht über die nötigen intellektuellen Fähigkeiten verfügen, sich komplexe gesellschaftspolitische Zusammenhänge zu erschließen, werden sie weniger Interesse am politischen Geschehen zeigen und die Politik anderen überlassen. Darüber hinaus wissen viele nicht, wie sie sich selbst (jenseits der Abgabe ihrer Wahlstimme) politisch einbringen können. Eine Umverteilung ökonomischer Ressourcen könnte entweder unmittelbar in bestimmte Bildungsangebote investiert werden oder den Schlechtestgestellten auf andere Weise zugutekommen, sodass sie mehr Zeit und Energie haben, sich selbst zu bilden (siehe oben).

c) Anerkennung und Selbstwert. Ferner wirken sich der Grad an Bildung und materiellem Wohlstand darauf aus, wie viel gesellschaftliche Anerkennung man erfährt, was sich außerdem im *Selbstwert* einer Person niederschlägt (siehe Abschnitt 1.3). Menschen am unteren Rand der Gesellschaft fühlen sich oft nicht wert genug, um sich gesellschaftlich (in politischen Parteien oder zivilgesellschaftlichen Organisationen) einzubringen. Sie haben die berechtigte Angst, ausgegrenzt und nicht ernst genommen zu werden und sehen in der Politik in erster Linie eine „Veranstaltung politischer Eliten" (Bödeker 2012, 3), zu der sie wenig beitragen können. Auch fehlende Anerkennung oder fehlender Selbstwert kann Menschen davon abhalten, politisch aktiv zu sein.

Ein geläufiger Einwand gegen die erste Begründung für mehr Umverteilung lautet, dass es lediglich einer größeren Gewaltenteilung bedarf. „Checks and balances" reichten aus, um dem ungleichen politischen Einfluss entgegenzuwirken. Bspw. könnten Wahlspenden ab einer bestimmten Höhe verboten werden, oder es könnte für mehr Transparenz bei Lobbyarbeit gesorgt werden. Sicherlich ließe sich mit strengeren Gesetzen eine Verbesserung gegenüber dem status quo erzielen. Doch ist es mit derart formalen Regelungen nicht getan. Durch ihre bessere soziale Vernetzung und größere Diskursmacht hätten ökonomisch Begünstigte nach wie vor erheblich bessere Möglichkeiten, ihre Interessen im politischen Prozess geltend zu machen. Zwar könnte der Staat immer noch strengere und weitreichendere Gesetze erlassen und durchsetzen, doch zum einen würden die staatlichen Überwachungsmaßnahmen, die zur effektiven Durchsetzung der Gesetze nötig wären, womöglich mit normativen Ansprüchen der Kontrollierten – wie bspw. einem Recht auf Privatheit oder individueller Freiheit – in Konflikt geraten (vgl. Schemmel 2011, 378–379); zum anderen würden die von den Gesetzen betroffenen Parteien (einmal mehr) versuchen, Einfluss auf die Gesetzesentwürfe zu nehmen, sodass die Gesetze – in der anzustrebenden Form – wahrscheinlich gar nicht erst beschlossen würden (vgl. ebd., 279). Ökonomische Umverteilung scheint daher nicht nur eine förderliche, sondern eine unverzichtbare politische Maßnahme mit Blick auf das Ziel politischer Gleichheit zu sein.

1.3 Führt mehr monetäre Gleichheit zu mehr sozialer Gleichheit?

Von allen hier behandelten Gleichheitskonzeptionen ist die der sozialen (oder relationalen) Gleichheit am schwierigsten zu fassen. Zugleich aber drückt sie ein wesentliches Moment des Ideals der Gleichheit aus, welches den anderen Varianten abzugehen scheint. Auch in philosophischen Debatten um die Besteuerung von Erbschaften wird zuweilen auf den Wert sozialer Gleichheit Bezug genommen (vgl. Nagel 2009, 116–118; Halliday 2018; Schweiger 2013, 49–53; Dworkin 2000, 348). Der Wert der Gleichheit erschöpfe sich, gemäß sozialer (oder relationaler) Egalitarist*innen, nicht in einer bestimmten Verteilung von Ressourcen, Nutzen oder Wohlergehen, sondern bestehe vielmehr in bestimmten Formen der hierarchiefreien, wertschätzenden Beziehung, in der Menschen zueinander stehen. Einige dieser egalitären Beziehungen gingen zudem über die wechselseitige Anerkennung des „bloßen" Personenstatus hinaus. Als Beispiele für (in problematischer Weise) ungleiche Beziehungen werden solche genannt, die geprägt sind von Respektlosigkeit, fehlender Anerkennung, Diskriminierung, Ausgrenzung, Stigmatisierung, Ausbeutung, Erniedrigung, Unterdrückung und Unterwürfigkeit sowie willkürlicher Herrschaft (vgl. Iris Marion Young 1990; Anderson 1999).[31]

Es wird eine rege Debatte darüber geführt, wie sich das relationale zum distributiven Gleichheitsparadigma verhält (von welchem sich relationale Egalitarist*innen vehement abgrenzen). Einige haben vorgeschlagen, das relationale Gleichheitsideal unter das distributive zu subsumieren, indem man die oben aufgezählten Beziehungen selbst als *Distribuenda* versteht (vgl. Tomlin 2015; Miklosi 2018). Andere glauben, dass das Konzept relationaler Gleichheit schlicht auf einem höheren Abstraktionsniveau angesiedelt ist und den abstrakten Rahmen für geläufige distributive Theorien liefern könne – gleicher Respekt drücke sich eben

---

[31] Manchmal wird auch ein positives Ideal formuliert (vgl. Anderson 1999, 313). Der Schwerpunkt des sozialen Gleichheitsideals liegt aber eindeutig auf der *Abwesenheit* von bestimmten Formen *un*gleicher Beziehungen.

genau darin aus, dass man für eine bestimmte Verteilung an Wohlergehen etc. sorgt (vgl. Brighouse & Swift 2014, 27). Die meisten relationalen Egalitarist*innen lehnen derartige Reduktionsversuche allerdings ab, da diese dem intuitiven Grundgedanken relationaler Gleichheit nicht vollständig gerecht würden (vgl. Fourie et al. 2015, 7–8). Für die hiesigen Zwecke ist es nicht wichtig, ob es sich beim Prinzip sozialer Gleichheit letztlich selbst um ein distributives Prinzip handelt, solange es sich von anderen geläufigen distributiven Prinzipien (dem Chancenprinzip oder dem Nutzenprinzip) unterscheidet. Ausgeschlossen wird hingegen, dass das Prinzip nicht mehr als eine abstrakte Leerformel ist, welche *ausschließlich* als Grundlegung für andere Prinzipien dient. Ich werde mich in meiner Argumentation auf einen bestimmten Aspekt sozialer Gleichheit beschränken, nämlich auf ungleiche Anerkennungsverhältnisse und die daraus hervorgehenden Statushierarchien zwischen sozioökonomischen Klassen.

Ein zentrales Problem an Statushierarchien ist gemäß relationaler Egalitarist*innen, dass Menschen aus einer „höheren" sozialen Klasse auf Menschen aus einer „niedrigeren" sozialen Klasse herabschauen und sie als unterlegen wahrnehmen (umgekehrt nehmen Menschen aus „niedrigeren" Klassen Menschen aus „höheren" Klassen oft als überlegen wahr) (vgl. Rehbein et al. 2015, 14).[32] Genau dies drückt sich ja (mitunter) im Begriff der *Hierarchie* aus. Die Zuschreibung des niedrigeren Status bezieht sich dabei nicht unbedingt auf den grundlegenden moralischen Status der Person – nur selten sprechen Menschen sozioökonomisch höherer Klassen anderen ihre gleichen moralischen Rechte ab –, sondern zunächst auf den Wert bestimmter Merkmale (Wertvorstellungen, Geschmack, Hobbys, Ausdrucksweise, äußere Erscheinung, Umgang und Auftreten, Fähigkeiten, Anstrengungsbereitschaft, erbrachte Leistungen, Beruf, materieller Besitz), welche die Person tatsächlich hat oder welche ihr lediglich unterstellt werden. Oft sind die Merkmale jedoch *identitätsstiftend*, sodass eine Abwertung der Merkmale auch als Abwertung der Persönlichkeit erfahren wird bzw. gemeint ist. Je stärker die Identität der Person durch die Merkmale konstituiert wird (und von anderen als durch die Merkmale konstituiert erachtet wird), desto moralisch problematischer ist die Abwertung dieser Merkmale und desto näher rückt diese Form der Abwertung (oft

---

[32] Boike Rehbein und ein interdisziplinäres Team aus Wissenschaftler*innen haben „in Deutschland mehrere, klar voneinander getrennte *soziale Klassen* ermittelt, die sich insbesondere durch [soziales, kulturelles und ökonomisches] Kapital sowie [......] durch Habitus und Lebensweise unterscheiden". Menschen würden „durch *Klassifikation* aktiv eingeordnet und integriert oder ausgegrenzt" (Rehbein et al. 2015, 10). Kapital und Habitus werden innerhalb der Klassen generationsübergreifend weitergegeben, sodass sich die soziale Position der Gesellschaftsmitglieder in sogenannten Traditionslinien fortwährend reproduziert. Zu ähnlichen Ergebnissen kam das Forschungsteam in den Ländern Brasilien und Laos.

unbewusst) an eine Abwertung des gleichen Personenstatus heran. Im schlimmsten Fall werden Menschen, die eine niedrige Position in der Hierarchie ausfüllen „subject to [...] stereotypes that represent them as proper objects of dishonor, contempt, disgust, fear, or hatred [...] and hence properly subject to ridicule, shaming, shunning, segregation, discrimination, persecution, and even violence" (Anderson 2012, 43).

Menschen aus einer „niedrigeren" sozialen Klasse erkennen die Zuschreibung *des niedrigen Status* durch die höheren Klassen häufig an und ordnen sich daher unter. Auch sie erleben sich selbst als (in bestimmter Hinsicht) minderwertig, was negative Folgen für ihre *Selbstachtung* und ihr Selbstwertgefühl haben kann (vgl. Schemmel 2011, 380; Rehbein 2015, 139–140). Verstärkt werden Fremd- und Selbstwahrnehmung der unterschiedlichen sozialen Klassen dadurch, dass Personen, die unterschiedlichen Klassen angehören, wenig Berührungspunkte miteinander haben. Dort wo sie aufeinandertreffen, sind die Begegnungen meist oberflächlich und von Vorurteilen geprägt. Auch stehen Menschen unterschiedlicher Klassen oft in Autoritäts- und Machthierarchien zueinander – z.Bsp. Vorgesetzte und Angestellte am Arbeitsplatz –, welche eine Begegnung auf Augenhöhe nahezu unmöglich machen. Das Bild des jeweils anderen als unter- bzw. überlegen kann sich dabei sogar noch verstärken.

Kaum eine Vertreter*in sozialer Gleichheit spricht sich gegen *jede* Form ungleicher Anerkennung aus. Menschen schätzen bestimmte Merkmale an sich selbst und an anderen. Solange nicht jeder Mensch in gleichem Maße an den jeweils wertgeschätzten Merkmalen teilhat, wird es Beziehungen ungleicher Wertschätzung geben.[33] Für eine plausible Kritik ungleicher Anerkennung bedarf es daher eines Kriteriums, um moralisch problematische von moralisch unproblematischen (oder zumindest weniger problematischen) Status-Hierarchien zu unterscheiden (vgl. Fourie 2015, 88–89). Vorschläge für problematische Anerkennungsverhältnisse sind beispielsweise:

a) Ungleiche Anerkennung aufgrund der *inkorrekten Zuschreibung* von geringgeschätzten Merkmalen; bspw. wenn weniger erfolgreiche Menschen als „von Natur aus" (d.h. biologisch/genetisch) dumm oder faul angesehen werden, obwohl ihre geringe Bildung und fehlende Disziplin ausschließlich auf schlechtere soziale Voraussetzungen zurückgehen; aber auch, wenn sie als dumm oder faul angesehen werden, obwohl sie dies eigentlich gar nicht sind (vgl. Schuppert 2015, 120–121). Eine Unterform ist die Zuschreibung falscher Merkmale aufgrund von Vorurteilen.

---

[33] Geringschätzung *in einer Hinsicht* kann sicherlich aufgewogen werden durch Wertschätzung *in einer anderen Hinsicht*. Doch dieses Zugeständnis löst das Problem ungleicher Wertschätzung nicht: Auch zu einer gleichen „all-things-considered–Wertschätzung" wird es unter halbwegs realistischen Umständen nicht kommen.

Möglicherweise handelt es sich hierbei um eine *besonders* schwerwiegende Verfehlung des Ideals sozialer Gleichheit (vgl. Scanlon 2003, 214; Anderson 2012, 48).

b) Ungleiche Anerkennung aufgrund der Geringschätzung von tatsächlichen Merkmalen, für welche die Person aber *keine Verantwortung* trägt, bspw. wenn sie für ihre tatsächliche geringe Bildung oder fehlende Disziplin geringgeschätzt wird, obwohl diese (bekanntermaßen) das Ergebnis ihres sozialen Hintergrundes oder ihrer biologischen Disposition ist (vgl. Baker 2015, 72).

c) Ungleiche Anerkennung aufgrund dessen, dass Menschen, die weiter unten in der Statushierarchie stehen, oft an den Maßstäben und Wertvorstellungen der Menschen gemessen werden, die weiter oben stehen. Was die Hierarchien hiernach problematisch macht, ist nicht, dass ihr Wertmaßstab nicht objektiv ist, sondern, dass diejenigen, die oben in der Statushierarchie stehen, in einer Machtposition sind, den *Maßstab für alle anderen vorzugeben*, an dem sich alle anderen messen bzw. messen lassen müssen (vgl. Young 1990, 58–61; Scanlon 2003, 204; Schuppert 2015, 121).

Die genannten asymmetrischen Anerkennungsverhältnisse werden bereits für sich genommen als moralisch problematisch erachtet. Darüber hinaus führen Statushierarchien dazu, dass Menschen aus „höheren" Klassen Menschen aus „niedrigeren" Klassen *aufgrund ihrer Klassenzugehörigkeit* ungleich *behandeln*, etwa diskriminieren oder ausgrenzen (wie in Andersons Zitat beschrieben). Ein besonders gravierender Fall ist der, bei dem Zugehörige der „höheren" Klasse durch Diskriminierung und Ausgrenzung gegen (vom Wert der sozialen Gleichheit) unabhängige Prinzipien wie Chancengleichheit, Politische Gleichheit etc. verstoßen. Das Problem wird aber nicht ausschließlich in der Verletzung dieser anderen Prinzipien gesehen, sondern in der Verletzung dieser Prinzipien *aufgrund der Diskriminierung und Ausgrenzung, welche auf soziale Statushierarchien zurückgeht.*[34]

Große monetäre Ungleichheit hat einen Einfluss auf die Anerkennungsverhältnisse in einer Gesellschaft. Erstens ist in modernen kapitalistischen Gesellschaften der monetäre und allgemein materielle Wohlstand bereits für sich genommen Objekt von Anerkennung und damit status-relevant (vgl. Rehbein et al. 2015, 137). *Ceteris paribus* gilt: Je mehr Geld jemand hat, desto angesehener ist die Person. Zweitens lässt sich ökonomisches Kapital in kulturelles oder soziales Kapital

---

[34] Statushierarchien sind demnach ein intrinsisches, ein instrumentelles und ein konstitutives Übel. Ein intrinsisches Übel sind sie, weil sie *in sich* moralisch problematisch sind (unabhängig von ihren Konsequenzen), ein instrumentelles Übel sind sie, weil sie zur Verletzung unabhängiger moralischer Prinzipien führen (bspw., wenn Menschen gleiche Chancen versagt werden) und ein konstitutives Übel sind sie, weil die Verletzungen der unabhängigen Prinzipien dadurch *schwerer wiegen*, dass sie die Folge von Statushierarchien sind.

umwandeln, was seinerseits den gesellschaftlichen Status erhöht. Geld verschafft Zugang zu Bildung und anderen Kulturleistungen sowie zu Orten und Vereinigungen, wo sich andere „kapital-starke" Personen aufhalten. Drittens haben Status und die genannten Kapitalarten großen Einfluss darauf, wer Zugang zu *anerkannten* und *prestigeträchtigen* Berufen und anderen gesellschaftlichen Positionen erhält (siehe Abschnitt 1.1). Diese Positionen gehen häufig mit Autorität und Macht einher; Eigenschaften, die ebenfalls den Status einer Person bestimmen. Damit wird auch offensichtlich, dass Status *nicht zwingend* abhängig von der Zuschreibung von Anstrengung oder Leistung ist. Letztere können zwar selbst Gegenstand von Anerkennung sein, und Menschen (aus allen Gesellschaftsschichten) führen ihre eigene gesellschaftliche Stellung (und die anderer) oft auf individuelle Leistung zurück; häufig tragen aber auch Merkmale zum Status einer Person bei, für welche der Person in keinerlei Weise Verantwortung zugeschrieben wird. Gute Beispiele hierfür sind der ererbte materielle Wohlstand oder das soziale Netzwerk der Eltern.

Eine monetäre Umverteilung kann bestehende Statushierarchien (und die damit einhergehenden Formen ungerechtfertigter Ausgrenzung und Diskriminierung) verringern. Es versteht sich von selbst, dass es mit einer bloßen ökonomischen Umverteilung nicht getan ist, sondern zusätzlich vieler weiterer Maßnahmen bedarf, um Statusunterschiede in der Gesellschaft einzuebnen. Christian Schemmel verweist in diesem Zusammenhang auf Möglichkeiten des „'engineering' of social attitudes, for example in schools and through the media, which instill a practical sense of basic equality, and of the limited moral importance of de facto inequalities in talents, capacities and social functions and professions" (Schemmel 2011, 376). Elizabeth Anderson sieht zudem Integrationspolitik als ein geeignetes Mittel zum Abbau von Statushierarchien: „The ideal of integration envisions a restructuring of intergroup relations, from alienation, anxiety, awkwardness, and hostility to relaxed competent civil association and even intimacy" (Anderson 2010, 117)[35]. Auch ist klar, dass Statusunterschiede niemals vollständig verschwinden werden. Dies ist aber kein Grund, sie nicht wenigstens zu verringern, wo immer sich die Gelegenheit dazu bietet (und keine gewichtigen moralischen Gründe dagegen sprechen).

---

[35] Anderson bezieht sich dabei zuvorderst auf Integration zwischen der weißen und schwarzen Bevölkerung in den USA. Sie gibt jedoch zu verstehen, dass sich der von ihr entwickelte Ansatz auch auf andere soziale Gruppen anwenden bzw. übertragen lässt (vgl. Anderson 2010, 112–134).

1.4 Führt mehr monetäre Umverteilung zu mehr monetärer Gleichheit?

Der folgende kausale Zusammenhang scheint auf den ersten Blick unstrittig. Monetäre Umverteilung (von oben nach unten) führt zumindest unmittelbar zu mehr monetärer Gleichheit. Dies geschieht auf zweierlei Weise: Erstens dadurch, dass den monetär Bessergestellten etwas genommen wird, über das sie ohne den Akt der Umverteilung weiter hätten verfügen können. Damit nähern sich die Bessergestellten der absoluten Position der Schlechtergestellten an; zweitens dadurch, dass den monetär Schlechtergestellten Ressourcen bereitgestellt werden, über die sie ohne den Akt der Umverteilung nicht verfügen könnten. Damit nähern sich die Schlechtergestellten der absoluten Position der Bessergestellten an.

Es ist nicht vollkommen ausgeschlossen, dass eine Umverteilung *langfristig* gesehen genau den gegenteiligen Effekt hat und zu mehr monetärer Ungleichheit führt. So könnte es bspw. sein, dass eine großangelegte staatliche Umverteilung dazu führt, dass wohlhabende Gesellschaftsschichten (noch) mehr Ressourcen dafür aufwenden, die Politik (womöglich das politische System als Ganzes) und die öffentliche Meinung zu ihren Gunsten zu beeinflussen, was langfristig zu einer Umverteilung von unten nach oben führen könnte. Andererseits könnte ein verstärkter „Klassenkampf von oben" auch zu vermehrtem Widerstand seitens der benachteiligten Bevölkerungsschichten führen. Über derartige Langzeitfolgen lässt sich nur spekulieren. Ich werde im Weiteren von der durchaus plausiblen Annahme ausgehen, dass der kurzfristige Einsatz für mehr Umverteilung auch langfristig zu mehr Gleichheit beiträgt.

Auch wenn eine monetäre Umverteilung unter halbwegs realistischen Umständen (und der Berücksichtigung anderer moralischer Gründe) das *einzige* Mittel ist, um größere ökonomische Gleichheit zu erzielen, sind zwei Alternativen (logisch) denkbar: Erstens ließe sich ökonomische Gleichheit herstellen, indem man ausschließlich den Wohlhabenden etwas nimmt (ohne es anderen zu geben) und zwar „so lange", bis alle gleich schlecht dastehen. Zweitens sind Umstände denkbar, in denen der Staat ein unerwartetes „Geldgeschenk" (windfall) erhält und dieses ausreicht, um alle ökonomisch so gut zu stellen wie die bestgestellten Gesellschaftsmitglieder. Beides ist aber wie gesagt äußerst unrealistisch, und die erste der zwei Alternativen ist zudem aus anderen moralischen Gründen (etwa aufgrund des nun folgenden Leximinprinzips) nicht wünschenswert.

1.5 Führt mehr monetäre Umverteilung zu mehr Nutzen für die Schlechtestgestellten?

Betrachten wir zuletzt das Prinzip, wonach der Nutzen für die Schlechtestgestellten (maximal) zu befördern ist; im Folgenden *Leximinprinzip* genannt.[36] Anders als den zuvor behandelten Prinzipien geht es diesem nicht um die *relative*, sondern um die *absolute* Position der Gesellschaftsmitglieder. Diese soll verbessert bzw. maximiert werden, weshalb das Prinzip auch als ein Prinzip der *Effizienz* angesehen werden kann. Zugleich gilt es vielen als ein *egalitaristisches* Prinzip, da es – anders als bspw. das utilitaristische – nicht den Gesamtnutzen maximiert, sondern dem Nutzen der schlechtestgestellten Gesellschaftsmitglieder (strenge) Priorität einräumt, womit es dem gleichen moralischen Status individueller Personen in besonderem Maße Rechnung trage. Außerdem sieht das Prinzip nur dann die Abweichung von einer Gleichverteilung vor, wenn dadurch eine Pareto-Verbesserung (gegenüber der Gleichverteilung) erzielt wird.

Bevor wir die Frage beantworten können, ob eine monetäre Umverteilung den Nutzen der Schlechtestgestellten erhöht, muss der Begriff des (individuellen) Nutzens genauer bestimmt werden.[37] Utilitarist*innen verstehen darunter zumeist die Realisierung einer Präferenzfunktion. Andere Philosoph*innen lassen nicht alle Präferenzen gelten, sondern (je nach Theorie) nur rationale, informierte, selbstbezogene oder solche, die Teil eines übergreifenden Lebensplanes sind. Wieder

---

36 Ein Prinzip, welches die Position der Schlechtestgestellten maximal befördert, wird auch Maximinprinzip genannt. Ein Leximinprinzip hingegen besagt, dass es nicht nur um den Nutzen für die Schlechtestgestellten geht, sondern auch um den Nutzen der zweit, dritt (......) Schlechtestgestellten und dass die Besserstellung der Schlechtestgestellten Priorität vor der Besserstellung der zweit Schlechtestgestellten, diese Priorität vor der Besserstellung der dritt Schlechtestgestellten hat, usf. (vgl. Sen 1980). Ich möchte das hier behandelte Prinzip als Leximinprinzip verstehen, da dieses moralisch wesentlich attraktiver ist als ein Maximinprinzip. Des Weiteren möchte ich die Möglichkeit offen lassen, dass man das Prioritätsverhältnis nicht *absolut* versteht, sondern lediglich als *stark gewichtet*. Das Prinzip würde dann auch bestimmte Varianten des Prioritarismus umfassen.
37 Der Begriff des Nutzens (*Utility*) wurde in der Geschichte der Philosophie sehr unterschiedlich gebraucht. So bezeichnete er unter anderem a) diejenigen Dinge, die jemandes Wohlfahrt erhöhen, b) die Wohlfahrt selbst, c) die Präferenzerfüllung einer rationalen (sei es egoistischen oder altruistischen, prudentiellen oder imprudentiellen) Person, sowie d) die aggregierte Wohlfahrt/Präferenzerfüllung aller Gesellschaftsmitglieder (oder aller Menschen) (vgl. Broome 1991). Auch wenn John Broome dafür wirbt, den Begriff aus diesem Grund fallenzulassen, möchte ich mir seine begriffliche Vagheit im Folgenden zunutze machen, um verschiedene Verteilungswährungen darunter zu fassen, ohne mich darauf festzulegen, ob diese wohlfahrtskonstitutiv oder lediglich instrumentell nützlich für Wohlfahrt sind. Auch möchte ich offenlassen, ob sich Nutzen auf (instrumentelle oder intrinsische) *Wohlfahrts*interessen beschränkt, oder ob er (darüber hinaus) wohlfahrtsunabhängige Interessen, wie Autonomieinteressen, umfasst (vgl. Sen 1987, 40–45).

andere bestimmen den Nutzen als Ressourcen (etwa als *all-purpose goods*) oder als das Verfügen über wertvolle effektive Freiheiten (*capabilities*) und wertvolle Seinsweisen (*beings and doings*). Auch mit Blick auf das Leximinprinzip vertrete ich eine *ökumenische* Strategie. Ich werde dafür argumentieren, dass eine monetäre Umverteilung von den Bessergestellten zu den Schlechtestgestellten zu mehr Nutzen für die Schlechtestgestellten führt, und zwar *unabhängig davon, welches der geläufigen Nutzenverständnisse zugrunde gelegt wird.* Entsprechend brauche ich mich nicht darauf festlegen, welches Nutzenverständnis „korrekt" ist (bzw. eine angemessene Gerechtigkeitswährung darstellt).

Betrachten wir zunächst den Fall, bei dem unter ‚Nutzen' ein Bündel aus Allzweckgütern verstanden wird, welches im Wesentlichen Einkommen und Vermögen umfasst. Hier ist der Zusammenhang zwischen einer monetären Umverteilung und einer Besserstellung der Schlechtestgestellten am offensichtlichsten. Die Schlechtestgestellten sind *per definitionem* diejenigen, die über wenig ökonomische Ressourcen verfügen. Eine Umverteilung ökonomischer Ressourcen von den wohlhabenden zu den ärmeren Bevölkerungsschichten stellt letztere ipso facto (mit Blick auf Einkommen und Vermögen) besser.

Wie verhält es sich aber, wenn wir nicht Geld und Vermögen, sondern Präferenzerfüllung als die relevante Metrik ansehen? Würde auch dann eine monetäre Umverteilung den Schlechtestgestellten nutzen? Auf den ersten Blick scheint dies der Fall zu sein. In einer privaten Marktwirtschaft sind viele unserer Präferenzen nur mit Geldmitteln zu erfüllen. Je mehr Geld einer Person zur Verfügung steht, desto mehr und stärkere ihrer Präferenzen kann sie erfüllen. Eine monetäre Umverteilung würde einen Zuwachs an Geld für die Schlechtestgestellten bedeuten und damit einen Zuwachs ihrer Präferenzerfüllung. Hier mag man jedoch einwenden, dass reiche Menschen häufig besonders teure Präferenzen (*expensive tastes*) ausgebildet haben, welche zu ihrer Erfüllung größerer monetärer Mittel bedürfen als die Präferenzen ärmerer Menschen. Teurer Champagner oder der Urlaub in einem Luxushotel können für eine reiche Person ebenso wichtig sein wie das frisch gezapfte Bier und der Campingurlaub für eine weniger wohlhabende Person. Vor diesem Hintergrund ist der Zusammenhang zwischen Umverteilung und einem Nutzenzuwachs für die (mit Blick auf ihre Präferenzerfüllung) Schlechtestgestellten weniger eindeutig.

Der Einwand ist nicht völlig unberechtigt, man darf seine Reichweite aber nicht überschätzen. Erstens können auch arme Personen äußerst teure Präferenzen haben (wer würde nicht gerne in einem luxuriösen Haus oder Apartment leben, mit einer Yacht durch die Südsee fahren oder einen Flug ins All unternehmen?). Wir dürfen nicht den Fehler machen, die Präferenzen einer Person an ihren Konsumentscheidungen abzulesen, denn offenbar geben diese nur Auskunft über die Präferenzen innerhalb bestimmter *Budgetrestriktionen*. Zweitens gibt es einige

Grundbedürfnisse, deren Erfüllung von (fast) allen Menschen stärker erwünscht ist als die Erfüllung extravaganter Luxusbedürfnisse. Eine Umverteilung von wohlhabenden zu ärmeren Bevölkerungsschichten würde zur Erfüllung dieser Grundbedürfnisse von ärmeren Personen beitragen, ohne die Erfüllung ähnlich starker Präferenzen auf Seiten der wohlhabenden Personen zu frustrieren.

Für jemanden, der auf Grundlage des (auf Präferenzerfüllung abzielenden) Leximinprinzips für eine ökonomische Umverteilung argumentieren möchte, ergibt sich aber noch ein weiterer Fallstrick. Wie schon im Einleitungskapitel bemerkt, ist die Erbschaftssteuer alles andere als beliebt – und dies nahezu unabhängig von der Klassenzugehörigkeit der Befragten. In den USA scheint die Mehrheit der Bevölkerung (und ein erheblicher Teil der Schlechtestgestellten) zudem gegen progressive Steuern und staatliche Umverteilung allgemein zu sein (vgl. Sheffrin 2013, 119–121, 148). Mit anderen Worten: Viele Schlechtestgestellte haben eine starke Präferenz *gegen* Umverteilung bzw. eine umverteilende Erbschaftssteuer. Es wäre daher möglich, dass die Erbschaftssteuer den Schlechtestgestellten alles in allem gar keinen Nutzen bringt; wenn nämlich die Präferenz gegen die Erbschaftssteuer stärker wiegt als die Summe der (je individuellen) Präferenzen, welche durch die Umverteilung erfüllt werden (vgl. Sheffrin 2013, 66–67).[38] Die entscheidende Schwäche des Argumentes besteht darin, dass es Nutzen als simple Präferenzerfüllung konzipiert. Dies ist allerdings höchst unplausibel. Sobald man den Raum der relevanten Präferenzen auf rationale und informierte oder auf selbstbezogene (und *eo ipso* a-moralische) Präferenzen einengt bzw. abändert, wären diese Präferenzen (gegen das Erheben einer Erbschaftssteuer) höchst wahrscheinlich nicht mehr mitzuberücksichtigen und die Erbschaftssteuer würde keinen negativen Effekt auf die Nutzenfunktion haben (zumindest nicht aus besagtem Grund).

Betrachten wir zuletzt den Fall, dass Nutzen im Sinne von objektiv wertvollen Fähigkeiten und Seinsweisen verstanden wird. Nun hängt offenbar viel davon ab, welche Fähigkeiten und Seinsweisen genau zu den objektiv wertvollen gezählt werden. Ich werde mich im Weiteren an die Liste von Martha Nussbaum halten, da es sich hierbei um den elaboriertesten Ansatz objektiven Nutzens handelt. Es wird dafür argumentiert, dass eine monetäre Umverteilung, auch gemäß dieser Nutzendefinition, einen Nutzenzuwachs für die Schlechtestgestellten nach sich zieht. Nussbaums Liste umfasst so unterschiedliche Güter wie ein langes Leben, Gesundheit, Lachen, Spiel und hedonisches Glück, Sinneserfahrungen und kreative geistige Tätigkeit, Naturverbundenheit, liebevolle und intime zwischenmenschliche

---

38 Sheffrin bezieht sich auf den Ansatz von Kaplow und Shavell (2002), in dem sie behaupten, dass auch Präferenzen für moralische und rechtliche Regeln in die korrekte soziale Wohlfahrtsfunktion – in ihrem Fall eine maximierende – eingehen sollen.

Beziehungen sowie die Fähigkeit, einen autonomen Lebensplan zu verfolgen (vgl. Nussbaum 1992, 222).[39]

Wohlhabende Menschen können diese Güter in der Regel in größerem Maße realisieren als ökonomisch benachteiligte (vgl. Schweiger 2013, 39). So besteht etwa ein starker Zusammenhang zwischen der ökonomischen Position einer Person und ihrer Gesundheit und Lebensdauer (Lampert & Kroll 2010). Wohlhabende Menschen verfügen über eine bessere medizinische Versorgung und können sich eine gesündere Ernährung leisten (vgl. ebd., 5). Sie sind seltener von Existenzängsten und dem damit einhergehenden Stress betroffen, leben in einer gesünderen Umgebung (z.Bsp. in einem Haus mit schadstoffarmen Materialien, in einem Stadtviertel mit besserer Luft und weniger Lärm etc.) und arbeiten unter besseren Bedingungen. Viele arme Menschen leben in Hochhaussiedlungen, sodass es ihnen an Natur- und anderen wertvollen Sinneserfahrungen mangelt. Existenzängste und mangelnder Selbstwert (der häufig mit einem niedrigen sozioökonomischen Status einhergeht) können sich zudem negativ auf die Qualität zwischenmenschlicher Beziehungen auswirken (vgl. Stock et al. 2014). Fehlende Planungssicherheit – aufgrund prekärer Beschäftigung und unzureichender sozialer Absicherung – hält viele Menschen davon ab, langfristige Pläne für sich und ihre Familien zu schmieden. Dies beschreibt längst nicht alle Zusammenhänge zwischen ökonomischen Ressourcen und der Realisierung wertvoller Fähigkeiten und Seinsweisen. Es sollte jedoch einen hinreichenden Eindruck davon geben, warum sich eine Umverteilung ökonomischer Ressourcen positiv auf den (objektiv verstandenen) Nutzen der Schlechtestgestellten auswirken würde.

Ein möglicher Einwand gegen diese (objektivistische) Begründung für ökonomische Umverteilung könnte lauten, dass sie von der unrealistischen Annahme ausgehe, die Empfänger*innen seien grundsätzlich willens und in der Lage, ihre Lebenssituation (mittels der monetären Ressourcen) in objektiver Hinsicht zu verbessern. Richard Arneson bringt diesen Einwand lapidar auf den Punkt: „with a litte cash we get doughnuts; with more cash more and fancier doughnuts" (Arneson 2002, 178). Tatsächlich spricht der Einwand aber nicht *per se* gegen eine ökonomische Umverteilung, sondern nur gegen eine ökonomische Umverteilung *im engen Sinne*. Anstatt die Steuereinnahmen in monetärer Form an die Schlechtestgestellten

---

[39] Versteht man Nutzen im Sinne ganz *essentieller* bzw. *basaler* Fähigkeiten (und Seinsweisen) oder setzt man eine Schwelle, sodass die Fähigkeiten nicht maximiert, sondern nur bis zu einem bestimmten Grad realisiert sein müssen, so ist das Leximinprinzip kaum noch von einem Prinzip der Armutsbekämpfung oder Grundbedürfniserfüllung zu unterscheiden. Die plausibelste Auslegung derartiger Suffizienzprinzipien achten nicht nur darauf, wie viele Individuen sich oberhalb der relevanten Schwelle befinden, sondern berücksichtigen auch die Verteilung unterhalb der Schwelle (vgl. Liam Shields 2012).

auszuzahlen, könnten sie (vom Staat) in einer Weise verwendet werden, welche die Bürger*innen befähigt, wertvolle Seinsweisen zu realisieren; bspw. durch den Ausbau des Gesundheitssystems, bessere (staatliche) Altersvorsorge, sozialen Wohnungsbau, kostenlose Bildungs- und Kulturangebote, die Förderung von „Grassroots-Projekten" oder die Bereitstellung öffentlicher Räume wie Jugendzentren, Sportanlagen, Parks und Gemeinschaftsgärten etc.[40]

Zusammenfassend lässt sich sagen, dass das Prinzip, welches den größtmöglichen Nutzen für die Schlechtestgestellten verlangt, in jeder der besprochenen Nutzen-Interpretationen auf eine *radikale* Umverteilung ökonomischer Ressourcen hinauszulaufen scheint. Im Folgenden muss jedoch ein wichtiger Einwand gegen ökonomische Umverteilung im Allgemeinen diskutiert werden, der die Ergebnisse der bisherigen Argumentation ein Stück weit relativieren könnte. Der Einwand besagt, dass Umverteilung *wirtschaftlich ineffizient* ist. Um einen moralisch relevanten Einwand handelt es sich dabei nur, wenn gezeigt werden kann, dass wirtschaftliche Ineffizienz einem fundamentalen moralischen Prinzip zuwiderläuft. Häufig liegt dem Einwand ein utilitaristisches Moralprinzip zugrunde, wonach wirtschaftliche Ineffizienz die „Gesamtwohlfahrt" verringert. In dieser Variante würde das Effizienzargument der bisherigen Argumentation nichts anhaben, denn das Prinzip des Nutzens für die Schlechtestgestellten wird in der Regel als eine *Alternative* zum utilitaristischen Nutzenprinzip verstanden (und nicht als eines, welches mit dem utilitaristischen Nutzenprinzip in einem *all-things-considered* Urteil abzuwägen ist).

Manchmal basiert der Effizienzeinwand aber explizit auf dem Prinzip des Nutzens für die Schlechtestgestellten (vgl. Tomasi 2012, 127–142; Mack 2018, 75). Der Einwand lautet dann so: Zwar mag ökonomische Umverteilung den Schlechtestgestellten kurzfristig zugute kommen, langfristig aber würden sie – aufgrund einbrechender wirtschaftlicher Aktivität – einen Schaden davontragen. Mit Blick auf die Erbschaftssteuer stellt sich das Problem wie folgt dar: Die von der Steuer betroffenen Personen und Unternehmen würden a) weniger arbeiten bzw. produzieren oder b) das Geld ausgeben anstatt es zu sparen. Zum einen gäbe es (langfristig) immer weniger Geld zum Umverteilen. Der unmittelbare Effekt, den die Erbschaftssteuer haben soll, geht damit verloren. Zum anderen führt die zurückgehende Produktion und Sparquote zu einer Verschlechterung der Wirtschaftsleistung. Dies hätte weniger Arbeitsplätze und geringere Steuereinnahmen (bspw. Einnahmen aus der Einkommens- und Mehrwertsteuer) zur Folge, die den

---

[40] Außerdem ist nicht klar, inwieweit Nussbaums Ansatz überhaupt von dem Einwand betroffen ist. Wenn es ihr nämlich nicht (ausschließlich) um die Realisierung wertvoller Seinsweisen geht, sondern (auch) um die bloße *Fähigkeit* zu deren Realisierung, so kann eine Umverteilung unabhängig davon geboten sein, ob die Empfänger*innen ihre Ressourcen klug einsetzen.

Schlechtestgestellten derzeit noch zugute kommen. Betrachten wir die drei Aspekte des Argumentes, nämlich die schlechten wirtschaftlichen Anreize (i), das Ausbleiben unmittelbaren Nutzens (ii) und das Auftreten langfristigen Schadens (iii), der Reihe nach.

(i) Führt eine Erbschaftssteuer zu einer wirtschaftsschädigenden Anreizstruktur?

Bedenken, dass sich die Erbschaftssteuer auf das Produktions- und Sparverhalten der besteuerten Personen auswirke, sind sicherlich zu einem gewissen Grad berechtigt. Es ist nicht unplausibel anzunehmen, dass der Wunsch den eigenen Kindern etwas hinterlassen zu können, für einen erheblichen Teil der Bevölkerung *ein* motivierender Grund ist, zu arbeiten oder zu sparen. Andererseits können Menschen aber, insbesondere in herausfordernden, angesehenen und gut bezahlten Berufen (die in erster Linie von der Steuer betroffen wären), aus vielen anderen Gründen zur Arbeit motiviert sein; z.Bsp. durch die gesellschaftliche Anerkennung, die mit der Ausübung des jeweiligen Berufs einhergeht, durch den gesellschaftlichen Nutzen, den sie damit stiften und durch die Freude an der Arbeit selbst.

Und nicht alle Menschen, die um des Geldes willen arbeiten, tun dies, um das Geld später an ihre Kinder (oder andere Personen) weitergeben zu können. Dies sieht man bereits daran, dass auch viele kinderlose Menschen produktiv und sparsam sind und ein großes Erbe hinterlassen (vgl. Cunliffe & Erreygers 2013, 61; Duff 1993, 12; D.W. Haslett 1997, 143). Viele Menschen sind eigen-motiviert und streben nach Sicherheit und einem komfortablen Lebensabend. Der eigene Tod kann nur selten genau vorausgesagt werden, sodass es sich lohnt, Geld für später zurückzulegen. Die Erbschaftssteuer lebt also zum Teil von „ungeplanten Hinterlassenschaften" (Haslett 1986, 141; vgl. Cremer & Pestieau 2013, 161–162). Eine weitere Motivation dafür, Geld zu verdienen und zu sparen, kann darin bestehen, dass man in der Akkumulation von Geld einen Selbstzweck sieht (vgl. Simmel 1900, 229-266). Und schließlich ist besonders in kapitalistischen Gesellschaften das unaufhörliche Streben nach Macht und Anerkennung, welche mit einem hohen Vermögen einhergehen, weit verbreitet (Cremer & Pestieau 2013, 162).

Doch selbst wenn wohlhabende Menschen ausschließlich deshalb (mehr) Geld verdienen und sparen würden, um es später an ihre Kinder weiterzugeben, würde dies – aus Effizienzgründen – nicht gegen eine Erbschaftssteuer *per se* sprechen, sondern gegen eine *zu hohe* Erbschaftssteuer bzw. eine Erbschaftsteuer mit *zu hoher* Progression. Eine 100 %ige Erbschaftssteuer auf große Vermögen würde sicherlich in höherem Maße zu den oben genannten Anreizen (a-c) führen als eine weniger progressive Steuer. Eine Steuer mit geringer Progression dagegen könnte die Anreize zu arbeiten sogar verstärken. Denn zum einen wäre seitens der Erblasser mehr Arbeit nötig, um ihren Kindern denselben Betrag zu hinterlassen (vgl. Duff 1993, 12), zum anderen wären die Kinder selbst angehalten, mehr zu verdienen und für das Alter vorzusorgen, weil sie nicht auf ein großes Erbe von ihren Eltern zählen können (vgl. D.W. Haslett 1997, 144; Cunliffe, Erreygers & Reeve, 2013, 3).

(ii) Unterläuft eine wirtschaftsschädigende Anreizstruktur den unmittelbaren Nutzen der Erbschaftssteuer?

Selbst wenn es stimmen sollte, dass sich eine Erbschaftssteuer negativ auf die Anreize zu arbeiten und zu sparen und damit auf die Wirtschaftsleistung einer Gesellschaft auswirken würde, so wäre dies nicht hinreichend, um zu zeigen, dass die Erbschaftssteuer nicht eingeführt werden sollte. Denn wirtschaftliche Effizienz ist kein Selbstzweck, sondern soll dem Allgemeinwohl dienen. Dieses wurde hier bestimmt als eine Nutzenverteilung, welche den Schlechtestgestellten (starke oder absolute) Priorität einräumt. Es muss daher nicht nur gezeigt werden, dass die Wirtschaftsleistung bei Einführung einer Erbschaftssteuer insgesamt zurückgeht, sondern dass die zurückgehende Wirtschaftsleistung keinen Nutzen für die Schlechtestgestellten erzeugt.

Was den *kurzfristigen* Nutzen betrifft, so steht zu befürchten, dass die Einführung einer Erbschaftssteuer ihren eigenen Zweck untergräbt. Dadurch, dass die oben aufgezählten schädigenden Anreize geschaffen werden, würden die Einnahmen aus der Erbschaftssteuer so gering ausfallen, dass sie sich (unter Berücksichtigung ihrer Kosten) kaum noch oder gar nicht lohnt. Im letzten Abschnitt wurden verschiedene Gründe dafür angeführt, derartige Prognosen skeptisch zu sehen. Selbst wenn die Erbschaftssteuer tatsächlich einen negativen Einfluss auf die Anreize zu arbeiten und zu sparen hat, hätten diese wahrscheinlich nicht zur Folge, dass sich die Einnahmen aus der Erbschaftssteuer gegen Null beliefen (und auch nicht, dass sie geringer ausfallen als die Kosten einer solchen Steuer). Solange dies so ist, würde sich eine Erbschaftssteuer mit Blick auf das Prinzip des Nutzens für die Schlechtestgestellten lohnen – zumindest, wenn wir nur die kurzfristigen Konsequenzen berücksichtigen. Wie steht es aber um die langfristigen Folgen?

(iii) Führt die wirtschaftsschädigende Anreizstruktur zu langfristigen Schäden für die Schlechtestgestellten?

Sollten durch die Erbschaftssteuer wirtschaftliche Einbußen entstehen, so könnten auch die Schlechtestgestellten davon betroffen sein. Insbesondere wird hier auf den Verlust von Arbeitsplätzen hingewiesen, den eine zurückgehende Wirtschaftsleistung nach sich zöge. Dieses Problem ist nicht von der Hand zu weisen. Es ist jedoch zu beachten, dass durch eine Umverteilung von Vermögen auch neue Arbeitsplätze entstehen könnten. Menschen, die zuvor nicht über genug Geld verfügten, um sich aus- oder weiterzubilden oder keine Kredite für eigene wirtschaftliche Unternehmungen erhielten, könnten Lücken im Arbeitsmarkt schließen oder sich selbstständig machen (IMF 2014; für BRD siehe Friedrich Ebert Stiftung 2017).

Abschießend lässt sich sagen, dass eine Erbschaftssteuer solange (im hier relevanten Sinne) effizient wäre, wie der Nutzen, den die Schlechtestgestellten durch eine Umverteilung erhalten, den Schaden überwiegt, den die Schlechtestgestellten durch den Verlust von Arbeitsplätzen und geringere Steuereinnahmen aus anderen Steuern (die der Staat für soziale Leistungen ausgeben würde) erleiden würden. Wie groß das Verhältnis von Nutzen und Schaden ist, hängt u. a. damit zusammen, wie die Anreizstrukturen tatsächlich beschaffen sind, wie hoch die Progression (Höhe etc.) der Steuer angesetzt wird und welche positiven Effekte die Erbschaftssteuer auf die Wirtschaftsleistung insgesamt hat.

1.6 Führt eine Erbschaftssteuer zu mehr monetärer Umverteilung?

Zuletzt ist zu klären, ob die Erbschaftssteuer ein geeignetes Instrument ist, um eine monetäre Umverteilung herbeizuführen. Ob dies so ist, hängt wesentlich von der konkreten Ausgestaltung der Steuer ab. Im zweiten Teil des Kapitels werde ich daher eine Reihe von Merkmalen besprechen, die eine Erbschaftssteuer haben müsste, um einen umverteilenden Effekt zu erzielen. Bevor ich aber auf die konkrete Form der Steuer zu sprechen komme, möchte ich an dieser Stelle auf einen weiteren Einwand gegen die Erhebung der Erbschaftssteuer eingehen, der sich auch im Rahmen einer egalitären Argumentation stellt.

Einen Grund, warum wir Maßnahmen der steuerlichen Umverteilung allgemein skeptisch gegenüberstehen sollten, liefern sogenannte Konstitutionalist*innen wie Geoffrey Brennan und James Buchanan. Die Kernthese des Konstitutionalismus besagt, dass Staaten (bzw. staatliche Akteure) – anders als es die orthodoxe Steuerliteratur annimmt – nicht am Allgemeinwohl interessiert seien, sondern ebenso wie wirtschaftliche Akteure und Wähler*innen zunächst ihre Eigeninteressen im Sinn hätten (Brennan & J. Buchanan 1980, xv). Für politische Akteure heißt dies vor allem, dass sie ihre eigene politische Macht stärken wollen. Brennan und Buchanan nennen dies das „Leviathan Modell" (ebd., xv). Hieraus wird außerdem die *normative* Konsequenz gezogen, dass Staaten durch konstitutionelle Schranken in ihrer „Macht zu besteuern" beschränkt werden müssen, um zu verhindern, dass sie diese missbrauchen. Die von Konstitutionalist*innen angedachten Handlungsbeschränkungen, die dem staatlichen Gestaltungsspielraum in Steuerangelegenheiten Grenzen setzen sollen, sind vor allem (konstitutionell gesicherte) individuelle Eigentumsrechte am vorversteuerten Einkommen. Das „pre-tax"-Einkommen soll als Fixpunkt legitimer Besteuerung und damit als Bollwerk gegen staatliche Willkür in der Steuerpolitik dienen. Eigentum sei damit „a source of normative authority [and it] deserves a certain respect and an appreciation of its independent integrity" (Brennan 2018, 79). Dies soll offensichtlich nicht heißen, dass jegliche Form von Besteuerung verfassungswidrig ist, sondern nur, dass sich staatliche Steuerpolitik innerhalb eines konstitutionell festgelegten Rahmens vollziehen und das vor-versteuerte Einkommen einen entscheidenden Faktor in der genauen Konzeptualisierung dieses Rahmens darstellen muss. So folgt etwa für Brennan, dass „individuals should pay taxes in relation to their aggregate returns from market activity" (Brennan 2018, 60). Bestimmte Formen stark-progressiver Steuern wie die egalitäre Erbschaftssteuer, für die hier argumentiert wird, wären damit womöglich ausgeschlossen.

Es ist schwierig, diesen Einwand im hier entwickelten Analyserahmen angemessen darzustellen, da diese den Staat ebenfalls als „wohlwollenden" oder zumindest als „für moralische Gründe empfänglichen" Akteur betrachtet. Um dem Einwand dennoch Rechnung zu tragen, muss die obige Grafik (etwas artifiziell) um ein Glied erweitert werden:

Abb. 3: Erweiterte Kausalstruktur

Damit der Staat eine egalitäre Erbschaftssteuer erheben kann, muss er mit weitreichenden Befugnissen ausgestattet sein. Konstitutionalist*innen müssen nicht bezweifeln, dass die Ergebnisse einer egalitären Erbschaftssteuer zu begrüßen wären. Sie müssen auch nicht die zugrundeliegenden egalitären Ideale ablehnen (auch wenn die meisten konstitutionalistischen Ansätze letztlich auf einer Mischung aus Regel-Utilitarismus und Kontraktualismus beruhen – vgl. Brennan & J. Buchanan 1980, xvii). Was sie bezweifeln, ist, dass der Staat die Befugnisse haben sollte, die dazu nötig wären, eine solche Steuer zu erheben. Zum einen würden diese Befugnisse nicht garantieren, *dass der Staat die Steuer (in ihrer erforderlichen Form) tatsächlich einführt*, denn von eigen-interessierten staatlichen Akteuren ist nicht zu erwarten, dass sie sich in ihrem Handeln an den korrekten normativen Prinzipien orientieren. Der kausale Zusammenhang zwischen der Ermächtigung des Staates und der Einführung der Steuer ist also nicht gegeben. Zum anderen würden die hierzu nötigen Ermächtigungen staatlichem Missbrauch Vorschub leisten. Sie würden es dem Staat ermöglichen, andere Steuern zu erheben, die alles in allem negative Konsequenzen haben. Beides spricht dagegen, dem Staat die nötigen Machtbefugnisse zu erteilen, eine egalitäre Erbschaftssteuer zu erheben. Es ist unmöglich, diesem Einwand in der hier gebotenen Kürze gerecht zu werden. Ich möchte jedoch drei mögliche Repliken andeuten:

Erstens: Auch wenn es stimmt, dass der Staat seine Freiheit zu besteuern ausnutzen kann, und es daher gute Gründe gibt, ihm gesetzliche (oder sogar konstitutionelle) Grenzen zu setzen, so ist nicht klar, warum diese Grenzen durch die Eigentumsrechte am „pre-tax"-Einkommen konstituiert werden sollen. Andere Grenzen sind denkbar. So könnte man bspw. gesetzlich festlegen, dass Steuern *grundsätzlich* nur auf Vermögen einer bestimmten Höhe erhoben werden dürfen; oder man könnte die Befugnis zur Besteuerung stärker an egalitäre Zwecke knüpfen (siehe unten).

Zweitens: Das Risiko eines Machtmissbrauchs durch den Staat muss abgewogen werden mit dem Risiko, dass Menschen nicht in den Genuss gleicher politischer Freiheiten, gleicher Chancen, Nutzen etc. kommen. Der Staat soll ja gerade deshalb durch Umverteilung in die bestehenden Eigentumsverhältnisse eingreifen, weil diese ein Gerechtigkeitsdefizit aufweisen oder zur Folge haben. Das Bild, dass Eigentumsrechte die Bürger*innen vor willkürlichen Übergriffen durch den Staat schützen, ist zu einseitig. Die Aufrechterhaltung des *status quo* ist nicht neutral, sondern selbst mit erheblichen Kosten (mit Blick auf die Realisierung von Gerechtigkeit) verbunden.

Drittens betrifft die Frage dieser Arbeit den Wert der Erbschaftssteuer unter *nicht-idealen* Bedingungen. Es wird danach gefragt, was eine Regierung angesichts ihrer faktischen Befugnisse im Hier und Jetzt tun soll, nicht, ob sie diese Befugnisse überhaupt haben soll. Zugegeben hängen beide Fragen zusammen. So kann etwa von einer Regierung verlangt sein, sich selbst juridische (womöglich sogar konstitutionelle) Schranken aufzuerlegen, die es bis dato nicht gibt. Doch angesichts dessen, dass nicht abzusehen ist, dass die Regierungen westlicher Staaten ihre eigenen Steuerbefugnisse in radikaler Weise beschneiden, stellt sich die Frage, wie sie mit ihrer Macht zu Besteuern verantwortungsvoll umgehen. Mir scheint, dass die Einführung einer „egalitären" (progressiven und zweckgebundenen) Erbschaftssteuer kein Akt des Machtmissbrauchs darstellt, sondern im Gegenteil, ein Bekenntnis zu mehr Gerechtigkeit.

2 Die konkrete Ausgestaltung der Steuer

Anhand der Besprechung der vier egalitären Ideale zeichnet sich ab, wie ein konkretes egalitäres Steuermodell beschaffen sein müsste, um seinen normativen Zweck zu erfüllen. In diesem Abschnitt gehe ich auf sieben wichtige Merkmale ein, welche eine Erbschaftssteuer vor diesem Hintergrund haben sollte. Die Steuer müsste empfängerorientiert sein (2.1) und einen Freibetrag für ökonomisch schlecht gestellte Personen vorsehen (2.2). Außerdem sollte sie progressiv und „so hoch wie möglich" ausfallen (2.3). Sie sollte keine Ausnahmen für Familienmitglieder zulassen (2.4) und einen Freibetrag für „Wohltätigkeit" nur unter bestimmten Bedingungen (2.5). Schließlich wäre sie an sozialstaatliche oder andere „egalitäre" Zwecke zu binden (2.6) und um weitere politische Maßnahmen und eine Schenkungssteuer zu ergänzen (2.7).

2.1 Empfängerorientierung

Verteidiger*innen einer Erbschaftssteuer auf egalitaristischer Grundlage sind sich in der Regel einig, dass die Steuer empfängerorientiert (*recipient-oriented*) sein sollte. Damit ist gemeint, dass sich Höhe, Progression und Freibetrag der Steuer nicht daran bemessen, wie viel Vermögen ein Erblasser insgesamt vererbt, sondern entweder daran, a) wie viel die jeweiligen Erben *erhalten* (vgl. Duff 1993, 5, 27) oder daran, b) über wie viel Vermögen die Erben im Ergebnis, also nach Erhalt der Erbschaft insgesamt, verfügen. Es lassen sich also zwei Arten der empfängerorientierten Erbschaftssteuer unterscheiden. Im Gegensatz zu einer geberorientierten Erbschaftssteuer spricht für beide Varianten der empfängerorientierten Erbschaftssteuer, dass Erblasser Anreize erhalten, ihr Vermögen auf viele Personen zu „streuen", was insgesamt zu einer gleicheren Verteilung führt (vgl. Haslett 1997, 145). Die zweite Variante wäre aus egalitärer Perspektive aber vorzuziehen, da sie *direkt* auf Ergebnisgleichheit abzielt und damit zu einer gleicheren Verteilung unter den Erben (und unter allen Gesellschaftsmitgliedern) führt als die erste Variante.

2.2 Allgemeiner Freibetrag

Darüber hinaus sollte die Steuer einen Freibetrag haben, sodass arme und weniger wohlhabende Empfänger*innen *gänzlich* von der Steuer befreit sind. Ein solcher Freibetrag hat den Vorteil, dass ein „leaky bucket" Effekt vermieden wird. Mit der Erhebung und Durchsetzung der Erbschaftssteuer entsteht zusätzliche Arbeit für Verwaltungs-, Rechts- und Exekutivorgane, die mit Kosten für den Staat einhergeht. Würde der Staat die armen Personen erst besteuern, um ihnen das Geld anschließend wieder in direkter oder indirekter Form „zurückzugeben", so käme daher vermutlich weniger Geld bei denselben Personen an, als wenn der Staat die Steuern gar nicht erst erhoben hätte. Zum anderen besteht die Erbschaft manchmal aus „harten" Vermögenswerten und die erbende Person hätte (im Falle eines Freibetrags) die Freiheit selbst zu entscheiden, ob sie den Sachwert behalten oder in den monetären Gegenwert eintauschen möchte.

Die Höhe des Freibetrages hätte sich daran zu bemessen, wie nah die erbenden Personen nach Erhalt des Erbes ihrem „gleichen Anteil" der relevanten Gerechtigkeitswährungen stehen. Es sollte vermieden werden, dass sie oberhalb dieses Anteils liegen, denn dies würde zugleich bedeuten, dass andere Personen über weniger als ihren gleichen Anteil verfügen (dies gilt offensichtlich nicht für das Leximinprinzip; hier wären zusätzlich Effizienzerwägungen zu berücksichtigen). Ein gleicher ökonomischer Anteil wäre nur ein schwacher Vertreter für den gleichen Anteil an den relevanten Gerechtigkeitswährungen. Er könnte aber als *„default"-Position* für die Höhe des Freibetrages dienen und um weitere Aspekte – wie die besonderen Bedürfnisse bestimmter Gruppen (chronisch kranke Menschen, Menschen mit Behinderungen etc.) – erweitert werden.

2.3 Progression und Höhe?

Jenseits des Freibetrages sollte die Steuer so progressiv wie möglich und so hoch wie möglich sein. Eine Kopfsteuer (*lump sum tax*), die von jeder steuerpflichtigen Person exakt den gleichen absoluten Geldbetrag verlangt, würde nur zu wenig monetärer Umverteilung führen. Dass sie überhaupt zur Umverteilung beiträgt, ist darauf zurückzuführen, dass ein Großteil der Bevölkerung überhaupt nichts zu vererben hat und somit auch nicht von der Steuer betroffen wäre (vgl. Beckert 2007b, 9; für die BRD). Andererseits könnte eine Kopfsteuer die soziale, politische und Chancenungleichheit (zwischen Erbenden) noch verstärken, da die Steuer den Reichen mit Blick auf die jeweilige „Währung" (Status, Macht, Chancen) weniger abträglich wäre als den Armen. Selbst eine Einheitssteuer (*flat tax*), die von jeder Person den gleichen prozentualen Anteil verlangt, könnte diesen Effekt haben. Damit die Erbschaftssteuer ihre gewünschte Funktion erfüllt, nämlich die Realisierung der genannten intrinsischen Gleichheitsideale, sollte sie eine *progressive* Struktur haben, welche die Wohlhabenden in relevanter Hinsicht erheblich mehr belastet als die weniger Wohlhabenden.

Unter der idealisierten Voraussetzung, dass sich die Steuer *nicht* negativ auf die Anreize zu produzieren und zu sparen auswirkt, sollte sie 100 % betragen. Unter der realistischen Voraussetzung, dass die Anreize zu produzieren und zu sparen von Progression und Höhe der Steuer abhängen, würde sie niedriger ausfallen. Es wäre ein optimaler *trade-off* zwischen der Höhe der Steuer und wirtschaftlicher Effizienz anzustreben, wobei man sich letztlich immer an den egalitären Idealen zu orientieren hätte. Wirtschaftliche Effizienz wäre also kein Selbstzweck, sondern danach zu beurteilen, inwieweit sie wichtig ist, um für mehr Soziale Gleichheit, Politische Gleichheit und Chancengleichheit zu sorgen und einen Nutzen für die Schlechtestgestellten schafft.

2.4 Kein höherer Freibetrag für Familienmitglieder

Manche Vertreter*innen der Erbschaftssteuer schlagen vor, dass Erbschaften unter Familienmitgliedern anders zu behandeln seien als Erbschaften zwischen Fremden. Haslett bspw. möchte Erbschaften zwischen Lebenspartner*innen vollständig von der Steuer ausgenommen wissen. Er begründet dies flüchtig mit den engen Beziehungen unter Familienmitgliedern und der Vorstellung von der Familie als einer wirtschaftlichen Einheit. Letztlich ist seine Argumentation aber eine regel-utilitaristische, wonach ein Freibetrag für Familienmitglieder insgesamt zu größerer Präferenzerfüllung führt. Wie genau eine besondere Behandlung von Familienmitgliedern zu einer Maximierung von Präferenzerfüllung beiträgt, wird nicht näher ausgeführt. In Kapitel 5 werde ich auf verschiedene Argumente *gegen* die Erbschaftssteuer eingehen, die sich um die Familie drehen. Hier werde ich neben rein instrumentellen Argumenten auch auf den intrinsischen Wert von Familienbeziehungen und besondere Verpflichtungen zwischen Familienmitgliedern zu sprechen kommen.

In diesem Kapitel möchte ich mich aber zunächst auf die egalitaristische Perspektive und insbesondere auf den Aspekt ökonomischer Gleichheit beschränken.[41] Aus dieser scheint nichts für eine Sonderbehandlung von Familienmitgliedern zu sprechen. Orientiert sich der Freibetrag an einem gleichen Anteil, bleibt unklar, auf welcher Grundlage erbende Familienmitglieder einen Anspruch auf einen größeren Anteil geltend machen können. Einzig die bereits angesprochenen Effizienzerwägungen könnten für einen Sonderstatus von Familienmitgliedern sprechen (nämlich unter der Bedingung, dass die meisten Menschen weniger arbeiten und sparen würden, wenn sie ihr Vermögen statt an Familienmitglieder nur an Freunde, Bekannte, entfernte Verwandte und Fremde übertragen könnten).

2.5 Freibetrag für wohltätige Organisationen?

Eine weitere Frage zur Ausgestaltung der Steuer lautet, ob Erbschaften an gemeinnützige oder „wohltätige" Organisationen von der Steuer ausgenommen sind oder ob zumindest ein bestimmter Freibetrag oder eine Steuervergünstigung für solche Zwecke vorgesehen ist. Aus egalitärer Perspektive würde sich eine solche Ausnahme anbieten, sofern sie sich positiv auf die ökonomischen Anreize auswir-

---

41 Wie sich später zeigen wird, dürfen einige der Familienargumente nicht als Gegensatz zum Egalitarismus verstanden werden, sondern lassen sich in eine egalitaristische Perspektive integrieren.

ken würde, ohne dabei die Umverteilungseffekte zu gefährden. Womöglich wären Menschen eher geneigt Geld zu verdienen und anzusparen, wenn sie selbst darüber entscheiden dürften, an welche gemeinnützige Organisation sie ihr Geld spenden (z.Bsp., weil sie dem Staat nicht vertrauen oder weil sie auf das gesellschaftliche Ansehen abzielen, welches mit großen wohltätigen Spenden einhergeht). Solange sie ihr Geld an Organisationen spenden, die tatsächlich den Schlechtestgestellten zugute kommen (bzw. den anderen Idealen der Gleichheit entgegenkommen), erscheint ein Freibetrag für Wohltätigkeit aus einer egalitaristischen Perspektive unproblematisch.

Tatsächlich gehen wohltätige Spenden aber nicht nur an die Schlechtestgestellten, sondern häufig an die ohnehin Privilegierten. In den USA zählen Kirchen, Museen und sogar Eliteuniversitäten zur Gruppe der wohltätigen Organisationen und sind von verschiedenen Steuern ausgenommen (Perry Fleischer 2017, 257). Ein Nutzen für die Schlechtestgestellten wird durch einen Freibetrag für wohltätige Zwecke nur dann erreicht, wenn der Begriff der „wohltätigen Organisation" erheblich enger definiert würde als bisher, sodass wirklich nur solche Organisationen darunter fallen, die nachweislich benachteiligten Menschen zugute kommen. Ein weiteres Problem könnte sich aus Perspektive relationaler Gleichheit ergeben. Letzterer geht es darum, ungerechtfertigte Statushierarchien zwischen Individuen einzudämmen. Wenn Reiche aber gesellschaftliche Anerkennung für ihre „Wohltätigkeit" erfahren (zu welcher sie überhaupt nur durch ihre privilegierte Stellung befähigt sind), dann könnte dies die Anerkennungsverhältnisse in der Gesellschaft weiter zu ihren Gunsten verschieben.

Manchmal wird behauptet, Wohltätigkeit durch nicht-staatliche Akteure sei kein guter Ersatz für staatliche Wohlfahrtsprogramme, da nur ein (demokratisch kontrollierter) Staat Freiheit in einem *(modal) robusten* Sinne garantieren könne. Hiernach komme es nicht nur darauf an, dass Menschen in der *aktualen* Welt frei sind (bzw. auf die hier behandelten egalitären Prinzipien gemünzt: Über gleichen politischen Einfluss, gleiche Chancen, einen gleichen sozialen Status und effektive Freiheiten zu Wohlergehen verfügen), sondern dass sie außerdem in „*nahen möglichen* Welten" frei sind (vgl. Valentini 2016). Dies aber – so geht das Argument weiter – wäre gerade nicht der Fall, wenn die Gewährleistung der Freiheiten und Güter von den persönlichen Entscheidungen reicher Philanthrop*innen abhängt; denn *eine* nahe mögliche Welt wäre sicherlich diejenige, in der sich die Wohltäter*innen *dagegen* entscheiden, den nötigen Betrag zu spenden. Das Problem bestehe also darin, dass die Wohltäter*innen die *Macht* haben, den legitimen Empfänger*innen die Spenden vorzuenthalten und jene ihrerseits von den Wohltäter*innen *abhängig* sind. Dies sei selbst dann ein Problem, wenn die Wohltäter*innen (in der aktualen Welt) niemals von ihrer Macht Gebrauch machen. So schreibt etwa Frank Lovett:

"being dependent on a person or group who has the power to arbitrarily withhold the goods or services necessary to meet one's basic needs [or political rights, social status, wellbeing etc], whose satisfaction [or provision] one does not regard as optional, amounts to domination. The fact that the person or group in question happens to charitably supply them, if indeed they do, is neither here nor there" (Lovett 2010, 195).

Lovett und andere Republikaner*innen sehen daher in der Institution der Wohltätigkeit kein geeignetes Mittel, um die legitimen Ansprüche der Bürger*innen auf gerechtigkeitsrelevante Güter zu erfüllen. Die „republikanische" Einsicht, dass bestimmte Freiheiten und Güter (modal) robust gesichert sein müssen, ist eine ernstzunehmende normative Prämisse und sie spricht womöglich dafür, soziale Standards nicht ausschließlich durch private Wohltätigkeit zu gewährleisten (wie es manche neoliberale oder „klassische liberale" Autor*innen vorschlagen), sondern vielmehr durch den (demokratisch kontrollierten) Staat. Zugleich scheint sich auf dieser Grundlage jedoch kein Einwand gegen einen Freibetrag der Erbschaftssteuer für philanthropische Zwecke formulieren zu lassen, denn der Wohltäter*in steht es – im Rahmen des besagten Freibetrags – keineswegs frei, die Spenden zurückzuhalten. Würde sie sich (in einer nahen möglichen Welt) dagegen entscheiden, das Vermögen an eine (der vom Staat vorgegebenen) Wohltätigkeitsorganisationen zu spenden, greift der reguläre Steuersatz und das Geld wird aktiv durch den Staat umverteilt.

2.6 Zweckgebundenheit

Ferner sollte die Steuer zweckgebunden sein. Um große monetäre Ungleichheit zu verringern und letztlich den besprochenen Gleichheitsidealen näherzukommen, sollten die Einnahmen aus der Steuer ausschließlich zum Zweck der (weit verstandenen) Umverteilung eingesetzt werden (dürfen). Würden die Steuereinnahmen genutzt, um bestimmte Wirtschaftszweige zu subventionieren oder Prestigeprojekte zu realisieren, so käme dies vor allem den Bessergestellten zugute. Einen umverteilenden Effekt hätte diese Steuer kaum. Investitionen hingegen in den Sozialstaat, das Gesundheitssystem, Bildung und zivilgesellschaftliche Anliegen würden einer Umverteilung entgegenkommen. Die Steuereinnahmen können, wie bereits angesprochen, in direkter Weise (bspw. durch eine Erhöhung des Arbeitslosengeldes oder durch einmalige Auszahlungen) oder in indirekter Weise (bspw. durch Investition in sozialen Wohnungsbau oder Bildungseinrichtungen in prekären Stadtvierteln etc.) umverteilt werden. Beides hätte die besagten *levelling-down* und *levelling-up*-Effekte zur Folge und würde zudem die absolute Stellung der Schlechtestgestellten verbessern, wie es für das Leximinprinzip entscheidend ist.

Wären Staaten ohnehin gewillt, sich aktiv für die Bekämpfung von Ungleichheit einzusetzen, so würde es vermutlich keine Rolle spielen, ob die Steuer offiziell zweckgebunden ist oder ob der Staat frei über den Einsatz der Steuereinnahmen entscheiden darf, sie dann aber „freiwillig" zu Zwecken der Umverteilung verwendet. Ein Vorteil der Zweckbindung besteht jedoch darin, dass sie vor staatlicher Willkür schützt, da der Staat die Steuereinnahmen anschließend nicht völlig beliebig einsetzen kann. Ein zu begrüßender Nebeneffekt könnte außerdem sein, dass eine zweckgebundene (egalitäre) Erbschaftssteuer einen größeren Rückhalt in der Bevölkerung findet, da die „Ausgabenseite" der Steuer transparenter ist und sich womöglich viele Menschen mit dem spezifischen Zweck – nämlich der Verringerung großer sozialer Ungleichheit – identifizieren können (vgl. Halliday 2018, 206).[42]

2.7 Zusätzliche Maßnahmen

Schließlich sollte die Steuer nur in Kombination mit der Schließung von Steuerschlupflöchern und der Vermeidung anderer Steuerumgehungsstrategien erhoben werden. So bedarf es eines entschiedeneren politischen Vorgehens gegen „Steueroasen" sowie der Einführung einer komplementären Schenkungssteuer (vgl. Haslett 1997, 141). Eine Steuer, die sich leicht umgehen lässt (und daher häufig umgangen wird), erfüllt ihren Zweck nur unzureichend. Dies gilt nicht nur für die Erbschaftssteuer, sondern für Steuern aller Art, obgleich die Erbschaftssteuer (anders als eine Einkommens- oder Umsatzsteuer) besonders anfällig für Steuerumgehung ist.

Sollten sich die Schlupflöcher nicht schließen lassen, wäre dies nicht nur ein in Kauf zu nehmendes Übel, sondern würde den Sinn und Zweck der Erbschaftssteuer zum Teil untergraben. Eine ökonomische Umverteilung von der Mittelschicht zu den Schlechtestgestellten mag zwar die absolute Position der Schlechtestgestellten verbessern, den anderen Gleichheitsidealen wäre aber unter Umständen nicht gedient, denn während sich die Schlechtestgestellten und die Mittelschicht einander annähern, würde sich der Graben zwischen der Oberschicht und der Mittelschicht vergrößern. Dies ist ein ernstzunehmender Einwand und er spricht dafür, die Schließung von Steuerschlupflöchern als eine notwendige Bedingung für eine egalitäre Erbschaftssteuer zu betrachten. Sollte dies nicht gelingen, würde eine Erbschaftssteuer den egalitären Idealen womöglich mehr schaden als nützen.

---

42 In einer 2016 erhobenen Studie allerdings konnte für Deutschland *kein* und für Österreich nur ein *geringer* Zusammenhang zwischen der Zweckgebundenheit der Erbschaftssteuer (an egalitäre Prinzipien) und der Zustimmung bzw. Bereitschaft, die Steuer zu zahlen, festgestellt werden (vgl. Stark & Kirchler 2016).

Manchmal wird alleine der Umstand, dass die Erbschaftssteuer zusätzliche (umfängliche) politische Maßnahmen erforderlich macht, als ein entscheidender Grund gegen sie angeführt. Richtig ist, dass die entsprechenden Maßnahmen nicht ohne Kosten umzusetzen sind. Sie müssten also bei einer Gesamtbeurteilung der Steuer (ebenso wie mögliche wirtschaftliche Effizienzeinbußen) mitberücksichtigt werden. Dass dies jedoch alles in allem gegen die Erhebung der Steuer spricht – zumal, wenn die Steuereinnahmen wesentlich höher ausfallen als bei der Erbschaftssteuer, wie wir sie in realen Gesellschaften vorfinden – mag man bezweifeln.

3 Erbschaftssteuer und Vermögenssteuer im Vergleich

Zum Abschluss dieses Kapitels soll ein Vergleich zwischen Erbschafts- und Vermögenssteuer mit Blick auf ihren instrumentellen Nutzen zur Realisierung der egalitären Ideale vorgenommen werden. Ein geläufiger Einwand gegen die Einführung einer Erbschaftssteuer lautet, an dieser sei nichts Besonderes, da die gewünschte Umverteilung ebenso gut oder sogar besser durch eine Vermögenssteuer herbeigeführt werden könne. Eine erfolgreiche Verteidigung der Erbschaftssteuer habe demzufolge zu zeigen, dass die Erbschaftssteuer anderen Arten der Besteuerung alles in allem überlegen ist (vgl. Tullock 1971, 470).

Der Einwand beruht offenbar auf der Annahme, dass im Rahmen eines Argumentes für die Erbschaftssteuer immer für eine *optimale* Veränderung argumentiert werden muss. Dies ist jedoch nicht die einzige Argumentationsstrategie, die man verfolgen kann. Die Alternative hierzu ist ein *komparatives* Argument, welches zwei Gesellschaftszustände miteinander vergleicht und aufzeigt, dass einer dieser beiden aus moralischen Gründen vorzuziehen ist. In dieser Arbeit wird ausdrücklich eine solche komparative Strategie verfolgt. Es geht ausschließlich um einen Vergleich zwischen dem *status quo* und dem *status quo mit einer (egalitären) Erbschaftssteuer*. Ob eine Vermögenssteuer der Erbschaftssteuer vorzuziehen ist, wäre im Rahmen der hier behandelten Fragestellung also streng genommen nicht relevant.

Andere Philosoph*innen haben aber Argumente für die *Überlegenheit der Erbschaftssteuer* vorgebracht. Der Vollständigkeit halber werde ich den Rest dieses Kapitels nutzen, um zwei dieser Argumente auf ihre Stichhaltigkeit zu prüfen. Ich nenne diese das „Argument der größeren Freiheit" und das „Argument größerer wirtschaftlicher Effizienz". Das Argument größerer Freiheit besagt, dass die Erbschaftssteuer alles in allem weniger Freiheiten einschränkt als die Vermögenssteuer (3.1). Das Argument wirtschaftlicher Effizienz besagt, dass die Erbschaftssteuer hinsichtlich der oben besprochenen negativen Wirtschaftsfolgen besser abschneidet als die Vermögenssteuer (3.2).

3.1 Das Argument größerer Freiheit

Der Kerngedanke des Argumentes größerer Freiheit ist einfach zu verstehen. Im Besitz von Geld zu sein, verleiht einer Person unterschiedliche Freiheiten. Erstens hat sie die Freiheit, das Geld für beliebige Waren und Dienstleistungen auszugeben (solange sie keine konkrete Ware oder Dienstleistung erworben hat, stehen ihr äußerst viele Konsumoptionen offen). Zweitens kann sie das Geld auf verschiedene Weise als Kapital nutzen, um langfristig mehr Geld zu erhalten (und ihre Konsumoptionen dadurch zu vermehren). Drittens verleiht ihr der bloße Besitz von Geld diverse Freiheiten (zusätzlich zu den Investitions- und Konsumoptionen) wie Unabhängigkeit und Sicherheit, aber auch Status und gesellschaftlichen, politischen und wirtschaftlichen Einfluss. Je früher das Vermögen einer Person besteuert wird, desto früher werden ihr diese Freiheiten genommen und je weniger Freiheit hat sie in ihrem Leben insgesamt: „immediate confiscation rules out the possibility of deriving utility from what is confiscated – utility that might still have been derived if confiscation of remaining property had occurred later" (Halliday 2013, 633)[43].

Da eine Vermögenssteuer zu Lebzeiten der besteuerten Person erhoben wird und eine Erbschaftssteuer erst am Ende des Lebens (des Erblassers), wirkt sich die Erbschaftssteuer im Vergleich zur Vermögenssteuer positiv auf die aggregierte Freiheit im Leben des Erblassers aus, denn „[t]he opportunity costs attaching to bequeathing one's property are generally lower than the opportunity costs attaching to acts of disposing of that property while alive" (Halliday 2013, 627). Wichtig ist, dass es dem Argument um die *Freiheit als solche* geht und nicht um ihren „Gebrauch". Tatsächlich setzt das Argument sogar voraus, dass die besteuerten Personen *keinen* Gebrauch von der Freiheit machen (genauer: Dass sie keinen Gebrauch von denjenigen Freiheiten machen, die mit einem Verlust des Geldes einhergehen). Andernfalls hätte die Erbschaftssteuer nämlich den offensichtlichen Nachteil, dass sie weniger Einnahmen generieren würde als die Vermögenssteuer.

Sofern man davon ausgeht, dass Freiheit *als solche* (unabhängig, wofür man sie einsetzt) einen Wert für Personen hat (bspw. als Teil ihres Wohlergehens oder als Teil von wohlergehensunabhängigen Autonomieinteressen – vgl. Sen 1987, 40–45), würde der Freiheitsgewinn der Erblasser in der Tat (pro tanto) für einen Vorzug der

---

[43] Halliday scheint davon auszugehen, dass Freiheit (oder jedenfalls ihr Wert) in der *Möglichkeit zur Mehrung persönlichen Nutzens – gemessen in Präferenzerfüllung –* besteht. Das Argument würde aber auch im Rückgriff auf andere Konzeptionen (des Wertes) von Freiheit funktionieren, bspw. mit einer Freiheitskonzeption, welche *jede* denkbare Handlungsoption als freiheitsrelevant erachtet (vgl. Carter 1999; Arneson 1998). Weniger klar ist hingegen, ob das Argument auch dann noch funktioniert, wenn es eine Freiheitskonzeption voraussetzt, welche (den Wert der) Freiheit an *objektiv wertvolle* Handlungsmöglichkeiten knüpft (vgl. Raz [1986] 1988).

Erbschaftssteuer (gegenüber der Vermögenssteuer) sprechen. Eine naheliegende Replik auf das Freiheitsargument lautet jedoch, dass es die Freiheiten der durch die Steuer Begünstigten (insbesondere die Freiheit der Schlechtestgestellten) außer Acht lässt. Zumindest vom Zeitpunkt der Steuereinführung bis zum Zeitpunkt an dem Erblasser sterben und Vermögen hinterlassen, würden die potentiellen Nutznießer*innen der Erbschaftssteuereinnahmen weniger Freiheit haben als sie nach der Umverteilung hätten.

Dieser Punkt lässt sich zudem verallgemeinern: Zu Lebzeiten angehäuftes Vermögen und die Chancen, der politische Einfluss, der soziale Status und (anderer) Nutzen, der den Vermögenden dadurch erwächst, stellen – wie in den Abschnitten 1.1-1.5 argumentiert wurde – aus egalitaristischer Perspektive ein Problem dar. Die Erbschaftssteuer trägt zwar zur Lösung dieses Problems bei, hat aber den klaren Nachteil, dass sie große Vermögen zu Lebzeiten der Vermögenden unangetastet lässt. Dies ist in der Regel zwar gut für die Erblasser (und die Interessen der noch lebenden Erblasser sollten natürlich nicht völlig unberücksichtigt bleiben – siehe Kapitel 2), aus egalitärer Perspektive wären die Interessen der Schlechtestgestellten aber zu priorisieren.

3.2 Das Argument größerer wirtschaftlicher Effizienz

Manchmal wird behauptet, dass es sich bei der Erbschaftssteuer im Vergleich zu anderen Steuern um eine besonders effiziente oder gar um die effizienteste aller Steuern handle, da sie sich in geringerem Maße auf die besprochenen Anreize zu arbeiten und zu produzieren auswirke (West 1893, 443; Duff 1993, 33–34; Gates & Collins 2003, xii). Das Argument beruht auf der Annahme, dass die Motivation zu arbeiten, zu sparen und Besitz anzuhäufen, *zumindest zu Teilen* eigennützig ist und auf den eigenen Nutzen des Erblassers *zu dessen Lebzeiten* abzielt. Eine Vermögenssteuer würde diese eigennützige Motivation unterlaufen, da sie dem Ziel, welches die besteuerte Person verfolgt, entgegenläuft. Eine Erbschaftssteuer dagegen käme nicht mit dieser Motivation in Konflikt, da sie erst erhoben wird, wenn der Erblasser ohnehin keinen Nutzen (zu Lebzeiten) mehr aus seinem verdienten Vermögen und Besitz zieht. Wie in Abschnitt 1.5 (im Rahmen der Diskussion um wirtschaftliche Effizienz) bereits angesprochen wurde, gibt es keinen Grund, davon auszugehen, dass Personen *nur* deshalb Vermögen hinterlassen, um es später ihren Kindern oder anderen Parteien zu übertragen. Dieses Zugeständnis reicht aus, um einen Vorteil der Erbschaftssteuer gegenüber der Vermögenssteuer aufzuzeigen. Beide Steuern frustrieren die Interessen der Erblasser bezüglich der Vermögensverwendung *nach deren Tod*. Die Erbschaftssteuer hat jedoch den Vorteil, dass sie keine der Interessen frustriert, welche die Erblasser bezüglich der

Vermögensverwendung *vor deren Tod* haben. Anreizerwägungen sprechen also (pro tanto) dafür, der Erbschaftssteuer den Vorzug (vor der Vermögenssteuer) zu geben.

Wie nun schneidet die Erbschaftssteuer gegenüber der Vermögenssteuer aus (egalitaristischer Sicht) *alles in allem* ab? Wie wir gesehen haben, hält das Argument größerer Freiheit einer kritischen Betrachtung nicht stand. Letztere hat uns zudem einen erheblichen Vorteil der Vermögenssteuer gegenüber der Erbschaftssteuer vor Augen geführt, nämlich, dass diese das Anhäufen großer Vermögen zu Lebzeiten erschwert. Das Effizienzargument für die Erbschaftssteuer hingegen ist ernst zu nehmen, wobei seine Überzeugungskraft letztlich davon abhängt, wie stark die Effizienzeinbußen bei einer Vermögenssteuer wirklich wären. Ohne ökonomische Analysen ist diese Frage nicht zu beantworten.

Zuletzt sei darauf hingewiesen, dass die Argumente für die Vermögenssteuer, selbst wenn sie durchschlagend wären, und selbst wenn man eine optimale Strategie wählt, nicht gezeigt hätten, dass die Einführung einer Erbschaftssteuer moralisch illegitim ist, sondern nur, dass sie im Vergleich zur Vermögenssteuer die schlechtere Wahl ist. Denn selbst im Rahmen einer optimalen Strategie kommt es für eine erfolgreiche Verteidigung der Erbschaftssteuer *nicht* darauf an, dass sie das (unter derzeitigen, realistischen Bedingungen) *beste* Mittel zur Umverteilung ist. Es würde ausreichen zu zeigen, dass sie Teil einer Menge von Instrumenten ist, die *gemeinsam* das beste Mittel sind. Mit anderen Worten: Die Erbschaftssteuer wäre weiterhin als Teil einer optimalen Lösung geboten, wenn es zur Annäherung an eine optimale (an den egalitären Idealen orientierte) Verteilungssituation nicht nur der Vermögenssteuer, sondern *zusätzlich* einer Erbschaftssteuer bedürfte. Denn „[u]ltimately, [the choice between wealth and inheritance tax] need not be an either/ or option [...] each [tax] might in its own imperfect way find a means to actually tax the resources of the extremely rich" (vgl. Emerton & James 2017, 154)[44]. In der Praxis könnte der Einwand für die Einführung einer Erbschaftssteuer zudem nur dann geltend gemacht werden, wenn die alternative überlegene Steuer auch tatsächlich eingeführt würde. Solange der Staat nicht vorhat, die alternative überlegene Steuer einzuführen, darf er die Erbschaftssteuer nicht auf der Grundlage zurückweisen, dass sie der anderen Steuer unterlegen wäre.

Die zuletzt angeführten Überlegungen zum Vergleich von Erbschafts- und Vermögenssteuer bezogen sich ausschließlich auf die zuvor besprochenen egalitären Ideale. Andere moralische Grundsätze, wie ein Verdienstgrundsatz oder ein

---

44 Emerton und James beziehen sich damit auf die vermeintliche Wahl (entweder/oder) zwischen Einkommens- und Vermögenssteuer. Die Argumentation lässt sich jedoch generalisieren. Sie betrifft also auch die Wahl zwischen Vermögens- und Erbschaftssteuer.

Prinzip libertärer Eigentumsrechte, könnten sich zugunsten einer der beiden Steuern auswirken. So wird z.Bsp. oft behauptet, dass Verdienstgesichtspunkte für den Vorzug einer Erbschaftssteuer sprechen, da die Erben das Vermögen ohne eigene Anstrengung oder Leistung erhalten und entsprechend keinen verdienstbasierten Anspruch darauf hätten (siehe Kapitel 4). Auf Grundlage libertärer Eigentumsrechte wird manchmal argumentiert, dass der Erblasser, dessen Eigentum durch staatliche Besteuerung vermeintlich verletzt würde, bereits verstorben sei und daher keinerlei Eigentumsrechtsverletzung stattfindet (siehe Kapitel 3). Beide Argumente werden an späterer Stelle ausführlich behandelt. Sollte sich eines dieser Argumente als richtig erweisen, so gäbe es womöglich Grund einer Erbschaftssteuer alles in allem den Vorzug zu geben.

Fazit

In diesem Kapitel wurden vier verbreitete egalitäre Prinzipien vorgestellt und es wurde gezeigt, dass jedes dieser Prinzipien die Verringerung großer ökonomischer Ungleichheit erforderlich macht. Eine ökonomische Umverteilung „von oben nach unten" könnte Statusungleichheit, ungleiche politische Mitbestimmung und ungleiche Chancen zwischen Gesellschaftsmitgliedern verringern. Zudem würde sie einen Nutzenzuwachs für die Schlechtestgestellten mit sich bringen. Wie weitreichend die Umverteilung ausfallen sollte, hängt zum einen davon ab, ob und in welchem Maße sie sich negativ auf die Wirtschaftsleistung auswirkt (und letztere sich auf die absolute Position der Schlechtestgestellten und evtl. auf die anderen Gleichheitsideale) und wie stark die Prinzipien der strikten Gleichheit (soziale-, politische- und Chancengleichheit) gegenüber dem Leximinprinzip wiegen – denn für erstere dürfte der Einwand wirtschaftlicher Ineffizienz von geringerer Bedeutung sein.

Die Erhebung einer Erbschaftssteuer kann – sofern angemessen ausgestaltet – einen Beitrag zur Verringerung ökonomischer Ungleichheit leisten. Hier habe ich u. a. dafür argumentiert, dass es sich um eine empfängerorientierte Erbschaftssteuer mit Freibetrag, aber ohne Sonderbehandlung für Familienmitglieder handeln sollte. „Wohltätige" Organisationen könnten von der Steuer ausgenommen sein, wenn der Wohltätigkeitsbegriff enger definiert wird als bisher. Zum Schluss des Kapitels wurde das Set der Vergleichsgrößen (status quo mit und ohne Erbschaftssteuer) um „status quo mit Vermögenssteuer" ergänzt. Ein Vergleich zwischen Erbschaftssteuer und Vermögenssteuer hat ergeben, dass die Vermögenssteuer einen entscheidenden Vorteil gegenüber der Erbschaftssteuer hat, welche die Gründe der Effizienz womöglich überwiegen.

II Der Tod des Erblassers

Viele moralische Argumente, die sich gegen die Institution der Erbschaftssteuer richten, rücken die Interessen oder Rechte der *Erblasser* ins Zentrum der Aufmerksamkeit: In erster Linie seien es die vererbenden Personen (und nicht die Erben oder dritte Parteien), denen ein Unrecht angetan wird, wenn der Staat eine Erbschaftssteuer auf deren (positiv-rechtlich zugesichertes) Vermögen erhebt.[45] Bevor wir in den nächsten zwei Kapiteln zwei prominente erblasserzentrierte Einwände gegen die Erbschaftssteuer behandeln, nämlich das Argument libertärer Eigentumsrechte (Kapitel 3) und das Argument ökonomischen Verdienstes (Kapitel 4), soll es in diesem Kapitel um ein Argument gehen, welches den Anspruch erhebt, *alle* Einwände, die sich auf Basis der Interessen oder Rechte der Erblasser gegen die Erbschaftssteuer richten, *auf einen Schlag* zurückzuweisen.[46]

Ich nenne es das „Argument toter Erblasser". Es beginnt mit der Feststellung, dass Erblasser (zu dem Zeitpunkt, wenn ihr Vermögen vererbt wird) bereits verstorben sind und es gelangt zu dem Schluss, dass die Interessen der Erblasser (daher) aus moralischer Sicht nicht berücksichtigt werden brauchen (vgl. Braun 2010; McCardle 2011; Bird-Pollan 2013). Alle Argumente gegen die Erbschaftssteuer, welche die Interessen von Erblassern zur Grundlage haben, würden daher fehlschlagen, denn sie beruhten auf einer falschen Prämisse. Viele Verfechter*innen einer Erbschaftssteuer sehen im Argument toter Erblasser einen wichtigen Baustein in ihrer übergreifenden Verteidigung der Erbschaftssteuer. Ich selbst halte das Argument allerdings für einen Nebenschauplatz und zwar aus drei Gründen:

Erstens: Selbst wenn die *Erbschafts*steuer mittels des Argumentes toter Erblasser gegen erblasserzentrierte Einwände verteidigt werden kann, so würde dies nicht für eine – die Erbschaftssteuer ergänzende – *Schenkungs*steuer gelten. Jene würde nämlich bereits zu Lebzeiten der besteuerten Person erhoben und so ist nicht auszuschließen, dass sie, anders als die Erbschaftssteuer, moralisch bedeutsame Interessen (der besteuerten Person) frustriert. Die Schenkungssteuer stellt

---

[45] Die Betonung der Erblasserinteressen ist damit vereinbar, dass auch die Interessen der Erben oder die Interessen „unbeteiligter" Dritter zählen; häufig werden die Erblasserinteressen jedoch als besonders gewichtig erachtet.
[46] Wie sich im nächsten Kapitel zeigen wird, basiert das Argument libertärer Eigentumsrechte nicht *nur* auf dem Recht des Erblassers, sondern auf dem Recht des Erblassers *und* dem Recht des Erben. „erblasserzentriert" ist das Argument also nur in dem schwachen Sinne, dass das Recht des Erblassers *notwendig* (aber nicht hinreichend) für den Erfolg des Argumentes ist. Ferner zeigt sich im Verlauf des nächsten Kapitels, dass es weitere libertäre Argumente gegen die Erbschaftssteuer gibt, welche auf den Rechten aller Gesellschaftsmitglieder (anstatt auf den besonderen Rechten der Erblasser und Erben) basieren.

aber eine unverzichtbare Ergänzung der egalitären Erbschaftssteuer dar, um deren Effektivität zu gewährleisten. Angesichts dessen scheint mit dem Argument toter Erblasser nur wenig gewonnen.

Zweitens: Aus egalitaristischer Perspektive würden die Interessen der Erblasser zwar eine Rolle spielen, sie wären aber mit den Interessen aller anderen Gesellschaftsmitglieder abzuwiegen (vgl. Brassington 2019, 134, 136). Im letzten Kapitel wurde dafür argumentiert, dass jedes der vorgestellten egalitären Prinzipien für eine Umverteilung – und damit für die Einführung einer egalitären Erbschaftssteuer – spricht. Um hierfür zu argumentieren, war es nicht erforderlich zu zeigen, dass die Interessen der Erblasser (gar) nicht zählen. Entscheidend ist vielmehr, dass Erblasser in der Regel nicht zu den schlechtestgestellten Gesellschaftsmitgliedern gehören und dass deren Interessen durchaus frustriert werden dürfen, sofern dies die Interessen der Schlechtestgestellten befördert.

Drittens: Am relevantesten scheint das Argument toter Erblasser zu sein, wenn es im Rahmen einer libertären Eigentumsrechtstheorie oder im Rahmen einer Verdiensttheorie vorgebracht wird; denn beide Theorien geben Gründe dafür an, warum gerade die Erblasser exklusive Ansprüche auf das Vermögen geltend machen können (jenseits von „egalitären Ansprüchen" aller Gesellschaftsmitglieder). Wie sich aber zeigen wird, fällt die Relevanz des Argumentes toter Erblasser in beiden Theorien (aus je unterschiedlichen Gründen) weitaus geringer aus, als viele seiner Vertreter*innen meinen. Warum dies so ist, möchte ich an dieser Stelle nicht vorwegnehmen, sondern verweise auf die folgenden zwei Kapitel.

Dass das Argument toter Erblasser dennoch ein eigenes Kapitel in dieser Arbeit erhält, erklärt sich vor allem durch seine Prominenz in den politischen (aber auch philosophischen) Debatten um die Erbschaftssteuer. Auch werden einige der in den Kapiteln 3 - 5 behandelten Argumente und Überlegungen nur vor dem Hintergrund des Argumentes toter Erblasser verständlich.[47] Das hiesige Kapitel ist wie folgt aufgebaut: Nach vorbereitenden Bemerkungen zum Interessenbegriff sowie zu den Begriffen ‚Vor-Tod-Interessen' und ‚Nach-Tod-Interessen' (1) wende ich mich dem Argument selbst zu. Ich werde es zunächst rekonstruieren und dabei zwischen fünf verschiedenen Klassen von Erblasserinteressen differenzieren (2). Anschließend bespreche ich fünf Einwände gegen das Argument toter Erblasser, die jeweils auf einer dieser fünf Klassen von Erblasserinteressen basieren. Ich weise (die ersten) vier dieser fünf Einwände zurück, indem ich dafür argumentiere, dass die angeführten Klassen von Erblasserinteressen (auf welchen die Einwände basieren) aus

---

[47] Hierzu gehören das einfache Argument und das Argument der Risikovermeidung aus Kapitel 3, die Diskussion um die verdienstbasierten Ansprüche von Erblassern in Kapitel 4 und das Argument vom Eigentumsrecht der Familie in Kapitel 5.

moralischer Perspektive nicht berücksichtigt werden brauchen und ich zeige auf, warum dies nicht für die letzte der zu behandelnden Klassen von Erblasserinteressen gilt (2.1 - 2.5). Zuletzt werde ich den Zusammenhang zwischen Interessen und Rechten beleuchten und zeigen, warum das Argument toter Erblasser nicht nur gegen die Berücksichtigung von Erblasserinteressen, sondern auch gegen die Berücksichtigung von Erblasserrechten angeführt werden kann (3).

1 Interessen (allgemein, vor dem Tod und nach dem Tod)

Bevor ich mich der Rekonstruktion und Analyse des Argumentes toter Erblasser zuwende, ist zu klären, was unter einem *Interesse* zu verstehen ist. Ich möchte den Interessenbegriff in diesem Kapitel möglichst weit verstehen, sodass sowohl (subjektive) Wünsche, Präferenzen und Lebenspläne als auch (objektive) menschliche Bedürfnisse nach bestimmten Fähigkeiten und Seinsweisen darunterfallen (wie sie im letzten Kapitel – Abschnitt 1.5 – besprochen wurden). In der philosophischen Fachliteratur wird entsprechend zwischen *subjektiven* und *objektiven Interessen* unterschieden (vgl. A. Buchanan 1985, 38–39; Fabre 2008, 227). Das Argument toter Erblasser ist für beide Arten von Interessen einschlägig. Es sei auch bemerkt, dass die *Erfüllung* eines Interesses nicht grundsätzlich voraussetzt, dass die Interessenträger*in vom Eintreten des Interesseninhaltes weiß oder es in irgendeiner Weise erfährt. Während es in der Natur (subjektiver oder objektiver) *mentalistischer* Interessen liegt, dass die Interessenträger*in die Realisierung des Interesseninhaltes erfährt, ist dies für (subjektive oder objektive) *nicht-mentalistische* Interessen nicht der Fall (hier kann die Interessenträger*in davon erfahren, muss es aber nicht).[48] Manchmal wird die Erfahrung der Interessenerfüllung jedoch als eine notwendige Bedingung dafür angesehen, dass das Interesse zum *Wohlergehen* der

---

[48] Als mentalistische Interessen werden (manchmal) Interessen bezeichnet, die (ganz oder teilweise) einen mentalen Zustand *zum Inhalt* haben. Ein Beispiel für ein Interesse, das *ausschließlich* mentale Zustände zum Inhalt hat, ist das Interesse daran, möglichst viel hedonisches Glück zu erfahren. Ein Beispiel für ein Interesse, welches *teilweise* mentale Zustände zum Inhalt hat, ist bspw. der Wunsch, seine Kinder aufwachsen zu sehen. Der nicht-mentale Anteil des Interesses ist, dass die Kinder tatsächlich aufwachsen (und nicht frühzeitig sterben). Der mentale Anteil ist, dass man das Aufwachsen der Kinder selbst miterlebt.
  Bei mentalistischen Interessen kann es sich sowohl um objektive als auch um subjektive Interessen handeln. Subjektiv sind diese, wenn man eine bestimmte Pro-Einstellung zu dem (ganz oder teilweise mentalen) Zustand hat; Objektiv sind diese, wenn es gut für die Person ist, den mentalen Zustand zu haben – unabhängig davon, ob eine entsprechende Pro-Einstellung seitens des Interessenträgers vorliegt.

Interessenträger*in beiträgt (vgl. Fabre 2008, 228–229) oder dafür, dass das Interesse *moralisch* zählt (unabhängig davon, ob es zum Wohlergehen beiträgt).

Es existiert eine Variante des Argumentes toter Erblasser, welche sich diese sogenannte „Erfahrungsbedingung" (für die moralische Relevanz von Interessen) zunutze macht: Da verstorbene Menschen generell keine Erfahrungen mehr haben können, können sie auch die Erfüllung ihrer Interessen nicht mehr erfahren. Zählen nur solche Interessen moralisch, deren Erfüllung auch erfahren wird, brauchen die Interessen der Erblasser offenkundig nicht berücksichtigt werden (vgl. Clayton [2012] 2013, 100–101).[49] Akzeptiert man die Erfahrungsbedingung, so ist das Argument ein Selbstläufer. Das Problem besteht darin, dass die Bedingung vermutlich mindestens so viele Gegner*innen wie Anhänger*innen hat. In diesem Kapitel wird daher einer anderen Variante des Argumentes toter Erblasser nachgegangen, welche nicht auf die Erfahrungsbedingung festgelegt ist.

Neben dem Interessenbegriff als solchem ist für die folgende Untersuchung insbesondere das Begriffspaar aus *Vor-Tod-Interessen* und *Nach-Tod-Interessen* zentral, welches der philosophischen Literatur um die Interessen von Toten entnommen ist. Die Begriffe weisen jedoch eine unglückliche Ambiguität auf, die zu Missverständnissen führen kann (vgl. Lamb 2014, 645; Fabre 2008, 226). In der ersten Bedeutung verweist das Begriffspaar auf den *Zustand*, in welchem sich der Interessenträger befindet: Ist die Interessenträger*in tot oder ist sie am Leben? Vor-Tod-Interessen wären diesem Verständnis zufolge die Interessen, die eine Person *vor ihrem Tod* hat, also die Interessen einer *(noch) lebenden Person*. Nach-Tod-Interessen wären entsprechend die Interessen, die eine Person *nach ihrem Tod* hat, also die Interessen einer *(bereits) toten Person*.[50]

---

49 Die Erfahrungsbedingung kann durch eine (objektive) mentalistische Theorie des Wohlergehens (wie bspw. den Hedonismus) begründet werden. Hiernach wäre die Erfahrung der Realisierung des (objektiven) Interesseninhaltes deshalb eine notwendige Bedingung für das Wohlergehen einer Person, weil sich das Wohlergehen aus (in diesem Fall hedonischen) *Erlebniszuständen* konstituiert. Die Erfahrungsbedingung lässt sich aber auch auf andere Weise begründen. Bspw. wenn man eine Wunscherfüllungstheorie des Wohlergehens vertritt, wonach die Erfüllung solcher und nur solcher subjektiver Interessen zählt, deren Erfüllung man selbst erfährt (um bei einer Erfahrungsbedingung für die Moral und nicht nur für das Wohlergehen anzugelangen, müssten in beiden Fällen zusätzliche Annahmen zum Verhältnis von Wohlergehen und Moral gemacht werden – etwa die Annahme, dass es in der Moral nur darum geht, das Wohlergehen von Individuen zu befördern).
50 Für den Fall, dass es solche Interessen überhaupt gibt bzw. geben kann, müsste es sich bei diesen entweder um objektive Interessen handeln (Interessen, die unabhängig davon bestehen, welche subjektiven Präferenzen eine Person hat) oder um Interessen, welche die Person bereits zu Lebzeiten ausgebildet hat, welche aber wie „eingefroren" über ihren Tod hinaus *weiterbestehen*. Denn vermutlich sind tote Personen nicht mehr in der Lage, subjektive Interessen *selbst auszubilden* oder *abzuändern* (in Rawls' Terminologie fehlt ihnen damit eine „moral power", die Rawls nebenbei bemerkt als wesentlich für den Personenstatus ansieht).

In der zweiten Bedeutung verweist das Begriffspaar hingegen nicht auf den Zustand des Interessenträgers, sondern auf den *Inhalt* des Interesses: Besteht ein Interesse daran, dass die Realisierung eines bestimmten Sachverhaltes vor oder nach dem Todeszeitpunkt des Interessenträgers stattfindet? Vor-Tod-Interessen wären, entsprechend diesem zweiten Verständnis, diejenigen Interessen, die eine Person *hinsichtlich der Zeit vor ihrem eigenen Tod* hat.[51] Die meisten unserer Interessen sind Vor-Tod-Interessen in diesem Sinne. So etwa das Interesse an der Befriedigung unserer biologischen Grundbedürfnisse oder die Interessen, die unsere autonomen *Lebens*pläne konstituieren. Nach-Tod-Interessen wären dieser zweiten Bedeutung zufolge die Interessen, welche eine (lebende oder – sofern möglich – tote) Person *hinsichtlich der Zeit nach ihrem eigenen Tod* hat. Eine Person kann verschiedene Interessen haben, die einen Sachverhalt betreffen, der erst nach ihrem Tod eintritt. So kann sie beispielsweise ein Interesse daran haben, dass ihr biologischer Körper nach ihrem Tod eingeäschert wird oder ein Interesse daran, dass die Menschheit noch viele Millionen Jahre fortbesteht. Es könnte aber auch ein ganz triviales Interesse sein, wie das Interesse daran, dass die Erfolge des Lieblingssportvereins nicht abbrechen.

Um Missverständnisse zu vermeiden, werde ich die Begriffe ‚Vor-Tod-Interessen' und ‚Nach-Tod-Interessen' ausschließlich in dieser *zweiten* Bedeutung verwenden, also als Interessen daran, welche Sachverhalte nach bzw. vor dem eigenen Tod bestehen. Interessen, die jemand nach bzw. vor ihrem eigenen Tod hat (die erste Bedeutung des Begriffspaares) nenne ich dagegen *Interessen von Toten* respektive *Interessen von Lebenden*. Es ist wichtig zu sehen, dass die Begriffspaare logisch unabhängig voneinander sind und die einzelnen Begriffe beliebig kombiniert werden können. Bei Interessen von Lebenden kann es sich sowohl um Vor- als auch um Nach-Tod-Interessen handeln. Gleiches gilt – vllt. etwas weniger offensichtlich – für die Interessen von Toten.[52] Im Ergebnis können wir damit vier (statt zwei) Kategorien von Interessen unterscheiden: Vor-Tod-Interessen von Lebenden, Nach-

---

51 Dass der erwünschte Sachverhalt noch vor dem Tod des Interessenträgers eintritt, kann dabei zum Inhalt des Interesses gehören. Dies muss aber keineswegs der Fall sein. So kann ich entweder das Interesse haben, *dass Palästina noch zu meinen Lebzeiten unabhängig wird* oder aber das Interesse daran, *dass Palästina innerhalb der nächsten 40 Jahre unabhängig wird.* Sofern ich noch exakt 40 Jahre zu leben hätte, wären beide Interessen koextensiv. D. h., wann immer das erste Interesse erfüllt wäre, wäre auch das zweite Interesse erfüllt und umgekehrt. Dennoch würde es sich um zwei intensional unterschiedliche Interessen handeln, von der sich das erste, aber nicht das zweite explizit auf den Zeitpunkt des eigenen Todes bezieht. Entscheidend ist, dass es sich auch im zweiten Fall um ein Vor-Tod-Interesse einer Person handeln würde.

52 Sofern Tote überhaupt Interessen haben können, ist es nicht ausgeschlossen, dass sie ein Interesse daran haben, dass ein Ereignis, welches vor ihrem Tod stattgefunden hat, *tatsächlich stattgefunden hat* oder aber besser *nicht stattgefunden hätte*.

Tod-Interessen von Lebenden, Vor-Tod-Interessen von Toten und Nach-Tod-Interessen von Toten. Mit diesem begrifflichen Werkzeug können wir uns nun der Rekonstruktion des Argumentes toter Erblasser zuwenden.

2 Das Argument toter Erblasser

Wenn das Argument toter Erblasser im öffentlichen Diskurs vorgebracht wird, werden nicht alle seiner Prämissen explizit gemacht. Es bietet sich daher an, die Untersuchung mit einer einfachen, aber (streng genommen) *ungültigen* Variante des Argumentes zu beginnen und anschließend zu fragen, welche zusätzlichen Prämissen wir akzeptieren müssen, um seine Gültigkeit zu gewährleisten. In dieser einfachen Variante könnte eine logische Rekonstruktion des Argumentes wie folgt aussehen:

P1: Tote haben keine Interessen.
P2: Die Erblasser sind zu und nach dem Zeitpunkt, wenn ihr Vermögen vererbt wird, bereits tot.
K1: Die Erblasser haben zu und nach dem Zeitpunkt, wenn ihr Vermögen vererbt wird, keine Interessen (folgt aus P1 & P2).
K2: Die Interessen der Erblasser *generell* spielen für die moralische Beurteilung der Erbschaftssteuer keine Rolle.

In dieser einfachen Formulierung ist das Argument deduktiv *ungültig*, denn die zweite Konklusion (K2) folgt nicht aus der Menge der Prämissen. Wir können es nun auf verschiedene Weise vervollständigen, um es gültig zu machen. So könnten wir bspw. folgende Prämisse hinzufügen:

P3: Wenn Erblasser zu und nach dem Zeitpunkt, wenn ihr Vermögen vererbt wird, keine Interessen haben, dann spielen die Interessen der Erblasser *generell* für die moralische Beurteilung der Erbschaftssteuer keine Rolle.

Das Argument ist nun deduktiv gültig, aber inkorrekt. Denn aus dem Umstand, dass Erblasser zu und nach dem Zeitpunkt, wenn ihr Vermögen vererbt wird, keine Interessen haben, folgt höchstens, dass diejenigen Interessen der Erblasser keine moralische Rolle spielen, welche sie zu und nach dem Zeitpunkt haben, wenn ihr Vermögen vererbt wird. Es wäre eine unzulässige Verallgemeinerung, darauf zu schließen, dass die Interessen der Erblasser *generell* keine moralische Rolle spielen, denn wie wir sehen werden, sind die *Interessen toter Erblasser* nicht die einzige Klasse von „Erblasserinteressen", welche es zu erwägen gilt. Eine weitere Möglichkeit, die Gültigkeit des Argumentes zu gewährleisten, ohne dabei auf eine (offenbar) inkorrekte Prämisse zurückzugreifen, besteht darin, sowohl P3 als auch die Konklusion des Argumentes in ihrer *Reichweite* zu beschränken:

P3*: Wenn Erblasser zu und nach dem Zeitpunkt, wenn ihr Vermögen vererbt wird, keine Interessen haben, dann spielen die Interessen der Erblasser, *die sie zu und nach dem Zeitpunkt haben, wenn ihr Vermögen vererbt wird*, für die moralischeBeurteilung der Erbschaftssteuer keine Rolle.

K2*: Die Interessen der Erblasser, *welche sie zu und nach dem Zeitpunkt haben, wenn ihr Vermögen vererbt wird*, spielen für die moralische Beurteilung der Erbschaftssteuer keine Rolle (folgt aus K1 & P3*).

Wiederum ist die Gültigkeit des Argumentes gewährleistet. Nun allerdings ist die Reichweite des Argumentes kleiner als die meisten seiner Vertreter*innen es wünschen. Um sowohl die Gültigkeit und Anfangsplausibilität als auch die größere Reichweite des Argumentes zu garantieren, schlage ich folgende Rekonstruktion (bzw. Ergänzung) vor:

P1: Tote haben keine Interessen.

P2: Die Erblasser sind zu und nach dem Zeitpunkt, wenn ihr Vermögen vererbt wird, bereits tot.

K1: Die Erblasser haben zu und nach dem Zeitpunkt, wenn ihr Vermögen vererbt wird, keine Interessen (folgt aus P1 & P2).

P3: Wenn Erblasser zu und nach dem Zeitpunkt, wenn ihr Vermögen vererbt wird, keine Interessen haben, dann spielen *diese* Interessen für die moralische Beurteilung der Erbschaftssteuer keine Rolle.

K2: Die Interessen, die Erblasser zu und nach dem Zeitpunkt haben, wenn ihr Vermögen vererbt wird, spielen für die moralische Beurteilung der Erbschaftssteuer keine Rolle (folgt aus K1 & P3).

P4: *Andere Interessen* der Erblasser als diejenigen, welche sie zu und nach dem Zeitpunkt haben, wenn ihr Vermögen vererbt wird, spielen für die moralische Beurteilung der Erbschaftssteuer keine Rolle.

K3: Die Interessen der Erblasser *generell* spielen für die moralische Beurteilung der Erbschaftssteuer keine Rolle (folgt aus K2 & P4).

Es handelt sich hierbei um ein deduktiv gültiges Argument mit der „richtigen" Reichweite. Gleichzeitig haben wir es nun mit einem recht *schwachen* Argument zu tun, denn auch wenn Prämisse 4 nicht offensichtlich falsch ist, so ist sie doch keineswegs selbstverständlich. Um das Argument zu stärken, müssten daher insbesondere Gründe für Prämisse 4 angeführt werden. Im Laufe dieses Kapitels wird das Argument und insbesondere Prämisse 4 gegen mögliche Einwände verteidigt und zugleich auf ein festeres Fundament gestellt. Zum jetzigen Zeitpunkt ist festzuhalten, dass es sich bei der zuletzt angeführten Variante des Argumentes um die plausibelste Auslegung des Argumentes toter Erblasser handelt, weshalb wir uns im Weiteren mit dieser Variante beschäftigen werden.

Wer das Argument toter Erblasser (in der plausiblen Variante) kritisieren möchte, muss eine seiner vier Prämissen kritisieren. Prämisse 2 ist unumstritten, da es sich hierbei um eine analytisch wahre Proposition handelt. Ist der Erblasser zum Zeitpunkt, wenn sein Vermögen an andere Personen weitergegeben wird, nicht tot, so handelt es sich schlicht nicht um ein Erbe, sondern um eine Schenkung. Prämisse 3 ist ebenfalls sehr plausibel. Wenn es keine Interessen toter Erblasser gibt, so können diese auch keine (finale) moralische Rolle spielen.[53]

Damit bleiben Prämisse 1 und 4 als Angriffspunkte für eine mögliche Kritik. Ich möchte im Folgenden *fünf* verschiedene Kritiklinien untersuchen. Die erste Kritiklinie richtet sich gegen Prämisse 1, die anderen richten sich gegen Prämisse 4. Im Kern verfolgen alle Kritiklinien dieselbe Strategie: Sie verweisen jeweils auf eine bestimmte Klasse von Erblasserinteressen, welche vom Argument toter Erblasser für nicht existent oder (zumindest) für moralisch irrelevant erklärt werden, und sie sollen aufzeigen, warum die Interessen aus der jeweiligen Klasse existent und potentiell relevant sind. Jeder der fünf Kritiklinien korrespondiert also eine bestimmte *Klasse von Erblasserinteressen* (nicht zu verwechseln sind diese fünf Klassen mit den vier Kategorien, die im letzten Abschnitt hergeleitet wurden! Wie sich die fünf Klassen zu den vier Kategorien verhalten, wird augenblicklich erklärt). Die fünf Klassen von Erblasserinteressen, deren Relevanz das Argument toter Erblasser leugnet oder übersieht, die aber unter Umständen von einer Einführung bzw. Reform einer Erbschaftssteuer tangiert werden können, sind folgende:

I. die Interessen toter Erblasser
II. die freischwebenden Interessen ehemals lebender Erblasser
III. die ehemaligen Interessen ehemals lebender Erblasser
IV. die Nach-Tod-Interessen lebender (zukünftiger) Erblasser
V. die Vor-Tod-Interessen lebender (zukünftiger) Erblasser

Klassen i, iv und v knüpfen unmittelbar an die obige Analyse an: Klasse i stellt eine Unterklasse der *Interessen von Toten* dar, nämlich die Interessen von toten Erblassern. Dabei umfasst sie aber sowohl die Vor- als auch die Nach-Tod-Interessen toter Erblasser. Klasse iv ist eine Unterklasse der *Nach-Tod-Interessen Lebender*, und

---

[53] Selbstverständlich kann der Umstand, *dass Erblasser früher einmal bestimmte Interessen hatten*, eine moralische Rolle spielen, bspw. weil Lebende ein Interesse daran haben, dass die Sachverhalte, an denen die Erblasser vor ihrem Tod ein Interesse hatten, herbeigeführt werden, *weil* seitens der Erblasser ein Interesse an der Realisierung dieser Sachverhalte bestand. Prämisse 3 richtet sich jedoch nicht gegen die Berücksichtigung dieser vergangenen Umstände per se, sondern gegen ihre Berücksichtigung um der *(Interessen von) Toten willen*.

Klasse v ist eine Unterklasse der *Vor-Tod-Interessen Lebender.* Klassen ii und iii hingegen sind erläuterungsbedürftig und werden im Verlauf der Arbeit einer eigenen philosophischen Analyse unterzogen. Zu diesem Zeitpunkt reicht es jedoch aus, die generelle Stoßrichtung der Kritik zu verstehen: Um zu dem Schluss zu gelangen, dass die Interessen der Erblasser *generell* unberücksichtigt bleiben dürfen (die Konklusion des Argumentes toter Erblasser), müsste gezeigt werden, dass jede dieser fünf Klassen von Interessen unberücksichtigt bleiben darf. Ich werde daher genauer auf jede der aufgezählten fünf Klassen eingehen und danach fragen, ob diese prinzipiell eine Rolle für die moralische Beurteilung der Erbschaftssteuer spielen können oder ob sie (von Vertreter*innen des Argumentes toter Erblasser) zu Recht ignoriert bzw. abgelehnt werden. Erst wenn gezeigt wurde, dass jede dieser fünf Klassen unberücksichtigt bleiben darf, kann das Argument toter Erblasser (zumindest in seiner obigen Formulierung) als erfolgreich gelten.[54] Aufgrund der Komplexität des beschriebenen Argumentationszusammenhangs, wird dieser hier zur Übersicht visuell dargestellt:

Abb. 4: Argumentationszusammenhang

2.1 Interessen toter Erblasser

Beginnen wir mit der ersten Klasse von Erblasserinteressen, den *Interessen toter Erblasser.* Gemäß der obigen Begriffsbestimmung sind damit (Vor- oder Nach-Tod) Interessen toter Personen gemeint. Gleich in Prämisse 1 des Argumentes toter Erblasser wird die Existenz solcher Interessen bestritten. Nahezu alle zeitgenössischen Philosoph*innen, die sich zu dieser Frage geäußert haben, scheinen diese Ansicht zu teilen. Tote können keine Interessenträger sein, so der Tenor, da dies eine *metaphysisch fragwürdige und hochspekulative* Theorie der Unsterblichkeit von Personen voraussetze (vgl. Feinberg 1974; Partridge 1981; Baum Levenbook 1984; Callahan 1987). In diesem Sinne schreibt etwa Feinberg: „A dead man is a mere corpse, a piece of decaying organic matter. Mere inanimate things can have no interests" (Feinberg 1974, 57).

---

54 Es ist nicht logisch auszuschließen, dass es neben diesen fünf Klassen noch weitere Klassen von Erblasserinteressen gibt, die moralisch relevant sind. Die fünf Klassen, auf welche ich mich hier beschränke, decken jedoch alle in der Fachliteratur (um die Interessen/Rechte/Schädigung von Toten) aufgeführten Klassen von Interessen ab.

Vereinzelt lassen sich jedoch auch Stimmen finden, die sich *für* die Existenz der Interessen von Toten (und damit gegen die erste Prämisse) aussprechen.[55] Ich werde daher fragen, ob nicht doch etwas dafür sprechen könnte, die Existenz solcher Interessen zu akzeptieren. Können Menschen auch nach dem Zeitpunkt ihres Todes Interessen haben? Ist Prämisse 1 des obigen Argumentes womöglich unberechtigt? Zur Beantwortung dieser Frage(n) müssen wir etwas ausholen. Zunächst einmal ist festzuhalten, dass die meisten Menschen die vortheoretische Intuition teilen, dass wir (pro tanto) Gründe haben, bestimmte Sachverhalte zu realisieren, an denen ehemals lebende Personen ein (Nach-Tod) Interesse hatten. So glauben viele von uns, dass wir einen Grund haben, niemanden nach seinem Tod zu verleumden oder die Wünsche von verstorbenen Personen (etwa hinsichtlich der Art ihrer Beerdigung) zu achten. Außerdem glauben wir, dass wir diese Gründe (wenigstens auch) *um der Personen selbst willen* haben und nicht nur um anderer noch lebender Personen willen. Bei dem Versuch, unsere Intuition theoretisch zu untermauern, geraten wir jedoch in Verlegenheit: Haben wir die Gründe deshalb, weil *ehemals lebende Personen* ein Interesse an den genannten Sachverhalten *hatten* oder weil die *nun toten Personen* (weiterhin) ein Interesse daran *haben*? Beide Optionen scheinen auf den ersten Blick unbefriedigend: Wieso sollte uns der Umstand, dass ehemals lebende Personen ein Interesse an etwas hatten, einen Grund dazu geben, *jetzt* etwas Bestimmtes zu tun. Doch auch die zweite Möglichkeit erscheint unbefriedigend: Wie können die toten Personen nach ihrem Tod ein Interesse an etwas haben? Würde dies nicht implizieren, dass Personen auch nach dem Tod ihres biologischen Körpers weiterexistieren und Träger von Interessen sein können? Zumindest für Atheist*innen ist dies eine schwer zu akzeptierende Vorstellung. Verteidiger*innen

---

55 Als historisch prominentester Vertreter dieser These kann wohl Aristoteles gelten. Zeitgenössische Vertreter scheinen Robert Lamb und Steven Winter zu sein, die behaupten, dass Menschen auch nach ihrem Tod – wenn auch nicht in derselben „Form" – weiterexistieren. So schreibt Lamb: „[A] person's *social* life as a recognized moral entity endures beyond the absence of a beating heart, through the ritualistic response of individuals to it, including the important winding down of an estate" (Lamb 2014, 650). Hier ist allerdings nicht ganz eindeutig, ob es Lamb wirklich um eine metaphysische Annahme geht oder ob er nicht schlicht unsere soziale bzw. moralische Praxis beschreibt. Eine ähnliche Idee findet sich bei Winter: „death ends our existence in the sense of one's point of view or subjective agency [but not] what we might call the public persona [......] – subsisting in the speech and memory of living persons as well as in information held in impersonal media. [T] here is a complex posthumous persona available to bear the claim-ascription" (Winter 2010, 187). Winter glaubt allerdings *nicht*, dass Tote („anspruchsgründende"?) Interessen haben können, denn dies setze ihm zufolge die Fähigkeit der Rechtsträger*innen voraus „to experience significance" (ebd., 186). Dieses „significance criterion" (ebd., 190) hat Ähnlichkeit mit der in Abschnitt 1 erläuterten Erfahrungsbedingung – allerdings ist es weder ein Kriterium für Wohlergehen noch für die moralische Relevanz von Interessen – sondern für die *Existenz* von Interessen. Außerdem setzt es nicht die Erfahrung, sondern die Fähigkeit zu dieser voraus.

des Argumentes toter Erblasser sehen sich mit diesen Überlegungen vor folgendes Trilemma gestellt:
a) Entweder man akzeptiert, dass Personen nach ihrem Tod weiter existieren und (deshalb) moralisch zu berücksichtigende Interessen haben,
b) oder man glaubt, dass die Interessen der ehemals lebenden Personen (um der Personen bzw. der Interessen selbst willen) berücksichtigt werden müssen, zu einem Zeitpunkt, an dem die Personen nicht mehr existieren,
c) oder man gibt die Anfangsintuition preis, wonach Gründe existieren, (um der ehemals lebenden Personen willen) das herbeizuführen, woran die ehemals lebenden Personen ein Interesse hatten.

Jede der Optionen ist höchst unattraktiv und doch scheinen die drei Optionen erschöpfend und einander ausschließend zu sein, sodass man gezwungen ist, sich für eine von ihnen zu entscheiden. Wie bereits erwähnt, wird Option a von den meisten Philosoph*innen abgelehnt (dies läuft auf die Anerkennung von Prämisse 1 hinaus und ist damit ganz im Sinne der Vertreter*innen des Argumentes toter Erblasser). Entsprechend verteilen sich jene Philosoph*innen auf Option b (Feinberg, Baum Levenbook) und Option c (Partridge, Callahan). Diejenigen, die Option b wählen, versuchen zu zeigen, dass wir mit unseren Handlungen heute die freischwebenden Interessen (Klasse ii) oder die ehemaligen Interessen der ehemals Lebenden (Klasse iii) verletzen können. Beide Strategien und die entsprechenden Klassen von Erblasserinteressen werden im Verlauf des Kapitels noch ausführlich behandelt. Diejenigen, die Option c wählen, argumentieren dafür, dass uns das Unvermögen, unsere Ausgangsintuitionen theoretisch zu untermauern, dazu zwingt, diese Intuitionen fallen zu lassen; das heißt, einzusehen, dass wir keinerlei Grund haben, das herbeizuführen, woran die ehemals Lebenden ein Interesse hatten (jedenfalls nicht um der ehemals Lebenden oder ihrer Interessen willen).[56]

Prinzipiell bestünde aber auch die Möglichkeit Option a zu wählen, also zu behaupten, dass Tote durchaus Interessen haben können. Denn zum einen könnte man darauf beharren, dass unsere vortheoretischen Intuitionen in dieser Frage sehr stark und daher ernst zu nehmen sind, was gegen Option c zu sprechen scheint. Zum anderen könnte man die Schwächen von Option b aufzeigen (siehe Abschnitt 2.2 und 2.3). Damit bliebe nur noch die Wahl von Option a: Die Anerkennung der These also, dass Personen auch nach dem biologischen Tod eines Menschen weiterexistieren und Träger von Interessen sein können. Sollte dieses Ausschluss-

---

[56] Da sich Vertreter*innen des Argumentes toter Erblasser nicht nur *qua Prämisse 1* gegen Option a, sondern auch *qua Prämisse 4* gegen Option b des Trilemmas richten, scheinen auch sie auf Option c (also auf die Ablehnung unserer Alltagsintuitionen) verpflichtet zu sein.

Argument überzeugen, dann wäre gezeigt, dass Tote durchaus Interessen haben können. Prämisse 1 des Argumentes toter Erblasser wäre damit falsch und das Argument würde scheitern.

In den nächsten zwei Abschnitten werde ich zeigen, dass es um die Plausibilität von Option b in der Tat schlecht bestellt ist, indem ich gegen die moralische Berücksichtigung von Interessen aus Klasse ii) und iii) argumentiere. Wie wir zwischen den übrigen Optionen a und c entscheiden sollten, hängt dann davon ab, wie viel Gewicht wir unseren vortheoretischen Intuitionen einräumen sollten. Wenn es angebracht ist, ihnen viel Gewicht einzuräumen, so spräche dies für die Wahl von Option a (und damit gegen Prämisse 1). Wenn wir ihnen hingegen wenig Gewicht einräumen sollten, so spräche dies für Option c (und damit für Prämisse 1).

Einer verbreiteten Ansicht nach sollten wir unsere vortheoretischen Intuitionen zum Ausgangspunkt für weitere Überlegungen machen, aber von ihnen Abstand nehmen, wenn sie einer genaueren theoretischen Überprüfung nicht standhalten. Angesichts der fehlgeschlagenen Versuche, die vortheoretische Intuition (dass wir Gründe haben, Sachverhalte zu realisieren, an denen ehemals lebende Personen ein Nach-Tod Interesse hatten – und zwar um der Personen selbst willen) theoretisch zu untermauern, wäre diese aufzugeben. Ergänzend verfolgen manche Philosoph*innen eine „entlarvende Strategie", indem sie eine alternative Erklärung für unsere Intuitionen anführen. In Wahrheit – so die alternative Erklärung – liegt uns (in vielen Fällen) nämlich gar nicht am Wohl toter Erblasser, wenn wir bspw. Grabschändung oder posthume Rufschädigung kritisieren, sondern es geht uns vielmehr um die Interessen noch Lebender (vgl. Winter 2010).

Zum einen können diese ein Interesse daran (und Ansprüche darauf) haben, dass der Inhalt der Interessen Verstorbener realisiert wird, im Stillen wissend, dass dies (in letzter Instanz) nicht *um der Toten willen* geschieht: „Family members can have claims regarding the fulfillment of another member's posthumous wishes. The content of these obligations could involve 'interests' of the apotheosized dead" (ebd. 2009, 196)[57]. Zum anderen haben die Lebenden selbst diverse Nach-Tod-Interessen, deren Inhalte sie (später einmal) realisiert wissen wollen. Herrscht eine gesellschaftliche Praxis vor, in der keinerlei Berücksichtigung findet, was sich die Verstorbenen mit Blick auf die Zeit nach ihrem Tod einmal gewünscht haben, so hat das unweigerlich Auswirkungen auf die Vor-Tod-Interessen der Lebenden an einem sorgenfreien Leben. Denn angesichts der Erwartung, dass auch ihre Interessen nach ihrem Tod keine Berücksichtigung finden, werden sich diese sicherlich besorgt

---

[57] Dies setzt voraus, dass die korrekte Moraltheorie eine ist, in der „other-regarding-interests" moralische Ansprüche erzeugen (vgl. Winter 2010,197).

zeigen (vgl. Partridge 1981, 260–261) (siehe auch die Besprechung der *Vor-Tod-Interessen noch lebender zukünftiger Erblasser* in Abschnitt 2.5).

Mangels plausibler *theoretischer* Alternativen und gegeben der Annahme, dass der erste intuitive Eindruck einer theoretischen Analyse standhalten muss, mag die Wahl von Option c (also die Zurückweisung unserer Intuitionen) am Ende die überzeugendste sein. Die bisherige Besprechung dürfte aber gezeigt haben, dass auch die erste Prämisse des Argumentes toter Erblasser einer Verteidigung bedarf und weniger offensichtlich ist als sie auf den ersten Blick erscheint.

2.2 Freischwebende Interessen ehemals lebender Erblasser

Auch wenn man zugesteht, dass tote Erblasser nach dem Zeitpunkt ihres Todes keine Interessen mehr haben können, weil tote Menschen im Allgemeinen keine Interessen haben können (und man damit Prämisse 1 des Argumentes toter Erblasser akzeptiert), wäre es vorschnell, hieraus den Schluss zu ziehen, dass die Interessen der Erblasser *generell* keinen Einfluss auf unser moralisches Urteil (hinsichtlich der Institution der Erbschaftssteuer) haben sollten.[58] Neben den Interessen toter Erblasser sind nämlich noch weitere Klassen von Erblasserinteressen in Erwägung zu ziehen. Eine dieser Klassen können wir die Klasse der *freischwebenden Interessen ehemals lebender Erblasser* nennen.

In seinem Aufsatz „Harm and Self-Interest" argumentiert Joel Feinberg dafür, dass die Interessen von Personen auch ohne einen Träger weiterexistieren können und dass deren Erfüllung trotz des fehlenden Trägers weiterhin moralisch gefordert sein kann (vgl. Feinberg [1977] 2014, 61 - 62, 68). „[We have to] think of all harm as done to interests themselves, and interpret talk of harm done to men and women as convenient elliptical references to, and identification of, the interest that was thwarted or set back" (ebd., 61). Feinberg nennt diese Interessen „überlebende Interessen" (surviving interests) (vgl. ebd., 64). Das Spezifische an dieser Klasse von Interessen ist allerdings nicht, dass die Interessen überleben, sondern dass sie – anders als die Interessen von Toten – *ihren eigenen Träger überleben*. Eine treffendere Bezeichnung ist daher die der „freischwebenden Interessen" (free-floating interests) (vgl. Callahan 1987, 342). So wird kein Zweifel daran gelassen, dass es sich um Interessen handelt, die in keinem Subjekt mehr „verankert" sind und damit völlig *losgelöst* von einem Träger existieren. Vertreter*innen freischwebender Interessen richten sich gegen Option a und Option c des aufgezeigten Trilemmas und

---

[58] Dies war das Problem der ersten von mir aufgestellten (deduktiv gültigen) Rekonstruktion des Argumentes toter Erblasser (siehe Abschnitt 2).

wählen Option b: Sie versuchen zu zeigen, dass die Interessen der ehemals lebenden (und nun toten) Personen berücksichtigt werden müssen zu einem Zeitpunkt, zu dem die Personen selbst nicht mehr existieren. Bei genauerer Betrachtung erweist sich diese Klasse von Interessen jedoch als äußerst dubios. Insbesondere lassen sich zwei starke Einwände gegen die Existenz bzw. Berücksichtigung solcher Interessen vorbringen. Nennen wir diese das „Argument gerichteter Pflichten" und das „Inkonsistenz-Argument".[59] Beide Argumente richten sich letztlich gegen die Existenz von Pflichten, die darauf abzielen, freischwebende Interessen zu erfüllen. Das erste Argument tut dies, indem es den Zusammenhang zwischen freischwebenden Interessen und moralischen Pflichten bestreitet, das zweite Argument, indem es dem Begriff des freischwebenden Interesses eine konzeptionelle Inkonsistenz attestiert. Betrachten wir zunächst das Argument gerichteter Pflichten:

P1: Es existiert keine moralische Pflicht, die zugleich in einem Interesse gründet und nicht gegenüber einer Person besteht.

P2: Die moralische Pflicht, ein freischwebendes Interesse zu erfüllen, wäre eine solche Pflicht (eine Pflicht, die in einem Interesse gründet, aber nicht gegenüber einer Person besteht).

K: Es existieren keine moralischen Pflichten, freischwebende Interessen zu erfüllen (folgt aus P1 & P2).

Prämisse 1 ist durchaus überzeugend. Zwar ist unter Moralphilosoph*innen umstritten, ob alle moralischen Pflichten *gerichtete* Pflichten sind, die als solche *gegenüber* Personen bestehen, oder ob es auch ungerichtete moralische Pflichten gibt, die nicht gegenüber Personen bestehen, sondern *simpliciter.* Was für gewöhnlich aber nicht bestritten wird, ist, dass Pflichten, *die in Interessen gründen,* gerichtete Pflichten sind. Denn warum – so Vertreter*innen dieser These – sollten wir die Pflicht haben ein Interesse zu erfüllen, wenn nicht aus dem Grund, dass die Erfüllung dieses Interesses jemanden *betrifft* (ihr nützt oder einen ihrer legitimen Ansprüche erfüllt)? Auch mit Blick auf freischwebende Interessen sollten wir uns demnach fragen, was denn so wichtig an der Erfüllung dieser ungebundenen In-

---

[59] In der Tat sind die Argumente so stark, dass man sich wundert, wie Feinberg sich jemals für die Existenz dieser freischwebenden Interessen aussprechen konnte. Eine Erklärung könnte sein, dass er das oben dargestellte Trilemma ganz klar gesehen hat und sich weder für Option a noch für Option c entscheiden wollte. In diesem Zusammenhang ist zu bemerken, dass Feinberg die Position der freischwebenden Interessen später aufgegeben hat, nachdem er eine alternative Position entwickelte (die ehemaligen Interessen ehemals lebender Erblasser – Klasse iii), die es ihm weiterhin ermöglichte, Option b des Trilemmas zu wählen: „I no longer wish to say that those interests themselves are the subjects of harm, because this suggests a bizarre ontological reification" (Feinberg 1987, 83).

teressen (um ihrer selbst willen) ist, wenn diese doch niemanden mehr tangiert? Zugegeben, Prämisse 1 (also die These, dass Pflichten, die in Interessen gründen, gerichtete Pflichten sein müssen) hat ihre Gegner. Man denke bspw. an Vertreter*innen eines *teleologischen* Utilitarismus, in welchem Interessenträger lediglich als „Behälter" betrachtet werden, deren einziger Zweck es ist, zu einer möglichst großen Menge an Interessenerfüllung (oder Freude) in der Welt beizutragen (vgl. Chappell [2013] 2015, 324–326; Kymlicka [1990] 2002, 40–44). Eine solche Theorie wird aber aufgrund dieses Merkmals von den meisten Philosoph*innen zu Recht als bizarr und moralisch unattraktiv angesehen und daher abgelehnt (vgl. Chappell [2013] 2015, 325; Kymlicka [1990] 2002, 42). Ähnlich bizarr erscheinen Moraltheorien, welche die Erfüllung trägerloser Interessen um ihrer selbst willen verlangen.

Auch Prämisse 2 erscheint äußerst plausibel: Ein freischwebendes Interesse zu sein *bedeutet* losgelöst vom Interessenträger zu existieren. Eine Pflicht, welche die Erfüllung eines freischwebenden Interesses zum Inhalt hat, scheint sich daher auf ein Objekt zu richten, welches nichts mehr mit dem Interessenträger (der Person) zu tun hat (außer, dass es früher einmal das Interesse der Person war). Entsprechend würde es sich bei der Pflicht um eine *ungerichtete* Pflicht handeln, die nicht *gegenüber* jemandem besteht. Es folgt die Konklusion, dass freischwebende Interessen (selbst, wenn es solche Interessen geben sollte) keine moralischen Pflichten erzeugen. Die Klasse freischwebender Interessen bräuchte demnach nicht berücksichtigt werden, wenn es zur moralischen Beurteilung der Erbschaftssteuer kommt.[60]

Betrachten wir nun den zweiten Einwand gegen die moralische Berücksichtigung freischwebender Interessen; das Inkonsistenz-Argument:

P1: Wenn es freischwebende Interessen gäbe, dann wären es Interessen von niemandem.
P2: Interessen sind aber zwingend die Interessen von jemandem.
K: Es gibt keine freischwebenden Interessen (P1 & P2).

Sowohl Prämisse 1 als auch Prämisse 2 erwecken den Anschein begrifflicher Notwendigkeit. Einerseits wurde bereits mehrfach festgestellt, dass es in der Bedeutung des Begriffs ‚freischwebendes Interesse' liegt, dass dieses keinen Träger mehr hat und damit das Interesse *von niemandem* ist. Andererseits scheint es aber in der Bedeutung des Begriffs ‚Interesse' zu liegen, dass dieses einen Träger hat, also das

---

[60] Vor diesem Hintergrund ist auch zweifelhaft, ob der Verweis auf freischwebende Interessen überhaupt eine angemessene Reaktion auf unsere vor-theoretische Intuition ist, wonach wir Gründe haben *um der verstorbenen Personen willen* das herbeizuführen, woran diese ein Interesse hatten. Denn wenn es (finale) Gründe gibt, freischwebende Interessen zu erfüllen, so werden diese gerade nicht um der Verstorbenen willen erfüllt, sondern um der Interessen selbst willen.

Interesse *von jemandem* ist. „[P]ersons [are] necessary ingredients of there being interests at all" (Partridge 1981, 247). Ein freischwebendes Interesse wäre also zugleich das Interesse von jemandem (qua Interesse) und das Interesse von niemandem (qua seiner Eigenschaft freischwebend zu sein). Sollte dieser Befund zutreffen, so wäre der Begriff des freischwebenden Interesses *in sich widersprüchlich* (vgl. ebd., 247, 253). Es folgt, dass wir keine Pflicht haben können derartige Interessen zu erfüllen.

Eine Verteidiger*in freischwebender Interessen könnte an dieser Stelle jedoch Einspruch erheben: Setzt das Inkonsistenz-Argument nicht bereits voraus, was es zu zeigen gilt, nämlich, dass freischwebende Interessen nicht existieren? Das Argument besagt jedoch mehr als dies. Es besagt, dass freischwebende Interessen deshalb nicht existieren, weil das Konzept der freischwebenden Interessen *inkonsistent* ist und freischwebende Interessen damit (in einem logischen Sinn) schlicht nicht existieren *können*. Der Verteidiger*in freischwebender Interessen stehen nun zwei Strategien offen: Die erste Strategie besteht darin Prämisse 2 abzulehnen, d. h. den Vorwurf der begrifflichen Inkonsistenz zu bestreiten und darauf zu beharren, dass der Idee eines freischwebenden Interesses letztlich doch ein Sinn abzugewinnen ist. Die Beweislast scheint mir nun aber auf Seiten der Verteidiger*innen freischwebender Interessen zu liegen, denn selbst diese sollten zugestehen, dass der Begriff eines freischwebenden Interesses zunächst einmal paradox anmutet.

Die zweite Strategie besteht in der Ablehnung von Prämisse 1. So könnte man behaupten, dass ein freischwebendes Interesse durchaus einen Träger habe, nämlich die Person, die früher einmal existiert hat (vgl. Feinberg 1987, 83–84). Dann aber handelt es sich gerade nicht mehr um ein *freischwebendes* Interesse, sondern um ein *ehemaliges Interesse eines ehemals lebenden Erblassers* (Klasse iii), also um ein Interesse, welches heute – sofern es nicht als ein freischwebendes Interesse weiterexistiert – *nicht mehr existiert*. Das Inkonsistenz-Argument gegen die Existenz freischwebender Interessen bleibt also von beiden Einwänden unberührt.

2.3 Ehemalige Interessen ehemals lebender Erblasser

Eine dritte Klasse von Erblasserinteressen umfasst die *ehemaligen Interessen ehemals lebender Erblasser.* Diese Klasse von Interessen geht ursprünglich auf George Pitcher zurück (vgl. Pitcher 1984) und wird ebenfalls am prominentesten von Feinberg vertreten. Ihre Einführung dient als ein weiterer Versuch, das oben skizzierte Trilemma durch die Wahl von Option b „aufzulösen": Wenn wir zeigen können, dass unsere Pflichten heute auf die Interessen der ehemals Lebenden zurückgeführt werden können, dann brauchen wir „no longer [...] embrace one absurdity to avoid an even greater one, namely that the wronged party is a corpse mouldering in the ground [Klasse i] or a detached interest floating in the air [Klasse ii]" (Feinberg 1987, 95). Mit diesem Vorschlag nimmt Feinberg also von seiner ursprünglichen Position der freischwebenden Interessen Abstand. Er überarbeitet seine Position dahingehend, dass er nun behauptet, die besagten Interessen hätten durchaus einen Träger. Dieser sei aber keine aktuell existierende „postmortem Person", sondern die „antemortem Person", die sie vor ihrem Tod einmal war (vgl. Feinberg 1987, 90–91). Auch Barbara Baum Levenbook scheint diese Position zu vertreten, wenn sie schreibt: „the subject who is harmed is the living-person-who-was" (Baum Levenbook 1984, 162). Robert Lamb bedient sich ebenfalls dieses Kunstgriffes, um dafür zu argumentieren, dass die ehemaligen Interessen verstorbener Erblasser nach ihrem Tod zu achten sind: „The honouring of the right that represents the interest will obviously take place after death, but actual benefits to be gained from the decisions made and the intentional states that motivate those decisions concern only the [once] living" (Lamb 2014, 649).

Doch auch dieser Versuch, dem obigen Trilemma zu entgehen, scheitert. Ein zentraler Einwand gegen diesen Vorschlag lautet, dass die ehemaligen Interessen ehemals Lebender zu dem Zeitpunkt, wenn der Interesseninhalt realisiert (also der Sachverhalt, auf den sich das Interesse bezog, herbeigeführt) wird, selbst nicht mehr existieren und daher unklar ist, inwiefern sich überhaupt noch von einer Interessen*erfüllung* sprechen lässt. So gibt Chris Heathwood mit Blick auf (subjektive) Wünsche zu bedenken: „in order for a state of affairs to count as a genuine instance of desire satisfaction, the state of affairs desired must obtain at the same time that it is desired to obtain. If I desire fame today but get it tomorrow, when I no longer want it, my desire for fame was not satisfied" (Heathwood 2005, 490). Dasselbe scheint auch für objektive Interessen zu gelten. Wird der Inhalt eines Interesses zu einem Zeitpunkt realisiert, zu welchem das Interesse nicht (mehr) existiert, so sind Zweifel daran angebracht, dass es sich in diesem Fall überhaupt um eine Interessenerfüllung handelt. Ähnlich formuliert dies Ernest Partridge: „Take away the personal concern or 'stake' and what remains are mere pointless happenings" (Partridge 1981, 247).

Feinberg scheint dieses Erfordernis der „concurrence" (Heathwood 2005, 490) abzulehnen. Stattdessen behauptet er, dass die Nach-Tod-Interessen Verstorbener bereits zu einem Zeitpunkt erfüllt/frustriert sind, zu dem der Verstorbene noch am Leben, der Inhalt seines Interesses aber noch nicht realisiert ist:

> "An event occurs after [a persons] death that causes something to happen at that time. [...] Now, in virtue of the thing that was caused to happen at that time it is true that [the Person] was in a harmed condition before he died. It does not suddenly 'become true' that the antemortem [person] was harmed [that her interests were thwarted]. Rather it comes apparent to us for the first time that it was true all along" (Feinberg 1987, 91).

Die Interessen der antemortem Person seien also *immer schon* dadurch frustriert, dass nach ihrem Tod etwas bestimmtes geschehen wird. Was ist von dieser Behauptung zu halten? Zunächst möchte ich gestehen, dass mir rätselhaft ist, was genau diese These besagt. Sicher kann es der Fall sein, dass sich der Sachverhalt, auf welchen sich das Interesse inhaltlich bezieht, nicht einstellt. Inwiefern es aber diesem Umstand zu verdanken sein kann, dass das Interesse bereits zu Lebzeiten des Interessenträgers frustriert *war*, erschließt sich mir nicht.[61]

Des Weiteren scheint Feinbergs Vorschlag einen Determinismus vorauszusetzen, der den zukünftig eintretenden Schaden an der antemortem Person für unumgänglich erklärt. Wenn eine Person *immer schon* dadurch geschadet ist, dass nach ihrem Tod etwas geschehen wird, was ihren (Nach-Tod-) Interessen *zu Lebzeiten* zuwiderläuft, dann scheint auch immer schon feststehen zu müssen, was nach ihrem Tod geschehen wird. Es stand dann immer schon fest, dass der Staat eine Erbschaftssteuer erheben wird, die den Inhalten der Nach-Tod-Interessen vieler Erblasser zuwiderläuft. Die implizierte Annahme des Determinismus mag man bereits *als solche* für inakzeptabel halten. Sie hätte jedoch noch weitere Implikationen, die insbesondere aus moralphilosophischer Sicht ein Problem darstellen.

Die Annahme eines Determinismus würde nämlich ferner bedeuten, dass moralische Akteure heute gar nicht anders handeln können als so zu handeln, wie sie es *de facto* tun: Frustriert ein Akteur durch seine Handlungen heute die ehemaligen Interessen einer antemortem Person, so stand es ihm nicht offen, die Interessen nicht zu frustrieren.[62] Ziehen wir nun die zusätzliche Annahme heran, dass *ein Sollen immer ein Können voraussetzt*, dann scheint uns die Annahme des Determinismus sogar darauf festzulegen, dass wir gerade *keine Pflicht* haben können, die Interessen der antemortem Person, *die wir frustrieren*, nicht zu frustrieren: Wir können nicht anders, als sie zu frustrieren und somit haben wir nicht die Pflicht, sie nicht zu frustrieren. Wir könnten dann lediglich die Pflicht haben, diejenigen Interessen der antemortem Person nicht zu frustrieren, *die wir ohnehin nicht frustrieren*. Hier eine formale Darstellung des Argumentes:

P1: Die ehemaligen Nach-Tod-Interessen einer toten Person waren schon immer dadurch frustriert, dass der Interesseninhalt heute nicht realisiert wird.

---

61 Auch Joan Callahan zeigt sich irritiert über diesen Vorschlag (vgl. Callahan 1987, 345 - 246).
62 Eine hiervon zu unterscheidende Frage ist die, ob der Akteur „aus freiem Willen" gehandelt hat oder nicht und ob er für sein Handeln verantwortlich gemacht werden kann. Mit der Annahme eines Determinismus legt man sich nach Meinung vieler Philosoph*innen *nicht* darauf fest, dass der Akteur unfreiwillig handelt.

P2: Wenn die ehemaligen Nach-Tod-Interessen einer toten Person schon immer dadurch frustriert waren, dass der Interesseninhalt heute nicht realisiert wird, dann ist unser Handeln determiniert.

K1: Unser Handeln ist determiniert (folgt aus P1 & P2).

P3: Wenn unser Handeln determiniert ist, dann kann man gar nicht anders, als diejenigen Interessen zu frustrieren, die man frustriert.

K2: Man kann gar nicht anders, als diejenigen Interessen zu frustrieren, die man frustriert (folgt aus K1 & P3).

P4: Wenn man nicht anders kann, als diejenigen Interessen zu frustrieren, die man frustriert, dann hat man auch keine moralische Pflicht, sie nicht zu frustrieren.

K3: Man hat keine moralische Pflicht, diejenigen Interessen (toter Erblasser) nicht zu frustrieren, die man ohnehin frustriert (folgt aus K2 & P4).

Fassen wir zusammen: Die Erfüllung bzw. Frustration von Interessen scheint vorauszusetzen, dass ein Interesse zum Zeitpunkt der Realisierung seines Inhaltes existiert. Feinberg hingegen scheint zu behaupten, dass ein Interesse auch dann frustriert sein kann, wenn der Sachverhalt, auf welchen sich das Interesse richtet, noch (weit) in der Zukunft liegt, solange der Sachverhalt später einmal nicht eintritt. Dies, so habe ich argumentiert, legt ihn auf die Annahme des Determinismus und damit auf die These fest, dass keine Pflichten existieren, diejenigen Interessen nicht zu frustrieren, die de facto frustriert werden. Auch die Interessen ehemals lebender Erblasser scheinen daher keine Kategorie zu sein, die es bei der Frage nach dem moralischen Status der Erbschaftssteuer zu berücksichtigen gilt. Das Argument toter Erblasser bleibt also auch von dieser Interessen-Klasse unberührt.

2.4 Nach-Tod Interessen noch lebender (zukünftiger) Erblasser

Die bisher behandelten Klassen von Erblasserinteressen (i-iii) vereint, dass sie sich auf Interessen beziehen, deren Träger bereits verstorben sind. Die nun folgenden zwei Klassen von Erblasserinteressen (iv und v) beziehen sich hingegen auf die Interessen *noch lebender* Personen. Inwieweit, so mag man fragen, sollten wir diese Personen überhaupt als Erblasser bezeichnen? Ist es nicht ein Wesensmerkmal eines Erblassers, *nicht mehr am Leben zu sein*? Alltagssprachlich scheinen wir jedoch nicht auf einen solch engen Erblasser-Begriff festgelegt zu sein. Wir können lebende Personen durchaus als Erblasser bezeichnen, ohne uns in einen begrifflichen Widerspruch zu verwickeln, nämlich dann, wenn vorauszusehen ist, dass die so bezeichneten Personen *später einmal* ein Erbe hinterlassen werden. Alternativ könnte man den Begriff des Erblassers für verstorbene Menschen reservieren und im Falle noch lebender Menschen, die später einmal etwas vererben werden, von *zukünftigen* Erblassern sprechen.

An dieser terminologischen Entscheidung sollte uns nicht viel liegen. Entscheidend für das hiesige Kapitel ist jedoch, dass sich das Argument toter Erblasser nicht nur auf die Interessen toter Erblasser, sondern auch auf die Interessen noch lebender (bzw. zukünftiger) Erblasser beziehen kann. Ob Vertreter*innen des Argumentes den Begriff des Erblassers eng oder weit auslegen, erkennt man daran, ob sie die Interessen noch lebender (zukünftiger) Erblasser in ihrer Beurteilung der Erbschaftssteuer berücksichtigen oder nicht. Die Berücksichtigung lässt auf eine enge Auslegung, die Nicht-Berücksichtigung auf eine weite Auslegung schließen. Da es prinzipiell möglich ist, das Argument toter Erblasser so zu verstehen, dass es sich auch gegen die Berücksichtigung der Interessen noch lebender Erblasser (hinsichtlich ihres später zu vererbenden Vermögens) richtet, werden wir in diesem und im nächsten Abschnitt zwei Klassen von Erblasserinteressen behandeln, die sich auf Interessen noch lebender Erblasser beziehen.

In diesem Abschnitt soll es um die *Nach-Tod-Interessen der noch lebenden Erblasser* gehen (insbesondere um diejenigen Nach-Tod-Interessen, welche die Verwendung des Erblasservermögens nach dem Tod des Erblassers betreffen). Anders als die zuletzt behandelten Klassen von Interessen erscheint die Klasse der Nach-Tod-Interessen noch lebender Erblasser recht unproblematisch, und die Existenz dieser Interessen bedarf keiner ausgeklügelten Verteidigung. Wir haben regelmäßig mit solchen Interessen zu tun, bspw. wenn Eltern sich dafür entscheiden, eine Lebensversicherung für ihre Kinder abzuschließen, wenn Umweltschützer*innen für intergenerationelle Gerechtigkeit demonstrieren oder wenn Menschen ein Testament aufsetzen. Während uns die *Existenz* von Nach-Tod-Interessen noch lebender Menschen also keine philosophischen Rätsel aufgibt, mag man jedoch Zweifel an der *normativen Relevanz* dieser Interessen haben. Mit anderen Worten: Man mag bezweifeln, dass aus der Existenz jener Interessen moralische Gründe oder Pflichten erwachsen. Im Folgenden werde ich zwei Einwände gegen die normative Relevanz dieser Interessen betrachten. Ich nenne diese das „Nichts-zu-tun-Argument" und das „Argument merkwürdiger Pflichten". Ich beginne mit dem „Nichts-zu-tun-Argument", das zwar scheitert, aber ein besseres Verständnis des nachfolgenden Argumentes ermöglicht:

P1: Solange der Interessenträger noch am Leben ist, gibt es mit Blick auf die Nach-Tod-Interessen noch lebender Erblasser für moralische Akteure *noch nichts* zu tun, denn diese Interessen beziehen sich *qua definitionem* nur auf Sachverhalte, die erst nach dem Tod des Interessenträgers eintreten können.

P2: Sobald die Interessenträger aber verstorben sind, gibt es für moralische Akteure mit Blick auf die Nach-Tod-Interessen noch lebender Erblasser

> *nichts mehr* zu tun. Denn ab dem Zeitpunkt des Ablebens des Interessenträgers haben wir es nicht mehr mit den Interessen *noch lebender* Personen zu tun, sondern mit einer der anderen Interessenklassen (Interessen von Toten, freischwebende Interessen, ehemalige Interessen ehemals lebender Erblasser).
>
> K: Mit Blick auf die Nach-Tod-Interessen noch lebender Erblasser gibt es weder vor noch nach dem Tod des Erblassers etwas zu tun (Folgt aus P1 & P2).

Die zweite Prämisse des Argumentes ist korrekt: *Mit Blick auf die Nach-Tod-Interessen noch lebender Erblasser* gibt es nach dem Tod des Erblassers in der Tat „nichts mehr zu tun". Denn welcher Klasse diese Interessen auch immer zuzurechnen wären (Interessen von Toten etc.), es wäre nicht mehr die Klasse der Interessen *noch lebender* Erblasser. Das Argument scheitert jedoch aufgrund seiner ersten Prämisse: Zwar beziehen sich Nach-Tod-Interessen ihrer Natur nach nur auf Sachverhalte, die erst nach dem Tod des Interessenträgers eintreten können; dies schließt jedoch nicht aus, dass bereits zu Lebzeiten des Interessenträgers etwas unternommen werden kann und muss, um die Realisierung des zukünftigen Sachverhaltes zu gewährleisten oder wenigstens wahrscheinlicher zu machen. Mit anderen Worten: Es ist möglich, dass es bereits vor dem Tod des Erblassers „etwas zu tun" gibt.

Hat der lebende (zukünftige) Erblasser ein Interesse daran, dass sein Vermögen nach seinem Tod nicht besteuert wird, so mag es sein, dass bereits zu Lebzeiten des Erblassers Schritte unternommen werden müssen, um die Realisierung des Interesseninhaltes, nämlich dass das Vermögen nicht besteuert wird, in Zukunft zu gewährleisten. Einer der sichersten Wege, um sicherzustellen, dass das Vermögen in Zukunft nicht besteuert wird, dürfte darin bestehen, bereits zu Lebzeiten des Erblassers gegen die Implementierung einer Erbschaftssteuer (bzw. für dessen Abschaffung) einzutreten. Das Argument kann also nicht ausschließen, dass, *solange der Erblasser am Leben ist*, eine Pflicht existiert, der vorhersehbaren Besteuerung seines Vermögens (durch die Erbschaftssteuer) entgegenzuwirken.

Betrachten wir als nächstes das Argument merkwürdiger Pflichten (gegen die Berücksichtigung von Nach-Tod-Interessen noch lebender Erblasser). Dieses weist auf äußerst kontra-intuitive Implikationen hin, die sich ergeben, wenn man die folgenden zwei Propositionen gemeinsam vertritt: a) Die Nach-Tod-Interessen von Erblassern sind zu deren Lebzeiten zu berücksichtigen, b) die Interessen von Toten, freischwebenden Interessen oder die ehemaligen Interessen ehemals lebender Erblasser (Klassen i-iii) sind nach dem Tod der Erblasser *nicht* zu berücksichtigen. Da starke Argumente für Annahme b sprechen (siehe alle Argumente, die in den Abschnitten 2.1 - 2.3 vorgebracht wurden), wird der Schluss gezogen, dass Annahme a abzulehnen ist. Hier eine formale Darstellung des Argumentes:

P1: Wenn *zugleich* die Pflicht besteht, die Nach-Tod-Interessen von Erblassern zu deren Lebzeiten zu berücksichtigen und keine Pflicht besteht, die Nach-Tod-Interessen von Toten (etc.) zu berücksichtigen, dann besteht die Erlaubnis, die getätigten Schritte und Maßnahmen, welche wir zu Lebzeiten des Erblassers zwecks Realisierung der Inhalte seiner Nach-Tod-Interessen verfolgt haben *und zu deren Durchführung wir verpflichtet waren*, nach dem Tod des Erblassers *einzustellen* oder (sofern dies möglich ist) sogar *rückgängig* zu machen.[63]

P2: Wir haben *nicht* die Erlaubnis, die getätigten Schritte und Maßnahmen, welche wir zu Lebzeiten des Erblassers zwecks Realisierung der Inhalte seiner Nach-Tod-Interessen verfolgt haben und zu deren Durchführung wir verpflichtet waren, nach dem Tod des Erblassers einzustellen oder rückgängig zu machen.

K1: Es ist nicht der Fall, dass *zugleich* die Pflicht besteht, die Nach-Tod-Interessen von Erblassern zu Lebzeiten zu berücksichtigen und keine Pflicht besteht, die Nach-Tod-Interessen von Toten etc. zu berücksichtigen (folgt aus P1 & P2).

K2: Es besteht keine Pflicht, die Nach-Tod-Interessen von Erblassern zu Lebzeiten zu berücksichtigen *oder* es besteht die Pflicht, die Nach-Tod- Interessen von Toten etc. zu berücksichtigen – oder beides (folgt aus K1).

P3: Es besteht keine Pflicht, die Nach-Tod-Interessen von Toten etc. zu berücksichtigen.

K3: Es besteht keine Pflicht, die Nach-Tod-Interessen von Erblassern zu deren Lebzeiten zu berücksichtigen (folgt aus K2 & P3).

Prämisse 1 ist korrekt. Wenn wir – in Übereinstimmung mit den bisherigen Argumenten (gegen die Berücksichtigung der Interessenklassen i-iii) – davon ausgehen, dass Nach-Tod-Interessen noch lebender Erblasser ihre „normative Kraft" (wenn überhaupt) nur zu Lebzeiten des Erblassers entfalten können, dann würde folgen, dass wir die Erlaubnis hätten, unsere Bemühungen nach dem Tod des Erblassers einzustellen. Mehr noch: Wir dürften die getätigten Schritte und Maßnahmen – zu

---

[63] In der Prämisse ist die Rede von der „*Realisierung der Inhalte* der Nach-Tod-Interessen" und nicht von „*der Erfüllung* der Nach-Tod-Interessen" und zwar, um offen zu lassen, ob Feinbergs Argument für die Berücksichtigung der ehemaligen Interessen ehemals lebender Erblasser erfolgreich ist oder nicht. Wäre es erfolgreich, so könnte man auch ohne „concurrence" von einer „Erfüllung der Interessen" sprechen. Wäre es aber nicht erfolgreich, so haben wir gute Gründe, die Concurrence-Bedingung zu akzeptieren. In diesem Fall könnte unsere Pflicht nicht darin bestehen, die Interessen *zu erfüllen*, sondern höchstens darin, die *Inhalte* der ehemaligen Interessen zu *realisieren*.

denen wir aufgrund der Nach-Tod-Interessen noch lebender Erblasser verpflichtet waren – sogar zurücknehmen.[64]

Auch Prämisse 2 ist sehr plausibel. Eine Pflicht, die von uns zu einem bestimmten Zeitpunkt (t1) verlangt, einen Sachverhalt zu einem späteren Zeitpunkt (t3) herbeizuführen und von der feststeht, dass sie auf halbem Wege (t2) zu existieren aufhört, sodass uns ab diesem Zeitpunkt erlaubt ist, unsere auf das Ziel der Pflichterfüllung ausgerichteten Handlungen einzustellen oder zurückzunehmen, ist *äußerst merkwürdig*. Nehmen wir die zusätzliche Prämisse hinzu, dass *äußerst merkwürdige* Pflichten nicht existieren, so bestätigt dies die Wahrheit von Prämisse 2.[65]

Dieser Überlegung ließe sich entgegenhalten, dass es viele Pflichten gibt, die zwar „auf halbem Wege zu existieren aufhören", die wir aber keineswegs für merkwürdig halten. Hierzu zählen alle Pflichten, die durch den Willen der Rechtsträger*in (des der Pflicht korrespondierenden Rechts) aufgehoben werden können. Paradigmatisch hierfür sind Pflichten, die aus Versprechen resultieren. Tatsächlich unterscheiden sich solche Pflichten aber in einer wesentlichen Hinsicht von den hier behandelten: Für Pflichten, die durch den Willen des Rechtsträgers aufgehoben werden können, steht es keineswegs fest, dass sie „auf halbem Wege" zu existieren aufhören. Ob sie dies tun, hängt davon ab, wie sich die Rechtsträger*in entscheidet. Der Tod einer Person hingegen steht unweigerlich fest. Der „merkwürdige", unintuitive Charakter der hier behandelten Pflichten geht also auf den Umstand zurück, dass es *unumgänglich* ist, dass die Pflichten „auf halbem Wege" zu existieren aufhören.

Damit bleibt noch Prämisse 3, für die bereits ausgiebig in der ersten Hälfte dieses Kapitels (Abschnitt 2.1 - 2.3) argumentiert wurde. Es folgt die Konklusion, dass

---

64 Streng genommen müsste Prämisse 1 die zusätzliche Klausel beinhalten, dass die Unterlassung bzw. Zurücknahme der getätigten Schritte und Maßnahmen nicht aus *unabhängigen* moralischen Gründen verboten ist. Nur dann würde folgen, dass tatsächlich eine *Erlaubnis* besteht, die Schritte und Maßnahmen einzustellen oder rückgängig zu machen. Dies soll jedoch um des Argumentes willen vorausgesetzt werden. Alternativ könnte man das Argument so formulieren, dass es sich nicht um eine *all-things-considered* Erlaubnis handelt, sondern nur um eine Erlaubnis, die Interessen der Erblasser nicht zu berücksichtigen.

65 Das Argument der merkwürdigen Pflichten hat Ähnlichkeit mit J.L. Mackies „Queerness-Argument" gegen die Existenz nicht-naturalistischer moralischer Entitäten bzw. Tatsachen (vgl. Mackie 1977, 40). Zwar geht es Mackie um die Zurückweisung moralischer Entitäten per se, während das Argument merkwürdiger Pflichten sich nur gegen moralische Pflichten einer bestimmten „Form" richtet; beide Argumente haben aber gemeinsam, dass von der Merkwürdigkeit bestimmter Entitäten auf ihre Nicht-Existenz geschlossen wird. Man könnte das Argument merkwürdiger Pflichten daher auch als eine „first-order queerness-objection" bezeichnen.

wir keine Pflicht haben, die Nach-Tod-Interessen von Erblassern zu deren Lebzeiten zu achten.

2.5 Vor-Tod Interessen noch lebender (zukünftiger) Erblasser

Kommen wir damit zur letzten der fünf Klassen von Erblasserinteressen, nämlich zu den *Vor-Tod-Interessen noch lebender (zukünftiger) Erblasser*. Wie bei der zuletzt besprochenen Klasse von Interessen, handelt es sich auch hierbei um Interessen von Lebenden. Anders als bei den zuletzt besprochenen Interessen handelt es sich jedoch nicht um Nach-Tod-, sondern um *Vor-Tod Interessen*, also Interessen daran, dass ein bestimmter Sachverhalt noch vor dem Tod des Interessenträgers eintritt. Wie schon zu Anfang des Kapitels erwähnt, fallen die meisten unserer Interessen in diese Kategorie: Man denke etwa an basale Interessen, wie das Interesse an Nahrung, Obdach und Gesundheit. Wir wollen *während unseres Lebens* wohlgenährt und gesund sein und nicht erst nach unserem Tod (letzteres ist auch gar nicht möglich). Aber auch weniger basale Interessen, wie das Interesse daran, besondere Gaumenfreuden zu genießen, eine aufregende Reise zu unternehmen oder ein bestimmtes Musikstück zu beherrschen, fallen in diese Kategorie. Solange ein (zukünftiger) Erblasser noch nicht verstorben ist, hat er also unzählige Vor-Tod-Interessen.

Prima facie ist es nicht auszuschließen, dass einige dieser Interessen durch die Einführung einer Erbschaftssteuer frustriert werden. Die Tatsache, dass das Vermögen eines Erblassers erst nach seinem Tod besteuert wird, ändert daran nichts. Alleine die Erwartung, dass nach unserem Tod etwas Bestimmtes passieren wird, mag uns heute daran hindern, etwas Bestimmtes zu *tun* oder zu *fühlen*, woran wir ein moralisch relevantes Interesse haben (vgl. Partridge 1981, 260–261). So mag beispielsweise der Gedanke an die Möglichkeit, dass unsere Enkelkinder einmal in prekären Verhältnissen leben werden, eine depressive Stimmung bei uns verursachen, auch wenn wir sicher sein können, dass wir zu dem Zeitpunkt, wenn dies geschehen wird, nicht mehr am Leben sein werden. Sofern wir ein Interesse daran haben, *ein freudvolles Leben zu führen*, wäre dieses Vor-Tod-Interesse negativ betroffen. Grob lässt sich sagen: Je stärker die (subjektiven) Indizien dafür sind, dass nach unserem Tod etwas geschehen wird, das unseren gewichtigen Nach-Tod-Interessen zuwiderläuft, desto mehr wird uns dies in unserer Lebensqualität zu Lebzeiten beeinträchtigen.

Ganz analoge Überlegungen lassen sich zu den Konsequenzen einer Erbschaftssteuer anstellen. So kann sich bereits das Wissen darum, dass der Staat das eigene Vermögen später einmal besteuern wird, negativ auf bestimmte Vor-Tod-Präferenzen des Erblassers auswirken. Der Gedanke daran, dass das eigene Unternehmen, welches schon über mehrere Generationen besteht, nach dem Tod nicht von den eigenen Kindern weitergeführt wird, mag die Besitzer*in dieses Unternehmens zu Lebzeiten schwer belasten. Die Tatsache, dass das Vermögen (und damit das besagte Unternehmen) erst nach dem Tod des Besitzers besteuert wird, ändert daran nichts. Denn es ist nicht die einmalige Erbschaftssteuer, die nach dem Tod des Erblassers auf dessen Vermögen erhoben wird, welche *ursächlich* für den Wohlergehensverlust des Erblassers ist, sondern die Erbschaftssteuer als soziale Institution, die dem Erblasser zu der berechtigten Überzeugung Anlass gibt, dass nach seinem Tod etwas geschehen wird, von dem er nicht möchte, dass es geschieht.

Wenn das Argument toter Erblasser scheitert, dann an dieser letzten Klasse von Interessen. Von allen behandelten Klassen scheint die der Vor-Tod-Interessen noch lebender Erblasser die philosophisch unverfänglichste zu sein. Vor-Tod Interessen, ob von Erblassern oder anderen Personengruppen, *existieren* und sind potentiell moralisch relevant. Es gibt keinen Grund, warum man diesen Interessen kein oder weniger Gewicht als den Interessen anderer (lebender) Personengruppen beimessen sollte. Stellen wir uns bspw. vor, dass die Implementierung der Erbschaftssteuer zur Folge hätte, dass einige der Erblasser weniger als ihren *fairen* Anteil an „Nutzen" erhalten (deren Verteilung über ein Prinzip der distributiven Gerechtigkeit geregelt ist). Selbstverständlich wäre das Interesse noch lebender Erblasser *an ihrem fairen Grundgüteranteil* moralisch zu berücksichtigen. Dieses Interesse wäre nicht alleine deshalb moralisch unbedeutend, nur weil es sich um das Interesse eines zukünftigen Erblassers handelt.

Im Grunde genommen wäre das Argument toter Erblasser damit widerlegt. So wie das Argument zu Beginn des Kapitels eingeführt wurde, richtet es sich (qua Prämisse 4) gegen die Berücksichtigung *jeglicher* Interessen von Erblassern, also auch gegen die von Vor-Tod-Interessen noch lebender Erblasser. Sofern es keinen guten Grund gibt, diese Interessen bei der moralischen Beurteilung der Erbschaftssteuer zu vernachlässigen, wäre Prämisse 4 des Argumentes zurückzuweisen. Angesichts der offensichtlichen moralischen Relevanz der Vor-Tod-Interessen noch lebender Erblasser mag man sich allerdings fragen, ob es denn jemals die Absicht von Verfechter*innen des Argumentes toter Erblasser war, die Relevanz dieser Interessen zu bestreiten. Man mag daher vermuten, dass sich das Argument von vornherein höchstens auf die Interessen-Klassen i – iv bezog, in welchem Fall es – wie gezeigt – als erfolgreich gelten kann.[66] Prämisse 4 und die Konklusion des Argumentes wären dann wie folgt umzuformulieren:

---

66 Dies wirft die Frage auf, warum sich überhaupt mit der fünften Klasse von Erblasserinteressen beschäftigt wurde. Ich denke, dass diese Klasse zum einen der Vollständigkeit halber ihren Platz in diesem Kapitel haben sollte. Zum anderen mag es vorkommen, dass Vertreter*innen des Argu-

P1: Tote haben keine Interessen.
P2: Die Erblasser sind zu und nach dem Zeitpunkt, wenn ihr Vermögen vererbt wird, bereits tot.
K1: Die Erblasser haben zu und nach dem Zeitpunkt, wenn ihr Vermögen vererbt wird, keine Interessen (folgt aus P1 & P2).
P3: Wenn Erblasser zu und nach dem Zeitpunkt, wenn ihr Vermögen vererbt wird, keine Interessen haben, dann spielen *diese* Interessen für die moralische Beurteilung der Erbschaftssteuer keine Rolle.
P4*: Andere Interessen als diejenigen, welche die Erblasser zu und nach dem Zeitpunkt haben, wenn ihr Vermögen vererbt wird *und andere Interessen als die Vor-Tod Interessen noch lebender Erblasser*, spielen für die moralische Beurteilung der Erbschaftssteuer keine Rolle.
K2*: *Andere Interessen als die Vor-Tod-Interessen noch lebender Erblasser* spielen für die moralische Beurteilung der Erbschaftssteuer keine Rolle (folgt aus K1, P3 & P4*).

Das so umformulierte Argument toter Erblasser besagt nicht, dass die Vor-Tod-Interessen noch lebender Erblasser für die moralische Beurteilung der Erbschaftssteuer *zwingend eine Rolle spielen* (auch wenn kaum eine Moraltheorie denkbar ist, in der sie keine Rolle spielen). Es besagt lediglich, dass Interessen, die nicht die Vor-Tod-Interessen der Erblasser sind (also alle Interessen der Klassen i-iv), *keine Rolle spielen*.

3 Interessen und Rechte

Bisher wurde dafür argumentiert, dass (außer der Vor-Tod-Interessen noch lebender Erblasser) die *Interessen* von Erblassern moralisch nicht berücksichtigt werden müssen. Es kam jedoch nicht zur Sprache, wie es sich mit den *(moralischen) Rechten* von Erblassern verhält. Da das Argument toter Erblasser in der Regel nicht nur gegen die Berücksichtigung der Interessen von Erblassern, sondern auch gegen die Berücksichtigung der Rechte von Erblassern vorgebracht wird (insbesondere gegen die *Eigentums*rechte von Erblassern an ihrem Vermögen), ist es wichtig zu zeigen, dass die hier angestellten Überlegungen ebenso gegen die Berücksichtigung moralischer Rechte der Erblasser sprechen.

---

mentes toter Erblasser die fünfte Klasse von Interessen schlicht übersehen, weil sie „die Erblasserinteressen" unberücksichtigt lassen und nicht hinreichend zwischen den verschiedenen Klassen differenzieren, wie wir es hier getan haben. Auch aus diesem Grund ist es wichtig, die Klasse nicht unerwähnt zu lassen.

In der Tat lassen sich ganz analoge Argumente (zu den bisher besprochenen) gegen die moralische Berücksichtigung von Rechten vorbringen. Besonders augenscheinlich ist dies, wenn wir eine Interessentheorie von Rechten akzeptieren, wonach Rechte grundsätzlich in den Interessen moralischer Subjekte gründen (vgl. Raz [1986] 1988). Ohne weiter zu spezifizieren, was es heißt, dass ein Recht in einem Interesse *gründet*, kann vorausgesetzt werden, dass derartige Theorien folgende These umfassen: Wenn P ein Recht hat, dann hat P mindestens ein (moralisch zu berücksichtigendes) Interesse. Ein (moralisch zu berücksichtigendes) Interesse zu haben wäre demnach eine notwendige Voraussetzung dafür, ein Recht zu haben. Aus dem Umstand, dass verstorbene Erblasser keine moralisch zu berücksichtigenden Interessen mehr haben, würde folgen, dass sie auch keine moralischen Rechte mehr haben.

Weniger eindeutig stellt sich die Lage dar, wenn das Recht einer Person unabhängig von ihren Interessen existieren kann, bspw. weil es in ihrem *Willen* „gründet". In diesem Fall wäre zu zeigen, dass die hier behandelten Argumente ebenso gegen die Berücksichtigung derartiger „willensbasierter" moralischer Rechte sprechen. Ich denke, dass auch dies der Fall ist. Sogenannte Willenstheorien oder Wahltheorien moralischer Rechte teilen die folgende These: Wenn P ein Recht hat, dann hat P einen (negativen oder positiven) Anspruch gegenüber mindestens einer anderen Person und P hat die *normative Fähigkeit* die – diesen Ansprüchen korrespondierenden – Pflichten, welche andere gegenüber P haben, auszusetzen oder aufzuheben. Das „Problem des Subjektes" stellt sich mit Blick auf den Willen einer Person (der nötig dafür ist, die Pflicht anderer auszusetzen oder aufzuheben) nicht weniger als mit Blick auf ihre Interessen; denn nicht nur ein Interesse, sondern auch ein Wille benötigt einen Träger. Die bisher aufgeworfenen Fragen stellen sich daher ebenso mit Blick auf den Willen: Können Tote einen Willen haben? Gibt es einen „freischwebenden" Willen? Warum müssen wir den ehemaligen Willen einer Person respektieren, wenn weder die Person noch deren Wille mehr existiert? Was ist mit dem Willen einer lebenden Person, der sich auf Sachverhalte bezieht, die erst nach ihrem Tod stattfinden? Damit stehen Willens-Theorien moralischer Rechte vor einem ganz analogen Problem wie Interessen-Theorien moralischer Rechte: Sie können nicht erklären, warum der Wille einer Person auch nach dessen Tod zu achten sein soll, obwohl der Wille zu diesem Zeitpunkt nicht mehr existiert.

Fazit

Das Argument toter Erblasser wurde mit fünf verschiedenen Einwänden konfrontiert. Jeder dieser Einwände zielt auf die potentielle moralische Relevanz einer je unterschiedlichen Klasse von Erblasserinteressen ab, die das Argument toter Erblasser (in der hier behandelten Variante) für nicht existent (i) oder für – aus moralischer Sicht – irrelevant (ii-v) erklärt. Das Argument konnte gegen vier dieser fünf Einwände verteidigt werden: Interessen toter Erblasser sind *metaphysisch dubios*, der Begriff eines freischwebenden Interesses ist *begrifflich inkonsistent*, die ehemaligen Interessen bereits verstorbener Erblasser *können nur dann erfüllt werden, wenn sie ohnehin erfüllt werden* und eine Pflicht, die Nach-Tod-Interessen noch lebender Erblasser zu erfüllen wäre – unter der Bedingung, dass keine Pflicht besteht, die Interessen der verstorbenen Erblasser etc. zu erfüllen – *höchst merkwürdig und unintuitiv.* Damit ist gezeigt, dass Interessen aus keiner dieser vier Klassen von moralischer Bedeutung sind. Einzig die Klasse der Vor-Tod-Interessen noch lebender Erblasser bleibt eine potentiell moralisch relevante Kategorie. Angesichts dessen, dass die moralische Relevanz dieser fünften Klasse von niemandem ernsthaft in Zweifel gezogen wird, liegt es nahe, das Argument toter Erblasser von vornherein so zu deuten, dass es sich nicht gegen die moralische Berücksichtigung dieser Klasse von Interessen richtet.

Im nächsten Kapitel betrachten wir ein Argument, welches das Argument toter Erblasser als Ausgangspunkt nimmt, um zu zeigen, dass weder Erblasser noch (vermeintliche) Erben ein Eigentumsrecht am Erblasservermögen haben und dass sich eine egalitäre Erbschaftssteuer daher auch innerhalb eines libertären Theorierahmens verteidigen lässt. Auch in den darauffolgenden Kapiteln zum Verdienst und zur Familie wird das Argument toter Erblasser wieder auftauchen.

III Eigentum

In diesem Kapitel wird einer der wichtigsten Einwände *gegen* die egalitäre Erbschaftssteuer behandelt und zwar, dass diese gegen die (fundamentalen) moralischen Eigentumsrechte von Erblassern bzw. Erben verstoße.[67] Darüber hinaus geht es in dem Kapitel um die allgemeinere Frage, wie es um die Möglichkeit einer Verteidigung der egalitären Erbschaftssteuer innerhalb der libertären Philosophie – also einer Philosophie, deren zentrale normative Kategorie das Recht auf Eigentum ist – *insgesamt* bestellt ist und zwar auch unabhängig davon, ob die Rechte der Erblasser oder Erben (qua Erblasser und Erben) verletzt werden.[68] Um das egalitäre pro tanto Argument für die Erbschaftssteuer (aus Kapitel 1) gegen libertäre Einwände zu verteidigen, müssen entweder die libertären Prinzipien selbst zurückgewiesen werden, oder es muss gezeigt werden, dass eine egalitäre Erbschaftssteuer – entgegen den ersten Anschein – mit libertären Prämissen vereinbar ist. Wie im Methodenteil (in der Einleitung) erläutert, werde ich versuchen meinen Gegner*innen soweit es geht entgegenzukommen. Es wird daher untersucht, ob und falls ja, unter welchen theoretischen und empirischen Bedingungen und in welchem Umfang, eine Erbschaftssteuer mit libertären Prämissen in Einklang zu bringen ist.

Ich beginne mit einer groben Definition des Libertarismus und zeige auf, warum eine libertäre Eigentumsrechtskonzeption ein besonderes Konfliktpotential zwischen Eigentumsrechten und der Institution der Erbschaftssteuer in sich birgt. Hierzu werde ich auf drei essentielle Merkmale libertärer Rechte eingehen und zeigen, warum diese Merkmale zusammengenommen eine Verteidigung der Erbschaftssteuer (insbesondere, wenn diese für egalitäre Zwecke eingesetzt wird) erschweren (1). Nach zwei kurzen Überlegungen dazu, warum die Erbschaftssteuer von Libertären bisher so wenig Aufmerksamkeit erfahren (2) und vorbereitenden Bemerkungen zur Rolle des Staates innerhalb des Libertarismus (3), komme ich

---

[67] Die in diesem Kapitel entwickelte Argumentation überschneidet sich zum Teil stark mit einem kürzlich in der Fachzeitschrift ResPublica erschienenen Aufsatz (Twele 2021).

[68] Wie die Bezeichnung ‚Libertarismus' nahelegt, verstehen sich viele Libertäre als Verfechter*innen der Freiheit und behaupten, dass libertäre Eigentumsrechte im Wert der Freiheit begründet liegen. G.A. Cohen hat dagegen überzeugend argumentiert, dass Libertäre damit ein sehr ungewöhnliches Freiheitsverständnis voraussetzen, nämlich eines, welches Freiheit immer schon mit Eigentum identifiziert (vgl. Cohen 2011). Der Bezug auf den Wert der Freiheit ist damit bestenfalls redundant und schlimmstenfalls irreführend. Ich werde daher nicht den Wert der Freiheit, sondern den Wert des (Selbst-)eigentums als basale libertäre Kategorie ansehen. Für ein Argument gegen Cohen siehe Wendt (2009, 105–108, 111–122).

zum Hauptteil des Kapitels (4).[69] Hier werden vier Argumente behandelt, welche die Vereinbarkeit einer Erbschaftssteuer mit der libertären Position aufzeigen sollen und welche den Tod des Erblassers als „argumentatives Einfallstor" nutzen: Das einfache Argument (4.1), das Argument der Risikovermeidung (4.2), das Argument der Wiedergutmachung (4.3) und das Argument des starken Provisos (4.4). Die letzten zwei Argumente sollen sogar zeigen, dass die Erbschaftssteuer *auf libertärer Grundlage* verteidigt werden kann, d. h., dass ihre Implementierung ein Gebot libertärer Prinzipien selbst ist.

Die ersten zwei Argumente werden als (aus libertärer Sicht) inakzeptabel zurückgewiesen, da sie für den Libertarismus *wesentliche* Theorie-Momente außer Acht lassen. Das dritte Argument beruht zum Teil auf fragwürdigen empirischen Annahmen und ist daher mit Vorsicht zu behandeln. Das vierte Argument kann zwar als ein Argument für eine egalitäre Erbschaftssteuer innerhalb des Libertarismus (und sogar als eines auf libertärer Grundlage) gelten, es setzt jedoch theoretische Prämissen voraus, die nur von *wenigen* Libertarier*innen geteilt werden.[70] Angesichts der generellen Ausrichtung dieser Arbeit ist dies ein ernüchterndes Ergebnis. Das Kapitel soll dennoch als Beitrag zu einer Verteidigung der Erbschaftssteuer verstanden werden. Der Beitrag besteht zum einen darin, das ökumenische Argument aus Kapitel 1 um eine Perspektive – nämlich die linkslibertäre Perspektive – zu erweitern und zum anderen darin, die theoretischen Grenzen auszuloten, auf die Verfechter*innen einer egalitären Erbschaftssteuer unweigerlich stoßen.

1 Libertäre Eigentumsrechte und die Erbschaftssteuer

Das größte Konfliktpotential zwischen einer Erbschaftssteuer und dem Recht auf Privateigentum ist vor dem Hintergrund einer libertären politischen Philosophie zu erwarten. Unter einer libertären Philosophie verstehe ich in erster Annäherung die Position, dass jedes Individuum ein äußerst *umfangreiches*, (nahezu) *absolutes* und *fundamentales* moralisches Eigentumsrecht am eigenen Körper (bzw. „an der eigenen Person") und an legitim angeeigneten äußeren Ressourcen (natürlichen

---

69 Ich benutze durchweg die Begriffe „Libertäre" und „libertär". Alternative Bezeichnungen sind „Libertarist*innen" und „libertaristisch".
70 Eine Verteidigung der Erbschaftssteuer *innerhalb des Libertarismus* meint, dass die Erbschaftssteuer mit libertären Grundsätzen vereinbar ist. Eine Verteidigung der Erbschaftssteuer *auf libertärer Grundlage* meint, dass die Erbschaftssteuer ein Gebot libertärer Grundsätze selbst ist. Eine Verteidigung der Erbschaftssteuer auf libertärer Grundlage ist also immer auch eine Verteidigung der Erbschaftssteuer innerhalb des Libertarismus (aber nicht umgekehrt).

Ressourcen und Artefakten) hat.[71] Ein Konflikt zwischen einer Erbschaftssteuer und den Eigentumsrechten von Erblassern oder Erben ist aus Sicht einer libertären Philosophie deshalb zu erwarten, weil Besteuerung *generell* (mit wenigen Ausnahmen, wie der Besteuerung durch einen Minimalstaat zu Zwecken des allgemeinen Schutzes von Eigentumsrechten) als ein illegitimer, d.h. *all-things-considered verbotener,* Eingriff in das Eigentumsrecht der besteuerten Personen verstanden wird. Sofern die Institution der Erbschaftssteuer im Allgemeinen (oder wenigstens eine ihrer konkreten Instanzen) nicht zu den wenigen *Ausnahmen* legitimer Besteuerung gehört, muss auch sie (wie fast alle anderen Steuern) als moralisch verboten angesehen werden.

Dass Besteuerung im Libertarismus als in der Regel illegitim erachtet wird, hängt mit den drei genannten Eigenschaften der Eigentumsrechte und ihrem gemeinsamen Auftreten zusammen: Sowohl *Umfang, Stärke* als auch *Fundierung* der Eigentumsrechte sind im Libertarismus außergewöhnlich anspruchsvoll. Ich werde auf jeden dieser Punkte kurz eingehen und zeigen, wie diese Charakteristika die Verteidigung von Besteuerung allgemein und damit auch die Verteidigung einer Erbschaftssteuer innerhalb des Libertarismus erschweren.

Was den *Umfang* der Rechte anbelangt, so legen Libertäre großen Wert darauf, dass Eigentumsrechte nicht nur (fast) grenzenlose Gebrauchsrechte am besessenen Gegenstand beinhalten, sondern auch (fast) grenzenlose Transferrechte: Rechtsträger*innen verfügen in der Regel über die *normative Fähigkeit,* das gesamte Bündel an Rechtsinzidenzen (Hohfeld 1913), welches mit dem Recht an einem bestimmten Gegenstand einhergeht, an beliebige andere Personen zu übertragen. Ferner verfügen sie über *negative Ansprüche*, nicht am Gebrauch und am Transfer ihres Eigentums an andere Personen gehindert zu werden. Durch eine Steuer wird

---

71 In zeitgenössischen Debatten der politischen Philosophie wird der Begriff ‚Libertarismus' zunehmend vage und inflationär gebraucht. Häufig bezeichnet er schlicht jede philosophische und politische Position, die eine pro-kapitalistische (‚neoliberale') Wirtschaftspolitik befürwortet oder begründet (siehe etwa Mack 2018; Halliday 2018; Van der Vossen [2002] 2019). Ich möchte den Begriff, entgegen diesem Trend, konturierter verwenden. Die obige Definition umfasst in erster Linie Theorien, die häufig *Lockescher* oder *Nozickscher Libertarismus* genannt werden und welche auf die naturrechtliche Tradition zurückgehen (so auch Arneson 2011, 15; Vallentyne 2007, 4.). Diese begriffliche Engführung dient dazu, die libertäre Position von instrumentellen bspw. effizienz-basierten Eigentumsrechtsbegründungen abzugrenzen, wie sie uns bereits im ersten Kapitel (in Abschnitt 1.5) begegnet sind (auch wenn hier nicht ausdrücklich von „Eigentumsrechten" die Rede war). Wie sich im ersten Kapitel ebenfalls gezeigt hat, lassen sich durch den Rückgriff auf den (instrumentellen) Wert ökonomischer Effizienz keine derart umfangreichen und starken Eigentumsrechte begründen, dass diese gegen eine Umverteilung mittels Erbschaftssteuer sprechen würden; zumindest dann nicht, wenn man – wie ich es getan habe – von einer egalitaristischen Axiologie ausgeht.

der Gebrauch oder der Transfer des Gegenstandes mittels Androhung oder Ausübung staatlichen Zwangs eingeschränkt. Jeder Akt der Besteuerung ist daher zumindest *prima facie* (d. h. in erster Annäherung) als ein Eingriff in individuelle Eigentumsrechte anzusehen.

Eine *Erbschafts*steuer verhindert zum einen den *de facto Transfer* (und damit manchmal – aber nicht immer – auch den normativen Transfer) eines Gegenstandes und scheint damit prima facie einen Eingriff in die (fast) grenzlosen Transferrechte des Erblassers darzustellen, die für das libertäre Eigentumsrecht an diesem Gegenstand konstitutiv sind.[72] Bei erfolgreichem normativem Transfer trotz Verbot oder Hinderung des de facto Transfers verhindert eine Erbschaftssteuer zudem den Gebrauch des Gegenstandes durch den moralisch rechtmäßigen Erben und scheint damit zum anderen als Eingriff in die (fast) grenzlosen Gebrauchsrechte der neuen Eigentümer*in zu gelten.

Die Rede von prima facie soll die Möglichkeit offen lassen, dass die (Erbschafts)steuer das Eigentumsrecht „bei genauerem Hinsehen" doch nicht einschränkt. Dies ist möglich, wenn das Eigentumsrecht von vornherein derart in seiner Reichweite beschränkt ist, dass es von der (Erbschafts)steuer gar nicht tangiert wird. Auch wenn libertäre Eigentumsrechte *äußerst* umfangreich sind, heißt dies nicht, dass sie keine Ausnahmen zulassen: Zwang gegenüber einer Person (P), der verhindert, dass P die Eigentumsrechte Dritter verletzt, oder Zwang, der gegenüber P eingesetzt wird, um eine Wiedergutmachung für durch P begangene Rechtsverletzungen zu erwirken, wird von Libertären für gewöhnlich nicht als ein Eingriff in Ps Eigentumsrechte konzipiert. Auch der Zwang, der durch einen legitimen Minimalstaat ausgeübt wird, muss nicht unbedingt als ein Eingriff in Eigentumsrechte verstanden werden. Stattdessen kann man der Ansicht sein, dass in diesen Fällen schlicht keine Ansprüche auf Nichteinmischung vorliegen, da jene gar nicht zum libertären Eigentumsrechts*bündel* gehören. Es ist daher zumindest nicht ausgeschlossen, dass unter gewissen Umständen auch eine Erbschaftssteuer nicht mit Eigentumsrechten konfligiert.

Sollte das libertäre Eigentumsrecht allerdings derart beschaffen sein, dass es tatsächlich (und nicht nur *prima facie*) mit einer Erbschaftssteuer unvereinbar ist und die Erbschaftssteuer also einen *Eingriff* in das Eigentumsrecht darstellt, so sagt dies für sich genommen noch nichts darüber aus, ob dieser Eingriff alles in allem *erlaubt* ist oder nicht. Dies hängt zusätzlich davon ab, wie *stark* das Eigentumsrecht ist. Kommen wir daher zum zweiten Charakteristikum libertärer Eigentumsrechte

---

72 Ein normativer Transfer hat stattgefunden, wenn der ursprüngliche Rechtsträger einwilligt, seine Eigentumsrechte an eine andere Person zu übertragen. Mit einem deskriptiven Transfer meine ich die materielle Übergabe bzw. Inbesitznahme des Eigentums durch die neue Eigentümer*in.

– ihrer Stärke –, welches (gemeinsam mit dem ersten Charakteristikum) die Verteidigung von Steuern innerhalb eines libertären Theorierahmens besonders problematisch macht.

Nicht nur werden libertäre Eigentumsrechte als sehr umfangreich konzipiert, ihnen wird zudem eine immense normative *Stärke* beigemessen. So gehen die meisten libertären Philosoph*innen davon aus, dass Eigentumsrechte niemals (oder allerhöchstens in ungewöhnlichen Extremsituationen – vgl. Nozick [1974] 2013, 29) durch andere moralische Erwägungen überwogen werden können. Häufig wird daher gesagt, libertäre Rechte seien *absolute* Rechte. Robert Nozick redet von *Side Constraints*, welche die moralische Deliberation eines Akteurs von vornherein um bestimmte Handlungsoptionen (nämlich solche, die beim Ausführen der entsprechenden Handlung eine Rechtsverletzung zur Folge hätten) beschneiden (vgl. Nozick [1974] 2013, 29–35). In Rawlscher Terminologie lässt sich auch von einer lexikalischen Vorordnung libertärer Rechte vor anderen Ansprüchen oder Werten sprechen (vgl. Rawls [1971] 2009, 266).[73]

Vor diesem Hintergrund ist nun auch zu sehen, warum der Umfang und die Stärke libertärer Eigentumsrechte *zusammengenommen* die Verteidigung von Steuern erschweren: Sind die Eigentumsrechte umfangreich, aber schwach, so können sie durch andere Werte überwogen werden und die zur Realisierung dieser Werte nötigen Steuern wären in diesem Fall legitim. Sind die Eigentumsrechte begrenzt, aber stark, so können sie zwar nicht überwogen werden, aber würden mit bestimmten Steuern womöglich gar keine Berührungspunkte haben. Sind die Eigentumsrechte dagegen besonders umfangreich *und* besonders stark, muss zumindest *prima facie* davon ausgegangen werden, dass sich ein Konflikt zwischen Eigentumsrechten und einer erhobenen Steuer abzeichnet.[74] Für die Erbschaftssteuer heißt dies: Entweder sie ist mit den Eigentumsrechten vollkommen kompatibel (weil der Umfang der Eigentumsrechte nicht von der Erbschaftssteuer tangiert

---

[73] Auch wenn es sich bei der Stärke von Rechten um eine *quantitative*, bei der lexikalischen Vorordnung bzw. dem Absolutheitsanspruch von Rechten um eine *qualitative* Kategorie handelt, werde ich der Einfachheit halber ausschließlich von der *Stärke* von Rechten sprechen und darunter sowohl „quantitative Stärke" als auch lexikalische Vorordnung verstehen. Für die Praxis macht es in der Regel keinen Unterschied, ob wir es mit extrem starken Rechten zu tun haben (die zwar grundsätzlich überwogen werden können, aber unter realistischen Umständen de facto niemals überwogen werden) oder mit absoluten Rechten (die *prinzipiell* nicht überwogen werden können).

[74] In dem folgenden Zitat bescheinigt Nozick den libertären Rechten die ersten beiden Charakteristika. Ferner gibt das Zitat einen Fingerzeig auf die Möglichkeit, dass libertäre Eigentumsrechte nicht *grenzenlos* und/oder *absolut* sein müssen: „So *strong* and *far-reaching* are these rights that they raise the question of what, if anything the state and its officials may do. How much room do individual rights leave for the state?" (Nozick [1974] 2013, ix; hervorgehoben durch Verfasser).

wird) oder sie ist illegitim.[75] Dass andere Ansprüche oder Werte wie bspw. Chancengleichheit oder demokratische Gleichheit für die Erbschaftssteuer sprechen, ist aus einer libertären Perspektive unerheblich. Sofern es zu einem Konflikt zwischen Eigentumsrechten und diesen anderen moralischen Erwägungen kommt, hat der Schutz der Eigentumsrechte (fast) immer Priorität.

Betrachten wir schließlich noch das dritte Charakteristikum libertärer Rechte, welches die Verteidigung einer (Erbschafts)steuer erschwert: Was die *Fundierung* der Rechte betrifft, so sehen Libertäre das Selbsteigentumsrecht der Rechtsträger*innen (und alle sich daraus ergebenden Eigentumsrechte an der äußeren Welt) als grundlegend an. Weder ein Prinzip der Effizienz oder der distributiven Gerechtigkeit (vgl. Epstein 1998; Schmidtz 2006) noch ein perfektionistischer oder zweckrationaler Egoismus/Prudentialismus (vgl. Rand [1961] 1964; Rasmussen & Den Uyl 2005) gründet diese Rechte. Stattdessen sind sie als unmittelbarer Ausdruck der Würde bzw. des moralischen Status der Rechtsträger*innen anzusehen (vgl. Nozick [1974] 2013, 48–51). Da die Eigentumsrechte im Libertarismus damit gewissermaßen „in sich selbst" begründet sind, gelten sie (anders als instrumentelle Eigentumsrechte) unabhängig von empirischen Umständen. Libertäre Rechte sind robust und nicht wandelbar (abgesehen natürlich von Veränderungen, in welche die Rechtsträger*in eingewilligt hat). Falls die Erbschaftssteuer unter aktuellen gesellschaftlichen Umständen illegitim ist, braucht man also nicht darauf hoffen, dass sich die Verhältnisse in einer Weise verändern (oder aktiv verändert werden können), sodass sich auch der Umfang oder die Stärke der Eigentumsrechte (also die ersten zwei Charakteristika) wandeln und die Legitimität der Erbschaftssteuer in Zukunft begünstigen. Außerdem ist es nicht möglich, Umfang und Stärke der Rechte dadurch zu kritisieren, dass man bestimmte *empirische* Annahmen bezüglich der Funktion oder *Konsequenzen* der Rechtspraxis in Frage stellt. Sind die Rechte fundamental, so spielt es für ihre Beschaffenheit und Geltung keine Rolle, ob ihre Einhaltung gute oder schlechte Konsequenzen zeitigt.

Sowohl Umfang, Stärke und Fundierung der Eigentumsrechte erschweren also eine Verteidigung der Erbschaftssteuer im Rahmen einer libertären Philosophie. Dies soll nicht heißen, dass eine Verteidigung der Erbschaftssteuer im Rahmen einer libertären Philosophie aussichtslos ist, denn andernfalls könnte das Kapitel an dieser Stelle beendet werden. Im weiteren Verlauf des Kapitels werden verschiedene Versuche betrachtet, den Libertarismus – trotz der drei genannten Merkmale von Eigentumsrechten – mit einer Erbschaftssteuer zu versöhnen.

---

75 Eine dritte Möglichkeit bestünde darin, dass die Erbschaftssteuer zwar nicht mit Eigentumsrechten kompatibel, aber dennoch legitim ist, da sie durch Werte legitimiert wird, welche – gemäß einer eher ungewöhnlichen Interpretation des Libertarismus – auch den Minimalstaat legitimieren und also in der Lage sind Eigentumsrechte zu übertrumpfen.

2 Das Recht zu vererben als Teil des libertären Eigentumsrechtes

Libertäre Theoretiker*innen haben sich selbst kaum zur Erbschaftssteuer geäußert.[76] Eine mögliche Erklärung dafür ist, dass der posthume Transfer von Eigentum traditionell als notwendiger Bestandteil eines Eigentumsrechts angesehen wurde (vgl. Honoré 1961), sodass man wie selbstverständlich davon ausging, das libertäre Recht auf Eigentum beinhalte auch das Recht, zu vererben.[77] Versteht man das Eigentumsrecht zudem im Sinne der Libertären als absolut und fundamental, so ist eo ipso auch das Recht, zu vererben, absolut und fundamental. Eine eigenständige Analyse des Erbrechts erscheint dadurch überflüssig und die Erbschaftssteuer als eigenständiger Untersuchungsgegenstand weniger relevant.

Selbst wenn es sich hierbei um eine zutreffende *Erklärung* dafür handelt, warum die Erbschaftssteuer in der libertären Literatur bisher wenig Aufmerksamkeit erfahren hat, ist dies keine gute *Begründung* dafür, sich nicht mit ihr zu beschäftigen. Erstens besteht (entgegen Honoré) kein begriffslogisch notwendiger Zusammenhang zwischen einem (liberalen) Eigentumsrecht und dem Recht, zu vererben. Zweitens darf man die normative Bedeutung eines solchen begrifflichen Zusammenhangs nicht überschätzen: Selbst wenn es historisch zutreffend wäre, dass das Recht, zu vererben als notwendiger Bestandteil eines Eigentumsrechts verstanden wurde, heißt dies nicht, dass die von Libertarier*innen angenommenen Rechte diesen Aspekt beinhalten müssen. Stattdessen könnte sich herausstellen, dass Libertäre bislang fälschlicherweise von ‚Eigentumsrechten' gesprochen haben, wo es ihnen in Wirklichkeit bloß um eigentumsrechts-ähnliche Rechte ging; näm-

---

[76] Eine Ausnahme stellt Loran Lomasky dar, der – auf der Grundlage, dass Tote Rechte haben können – gegen die Erbschaftssteuer argumentiert (vgl. Lomasky 1987, 212–221). Es ist aber nicht klar, ob Lomasky als Libertärer im strengen (Lockeschen) Sinn bezeichnet werden kann. Nozick beschäftigt sich zwar in seinem späteren Buch *The Examined Life* (1989, 28–34) mit der Erbschaftssteuer, hier ist jedoch ebenfalls unklar, wie sich die von ihm angestellten Überlegungen zu seiner libertären Eigentumsrechts-theorie verhalten, die er in *Anarchy, State & Utopia* entwickelt. Anders sieht es zudem in der politischen Praxis aus. Hier geht eine libertäre Gesinnung regelmäßig mit einer ablehnenden Haltung gegenüber der Erbschaftssteuer einher. Auch libertäre Thinktanks wie das *Cato-Institute* oder das *Mises-Institute* treten fast ausnahmslos für die Abschaffung der Erbschaftssteuer ein und bedienen sich dabei zuweilen einer auffällig angriffslustigen Sprache (siehe bspw. McCaffrey 1999; Tabarrok 1997, 2005).

[77] Honoré beschäftigt sich dem eigenen Anspruch nach ausschließlich mit der *liberalen* Eigentumsrechtskonzeption. Er schließt nicht aus, dass es neben diesem liberalen Verständnis noch andere Konzeptionen von Eigentum gibt, für welche die Fähigkeit des vollständigen Transfers nicht konstitutiv ist.

lich um Rechte, die alle Merkmale eines Eigentumsrechts teilen, außer dem Recht, zu vererben.

Eine weitere Erklärung dafür, warum sich libertäre Philosoph*innen bisher kaum zur Erbschaftssteuer geäußert haben, mag darin liegen, dass kein relevanter Unterschied zwischen dem Transfer einer Erbschaft und *inter vivos* Vertragsschlüssen oder Schenkungsakten gesehen und die Erbschaftssteuer entsprechend wie jede andere gewöhnliche Steuer betrachtet wurde. Die normative Fähigkeit zu inter vivos Vertragsschlüssen und Schenkungsakten (und entsprechende negative Anspruchsrechte) gelten unter Libertären als wesentlicher Bestandteil des Eigentumsrechtsbündels. Besteht kein grundsätzlicher Unterschied zwischen diesen Transfers zu Lebzeiten und dem Transfer bei einer Erbschaft, würde auch Letzterer mit entsprechenden Rechtsinzidenzen (normativen Fähigkeiten und negativen Anspruchsrechten) einhergehen. Auch dies würde erklären, warum man bisher keinen Bedarf gesehen hat, die Erbschaftssteuer einer eigenständigen philosophischen Analyse zu unterziehen.

Doch lässt sich wirklich kein normativ relevanter Unterschied zwischen dem Recht, etwas zu verschenken oder Verträge einzugehen auf der einen Seite und dem Recht, zu vererben auf der anderen Seite ausmachen? Von einigen Philosoph*innen und Rechtswissenschaftler*innen wird diese Gleichsetzung jedenfalls in Frage gestellt (vgl. Schrader & Winfrey 1984; Steiner 1995, 254–55; Fabre 2001; Braun 2010; Bird-Pollan 2013; Schmidt am Busch 2018). Der entscheidende Unterschied bestehe gemäß dieser Autor*innen in dem Umstand, dass der Erblasser bereits verstorben ist und dies Auswirkungen auf den Erfolg des Transfers habe. Erbschaften seien daher anders zu behandeln als Vertragsschlüsse oder Geschenke zu Lebzeiten (siehe auch die Diskussion in Kapitel 2). Einige dieser Argumente gehen von einem libertären Bezugsrahmen aus (vgl. Steiner 1995; Braun 2010; Bird-Pollan 2013; Schmidt am Busch 2018). Von diesen Autor*innen wiederum argumentieren manche explizit dafür, dass eine egalitäre Erbschaftssteuer mit libertären Prämissen in Einklang zu bringen ist (vgl. Braun 2010; Bird-Pollan 2013). Dabei wird der Tod des Erblassers als argumentatives Einfallstor zur Legitimierung der Erbschaftssteuer genutzt. In Abschnitt 4 werden wir uns vier möglichen Argumenten zur Verteidigung der Erbschaftssteuer innerhalb des Libertarismus annehmen. Bevor wir jedoch zum Kernanliegen dieses Kapitels kommen, muss in Abschnitt 3 eine wichtige Weichenstellung vorgenommen werden. Diese betrifft die libertäre Theorie des Staates.

3 Der Staat im Libertarismus

Viele (auch nicht-libertäre Theoretiker*innen) sehen eine Konsens-Theorie als die natürliche *libertäre* Theorie staatlicher Legitimität an (vgl. Simmons 2005).[78] Seltsamerweise jedoch sind viele Libertäre keine Konsens-Theoretiker*innen, sondern sogenannte Minarchist*innen. Während Konsens-Theoretiker*innen die Legitimität des Staates und seiner Verfasstheit (d. h. auch seines Umfangs) ausschließlich davon abhängig machen, ob der entsprechende Staat die tatsächliche Zustimmung all seiner Bürger*innen vorweisen kann, glauben Minarchist*innen a) dass ein Staat *auch ohne tatsächliche Zustimmung* legitim sein kann und b) dass (ohne tatsächliche Zustimmung) *nur* ein Minimalstaat legitim sein kann[79].

Für die Zwecke dieses Kapitels werde ich die erste These der minarchistischen Position voraussetzen und damit die Konsens-Theorie staatlicher Legitimität ablehnen. Ich werde also davon ausgehen, dass ein Staat auch ohne die tatsächliche Zustimmung seiner Bürger*innen legitim sein kann (hierzu später mehr – siehe Abschnitt 4.2). Für den Fall, dass wir den Libertarismus mit einer Konsens-Theorie verbinden würden, ließe sich die Frage, ob eine (egalitäre) Erbschaftssteuer durch den Staat erhoben werden darf, ganz leicht beantworten: Sofern alle Bürger*innen ihre tatsächliche Zustimmung gegeben haben, darf der Staat eine Erbschaftssteuer erheben, selbst wenn er dadurch über einen bloßen Minimalstaat hinauswächst. Sofern sich ein solcher Konsens allerdings nicht ausmachen lässt (und dies trifft auf alle existierenden Staaten zu), darf der Staat keine solche Steuer erheben. Mehr noch, alle real-existierenden Staaten wären dann schlechthin illegitim und hätten sich bis auf Weiteres aufzulösen oder zumindest ihr Gewaltmonopol aufzugeben und stattdessen als private Schutzvereinigung zu agieren (vgl. Rothbard [1982] 2013). Die Frage nach der Legitimität einer Erbschaftssteuer scheint sich also für den Libertären überhaupt nur dann als ein philosophisches (und nicht bloß praktisches)

---

[78] Wie im Einleitungskapitel erläutert, gebrauche ich die Begriffe „Legitimität", „Gerechtigkeit" und „Moral" synonym. Dies gilt auch für die hier besprochene Theorie staatlicher Legitimität. Es geht darum, wann ein Staat bzw. staatliches Handeln aus Sicht einer libertären Perspektive *alles in allem erlaubt* sein kann. Dies ist von einem stärkeren Verständnis politischer Legitimität abzugrenzen, welches die Erlaubnis des Staates meint, (beliebige) Gesetze zu erlassen und durchzusetzen. Auch die Frage nach der politischen *Autorität* des Staates, also seine Fähigkeit Bürger*innen zum Nachkommen von Gesetzen normativ zu verpflichten, wird in dieser Arbeit nicht berührt.
[79] So auch eine Lesart von Nozick [1974] 2013, xix: „*a minimal state*, limited to the narrow functions of protection against force, theft, fraud, enforcement of contracts, and so on, *is justified*; that *any more extensive state* will violate person's rights not to be forced to do certain things, and *is unjustified*"; hervorgehoben durch Verfasser.

Ob die tatsächliche Zustimmung der Bürger*innen in der Lage ist, einen umfänglicheren Staat als den Minimalstaat zu legitimieren, ist unter Minarchist*innen umstritten.

Problem zu stellen, wenn ein Staat auch ohne tatsächliche Zustimmung legitim sein kann (die erste These des Minarchismus).

Die zweite These des Minarchismus („*nur* ein Minimalstaat kann legitim sein") lässt zwei Lesarten zu, von denen nur eine mit dem Anliegen dieses Kapitels (der Verteidigung einer egalitären Erbschaftssteuer innerhalb des Libertarismus) kompatibel ist. Die zwei Lesarten der These gehen auf zwei unterschiedliche Bedeutungen von ‚Minimalstaat' zurück: Manche Libertäre reservieren den Begriff des Minimalstaates für einen Staat, der grundsätzlich keine Steuern zu Umverteilungszwecken erhebt, also auch keine egalitäre Erbschaftssteuer. Nach diesem Verständnis von ‚Minimalstaat' ist die zweite These des Minarchismus mit dem Anliegen dieser Arbeit offenbar unvereinbar. Andere Libertäre wie Nozick schließen es zumindest nicht *begrifflich* aus, dass Umverteilung zu den Aufgaben eines Minimalstaates gehört. Nozick versteht unter einem Minimalstaat stattdessen einen Staat, dessen ausschließliche Aufgabe darin besteht, sich für den (weit verstandenen) Schutz von Eigentumsrechten einzusetzen. Sofern sich eine egalitäre Umverteilung aus der Eigentumsrechtsdoktrin selbst begründen lässt, wäre diese auch für einen Minimalstaat erlaubt oder sogar geboten (vgl. Nozick [1974] 2013, 26–27).[80] Zusätzlich ist hervorzuheben, dass auch ein Minimalstaat etwas anderes tun darf als die Eigentumsrechte der Bürger*innen zu schützen, solange er seiner Aufgabe – die Eigentumsrechte zu schützen – weiterhin im vorgesehenen Umfang nachkommt und selbst keine Eigentumsrechte verletzt. Ein Staat dürfte also bspw. als Marktakteur auftreten, solange er sich nicht qua Staat (also durch Rückgriff auf sein Gewaltmonopol) Marktvorteile verschafft. Für die Zwecke dieses Kapitels werde ich die zweite These des Minarchismus *in dieser zweiten Lesart* akzeptieren.[81]

4 Vier Argumente für eine egalitäre Erbschaftssteuer innerhalb des Libertarismus

In diesem Abschnitt werde ich verschiedene Argumente für eine egalitäre Erbschaftssteuer betrachten, die mit dem Anspruch auftreten, auf libertären Prämissen zu basieren oder jedenfalls mit diesen vereinbar zu sein. Ist eines der vier Argumente erfolgreich, so wäre nicht nur einer der wichtigsten Einwände gegen die

---

[80] Nozick lehnt allerdings in diesem Fall die Bezeichnung ‚redistributiv' ab, da die *finalen* Gründe für die Umverteilung gerade nicht auf distributiven (Gerechtigkeits)prinzipien basieren, sondern auf Prinzipien libertärer Eigentumsrechte (vgl. [1974] 2013, 26–27).

[81] Diese letzte Klausel ist wichtig, um die ersten zwei der später behandelten vier Argumente nicht von vornherein an der Definition eines legitimen Staates scheitern zu lassen (die letzten zwei Argumente „funktionieren" auch ohne diese Klausel).

egalitäre Erbschaftssteuer widerlegt – nämlich, dass diese gegen die Eigentumsrechte von Erblasser oder Erben verstoße – sondern es wäre außerdem gezeigt, dass das diesem Argument zugrundeliegende normative Ideal, nämlich eine Theorie libertärer Eigentumsrechte, *in toto* keinen Grund darstellt, die Erbschaftssteuer abzulehnen. So argumentiert bspw. Jennifer Bird-Pollan dafür, dass „[a] libertarian position on property rights [...] is consistent with a robust estate tax, reaching even 100 %" (Bird-Pollan 2013, 28). Mehr noch: „the estate tax should be held up as the model of a libertarian tax" (ebd., 28). Auch Stuart Braun ist der Ansicht, dass „entitlement theorists should not object to the taxation of bequest. If anything they should accept it as a unique way to improve the material conditions of the living without violating their own tenets" (Braun 2010, 713).[82]

Im Folgenden werden vier solcher Argumente behandelt: Das einfache Argument (4.1), das Argument der Risikovermeidung (4.2), das Argument der Wiedergutmachung (4.3) und das Argument des starken Provisos (4.4). Alle vier Argumente sollen zeigen, dass die egalitäre Erbschaftssteuer mit dem Libertarismus *vereinbar* ist. Die letzten zwei Argumente sollen außerdem zeigen, dass die egalitäre Erbschaftssteuer sogar aus den libertären Prämissen selbst *folgt* und damit aus Sicht des Libertarismus geboten ist (was die Vereinbarkeit von Erbschaftssteuer und Libertarismus logisch impliziert). Die ersten drei Argumente halten einer genauen Analyse nicht stand. Einzig das vierte Argument ist erfolgreich. Es hat jedoch den Nachteil, dass es nicht alle Libertarier*innen überzeugen kann. Ich beginne mit einer formalen Rekonstruktion und Besprechung des einfachen Argumentes, welches sich bei Bird-Pollan und bei Braun findet. Wie sich zeigen wird, können die übrigen Argumente als Erweiterungen bzw. Verbesserungen des einfachen Argumentes angesehen werden.

---

[82] Beide Autor*innen teilen ein *egalitäres* Anliegen. Es geht ihnen nicht bloß darum zu zeigen, dass *irgendeine* Erbschaftssteuer mit dem Libertarismus vereinbar ist, sondern dass diese auch zu egalitären Zwecken eingesetzt werden darf: „My decision to focus this Article on the estate tax rather than the individual income tax stems from the primarily *redistributive purposes* of the estate tax" (Bird-Pollan 2013, 11; hervorgehoben durch Verfasser). Die Erbschaftssteuer diene in erster Linie dem Zweck, „of *breaking up large concentrations of intergenerational inherited wealth*, and using those funds (along with other funds) to support federal government spending, including spending on *welfare programs*" (Bird-Pollan 2013, 11; hervorgehoben durch Verfasser). Auch Braun verfolgt eine egalitäre Agenda: „The issue of whether there exists a moral right to make a bequest is important. In the United States and Britain wealth distribution is disturbingly unequal. [...] A strong and efficient tax on bequest could help limit this inequality by reducing the wealth of family dynastic units" (Braun 2010, 696).

4.1 Das einfache Argument

Das einfache Argument

P1: Nach dem Tod des Erblassers hat dieser kein moralisches Eigentumsrecht mehr an seinem Vermögen; die Erbschaftssteuer ist daher kein Eingriff in das Eigentumsrecht des Erblassers.

P2: Nach dem Tod des Erblassers existiert kein moralisch legitimierter Erbe, d. h. es existiert niemand, auf den das Eigentumsrecht am ehemaligen Vermögen des Erblassers normativ transferiert wurde; ebenso wenig ist die Erbschaftssteuer daher ein Eingriff in das Eigentumsrecht eines Erben.

P3: *Wenn* weder Erblasser noch der vermeintliche Erbe ein Eigentumsrecht am Vermögen haben (und eine Erbschaftssteuer daher nicht in deren Eigentumsrechte eingreift), *dann* darf der Staat das Vermögen für egalitäre Zwecke verwenden.

K: Der Staat darf das Vermögen für egalitäre Zwecke verwenden (folgt aus P1–P3).

Bevor ich zu einer Kritik an diesem Argument übergehe, werde ich kurz auf den Inhalt der drei Prämissen eingehen. *Prämisse 1* besagt etwas über den Erblasser, nämlich, dass dieser nach seinem Tod keine Eigentumsrechte mehr an seinem ehemaligen Vermögen hat. Ferner sagt die Prämisse etwas über die Erbschaftssteuer, nämlich, dass diese keine Eigentumsrechte des Erblassers einschränkt. Die Begründung, die Bird-Pollan für die erste Prämisse anführt, ist uns bereits aus dem zweiten Kapitel dieser Arbeit vertraut: „In order to have a moral claim, or to have a right that is recognizable by society, there must be an individual, a subject, who can exert that right, or that claim [but a]fter death, the individual ceases to exist. There is no subject available to claim the property right" (Bird-Pollan 2013, 25).[83] Akzeptieren wir – in Übereinstimmung mit den Ergebnissen aus Kapitel 2 –, dass Tote generell keine Rechte mehr haben können, so gilt dies auch für den verstorbenen Erblasser. Und da die Erbschaftssteuer erst nach dem Tod des Erblassers erhoben wird, kann es sich bei dieser folglich nicht um einen Eingriff in das Eigentumsrecht des Erblassers handeln: „Because the death of the individual property owner ends the moral ownership right of that individual, the estate tax is not „theft," as libertarians have often called all taxation" (ebd., 28). Braun kommt zu einem ähnlichen

---

[83] Bird-Pollan scheint dabei – wie auch fast alle Libertarier*innen (vgl. Vallentyne 2007, 8) – von einer Willenstheorie der Rechte auszugehen, wonach es konstitutiv für ein Recht ist, dass es *ausgeübt* oder *aufgegeben* werden kann. Tote lassen diese Fähigkeit (des Ausübens bzw. Aufgebens von Rechten) jedoch vermissen, weshalb sie keine Träger von Rechten mehr sein können (siehe auch Steiner 1995, 254–55).

Schluss: „[t]axing or regulating bequest (and inheritance) does not interfere with an individual's moral rights" (Braun 2010, 698). Genauer müsste man sagen: Die Besteuerung einer Erbschaft ist kein Eingriff in (bzw. Diebstahl von) Eigentum *des Erblassers*.

So weit, so gut. Doch wie steht es mit dem Recht des Erben? Liegt es nicht nahe, die rechtmäßige Eigentümer*in nunmehr in der Person des Erben zu vermuten? Und wäre die Erbschaftssteuer nicht als ein Eingriff in *dessen* Eigentumsrecht zu bewerten? Dies wird nun in *Prämisse 2* bestritten und von Vertreter*innen des einfachen Argumentes wie folgt begründet: Solange der Erblasser noch am Leben war, hat er sein Vermögen an niemanden übertragen. Dies sehe man schon daran, dass er sein Testament jederzeit hätte verändern können, ohne dem eingetragenen Erben rechenschaftspflichtig zu sein. Sobald der Erblasser aber verstorben ist, sei dieser gar nicht mehr in der Lage, sein Vermögen an andere zu übertragen, da er zu diesem Zeitpunkt selbst kein Eigentümer des Vermögens mehr ist und auch nicht mehr über die relevante normative Fähigkeit (des Übertragens) verfügt: „By the time the transfer effectuated by the will takes place, the testator will no longer have the morally legitimate property right that would allow her to effect a just transfer" (Bird-Pollan 2013, 25). Ein normativer Transfer an eine andere Person hat also weder vor noch nach dem Tod des Erblassers stattgefunden. Und dies bedeutet, dass nach dem Tod des Erblassers zunächst auch niemand anderes (als der Erblasser) einen legitimen Anspruch auf das Vermögen hat.

Die *dritte Prämisse* besteht aus einem Konditionalsatz: *Wenn* weder Erblasser noch Erbe ein Eigentumsrecht am besagten Vermögen haben, *dann* darf der Staat das Vermögen für egalitäre Zwecke einsetzen. Da das Antezedenz durch die ersten zwei Prämissen des Argumentes bestätigt wird, folgt die Konklusion, *dass* der Staat das Vermögen für egalitäre Zwecke einsetzen darf.

Das einfache Argument lässt offen, ob der Staat *die Pflicht* hat, die Erbschaftssteuer für egalitäre Zwecke einzusetzen, oder ob er sie auch für andere Zwecke einsetzen darf. Zugleich ist das Argument aber mit der These vereinbar, dass der Staat neben seinen negativen Nichteingriffspflichten auch positive „egalitäre" Pflichten hat, die den Raum erlaubter Handlungsoptionen weiter eingrenzen (diese Pflichten wären – gemäß Libertarismus – allerdings nicht legitim erzwingbar und sie wären den aus libertären Rechten resultierenden Pflichten lexikalisch nachgeordnet).[84]

---

[84] Die Rede davon, dass der Staat die Erbschaftssteuer für egalitäre Zwecke einsetzen *darf*, impliziert keineswegs die Abwesenheit einer Pflicht dies zu tun, sondern lediglich die Abwesenheit einer Pflicht, die Erbschaftssteuer *für andere Zwecke* zu verwenden. Begrifflich ausgeschlossen ist dagegen die Möglichkeit, dass der Staat die moralische Pflicht hat, ohne aber die normative Freiheit zu haben. Zum begrifflichen Zusammenhang von *dürfen* und *müssen* siehe Wendt (2009, 77–78).

Bird-Pollan scheint sich für eine normative Freiheit, aber gegen eine Pflicht seitens des Staates auszusprechen: „[W]e would need to determine as a society what rule to set [regarding the distribution of post-death property], having no moral absolutes that would determine how we *must* set the rule" (Bird-Pollan 2013, 5). Sie glaubt also, dass es (gemäß der libertären Theorie) für den Staat jenseits libertärer Eigentumsrechte keine „moral absolutes" gibt und damit auch keine Prinzipien distributiver Gerechtigkeit, an die sich der Staat bei der Verwendung des Erblasser-Vermögens zu halten hätte. Auch Braun scheint dem Staat die normative Freiheit, aber nicht die Pflicht zuzusprechen, das Vermögen für egalitäre Zwecke zu verwenden: „[T]he practice of bequeath is at the *discretion* of society" (Braun 2010, 699; hervorgehoben durch Verfasser).

Bird-Pollan macht eine Reihe an Vorschlägen, nach welcher Regel mit dem Vermögen toter Erblasser verfahren werden kann. So könne man das Vermögen (oder einen Teil davon) ganz konventionell den Kindern oder Verwandten der Erblasser zukommen lassen oder das Testament (also die ehemaligen Wünsche des verstorbenen Erblassers) berücksichtigen. Man könne das Vermögen aber auch für ganz andere Zwecke verwenden, etwa dafür, bestimmte Handlungsanreize in der Bevölkerung zu schaffen oder Staatseinnahmen für die verschiedensten gesellschaftlichen Anliegen zu generieren (vgl. Bird-Pollan 2013, 26). Mithin – und dies ist für das hiesige Argument entscheidend – könnten die Einnahmen aus der Erbschaftssteuer auch zu egalitären Zwecken verwendet werden. So sieht Bird-Pollan es mit libertären Eigentumsrechten vereinbar, dass der Staat eine Erbschaftssteuer in Höhe von 100 % erhebt und damit für eine weitestgehend gleiche Verteilung finanzieller Mittel in der Gesellschaft sorgt (vgl. ebd., 26). In der Verringerung sozialer Ungleichheit sieht auch Braun einen legitimen Zweck der Erbschaftssteuer: „An efficient tax on bequest would likely help to reduce wealth inequality without violating anyone's moral rights" (Braun 2010, 715).

Im Folgenden werde ich die Wahrheit von Prämisse 1 und 2 voraussetzen. Für Prämisse 1 wurde bereits ausgiebig im ersten Kapitel argumentiert und gegeben, dass Prämisse 1 wahr ist, so scheint auch Prämisse 2 äußerst plausibel zu sein. Ich werde außerdem (entgegen Bird-Pollan) unterstellen, dass der Staat einen Grund (und sofern dieser Grund einer all-things-considered Beurteilung standhält, auch eine Pflicht) hat, sich für eine egalitäre Verteilung einzusetzen. Ferner werde ich davon ausgehen, dass dieser Grund *in der Regel nicht vollständig* durch andere *nicht-libertäre* moralische Gründe überwogen wird. Selbst für den Fall, dass keine libertären Erwägungen einschlägig sind, steht es dem Staat also nicht frei, das ge-

---

Eine analoge Diskussion zu den Begriffen „frei sein" und „gezwungen sein" findet sich bei Cohen (2011, 147 - 148).

samte Erblasser-Vermögen für andere als egalitäre Zwecke zu verwenden.[85] Mögliche Argumente zur Stützung dieser These (dass der Staat starke Gründe hat, sich für eine egalitäre Verteilung von Einkommen und Vermögen einzusetzen) wurden bereits im ersten Kapitel dieser Arbeit besprochen.

Auch wenn der Libertarismus neben seiner positiven These (dass es weitreichende, starke und fundamentale Eigentumsrechte gibt) häufig auch mit einer negativen These einhergeht, nämlich einer Ablehnung ergebnisorientierter (also auch egalitärer) Verteilungsprinzipien, ist die negative These kein zwingender Bestandteil einer libertären Theorie. Wir können sie daher ablehnen, ohne dadurch das Anliegen dieses Kapitels, nämlich die Verteidigung der Erbschaftssteuer *innerhalb des Libertarismus*, zu gefährden.

Wenn wir Prämisse 1 und 2 des Argumentes akzeptieren, so bleibt uns für eine Kritik nur noch Prämisse 3. Wie plausibel ist Prämisse 3 vor dem Hintergrund einer libertären Philosophie? Folgt aus dem Umstand, dass weder Erblasser noch Erbe ein Eigentumsrecht am besagten Vermögen haben, dass die Gesellschaft dieses zu egalitären Zwecken verwenden darf? Die Frage läuft darauf hinaus, ob durch die Erhebung der Erbschaftssteuer nicht vielleicht a) weitere nicht-libertäre moralische Prinzipien oder b) andere libertäre Eigentumsrechte (als die Eigentumsrechte des Erblassers und des Erben) verletzt werden.

Wie bereits erwähnt, ist die Existenz weiterer *nicht-libertärer* Prinzipien innerhalb eines libertären Theorierahmens nicht ausgeschlossen. Das egalitaristische Prinzip wäre eines von diesen; es ist aber möglich, dass es noch weitere gibt. Sofern es noch andere Prinzipien gibt und diese prinzipiell in der Lage sind, das egalitaristische Prinzip zu überwiegen, besteht die Möglichkeit, dass der Staat keine *all-things-considered* Erlaubnis hat, sich an das egalitaristische Prinzip zu halten und das Erblasser-Vermögen (auf dieser Grundlage) für egalitäre Zwecke einzusetzen. Weiter oben wurde jedoch *stipuliert*, dass das egalitaristische Prinzip in der Regel von keinen weiteren (nicht-libertären) Prinzipien überwogen wird.

Doch wie steht es mit weiteren *genuin libertären* Erwägungen? Stellt die Erhebung der Erbschaftssteuer eine Verletzung anderer libertärer Rechte dar? Um zu sehen, welche Rechte dies sein könnten, ist es nötig, einen erneuten Blick auf die grundlegenden Prämissen libertärer Theorien zu werfen, und zwar auf einen Teil

---

[85] Dies soll nicht heißen, dass der Staat seine *gesamten* Einnahmen *immer* dazu nutzen soll, eine egalitäre Verteilung anzustreben. So mag der Staat bspw. durchschlagende Gründe haben, Umweltschutz zu betreiben oder sicherzustellen, dass er sich im Falle eines Angriffskrieges verteidigen kann. Manchmal stehen diese anderen Gründe nicht mit egalitären Gründen in Konflikt (oder scheinen selbst ein Gebot egalitaristischer Prinzipien zu sein). Wo sie es doch tun, werden zumeist genug Ressourcen übrig bleiben, die der Staat zur Herstellung einer egalitären Verteilung einsetzen kann.

der libertären Theorie, der bisher noch nicht zur Sprache kam und den Nozick „*Justice in acquisition*" nennt. Libertäre wie Nozick unterscheiden zwei verschiedene Arten der legitimen Aneignung: Erstaneignung und Aneignung durch Übertragung. Eine Übertragung von Eigentumsrechten von einer Person auf eine andere findet etwa durch einen Vertragsschluss oder durch den Akt des Schenkens statt. Wie aber kamen die *Erst*besitzer zu ihrem rechtmäßigen Eigentum? Libertäre gehen davon aus, dass jede Person die normative Fähigkeit und das (negative) Anspruchsrecht hat, unbesessene Gegenstände durch eigene Arbeit (vgl. Locke [1689] Ch.5; Feser 2005, 64 - 70), Erstkontakt, Gebrauch (vgl. Feser 2005, 68) oder bloßes (verbales? willentliches?) Beanspruchen (vgl. Narveson 2001 Ch.7) zu ihrem normativen Besitz zu machen.[86]

Wenn wir die ersten zwei Prämissen des einfachen Argumentes akzeptieren, nämlich dass weder Erblasser noch irgendein Erbe ein moralisches Eigentumsrecht am ehemaligen Vermögen des Erblassers hat, so scheint das Vermögen in den Zustand „zurückzufallen", den es vor der Erstaneignung hatte und würde damit erneut dem Prinzip der Erstaneignung unterliegen. Gemäß dem *Rechts*-Libertarismus, gegen den sich Vertreter*innen des einfachen Argumentes in erster Linie richten, würden die Dinge, die sich zuvor im Besitz des Erblassers befanden, mit dessen Ableben „herrenlos" werden, also in einen *unbesessenen* Zustand übergehen. Gemäß des *Links*-Libertarismus würde der ehemalige Besitz des Erblassers in einen Zustand des *kollektiven* Besitzes übergehen. In beiden Fällen aber (ausgenommen „joint-ownership"-Varianten des Links-Libertarismus) würde der ehemalige Besitz nun durch beliebige Personen angeeignet werden können.[87]

Eine „default rule" (wie Bird-Pollan dies nennt) zum Umgang mit diesen unbesessenen bzw. kollektiv besessenen Gegenständen ist also nicht erst durch die Gesellschaft aufzustellen, sondern wird bereits zuvor auf theoretischer Ebene geleistet. Hält sich der Staat an eine gesellschaftlich-erdachte „default rule", so würde er (sofern die „default rule" nicht zufällig mit dem Prinzip der Erstaneignung identisch ist) gegen die *„Aneignungs-"Rechte* potentieller Neuaneigner (ihre negativen Anspruchsrechte nicht an einer Aneignung gehindert zu werden), bzw. bei erfolgreicher Aneignung durch einen Neuaneigner, gegen dessen *Gebrauchsrechte* verstoßen.

---

86 Häufig geht das Prinzip der Erstaneignung sowohl im Rechts- als auch im Links-Libertarismus mit einem sogenannten lockeschen Proviso einher, welches weitere Bedingungen dafür aufstellt, dass eine Aneignung in einem normativen Sinne erfolgreich ist. Auf das Proviso wird später noch zurückzukommen sein. Für den Moment soll diese Komplikation jedoch ausgeklammert werden.
87 Siehe hierzu auch Hillel Steiner, der ein ähnliches Argument wie Bird-Pollan dafür vorbringt, warum verstorbene Erblasser keine Reche auf Transfer mehr haben (vgl. Steiner 1995, 254–55).

Zumindest prima facie legt uns die libertäre Theorie also darauf fest, dass nicht der Staat (oder die Gesellschaft) über das Vermögen des Erblassers entscheiden darf, sondern die tatsächliche Erstaneigner*in. Nicht selten würde es sich bei den Erstaneigner*innen vermutlich um die Kinder oder andere Verwandte des Erblassers handeln; häufig aber auch um Bedienstete oder um Pflegekräfte. Sofern das monetäre Vermögen auf Bankkonten privater Banken liegt, könnte das Geld in den Besitz der Kapitaleigner der Bank übergehen.[88] Entscheidend ist Folgendes: Bevor der Staat überhaupt in die Situation kommt, sich das Vermögen des Erblassers *de facto* oder *normativ* anzueignen, wäre es bereits in den moralisch-legitimen Privatbesitz einer dritten Person übergegangen. Die Erhebung einer Erbschaftssteuer würde nun zwar nicht mehr gegen das Eigentumsrecht des Erblassers verstoßen, doch würde es nun ganz offenbar (sofern nicht durch andere libertäre Erwägungen gerechtfertigt) gegen das Eigentumsrecht der *neuen* Eigentümer*in verstoßen (zumindest ist nicht zu sehen, warum die Steuer in geringerem Maße gegen Eigentumsrechte verstoßen sollte als in dem Fall, wo die Rechte noch beim Erblasser oder beim Erben liegen). Der Umstand, dass weder Erblasser noch Erbe ein Eigentumsrecht am ehemaligen Vermögen des Erblassers haben, spricht also, für sich allein genommen, mitnichten dafür, dass der Staat (oder die Gesellschaft) das Vermögen für egalitäre Zwecke einsetzen darf.[89] Solange wir kein (Libertarismusinhärentes) Argument dafür hören, warum die „Gerechtigkeit der Aneignung" nur abgeschwächt gilt oder Eigentumsrechte eingeschränkt werden dürfen, sodass der Staat mit der Erbschaftssteuer egalitäre Ziele verfolgen darf, muss gemäß der Grundsätze libertärer Theorie (zu denen das Prinzip der Erstaneignung zweifellos gehört) davon ausgegangen werden, dass das Vermögen des Erblassers wieder in den Zustand „zurückfällt", den es vor der allerersten Aneignung hatte. Prämisse 3 des einfachen Argumentes ist also bis auf Weiteres zurückzuweisen.

Auch Bird-Pollan ist sich dieser Implikationen der libertären Theorie bewusst:

> "A[nother] possibility is that the Lockean-Nozickian result would be to allow assets that are freed up upon the death of the property holder to revert to nature. On this view, the true Lock-

---

[88] Hier stellt sich allerdings die Frage, ob sich Geld, welches sich (ohne einen materiellen Träger) auf Bankkonten befindet, auf dieselbe Weise aneignen lässt wie materielle Gegenstände. Libertäre Philosoph*innen haben es bisher versäumt, das Verhältnis von Eigentumsrechten und Geld systematisch darzulegen.

[89] Allerhöchstens würde dies bedeuten, dass der Staat die Chance hat, im Wettstreit mit allen anderen die Erstaneignung zu vollbringen, bspw. wenn eine Staatsbedienstete die Toten zuerst findet. Dies ist aber eher unwahrscheinlich, weil ja in einer libertären Gesellschaft Aufgaben wie Altenpflege, Post etc. privatisiert wären (auch ist nicht klar, dass es sich beim Staat um einen gewöhnlichen Akteur handelt, der sich wie individuelle Akteure etwas aneignen).

ean result would be to allow individuals to come forward to mix their labor with these goods, thereby establishing new moral claims over the assets" (Bird-Pollan 2013, 26).

Wie aus dem Zitat hervorgeht, hält sie dieses Szenario jedoch nur für *eine mögliche* Lesart von Locke und Nozick. Ihren eigenen Vorschlag hält sie offenbar für eine weitere (und zudem überlegene) Lesart.[90] Doch inwiefern, so lässt sich fragen, ist ihr eigener Vorschlag *überhaupt* mit den Grundlagen einer libertären Theorie wie der von Locke oder Nozick in Einklang zu bringen? Wenn der Libertarismus bereits eine „default-rule" für den Umgang mit dem Erblasservermögen vorsieht, nämlich das Prinzip der Erstaneignung, so bedarf es eines *libertär-inspirierten* Argumentes, welches das Prinzip der Erstaneignung zugunsten eines egalitären Prinzips aufgibt. Das einfache Argument jedenfalls hält keine Ressourcen bereit, um die Lockesche/ Nozicksche Erstaneignungsregel durch eine egalitäre Regel zu ersetzen. Betrachten wir daher drei weitere Argumente, welche zwar die ersten zwei Prämissen sowie die Konklusion des einfachen Argumentes teilen, Prämisse 3 jedoch durch andere Prämissen ersetzen. Die Argumente versuchen zu zeigen, dass die moralische Forderung nach einer egalitären Erbschaftssteuer eben doch mit libertären Prämissen vereinbar ist. Auch bei Bird-Pollan finden sich zumindest Andeutungen der nun folgenden Argumente (4.2 - 4.4).

4.2 Das Argument der Risikovermeidung

In *Anarchy, State & Utopia* behauptet Nozick, dass Eigentumsrechte von Individuen und kleinen Schutzvereinigungen durch eine dominante (große) Schutzvereinigung eingeschränkt werden dürfen, sofern die Ausübung dieser Eigentumsrechte mit einem hohen *Risiko* einhergeht, dass „unschuldige" Dritte dabei geschädigt werden (vgl. Nozick [1974] 2013, 54 – 87). Sofern man akzeptiert, dass libertäre Eigentumsrechte unter derartigen „Risiko-Bedingungen" eingeschränkt werden dürfen (oder schlicht keine Ansprüche auf Nichteinmischung beinhalten), vergrößert sich der

---

90 Man kann das Zitat auch so interpretieren, dass uns hier keine alternative Lesart von Locke und Nozick angeboten wird, sondern lediglich eine weitere Möglichkeit, wie der Staat (unter der von Bird-Pollan bevorzugten Lesart von Locke und Nozick) mit dem ehemaligen Vermögen der Erblasser verfahren kann. Die Regel der Erstaneignung wäre dann nicht als eine Implikation der libertären Theorie anzusehen, sondern bloß als eine weitere der vielen Optionen, die dem Staat als *default-rule* offenstehen. Wenn der Staat bzw. die Gesellschaft die Erlaubnis haben, vollkommen frei darüber zu entscheiden, wie mit dem Erbe verfahren wird, folgt daraus selbstverständlich auch, dass der Staat sich dafür entscheiden kann, seine Rechte an dem Vermögen aufzugeben und das Vermögen somit in einen besitzlosen Zustand zu überführen.

Spielraum für die Verteidigung einer Erbschaftssteuer. Das nun folgende Argument der Risikovermeidung stellt darauf ab, dass bei einer Erstaneignung des Erblasservermögens ebenfalls ein Risiko zur Rechtsverletzung besteht, was es dem Staat erlaubt, eine Erstaneignung zu verbieten und das Vermögen stattdessen selbst für egalitäre Zwecke zu nutzen.[91]

Argument der Risikovermeidung
- P1: Wenn bei der Erstaneignung ein hohes Risiko der Rechtsverletzung besteht, dann darf der Staat die Erstaneignung verhindern.
- P2: Bei der Erstaneignung besteht ein hohes Risiko der Rechtsverletzung.
- K1: Der Staat darf die Erstaneignung verhindern (P1 & P2).
- P3: Der Staat verhindert die Erstaneignung.
- P4: Wenn der Staat die Erstaneignung verhindern darf *und* wenn er sie auch tatsächlich verhindert (und das Erblasser-Vermögen also niemandem gehört), dann darf der Staat das Vermögen für egalitäre Zwecke verwenden.
- K2: Der Staat darf das Vermögen für egalitäre Zwecke verwenden (K & P3 & P4).

Das Argument setzt implizit voraus, dass weder der Erblasser noch irgendein Erbe ein Eigentumsrecht am Vermögen hat. Andernfalls stünde das Vermögen ja nicht zur allgemeinen Aneignung zur Verfügung. Das Argument der Risikovermeidung teilt also implizit die ersten zwei Prämissen des einfachen Argumentes. Auch die Konklusion ist dieselbe wie die des einfachen Argumentes. Das Argument der Risikovermeidung kann daher als eine korrigierende Ergänzung des einfachen Argumentes betrachtet werden. Bevor ich das Argument kritisiere, werde ich kurz auf jede seiner vier Prämissen eingehen.

Prämisse 1 gibt eine Bedingung dafür an, wann eine Erstaneignung durch den Staat verhindert werden darf; und zwar darf sie dann verhindert werden, wenn die Aneignung mit einem hohen Risiko einhergeht, dass Eigentumsrechte verletzt werden. Die erste Prämisse kann durch Nozicks Ausführungen zu riskanten Handlungen (also Handlungen, die mit einem hohen Risiko einer Rechtsverletzung

---

[91] Eine Andeutung dieses Argumentes findet sich auch bei Bird-Pollan: Unter nicht-idealen (epistemischen und motivationalen) Bedingungen bestehe das Risiko, dass die Anerkennung einer ‚first come, first serve' Regel (für die Aneignung des Vermögens verstorbener Mitmenschen) Situationen herbeiführe, die einem „Krieg aller gegen alle" gleichen. Um dies zu vermeiden, seien Individuen bereit, ihr Recht auf Aneignung an „frei gewordenem" Vermögen bei „Eintritt in die Gesellschaft" an den Staat abzutreten (vgl. Bird-Pollan 2013, 26).

Angesichts dessen, dass ein solcher Gesellschaftsvertrag de facto niemals stattgefunden hat, mag man bezweifeln, dass dieses Argument weit trägt. Wenn man es jedoch von seinem kontraktualistischen Ballast befreit, hat es Ähnlichkeit mit dem Argument der Risikovermeidung.

einhergehen) motiviert werden. Man könnte die Prämisse etwa durch das folgende oben bereits angedeutete Analogie-Argument stützen: Wenn Individuen und kleine Schutzvereinigungen durch dominante Schutzvereinigungen davon abgehalten werden dürfen, ihre Rechte bzw. die Rechte ihrer Klienten zu verteidigen, *weil* dies mit einem zu hohen Risiko verbunden ist, dass dabei Eigentumsrechte verletzt werden, dann ist es nur folgerichtig, dass auch Erstaneignungen, die mit einem solch hohen Risiko einhergehen, durch den Staat verhindert werden dürfen.

Prämisse 2 ist eine deskriptive Behauptung. Sie besagt, dass die Erstaneignung von ehemaligem Erblasser-Vermögen tatsächlich mit einem hohen Risiko der Rechtsverletzung einhergeht. Eine unübersehbare Anzahl an Parteien wird sich um das „freigewordene" Vermögen reißen und es ist zu erwarten, dass es dabei zu Gewaltanwendung kommt. Das Hobbesche Bild eines *Krieges aller gegen alle* drängt sich hier auf (vgl. Bird-Pollan 2013, 26). Außerdem ist damit zu rechnen, dass auch die Erblasser zu Lebzeiten einem höheren Risiko ausgesetzt sind, durch potentielle Neuaneigner umgebracht zu werden.

Auch bei *Prämisse 3* handelt es sich um eine (zum Teil) deskriptive Aussage. Es wird angenommen, dass der Staat von seiner normativen Freiheit zum Verbot bzw. zur Intervention Gebrauch macht, und dass ein staatliches (juridisches) Verbot einer Erstaneignung (bzw. eine entsprechende staatliche Intervention) die Erstaneignung auch tatsächlich verhindert.

Prämisse 4 hat große Ähnlichkeit mit Prämisse 3 aus dem einfachen Argument. Letztere besagt, dass das Erblasser-Vermögen umverteilt werden darf, wenn es weder dem Erblasser noch dem Erben gehört. Prämisse 4 des hiesigen Argumentes besagt nun, dass das Vermögen umverteilt werden darf, sofern es sich *außerdem* niemand anderes angeeignet hat *und* die staatliche Unterbindung der (sonst) beabsichtigten Neuaneignung (durch Drohung oder Intervention) nicht illegitim war. Sowohl die normative Freiheit des Staates, die Neuaneignung zu verhindern als auch die tatsächlich ausgeübte Hinderung scheinen *notwendige* Bedingungen dafür zu sein, dass der Staat das Vermögen anschließend verwenden darf: Stellen wir uns vor, dass der Staat die Erstaneignung verhindert, ohne dies zu dürfen. In diesem Fall hätte er die Pflicht, die Hinderung einzustellen und eine Erstaneignung durch beliebige Personen zu ermöglichen. Die staatliche Verwendung des Vermögens für egalitäre Zwecke ist mit dieser Pflicht unvereinbar. Stellen wir uns dagegen vor, dass der Staat die Erstaneignung verhindern darf, sie aber faktisch nicht verhindert. In diesem Fall wäre eine normative Aneignung durch eine andere Person erfolgreich und die anschließende Intervention des Staates müsste als ein illegitimer Eingriff in das Eigentum der neuen Eigentümer*in betrachtet werden. Gegeben jedoch, dass der Staat die Aneignung tatsächlich und legitimerweise verhindert, so folgt, dass er das ehemalige Erblasservermögen für egalitäre Zwecke einsetzen darf (K2).

In meiner Kritik möchte ich mich auf Prämisse 3 und vier beschränken. Dies hat den folgenden Grund: Die Plausibilität von *Prämisse 1* braucht uns nicht weiter zu interessieren, da für unser Anliegen, nämlich die Verteidigung einer egalitären Erbschaftssteuer innerhalb des Libertarismus, ein und allein entscheidend ist, dass es sich hierbei um eine genuin libertäre Prämisse handelt. Nozick, der ohne Zweifel als der Prototyp eines libertären Theoretikers gelten kann, ist (zumindest gemäß einer verbreiteten Interpretation) dazu bereit, Rechtseinschränkungen aufgrund von Risikoerwägungen in Kauf zu nehmen. *Prämisse 2* möchte ich akzeptieren, da sie auf den ersten Blick durchaus plausibel erscheint und sicherlich auch von vielen Libertarier*innen geteilt wird. Letztlich handelt es sich aber um eine deskriptive Prämisse, die empirisch zu ermitteln wäre.

Eine erste Schwierigkeit für das Argument der Risikovermeidung ergibt sich mit *Prämisse 3:* Auch wenn der Staat die Aneignung ehemaligen Erblasservermögens aus Risikoerwägungen verbietet (und verbieten darf), muss dies nicht heißen, dass keine Aneignungen von Erblasservermögen mehr stattfinden. Immerhin bedarf es zu einer erfolgreichen normativen Aneignung nicht der juridischen Absegnung. Je nach Aneignungstheorie sind Bearbeiten oder Beanspruchen einer „Ressource" (und die Einhaltung des Provisos – hierzu später mehr) hinreichende Bedingungen dafür, dass die Aneignung normative Geltung hat. Der Umstand, dass der Staat die Aneignung juridisch verbietet, führt nicht dazu, dass individuelle Personen ihre normative Fähigkeit oder Erlaubnis verlieren, sich unbesessenes Vermögen anzueignen und entsprechend führt sie auch nicht zwingend dazu, dass keine normative Aneignung mehr stattfindet.

Mein entscheidender Kritikpunkt am Argument der Risikovermeidung betrifft jedoch *Prämisse 4:* Aus dem Umstand, dass der Staat die Erstaneignung verhindert (und auch die Erlaubnis hierzu hat) folgt nicht, dass er das Vermögen verstorbener Mitbürger*innen für eine egalitäre Verteilung verwenden darf. Selbst wenn Prämisse 3 korrekt ist und sich (aufgrund des Verbotes) also niemand das Erblasser-Vermögen normativ aneignet, erklärt dies noch nicht, warum der Staat die Erlaubnis haben sollte, das Vermögen für egalitäre Zwecke zu verwenden. Diese hätte er nur dann, wenn es keine weiteren libertären Erwägungen gäbe, die den Raum erlaubter Handlungsoptionen für den Staat einschränken.

Wir haben es hier mit einer analogen Kritik zu tun, wie der an Prämisse 3 des *einfachen* Argumentes. Jene Kritik bestand im Verweis darauf, dass der Staat das libertäre Prinzip der Erstaneignung verletzt, wenn er beliebige andere Personen davon abhält, sich das Vermögen anzueignen. Das Argument der Risikovermeidung ist der Versuch, diese Kritik als gegenstandslos zu erweisen. Das Prinzip der Erstaneignung ist aber nicht das einzige libertäre Prinzip, welches der Erlaubnis des Staates (das Vermögen für egalitäre Zwecke einzusetzen) im Wege steht. Gegeben, dass der Staat die Erstaneignung auf legitime Weise (aufgrund von Risikoerwägungen) verhindert, verletzt der Staat mit der Verwendung des Vermögens zwar keine *Aneignungs*rechte, die Verwendung des Vermögens für egalitäre Zwecke führt jedoch auf indirekte Weise dazu, dass der Staat *an anderer Stelle* Eigentumsrechte verletzt.

Um dies zu sehen, müssen wir uns erneut vor Augen führen, unter welchen Umständen es aus einer libertären Perspektive für den Staat erlaubt ist, Eigentumsrechte einzuschränken und wann nicht. Wie wir zu Anfang dieses Kapitels (in Abschnitt 3) besprochen haben, sind die meisten Libertarier*innen Minarchist*innen. Als solche vertreten sie die These, dass die Einschränkung von Eigentumsrechten durchaus legitim sein kann, allerdings nur unter der Voraussetzung, dass diese Einschränkungen den *allgemeinen Schutz von Eigentumsrechten* gewährleisten. Die meines Erachtens vielversprechendste Argumentation für die minarchistische These finden sich bei Eric Mack. Dieser argumentiert dafür, dass ein (libertäres) Recht einer Person *grundsätzlich* eingeschränkt werden darf, nämlich immer dann (und nur dann), wenn die Einschränkung mehr bzw. stärkere Rechtsverletzungen *für dieselbe Person* in der Zukunft verhindert und ein *notwendiges* Mittel dafür ist, die Rechtsverletzungen in Zukunft zu verhindern. Der Staat darf demnach Eigentumsrechte durch Gesetze (und das Erheben von Steuern) einschränken, wenn dies (zusammen mit anderen staatlichen Handlungen) dazu führt, dass alle „Bürger*innen" mit Blick auf die ihnen widerfahrenden Rechtsverletzungen besser dastehen als ohne das Gesetz (bzw. die Erhebung der Steuer) (vgl. Mack 2011, 109–114)[92]. Dies gelte Mack zufolge für die juridische Implementierung von libertären Eigentumsrechtsnormen und die Besteuerung zum Zweck ihrer Durchsetzung. Steuern, die für andere Zwecke erhoben werden, sind nicht legitim, da sie Eigentumsrechte einschränken, ohne notwendig dafür zu sein, Eigentumsrechtsverletzungen zu minimieren (vgl. Mack 2011, 113).

Zunächst sieht es so aus, als wenn das Argument der Risikovermeidung von diesen theoretischen Grundlegungen unberührt bleibt. Denn die Einnahmen aus der Erbschaftssteuer werden niemandem weggenommen, sondern fallen dem Staat gewissermaßen als Nebenprodukt der Durchsetzung des allgemeinen Schutzes von Eigentumsrechten zu. Dies war ja gerade die Pointe des Argumentes. Dennoch, so möchte ich argumentieren, dürfen die so gewonnenen Einnahmen – vor dem Hintergrund der soeben skizzierten minarchistischen Theorie – nicht für Zwecke

---

92 Mack begründet diese „limitierte Abschwächung" libertärer Rechte durch das „anti-paralysis postulate [...]. According to this postulate, when working out the detailed specification of person's rights, one is to avoid specifications that systematically morally preclude individuals from exercising their rights or from conducting their lives in ways that a specification of their rights is supposed to protect. The intuitive idea [is] that the detailed specification of rights [...] must be guided by the purpose for which rights are to be recognized as a crucial dimension of morality" (Mack 2011, 112).

einer egalitären Umverteilung eingesetzt werden. Der Grund dafür ist folgender: Alle anderen Steuern (Einkommens-, Mehrwert-, Luxussteuer etc.), die der Staat neben der Erbschaftssteuer bereits zum Zweck des Schutzes von Eigentumsrechten erhebt, greifen unmittelbar in individuelle Eigentumsrechte ein. Bevor dem Staat die Einnahmen aus der Erbschaftssteuer zur Verfügung standen, waren diese Einschränkungen legitim, da die anderen Steuern nötig dafür waren, den allgemeinen Schutz von Eigentumsrechten (auf dem angestrebten bzw. erforderlichen Niveau) zu garantieren. Nun, da dem Staat mittels der Einnahmen aus der Erbschaftssteuer alternative Möglichkeiten zur Verfügung stehen, die Eigentumsrechte seiner Bürger*innen (auf dem bisherigen Niveau) zu schützen, *ohne dabei selbst Eigentumsrechte einzuschränken (oder jedenfalls weniger Eigentumsrechte einzuschränken bzw. Eigentumsrechte weniger einzuschränken)*, verlieren die anderen Steuern ihre Legitimität. Die Erhebung anderer Steuern, die zuvor als legitime Eigentumsrechts*einschränkungen* galten, müssten nunmehr als Eigentumsrechts*verletzungen* aufgefasst werden, da sie nicht mehr notwendig sind, um Eigentumsrechtsverletzungen (auf dem bisherigen Niveau) zu verhindern.

Womöglich wäre es ebenso akzeptabel, wenn der Staat die neu gewonnenen Einnahmen aus der Erbschaftssteuer *zusätzlich* für den Schutz von Eigentumsrechten einsetzt, solange dieser zusätzliche Einsatz die Eigentumsrechte über das bisher bestehende Niveau hinaus schützt (d. h. Eigentumsrechtsverletzungen langfristig minimiert, sofern sie noch nicht minimiert sind). Stehen dem Staat jedoch durch andere Steuern bereits genug Einnahmen für diesen Zweck zur Verfügung (und würden zusätzliche Investitionen in den Schutz von Eigentum nicht zu einer weiteren Reduzierung von Eigentumsrechteverletzungen führen), scheint dies aus minarchistischer Sicht für die Abschaffung oder Senkung der anderen Steuern zu sprechen, die dann durch die (aus moralischen Gründen ohnehin notwendige) Erbschaftssteuer zu ersetzen wären. In jedem Fall gilt, dass der Staat die Einnahmen nicht zu Zwecken egalitärer Umverteilung einsetzen darf.

Eine Möglichkeit, das Argument der Risikovermeidung zu retten, besteht darin, dass zwar zugestanden wird, dass die Einnahmen aus der Erbschaftssteuer ausschließlich für den allgemeinen Schutz von Eigentumsrechten einzusetzen sind, dass es aber unter gewissen (kontingenten) Umständen zum Schutz libertärer Eigentumsrechte *dazugehört*, eine egalitäre Umverteilung vorzunehmen. Einen potentiellen libertären Grund für eine egalitäre Umverteilung stellt das sogenannte Prinzip der Wiedergutmachung dar, welches verlangt, dass Rechtsverletzungen entschädigt werden. Das nun folgende *Argument der Wiedergutmachung* soll zeigen, warum das Prinzip der Wiedergutmachung (und damit der Schutz libertärer Eigentumsrechte) unter Realbedingungen tatsächlich eine egalitäre Verteilung, und zwar mittels einer Erbschaftssteuer, erfordert.

4.3 Das Argument der Wiedergutmachung

In den vorherigen Argumenten wurde implizit von der idealisierenden Annahme ausgegangen, dass die Eigentumsverhältnisse, wie wir sie in gegenwärtigen Gesellschaften vorfinden, durch eine Reihe rechtmäßiger Transfers zustande gekommen sind, an deren Anfang eine rechtmäßige Erstaneignung stand. So wurde bspw. nicht in Frage gestellt, dass der Erblasser zu Lebzeiten tatsächlich ein moralisches Eigentumsrecht an seinem Vermögen hat. Das Argument der Wiedergutmachung hingegen beharrt darauf, dass diese idealisierende Annahme auf reale Gesellschaften nicht einmal als grobe Annäherung zutrifft. Die *juridischen* Eigentumsverhältnisse in realen Gesellschaften scheinen (gemäß der libertären Grundsätze) zum großen Teil ungerecht zu sein, da sie *nicht* auf gerechte Weise, d.h. durch gerechte Erstaneignung oder gerechten Transfer zustande gekommen sind. Gemäß des libertären *Prinzips der Wiedergutmachung* habe der Staat daher die Aufgabe mittels umverteilender Maßnahmen dafür zu sorgen, dass die Opfer von Rechtsverletzungen *entschädigt* werden. Einnahmen aus einer Erbschaftssteuer scheinen sich – sofern Prämisse 1–3 des Argumentes der Risikovermeidung korrekt sind – für diese Zwecke in besonderer Weise zu eignen, da sie niemandem gehören und auch niemand einen Anspruch auf Erstaneignung geltend machen kann. Die staatliche Durchsetzung von Wiedergutmachungspflichten kann ferner zu den Aufgaben gezählt werden, die unter den allgemeinen Schutz von Eigentumsrechten fallen und somit zu den legitimen Aufgaben eines minarchistischen Staates gehören. Das Argument der Wiedergutmachung kann also wiederum als eine korrigierende Ergänzung des Argumentes der Risikovermeidung (und damit als Ergänzung des einfachen Argumentes) angesehen werden.

Argument der Wiedergutmachung
- P1: Die Menschheitsgeschichte ist eine Geschichte (nicht-entschädigter) Eigentumsrechtsverletzungen. Die Opfer dieser Rechtsverletzungen haben erzwingbare Entschädigungs*ansprüche* gegenüber den Tätern, die ihrerseits erzwingbare Entschädigungs*pflichten* gegenüber den Opfern haben.
- P2: Sowohl die Ansprüche auf Entschädigung als auch die korrespondierenden Pflichten sind auf andere Personen transferierbar und wurden zum großen Teil bis zum heutigen Tag auf gegenwärtig existierende Personen transferiert (bzw. wären transferiert worden).
- K1: Der Großteil gegenwärtig existierender *juridischer* Eigentumsrechte geht mit legitim erzwingbaren *moralischen* Entschädigungspflichten seitens der juridischen Rechtsträger*innen gegenüber den eigentlichen moralischen Eigentümer*innen einher (P1 & P2).

P3: Der Staat hat eine (positive) pro tanto Pflicht dafür zu sorgen, dass Personen ihren legitim erzwingbaren Pflichten nachkommen.

K2: Der Staat hat eine (positive) pro tanto Pflicht dafür zu sorgen, dass gegenwärtige Träger*innen juridischer Rechte ihren Entschädigungspflichten gegenüber den eigentlichen moralischen Eigentümer*innen nachkommen (K1 & P3).

P4: Der pro tanto Pflicht des Staates, die Entschädigungspflichten durchzusetzen, wird *dann und nur dann* entsprochen, wenn der Staat Steuern erhebt und diese für egalitäre Zwecke verwendet.

P5: Jede Steuer, außer der Erbschaftssteuer, würde mit Rechtsverletzungen durch den Staat einhergehen.

K3: Der Staat hat die *all-things-considered* Pflicht, eine Erbschaftssteuer zu erheben und diese für egalitäre Zwecke zu verwenden (folgt aus K1 & P3 & P4).

Prämisse 1 vereint eine theoretische und eine empirische Annahme. Die theoretische Annahme ist, dass ein Anspruch auf Wiedergutmachung zu den Kernbestandteilen libertärer Eigentumsrechte gehört und dass dieser Anspruch legitim erzwingbar ist: Hat eine Rechtsverletzung stattgefunden, so ist die Person, die das Recht verletzt hat, dazu verpflichtet, eine Entschädigung zu leisten. Im Falle eines Diebstahls liegt es nahe, dass die Entschädigung (unter anderem) darin besteht, das gestohlene Gut an die ursprüngliche Eigentümer*in zurückzugeben. Ist dies nicht möglich, wird zumeist eine monetäre Entschädigung gefordert. Mit *legitimer Erzwingbarkeit* ist gemeint, dass ein moralischer Akteur (durch andere Akteure) dazu gezwungen werden darf, seiner Pflicht auch tatsächlich nachzukommen.

Die empirische Annahme ist, dass in historischer Perspektive die Anzahl an Rechtsverletzungen, die nicht wiedergutgemacht wurden, immens ist. Die großen Verbrechen der Menschheitsgeschichte wie Imperialismus, Krieg oder Sklaverei gingen mit Eigentumsrechtsverletzungen von enormem Maßstab einher. Doch auch individueller Diebstahl und Betrug sind historisch allgegenwärtig. Ferner ist zu bedenken, dass (aus libertärer Sicht) jeder Staat, der sich nicht an die Grundsätze der libertären Theorie hält, kontinuierlich massive Eigentumsrechtsverletzungen an seiner Bevölkerung begeht und duldet.

Angesichts dessen, dass in fast allen Fällen historischen Unrechts weder die ursprünglichen Täter noch die ursprünglichen Opfer am Leben sind, könnte man nun vermuten, dass das Prinzip der Wiedergutmachung ausschließlich im Falle von Rechtsverletzungen einschlägig ist, die nicht allzu weit in der Vergangenheit liegen, und ansonsten „ins Leere läuft". In *Prämisse 2* machen Vertreter*innen des Argumentes der Wiedergutmachung aber geltend, dass sowohl die historischen Wiedergutmachungspflichten als auch die korrespondierenden Rechte auf Wiedergutmachung auf heute noch lebende Personen übertragen wurden (bzw. übertragen worden wären). Einen solchen Ansatz vertritt bspw. Joachim Wündisch[93]:

> "[T]he property right of the original victim to a part of the assets of the perpetrator does not erode over time and is transferable at will. [...] If the assumption is warranted that the victim has bestowed the assets under her immediate control onto her children, it is reasonable to assume that she would have done likewise with her compensation. In such cases claims to compensation can reasonable be expected to pass from one generation to another via rights to inheritance" (Wündisch 2014, 116).

Auch die Wiedergutmachungspflichten können (zum Teil) an andere Personen übergehen:

> "[I]f a title is held against the property of an original perpetrator on grounds of an original wrong, the assets affected by that title can not be rightfully bequeathed. Accordingly, the descendent's possession of those assets continues to be subject to the title held against them and is, therefore, unjust. If compensation is demanded from the descendant then such a payment is justified" (ebd., 119).

Diesem Argument zufolge lassen sich also auch heute noch Personen ausmachen, die Ansprüche auf Wiedergutmachung (respektive Pflichten zur Wiedergutmachung) haben, die sich aus historischem Unrecht ergeben. Ein Großteil der juridisch-gesicherten Eigentumsrechte, die wir heute vorfinden, wären damit illegitim und würden legitim erzwingbare Entschädigungsansprüche nach sich ziehen (K1).

In *Prämisse 3* wird angenommen, dass der Staat die pro tanto Pflicht hat, dafür zu sorgen, dass die erzwingbaren Pflichten gegenüber seinen Bürger*innen eingehalten werden (*alles in allem* hat der Staat diese Pflicht jedoch nur, wenn er die pro tanto Pflicht erfüllen kann, ohne dabei vorgeordnete libertäre Rechte einzuschränken). Ohne die Existenz eines legitimen Staates sind Individuen dazu berechtigt, ihre eigenen Eigentumsrechte als auch die Eigentumsrechte anderer Personen zu schützen (sofern diese anderen Personen ihre Zustimmung hierzu erteilen). Existiert dagegen ein legitimer Staat, welcher als solcher über ein (territorial begrenztes) normatives Gewaltmonopol verfügt, also über die alleinige *Erlaubnis*, die Einhaltung von Rechten zu erzwingen, so dürften Individuen ihre Rechte (mit Ausnahme eng verstandener Selbstverteidigung) nicht selbst erwirken. Gleichzeitig geht ein staatliches Gewaltmonopol plausiblerweise mit der moralischen *Pflicht* des Staates einher, die Rechte seiner Bürger*innen zu schützen. Da

---

93 Wündisch selbst argumentiert auf Grundlage des Prinzips der Wiedergutmachung für einen durch Steuern finanzierten *Wohlfahrtsstaat*. Er macht kein explizites Argument für eine Erbschaftssteuer und vertritt also nicht das hiesige Argument der Wiedergutmachung.

auch das Recht auf Wiedergutmachung *legitim erzwingbar* ist, hat ein legitimer Staat also die Erlaubnis und die Pflicht, die Rechte seiner Bürger*innen auf Wiedergutmachung zu schützen (K2).[94]

Prämisse 4 besagt, dass eine egalitäre Steuer die *effizienteste* Maßnahme für den Staat darstellt, seiner pro tanto Pflicht gegenüber seinen Bürger*innen nachzukommen; nämlich einen Zustand herbeizuführen, in dem den (historischen) Wiedergutmachungspflichten gegenüber seinen Bürger*innen so weit entsprochen wird, wie dies möglich ist. Selbstverständlich wird der Staat keine Idealverteilung herbeiführen können, in welcher jeder Person exakt der Anteil zukommt, auf die sie (gemäß ihres Rechtes auf Wiedergutmachung) einen Anspruch hat. Entscheidend ist jedoch, dass eine egalitäre Steuer dasjenige Mittel ist, mithilfe dessen eine Verteilung herbeigeführt werden kann, die einer Idealverteilung *so nahe wie möglich* kommt.[95] Unerwartete Unterstützung für diese Prämisse finden Vertreter*innen des Argumentes der Wiedergutmachung bei Nozick, den es sich hierzu ausführlich zu zitieren lohnt:

> "Perhaps it is best to view some patterned principles of distributive justice as rough rules of thumb meant to approximate the general results of applying the principle of rectification [...] lacking much historical information, and assuming (1) that victims of injustice generally do worse than they otherwise would and (2) that those from the least well-off group in the society have the highest propabilities of being the (descendants of) victims of the most serious injustices who are owed compensation by those who benefited from the injustices [...] then a *rough* rule of thumb for rectifying injustices might seem to be the following: organize society so as to maximize the position of whatever group ends up least well-off in the society" (Nozick [1974] 2013, 231).

Mit anderen Worten zieht Nozick hier in Betracht, dass die Befolgung eines egalitaristischen (maximin/leximin) Prinzips am besten geeignet ist, um vergangenes Unrecht wiedergutzumachen. Das Erheben von Steuern zu egalitären Zwecken

---

[94] Eine implizite Voraussetzung dieser Prämisse ist es, dass den Kompensationspflichten ohne ein staatliches Eingreifen nicht entsprochen wird, da eine Kompensation weder aktiv durch die Nachkommen der Täter geleistet wird (sei es, weil diese unmoralisch handeln oder sei es, weil sie nicht wissen, wie sie ihrer Pflicht am besten nachkommen) noch durch einen dritten (nicht-staatlichen) Akteur. Erstaneigner kommen ihrer Pflicht *nicht ohne staatlichen Zwang* nach, was es für den Staat moralisch erforderlich macht, die Wiedergutmachungspflichten zu erzwingen.

[95] Im Rahmen einer komparativen Argumentation für die Erbschaftssteuer, wie sie in dieser Arbeit verfolgt wird, würde es bereits ausreichen zu zeigen, dass eine egalitäre Erbschaftssteuer dazu geeignet ist, einen gegenüber dem status quo besseren Zustand (in diesem Fall: hinsichtlich der Erfüllung von Wiedergutmachungsansprüchen) herbeizuführen.

scheint wiederum das naheliegendste Mittel für den Staat zu sein, um diesem Prinzip zu entsprechen.[96]

In *Prämisse 5* wird behauptet, dass a) der Einsatz einer Erbschaftssteuer für Zwecke der Wiedergutmachung legitim ist und dass b) der Einsatz anderer Steuern für Zwecke der Wiedergutmachung illegitim ist. Selbst wenn es effizientere Steuern als die Erbschaftssteuer gäbe (etwa, weil die Steuereinnahmen höher wären), dürfte der Staat sich dieser Mittel nicht bedienen. Die Verwendung *anderer* Steuern ist dem Staat nicht erlaubt, da der Akt des Besteuerns einen illegitimen Eingriff in die Eigentumsrechte eines (mehr oder weniger großen) Teiles der besteuerten Personen darstellt. Der Staat hat zwar die Pflicht dafür zu sorgen, dass B ihre Wiedergutmachungspflichten gegenüber C erfüllt, nach verbreiteter libertärer Meinung dürfe dies aber nicht auf Kosten unbeteiligter Dritter (D) geschehen, etwa indem Ds Eigentum an C umverteilt wird (siehe etwa Narveson 2001, 165). Eine Steuer, welche für Zwecke der Wiedergutmachung eingesetzt wird, darf also nur auf juridisches Vermögen erhoben werden, an dem *kein* moralisches Eigentumsrecht (oder Recht auf Aneignung) besteht.[97]

Wenn die im Zuge des Argumentes der Risikovermeidung angestellten Überlegungen korrekt sind, dann scheint dies auf das Vermögen ehemaliger Erblasser zuzutreffen: Eine Erbschaftssteuer verletzt keine Eigentumsrechte *auf direkte Weise*, wenn der Staat jegliche Versuche der Erstaneignung erfolgreich und legitimerweise verhindert hat. Und sofern die Erbschaftssteuer für die staatliche Durchsetzung von Wiedergutmachungspflichten eingesetzt wird, verletzt sie auch *auf indirekte Weise* keine Eigentumsrechte, da die Durchsetzung von Wiedergutmachungspflichten *selbst als Teil* des allgemeinen Schutzes von Eigentumsrechten aufgefasst werden kann, welcher (laut minarchistischem Libertarismus) zu den legitimen Aufgaben eines Staates gehört und daher durch Steuern finanziert werden darf. Eine Erbschaftssteuer wäre demnach ein legitimes Mittel zur Durchsetzung von Wiedergutmachungspflichten, während dies auf andere Steuern nicht zuzutreffen scheint. Da der Staat die pro tanto Pflicht hat, die Wiedergutmachungspflichten unter seinen Bürger*innen durchzusetzen, und sofern es sich bei

---

96 Einige klassische Liberale und Wohlfahrtsökonomen werden diese Annahme als empirisch unzutreffend zurückweisen und stattdessen auf die Verteilungseffekte „freier" Märkte setzen. Der effizienteste Weg für den Staat, eine leximin-effiziente Verteilung zu erzielen, bestehe demnach in der Annäherung an ideale Märkte und nicht in einer Besteuerung zu Zwecken der Umverteilung (vgl. Tomasi 2012, 127–142; Mack 2018, 75) (Siehe auch die Besprechung des Effizienzargumentes in Kapitel 1).

97 Gewährleistet wäre dies ebenfalls, wenn ganz gezielt diejenigen Personen besteuert würden, die in der Pflicht stehen, die Entschädigung zu leisten. Aus epistemischen Gründen ist eine solche Steuer jedoch nicht realistisch.

der Erbschaftssteuer um die einzige Steuer handelt, die für Zwecke der Wiedergutmachung erhoben werden darf, hätte der Staat die *all-things-considered Pflicht*, eine Erbschaftssteuer zu erheben und diese für egalitäre Zwecke einzusetzen (K3).

Kommen wir damit zur Kritik am Argument der Wiedergutmachung. Die *erste Prämisse* ist unter libertären Theoretiker*innen nahezu unbestritten: Neben dem Grundsatz der Erstaneignung und dem Grundsatz des gerechten Transfers erkennen alle Libertäre ein Prinzip der Wiedergutmachung an. Auch die empirische These, dass libertäre Eigentumsrechtsverletzungen historisch gesehen keine Ausnahme, sondern die Norm sind, wird von Libertären in der Regel nicht angezweifelt.

Kontroverser dagegen ist die *zweite Prämisse*, die von der „Vererbung" von Wiedergutmachungsansprüchen und Wiedergutmachungspflichten handelt. Ich möchte vor allem zwei Aspekte dieses Ansatzes hervorheben, die man für problematisch halten kann: In Prämisse 2 wurde bewusst offen gelassen, ob die Ansprüche auf Wiedergutmachung tatsächlich transferiert wurden, oder ob sie bloß transferiert worden *wären*, sagen wir, wenn die Opfer der Rechtsverletzungen damit gerechnet hätten, dass ihre „Nachkommen" später einmal von diesen Ansprüchen profitieren werden. Angesichts dessen, dass Libertäre (in den meisten Fällen) ausschließlich tatsächliche Zustimmung als Zustimmung gelten lassen, mag man aber bezweifeln, dass ein hypothetischer Transfer für Libertäre überhaupt eine normative Relevanz hat.

Zweitens wird der Schwerpunkt (zumindest im obigen Zitat von Wündisch) auf *Erbschaften* gelegt und nicht auf andere Arten des Transfers. Wie aber in Kapitel 2 argumentiert und von Vertreter*innen der bisher behandelten Argumente vorausgesetzt wurde, sind Erbschaften *keine normativ gültigen* Transfers von Eigentum, denn der Erblasser ist zum Zeitpunkt der vermeintlichen (normativen) Vermögensübertragung bereits tot. Beide Probleme lassen sich zwar umgehen, wenn man ausschließlich normative Transfers in den Blick nimmt, *die de facto stattgefunden haben* (Erbschaften würden nicht darunter fallen, da sie als normative Transfers eben *nicht* stattgefunden haben), gleichzeitig ist die Anzahl dieser Transfers (de facto normative Transfers von Titeln an Eigentum, das der transferierenden Person gestohlen wurde) vermutlich verschwindend gering und lässt sich noch schlechter ermitteln als (vermeintlicher) Transfer durch Erbschaften.

Die *dritte Prämisse* sieht auf den ersten Blick unschuldig aus. Legitime Staaten haben *per definitionem* ein legitimes Gewaltmonopol, und dieses scheint immer auch mit der Pflicht des Staates einherzugehen, Eigentumsrechte (also auch Wiedergutmachungsansprüche) durchzusetzen. Es ist jedoch zu beachten, dass aus libertärer Sicht kein einziger Staat, der wirklich existiert, legitim ist (dies gilt nicht nur aus Sicht des *anarchistischen*, sondern auch aus Sicht des in diesem Kapitel vorausgesetzten *minarchistischen* Libertarismus). Insofern mag man Zweifel daran haben, dass real-existierende Staaten tatsächlich dazu verpflichtet sind, Eigentumsrechte zu schützen[98]. Angesichts dessen, dass wir es unter realistischen Bedingungen aber nun mal mit illegitimen Staaten zu tun haben, bietet es sich an, die besagte Pflicht als eine *second-best option* zu verstehen: „Wenn der Staat sein illegitimes Gewaltmonopol schon nicht aufgibt, soll er sich wenigstens an die mit einem legitimen Gewaltmonopol einhergehende Pflicht halten, die Rechte seiner Bürger*innen zu schützen". Da es sich hierbei um ein generelles Problem „libertärer *nicht-idealer* Theorie" handelt, welches also nicht spezifisch für das hier behandelte Argument der Wiedergutmachung ist, wollen wir es bei diesem angedeuteten Lösungsvorschlag belassen und im Weiteren voraussetzen, dass real-existierende illegitime Staaten zumindest die *komparative* Pflicht haben, die Rechte ihrer Bürger*innen zu schützen (anstatt ein illegitimes Gewaltmonopol auszuüben ohne die Rechte zu schützen). Auf diese Weise verstanden, darf Prämisse 3 als unstrittig gelten.

Prämisse 4 geht mit zwei empirischen Annahmen einher, die auf den ersten Blick nicht abwegig erscheinen, und zwar a), dass Opfer von Ungerechtigkeit im Allgemeinen schlechter dastehen als sie es sonst getan hätten und b), dass für diejenigen, die zur Gruppe der Schlechtestgestellten in einer Gesellschaft gehören, die höchste Wahrscheinlichkeit besteht, dass sie zu den „Nachkommen" der Opfer schwerer Ungerechtigkeiten gehören (vgl. Nozick [1974] 2013, 231). Zwar mögen uns für bestimmte Fälle historischen Unrechts zuverlässigere Informationen darüber vorliegen, wer die Erben der Täter und wer die Erben der Nachkommen sind (paradigmatische Fälle hierfür sind der Genozid an den amerikanischen Ureinwohnern, die Sklaverei in den USA oder der Holocaust), in allen anderen Fällen scheint eine Leximin-Verteilung jedoch eine plausible Lösung darzustellen.

Wie steht es um *Prämisse 5*, wonach a) die Erhebung der Erbschaftssteuer erlaubt ist, um mit den Steuereinnahmen historisches Unrecht wiedergutzumachen und b) *nur* die Erbschaftssteuer für diesen Zweck eingesetzt werden darf (aber keine andere Steuer)? Um dies beantworten zu können, müssen wir zunächst entscheiden, wie sich die Pflicht des Staates, *Wiedergutmachungsansprüche durchzusetzen* und die Pflicht des Staates, *selbst keine Eigentumsrechte einzuschränken (sofern die Einschränkung nicht notwendig ist, um Eigentumseinschränkungen für dieselbe Person zu minimieren)*, zueinander verhalten. Sind beide Pflichten miteinander abzuwägen, so ist es zumindest nicht ausgeschlossen, dass eine Erbschaftssteuer erhoben und für die Wiedergutmachung historischen Unrechts ein-

---

[98] Dieser Einwand gegen die Erbschaftssteuer findet sich bspw. bei Lamont Rodgers: „the fact that Nozickians will find our current government to be illegitimate is crucial. Nozickians will deny the government has the authority to use the force required to enforce the estate tax" (Rodgers 2014, 2). Zu Ende gedacht würde dieser Einwand jedoch nicht nur gegen die Erbschaftssteuer, sondern gegen jegliche Aktivität nicht legitimer – also aller real existierender – Staaten sprechen.

gesetzt werden darf (und muss). Zugleich wäre dann aber nicht mehr einsichtig, warum andere Steuern nicht ebenfalls für diesen Zweck eingesetzt werden dürften. Denn auch wenn andere Steuern (im Gegensatz zur Erbschaftssteuer) die Eigentumsrechte der besteuerten Personen einschränken, wären dies ja unter Umständen erlaubte Einschränkungen (nämlich, wenn und weil sie dazu führen, dass „hinreichend viel" historisches Unrecht wiedergutgemacht wird). Teil a der fünften Prämisse wäre damit korrekt, Teil b aber nicht.[99]

Hat dagegen die Pflicht, *selbst keine Eigentumsrechte einzuschränken* Vorrang vor der Pflicht, *Wiedergutmachungsansprüche durchzusetzen,* so könnte man auf die Idee kommen, dass beide Teile von Prämisse 5 korrekt sind. Die Erbschaftssteuer scheint erlaubt zu sein, weil sie (zumindest unmittelbar) keine Eigentumsrechte von Individuen verletzt und damit auch keine Eigentumsrechte von solchen Individuen verletzt, die selbst kein historisches Unrecht begangen haben.

Auf den zweiten Blick erweisen sich aber beide Teilprämissen als falsch: Ist es – wie Narveson meint – nach libertärer Auffassung grundsätzlich nicht erlaubt, Personen ohne Wiedergutmachungspflichten durch Steuern zu belasten, um damit zu erzwingen, dass andere ihren Wiedergutmachungspflichten nachkommen, so scheint der Einwand der indirekten Rechtsverletzung – welcher gegen das Argument der Risikovermeidung vorgebracht wurde – auch für das hiesige Argument einschlägig zu sein. Immerhin könnten andere Steuern verringert oder abgeschafft werden, wenn die Einnahmen aus der Erbschaftssteuer statt für die Durchsetzung von historischen Wiedergutmachungspflichten für den unmittelbaren Schutz von Eigentumsrechten eingesetzt würden. Es folgt, dass das Erheben dieser *anderen* Steuern als eine Rechtsverletzung gegenüber denjenigen Personen aufzufassen wäre, die nicht selbst Wiedergutmachungspflichten „geerbt" haben. Es bleibt daher unklar, ob sich eine durch Steuern finanzierte Entschädigungspolitik mit einer libertären Theorieausrichtung verträgt (vgl. Perez 2014).

Wie nun ist das Argument der Wiedergutmachung *insgesamt* zu beurteilen? Zum einen können wir festhalten, dass es in empirischer Hinsicht sehr voraussetzungsreich ist: Das Argument ist nur erfolgreich, wenn i) bei der Erstaneignung von Erblasservermögen ein hohes Risiko zur Rechtsverletzung besteht, ii) der Staat die Erstaneignung tatsächlich verhindert, iii) die Ansprüche auf Entschädigung als auch die korrespondierenden Pflichten tatsächlich bis zum heutigen Tag auf gegenwärtig existierende Personen transferiert wurden, iv) die Opfer von Ungerechtigkeit im Allgemeinen schlechter dastehen als sie es sonst getan hätten und v) für diejenigen,

---

[99] Verteidiger einer egalitären Erbschaftsteuer dürften mit diesem Ergebnis (nämlich, dass auch andere Steuern als die Erbschaftssteuer für die Durchsetzung von Entschädigungspflichten eingesetzt werden dürfen) mindestens ebenso zufrieden sein, das Argument der Wiedergutmachung wäre aber entsprechend anzupassen.

die zur Gruppe der Schlechtestgestellten in einer Gesellschaft gehören, die höchste Wahrscheinlichkeit besteht, dass sie zu den „Nachkommen" der Opfer schwerer Ungerechtigkeiten gehören. Insbesondere die Annahmen ii) und iii) scheinen mir fragwürdig. Doch auch die anderen Annahmen bedürften (sofern dies möglich ist) einer empirischen Überprüfung. Sollte sich herausstellen, dass nur eine dieser fünf Annahmen unzutreffend ist, scheitert das Argument. Die Abhängigkeit von spekulativen empirischen Prämissen stellt daher die entscheidende Schwäche des Argumentes der Wiedergutmachung dar. Ob das Argument insgesamt überzeugen kann, lässt sich im Rahmen dieser philosophischen Arbeit nicht entscheiden, sondern wäre u. a. unter Zuhilfenahme empirischer Forschungsergebnisse zu beantworten.

Zum anderen haben wir gesehen, dass das Argument den Einwand der indirekten Rechtsverletzung nicht „abschütteln" kann, wenn wir (bspw. mit Narveson) davon ausgehen, dass das Vermögen unbeteiligter Dritter nicht dafür herangezogen darf, um Wiedergutmachungszahlungen zu leisten. Das Argument der Wiedergutmachung ist also nur mit denjenigen Libertarismen vereinbar, die bereit sind, Wiedergutmachungspflichten mit Steuereinnahmen unbeteiligter Dritter abzugelten.

Bevor wir zu einer abschließenden Einschätzung kommen, wie es um die Verteidigung einer Erbschaftssteuer im Rahmen der libertären Philosophie bestellt ist, soll noch ein weiteres Argument behandelt werden, welches ebenfalls an das einfache Argument (aber nicht an das Argument der Risikovermeidung) „andockt". Das *Argument des starken Provisos* ist neben dem Argument der Wiedergutmachung ein weiterer Versuch eine egalitäre Erbschaftssteuer *auf libertärer Grundlage* (d. h. aus der libertären Eigentumsrechtsdoktrin selbst) zu begründen.

4.4 Das Argument des starken Provisos

Die verbreitetste Strategie, eine egalitäre Verteilung auf Grundlage libertärer Rechte zu verteidigen, ist die *linkslibertäre* Strategie. Rechts- und Linkslibertarier*innen bekennen sich beide zu einem umfänglichen, starken und robusten Recht auf Selbsteigentum, aber scheiden sich bekanntlich an der Frage, ob die normative Erstaneignung von äußeren Ressourcen einem sogenannten *Lockeschen Proviso* unterliegt und falls sie dies tut, wie anspruchsvoll das Proviso zu verstehen ist. In seiner allgemeinsten Formulierung besagt das Proviso, dass eine Erstaneignung nur dann normative Geltung hat, wenn allen anderen Personen „genug und gleich Gutes" (vgl. Locke [1689] 1960, § 27) von der äußeren Welt übrig gelassen wird; wobei diese Klausel ganz unterschiedlich ausgelegt wird.

Am äußeren rechten Rand des Spektrums libertärer Theorien finden sich Autor*innen, die ein solches Proviso rundheraus ablehnen (vgl. Feser 2005; Rothbard

[1982] 2013). Andere rechtslibertäre Autor*innen akzeptieren zwar ein Proviso, legen dieses aber äußerst schwach aus. So wird etwa davon ausgegangen, dass niemand schlechter gestellt werden darf, als sie es in einem Naturzustand ganz ohne Eigentumsrechtsordnung wäre (Vgl. Nozick [1974] 2013, 174–182)[100]. Linkslibertäre sind in ihrem Verständnis des Provisos dagegen wesentlich anspruchsvoller: Hillel Steiner verlangt etwa, dass jedem nach der Aneignung der *gleiche Anteil an Ressourcen* zur Verfügung stehen müsse (vgl. Steiner 1995). Michael Otsuka hält es sogar für nötig, jeder Person denjenigen Anteil an Ressourcen übrigzulassen, der ihr einen gleichen Anteil an *Chancen auf Wohlergehen* ermöglicht (vgl. Otsuka 2003, 11–40). Einen Mittelweg gehen suffizientaristische Libertarier*innen, die einfordern, dass jeder Person *genug* übrig gelassen wird (vgl. Wendt 2018). Je weiter wir uns auf dem Spektrum libertärer Theorien „nach links" bewegen, desto besser stehen die Aussichten, dass sich auf Grundlage des Provisos erfolgreich für eine *egalitäre* Umverteilung (durch staatliche Eingriffe) argumentieren lässt.

In diesem Abschnitt wird ein Argument für eine egalitäre *Erstaneignungs*steuer vorgestellt, für welches das Lockesche Proviso in seiner linkslibertären Lesart zentral ist. Das Argument läuft darauf hinaus, dass durch eine Erstaneignung des ehemaligen Erblasservermögens Umverteilungsaufgaben für den Staat anfallen, welche mittels einer Erstaneignungssteuer geleistet werden müssen. Streng genommen handelt es sich also bei dieser Steuer nicht um eine *Erbschafts*steuer, denn sofern der vom Erblasser vorgesehene Erbe nicht zufällig der Erstaneigner ist, wird nicht der Erbe bzw. die Erbschaft besteuert, sondern der (vom Erben unterschiedene) Erstaneigner bzw. dessen selbst angeeignetes Vermögen. Ebenso wie eine Erbschaftssteuer betrifft eine Erstaneignungssteuer aber das Vermögen verstorbener Gesellschaftsmitglieder und dessen Verwendung. Eine Erstaneignungssteuer ist einer Erbschaftssteuer damit hinreichend ähnlich, um das hier behandelte *Argument des starken Provisos* gemeinsam mit den anderen Argumenten für eine egalitäre Erbschaftssteuer (innerhalb des Libertarismus) zu behandeln und den Begriff der Erstaneignungssteuer (für die hiesigen Zwecke) unter den Begriff der Erbschaftssteuer zu subsumieren.

Es wird untersucht, ob das Argument des starken Provisos eine plausible Ergänzung bzw. Alternative zu den bisher in diesem Kapitel behandelten Argumenten darstellt. Ebenso wie für die vorangegangenen Argumente spielt es für das Argument des starken Provisos eine entscheidende Rolle, dass zum Zeitpunkt der Besteuerung weder Erblasser noch irgendein Erbe ein Eigentumsrecht am ehemaligen Erblasservermögen haben. Hätten sie ein solches Recht, so fände keinerlei *Erst*aneignung statt, auf die der Staat eine Steuer erheben könnte. Und ebenso wie

---

[100] Zu verschiedenen Interpretationen des Lockeschen Provisos siehe Wündisch (2014, 43–55).

das Argument der Risikovermeidung nimmt es seinen Ausgang von Überlegungen zum Prinzip der Erstaneignung. Vom Argument der Risikovermeidung weicht es indes dahingehend ab, dass dem Staat kein „Vorrecht" eingeräumt wird, über das Erblasservermögen zu verfügen, sondern danach gefragt wird, wie mit (semi-)erfolgreichen Erstaneignungen durch nicht-staatliche Akteure zu verfahren ist.[101]

Ich werde das Argument des starken Provisos so allgemein wie möglich darstellen, seine Prämissen besprechen und anschließend danach fragen, wie fruchtbar diese linkslibertäre Strategie ist, wenn es um eine Verteidigung der Erbschaftssteuer innerhalb des Libertarismus geht.

Argument des starken Provisos

P1: Jede Person (P) hat die legitim erzwingbare Pflicht, anderen (bei Erstaneignung) einen *im weitesten Sinne egalitären* Anteil an Ressourcen übrigzulassen oder eine entsprechende Kompensation zu leisten.

P2: Der Staat hat eine (positive) pro tanto Pflicht, dafür zu sorgen, dass Personen ihren legitim erzwingbaren Pflichten nachkommen.

K1: Der Staat hat eine (positive) pro tanto Pflicht, dafür zu sorgen, dass P anderen einen im weitesten Sinne egalitären Anteil an Ressourcen übrig lässt oder eine entsprechende Kompensation leistet (folgt aus P1 & P2).

P3: Der pro tanto Pflicht des Staates, Ps Pflicht durchzusetzen wird *dann und nur dann* entsprochen, wenn der Staat Steuern erhebt und diese für egalitäre Zwecke verwendet.

P4: Jede Steuer außer der Erstaneignungssteuer würde mit Rechtsverletzungen durch den Staat einhergehen.

K2: Der Staat hat die *all-things-considered* Pflicht, eine Steuer auf Erstaneignungen zu erheben und diese für egalitäre Zwecke zu verwenden (folgt aus K1 & P3 & P4).

Prämisse 1 ist nichts anderes als die These vom Lockeschen Proviso in ihrer linkslibertären Auslegung. Ein *im weitesten Sinne egalitärer Anteil* steht für denjenigen Anteil, der vom egalitären Verteilungsprinzip des Provisos vorgeschrieben wird. Hiermit kann ein gleicher Anteil an Ressourcen gemeint sein, aber z.Bsp. auch derjenige Anteil, der jedem die gleiche (leximin-effiziente etc.) Chance auf Wohlergehen gewährleistet.

Das Argument des starken Provisos ist dem Argument der Wiedergutmachung strukturell sehr ähnlich. Insbesondere die Prämissen zwei bis vier sind (nahezu)

---

[101] „Semi-erfolgreich" sind die Aneignungen, weil sie nur unter der Bedingung gelten, dass eine vom Proviso vorgesehene Kompensation geleistet wird.

identisch. Ich werde die Besprechung dieser Prämissen daher kurz halten und mich auf die wesentlichen Unterschiede beider Argumente konzentrieren. *Prämisse 2* besagt, dass es zumindest pro tanto zu den (normativen) Aufgaben des Staates gehört, dafür Sorge zu tragen, dass (alle) Personen ihren legitim erzwingbaren Pflichten nachkommen, die sie gegenüber den Bürger*innen des Staates haben, *also auch denjenigen Pflichten, die sich aus dem Proviso ergeben*. Aus den ersten zwei Prämissen folgt die Zwischenkonklusion, dass der Staat eine pro tanto Pflicht hat, das egalitäre Proviso durchzusetzen. Die *dritte Prämisse* besagt, dass staatliche Maßnahmen in Form einer egalitären Steuer nötig sind, wenn der Staat seine Pflicht (die Durchsetzung von Ps proviso-basierten Pflichten) erfüllen soll. Wie im Falle des Wiedergutmachungsargumentes gilt auch hier, dass es dem Staat nicht möglich sein wird, eine Idealverteilung herbeizuführen, in welcher jeder Person exakt der Ressourcenanteil zukommt, auf die sie – qua Proviso – einen Anspruch hat. Entscheidend ist, dass eine egalitäre Steuer dasjenige Mittel ist, mithilfe dessen eine Verteilung herbeigeführt werden kann, die einer Idealverteilung so nah wie möglich kommt.

Eine implizite Annahme der dritten Prämisse ist die, dass nach dem Tod des Erblassers eine Ressourcenverteilung vorliegt, die nicht allen einen egalitären Anteil übriglässt. Der Grund dafür könnte schlicht darin bestehen, dass eine solche Verteilung auch vor dem Tod des Erblassers nicht vorlag (und der Tod des Erblassers als solcher nichts an diesem Umstand geändert hat). Auch wenn dies unter nicht-idealen Bedingungen offenkundig zutrifft, soll für den Moment davon ausgegangen werden, dass vor dem Tod des Erblassers jede Person über ihren egalitären Anteil verfügte. Denn selbst unter diesen idealisierten Bedingungen ergibt sich mit dem Tod des Erblassers ein Schiefstand in der Ressourcenverteilung. Um dies zu sehen, stellen wir uns eine Gesellschaft mit drei Personen (A, B, C) vor. Für die Zwecke dieses Beispiels soll das Lockesche Proviso so verstanden werden, dass es eine *gleiche* Verteilung von *äußeren Ressourcen* verlangt.[102] Sagen wir, vor dem Tod des Erblassers verfügen alle Personen in dieser Gesellschaft über jeweils zwei Einheiten an gerechtigkeits-relevanten Ressourcen. A stirbt. B eignet sich As ehemaliges Vermögen an und ist (was die Ressourcen angeht) nun bessergestellt als C. Da das Proviso aber verlangt, dass B so viele äußere Ressourcen übriglassen muss, dass beide (B und C) im Ergebnis den gleichen Anteil an Ressourcen haben, verstößt B gegen das Proviso, sofern sie C nicht entsprechend kompensiert. Selbst wenn also

---

[102] Für Provisos mit anderen Währungen ließen sich ähnliche Beispiele konstruieren, die allerdings komplexer wären und mit zusätzlichen empirischen Annahmen einhergehen würden. Wenn es uns bspw. wie Otsuka nicht um Ressourcen per se, sondern um *Chancen auf Wohlergehen* geht, wäre etwa die zusätzliche Annahme zu machen, dass ein Zuwachs an monetärem Vermögen mit einem Zuwachs an Chancen auf Wohlergehen korreliert etc.

vor dem Tod des Erblassers keine proviso-basierten Kompensationszahlungen anstanden, verändert der Tod des Erblassers die Verteilungssituation in einer Weise, die erneute Kompensationszahlungen seitens der Erstaneigner*in nötig macht.

In *Prämisse 4* wird behauptet, dass jede zur Durchsetzung des Provisos verwendete Steuer *mit Ausnahme der Erstaneignungssteuer* mit Rechtsverletzungen (also illegitimen Rechtseinschränkungen) durch den Staat einhergehen würde. Zur Stützung dieser Prämisse lassen sich Überlegungen anführen, wie sie uns bereits aus dem letzten Abschnitt zum Argument der Wiedergutmachung vertraut sind: Die Verwendung anderer Steuern scheint dem Staat zu Zwecken der Durchsetzung proviso-basierter Pflichten nicht erlaubt zu sein, da der Akt des Besteuerns einen illegitimen Eingriff in die Eigentumsrechte eines Teiles der besteuerten Personen darstellt; nämlich derer, die niemals selbst gegen das Proviso verstoßen haben. Eine Steuer, welche für die Zwecke einer (durch das Proviso geforderten) Kompensation eingesetzt wird, müsste daher gezielt diejenigen Personen treffen, die in der Pflicht stehen, die Kompensation zu leisten.

Zumindest unter den soeben skizzierten idealen Bedingungen (wonach vor dem Tod des Erblassers jede über ihren fairen Anteil verfügt), scheint eine Steuer auf Erstaneignungen diese Anforderung zu erfüllen, da die Steuer *ausschließlich* Erstaneigner*innen trifft, welche *qua Erstaneigner*innen* proviso-basierte Pflichten haben.[103] Unter nicht-idealen Bedingungen ergibt sich dagegen folgendes Problem: Bestand bereits vor dem Tod des Erblassers ein Verteilungsschiefstand, so hätten bereits andere Personen (als die aktuelle Erstaneigner*in) mit unerfüllten proviso-basierten Pflichten existiert. Wird nach dem Tod des Erblassers ausschließlich die Erstaneigner*in des Erblasservermögens besteuert und zwar in der für eine egalitäre Verteilung nötigen Höhe, so würde die Besteuerung eine Rechtsverletzung darstellen, da die Erstaneigner*in höhere Steuern zahlen muss als sie gezahlt hätte, wenn alle anderen Personen mit einer Pflicht zur Kompensation ihren Pflichten ebenfalls nachkommen würden. Die besteuerte Person würde also mehr Steuern bezahlen als sie aufgrund des Provisos zu zahlen verpflichtet wäre.

Auch hier steht es Verteidiger*innen des Argumentes offen, eine Verrechnung des Prinzips des Provisos mit dem Prinzip, welches den Schutz von Eigentumsrechten erfordert, zuzulassen. Unter diesen theoretischen Annahmen dürfen die Einnahmen aus der Erbschaftssteuer (bzw. Erstaneignungssteuer) für Kompensationszwecke verwendet werden, selbst wenn dabei Eigentumsrechte eingeschränkt

---

103 Man beachte zudem, dass diese Argumentation ohne das Argument der Risikovermeidung auskommt. Auch wenn der Staat die Erstaneignung nicht (erfolgreich) verbietet, scheint er die Erstaneignung besteuern zu dürfen, um die auf dem Proviso basierenden Pflichten zu erzwingen, denn die Eigentumsrechte, die durch die Erstaneignung entstehen, haben erst dann volle Gültigkeit, wenn dem Proviso – qua Kompensationszahlungen – Genüge getan ist.

werden. Wiederum würde dann aber folgen, dass nicht nur die Erbschaftssteuer, sondern jede beliebige Steuer zu diesem Zweck verwendet werden darf.

Sieht man von dieser Komplikation ab, so ist das obige Argument in der Tat ein erfolgreiches Beispiel dafür, wie sich die egalitäre Erbschaftssteuer ausgehend von Prämissen verteidigen lässt, die man als genuin libertär bezeichnen darf (vgl. Vallentyne 2012; dagegen Fried 2004). Autor*innen wie Braun und Bird-Pollan, welche versuchen, die Erbschaftssteuer innerhalb eines libertären Theorierahmens zu verteidigen, dürften sich mit diesem letzten Argument allerdings nicht vollends zufriedengeben, denn dieses erfüllt die ihm zugedachte Rolle nur unzureichend. Das Ziel dieser Autor*innen ist es, ein Argument zu finden, welches zeigt, dass die Erbschaftsteuer aus der libertären Perspektive *generell* erlaubt ist. Das zentrale Problem mit dem Argument des starken Provisos ist aber folgendes: Je stärker (egalitärer) das Proviso verstanden wird, desto wahrscheinlicher ist es, dass sich auf diese Weise eine egalitäre Erbschaftssteuer rechtfertigen lässt. Gleichzeitig gilt jedoch: Je stärker (egalitärer) das Proviso verstanden wird, desto weniger Libertarier*innen lassen sich von diesem Argument überzeugen, da sie die zugrundeliegende Prämisse des starken Provisos nicht teilen. Das Argument richtet sich damit vorwiegend an (andere) Links-Libertarier*innen. Die meisten Libertarier*innen jedoch sind keine Links-Libertarier*innen und werden sich von dem Argument daher nicht angesprochen sehen.

Nichtsdestotrotz können wir festhalten, dass sich *zumindest einige* Libertarier*innen für eine Erbschaftssteuer gewinnen lassen. Das ökumenische Argument aus Kapitel 1, welches ausschließlich genuin egalitäre Prinzipien umfasst, kann mit dem Links-Libertarismus um eine weitere wichtige Theorie in der politischen Philosophie ergänzt werden.

Fazit

In diesem Kapitel wurde untersucht, ob eine egalitäre Erbschaftssteuer auch innerhalb des Libertarismus gerechtfertigt werden kann. Es wurden vier verschiedene Argumente betrachtet, von denen ausschließlich das letzte überzeugt. Das einfache Argument und das Argument der Risikovermeidung übersehen, dass der Staat durch das Erheben einer egalitären Erbschaftssteuer durchaus Eigentumsrechte verletzt und damit gegen libertäre Grundsätze verstößt. Das Argument der Wiedergutmachung basiert teils auf fragwürdigen empirischen Prämissen. Unter den hier behandelten Argumenten konnte einzig das Argument des starken Provisos zeigen, warum auch Libertarier*innen eine egalitäre Erbschaftssteuer befürworten sollten. Ein Nachteil des Argumentes ist es allerdings, dass es ausschließlich *Links*libertarier*innen überzeugen wird.

Doch auch für den Fall, dass sich eine egalitäre Erbschaftssteuer nicht durch rechts-libertäre Prämissen begründen lassen sollte, stellt dies meines Erachtens keinen Grund zur Beunruhigung dar. Anstatt vergeblich zu versuchen, den Libertarismus für eine egalitäre Umverteilung fruchtbar zu machen, sollten Verteidiger*innen einer egalitären Erbschaftssteuer die Prämissen des Libertarismus offensiv zurückzuweisen. Der Libertarismus hat (insbesondere – aber nicht ausschließlich – in seinen „rechten" Varianten) beträchtliche theoretische Schwächen und für viele dieser Schwächen ist bis heute keine Lösung in Aussicht. Genannt seien hier beispielsweise das Fehlen einer plausiblen Aneignungstheorie, das Fehlen einer überzeugenden Theorie staatlicher Legitimität (vgl. Nagel 1975, 139) (Nozicks eigener Vorschlag gilt auch unter den meisten Libertarier*innen als gescheitert und auch Macks Vorschlag hält einer hartnäckigen Analyse nicht stand) oder der Umstand, dass die Existenz libertärer Eigentumsrechte und die ihnen zugesprochene Priorität vor anderen Werten nicht weiter begründet wird (vgl. ebd. 1975) und sich auch nicht glaubhaft als das Ergebnis eines *reflective equilibrium* begreifen lässt (vgl. Arneson 2011, 27). Die meisten Intuitionen, welche viele Libertarier*innen zu erklären beanspruchen – wie etwa die normative Bedeutung von Verantwortung oder die Wertschätzung von Leistung und Unternehmertum – lassen sich durch andere Theorien ebenso gut oder sogar besser einfangen. So ist bspw. Thomas Mulligan der Ansicht, dass

> "[m]eritocracy can [...] appeal to the intuitions that drive people to libertarianism – intuitions about the value of personal responsibility, the benefits of markets, and the importance of giving people their just deserts. Insofar as people believe that a just political arrangement responds to these virtues, they should be meritocrats, not libertarians" (Mulligan 2017, 77).

Mulligan glaubt, dass ein Verdienstansatz nicht nur im Vergleich zum Libertarismus, sondern auch in einem Gesamtvergleich mit allen anderen Moraltheorien als Sieger hervorgehen würde – und zwar nicht nur mit Blick auf sein Erklärungspotential hinsichtlich der genannten (spezifischen) Intuitionen, sondern mit Blick auf sämtliche Kriterien, an denen man die Plausibilität von Moraltheorien messen kann. Mit anderen Worten: Mulligan hält den Verdienstansatz für die korrekte Moraltheorie und zwar *unter anderem* deshalb, weil er Intuitionen hinsichtlich persönlicher Verantwortung (etc.) besser als der Libertarismus (aber auch besser als allen anderen Moraltheorien) einfangen kann. Ob dies tatsächlich so ist, wird uns im Weiteren nicht kümmern. Im nächsten Kapitel wird aber danach gefragt, ob der Verdienstansatz (sofern er korrekt sein sollte) eine Herausforderung für die Erbschaftssteuer darstellt.

IV Verdienst

Die Annahme, dass Menschen für manche ihrer Handlungen oder Eigenschaften etwas *verdienen*, gehört zum moralischen *common sense* vieler Menschen: „Heroes deserve reward. Criminals deserve punishment. Hard workers deserve success" (Moriarty 2018, 153). Auch wenn man sich oft uneinig ist, wer was auf welcher Grundlage verdient, so ist zumindest die generelle Idee des Verdienstes intuitiv einleuchtend und weit verbreitet. Unter akademischen Philosoph*innen hat der Verdienstgedanke zwar vergleichsweise wenige Anhänger*innen, doch auch hier hat das Interesse an der moralphilosophischen Kategorie des Verdienstes (insbesondere im Rahmen von Debatten um distributive Gerechtigkeit) in den letzten Jahren zugenommen (vgl. Moriarty 2018, 152).

Mit Blick auf die Erbschaftssteuer spielen Verdienst-Argumente eine zweifache Rolle. Sowohl Befürworter*innen als auch Gegner*innen der Erbschaftssteuer berufen sich auf Verdienst. Befürworter*innen der Steuer weisen darauf hin, dass Erben das ererbte Vermögen nicht als Resultat ihrer eigenen Arbeit erhalten und daher auch keinen (verdienstbasierten) Anspruch darauf hätten. Hieraus wird zumeist der Schluss gezogen, dass einer Besteuerung – zumindest auf Grundlage von Verdiensterwägungen – nichts mehr im Wege steht (Nagel 2009, 116; Gaisbauer et al. 2013, 11).

Gegner*innen der Steuer halten dieser Argumentation entgegen, dass sie die (ebenfalls verdienstbasierten) Ansprüche des *Erblassers* ausblende. Dieser habe sein Vermögen durch eigene Anstrengung und Leistung am „freien" Markt erarbeitet, was ihn gleichsam dazu berechtige, das Vermögen ungehindert an Dritte weiterzugeben (vgl. Tabarrok 2005, 14; Beckert & Arndt 2016, 12).[104] Wenn der Staat eine Erbschaftssteuer auf das Vermögen erhebt, so sei dies moralisch problematisch, da dem Erblasser etwas genommen werde, worauf er einen verdienstbasierten Anspruch habe. Oft geht diese Art von Argument mit der Hintergrundannahme einher, dass die Mechanismen des Marktes eine verdienstadäquate Verteilung herbeiführen und dass die (umverteilende) Besteuerung von Markteinkommen diese Verteilung durcheinanderbringt (vgl. Olsaretti 2004).[105]

---

[104] Die Soziologen Lukas R. Arndt und Jens Beckert, die in einer Studie zum öffentlichen Diskurs um die Erbschaftssteuer die Kommentare aus einem Deutschen und einem Österreichischen Online Forum (Spiegel Online und Standard.at) ausgewertet haben, sehen im Verdienstgrundsatz eines der am häufigsten vorgebrachten Argumente gegen die Erbschaftssteuer: „Anzuerkennen seien die Leistungsfähigkeit und Leistungsbereitschaft von Erblassern, die zur Verfügung über das Vermögen berechtigen" (Beckert & Arndt 2016, 12).

[105] Auch die Idee, dass Markteinkommen – zumindest zu großen Teilen – in einem normativen Sinne verdient ist, trifft auf eine breite Zustimmung in der Bevölkerung (vgl. Sawhill 2019, 15). Selbst

Im Laufe des Kapitels wird sich zeigen, dass sich die Situation komplexer verhält als von vielen Gegner*innen und Befürworter*innen der Steuer angenommen. Ob Erblasser oder Erben das Vermögen in einem normativen Sinne verdient haben und welche Implikationen sich hieraus für die Erbschaftssteuer ergeben, lässt sich nicht auf einen Blick erkennen, sondern bedarf der philosophischen und empirischen Analyse. Diese wiederum erfordert eine klare Vorstellung davon, was unter normativem Verdienst zu verstehen ist, welche Verdienstkonzeption den obigen Argumentationen zugrunde liegt und welche Implikationen diese für die Gestaltung politischer und wirtschaftlicher Institutionen hat. Sowohl die Frage danach, wer was auf welcher Grundlage verdient als auch die Frage, was letztlich *aus Verdienstgesichtspunkten all-things-considered* für und gegen eine Erbschaftssteuer spricht, erfordern eine Perspektiverweiterung über die Situation der Erblasser und Erben hinaus auf die gesellschaftlichen Verhältnisse als Ganze.[106]

Ich beginne meine Untersuchung mit einer formalen Bestimmung des Verdienstkonzeptes (1), um im Anschluss daran die spezifische Verdienst*konzeption* von David Miller (und Thomas Mulligan) zu analysieren, die als philosophisch-elaborierteste Theorie sogenannten *ökonomischen Verdienstes* gilt (2).[107] Im Lichte der vorgestellten Verdienstkonzeption wird nun ein philosophisch-informierter Blick auf mögliche Verdienstansprüche von Erben und Erblassern geworfen und deren Rolle in einer Argumentation für und wider die Erbschaftssteuer untersucht (3). Es folgt eine Anwendung der (Kernprinzipien der) Verdienstkonzeption auf die gesellschaftlichen Verhältnisse allgemein. Insbesondere wird der Frage nachgegangen, ob der ökonomische Verdienstansatz[108] einen „freien" Markt begründen kann oder ob er Raum für staatliche Umverteilung vorsieht (4). Der bis hierher vorgestellte Verdienstansatz umfasst nur einen Teilaspekt einer vollständigen Theorie ökonomischen Verdienstes, weshalb auf drei mögliche – und meines Erachtens notwendige – Erweiterungen des Ansatzes eingegangen wird (5). Erst unter Berücksichtigung der erweiterten Konzeption lässt sich beantworten, ob die Erbschaftssteuer alles in allem (aus ökonomischer Verdienstperspektive) erlaubt oder

---

manche Ökonom*innen, die den Markt in erster Linie für seine wirtschaftliche Effizienz schätzen, scheinen die Ansicht zu teilen, dass der Markt – zumindest unter bestimmten idealisierten Modellannahmen – gemäß individuellem Beitrag entlohnt (vgl. Heath 2014, 1).
106 Statt „aus Verdienstgesichtspunkten all-things-considered" könnte man auch *all-desert-related-things-considered* (oder genauer: all-*economic*-desert-related-things-considered) sagen. Entscheidend ist, dass es sich nicht im strengen Sinne um ein *all*-things-considered Urteil handelt, sondern dass bestimmte „Dinge", wie bspw. die egalitären Prinzipien aus Kapitel 1, (noch) nicht in die Beurteilung einfließen, wohl aber alle „Dinge", die mit dem ökonomischen Verdienstansatz zu tun haben.
107 So auch die Einschätzung von Olsaretti (2004, 62) und Mason (2006, 39).
108 Die Begriffe ‚Konzeption' und ‚Ansatz' verwende ich synonym.

geboten ist (und falls letzteres, welche Rolle ihr in diesem Rahmen zukommt). Das Ergebnis dieser Untersuchung ist, dass i) aus Verdienstperspektive die meisten Erblasser keine Verdienstansprüche auf ihr Vermögen geltend machen können (und zwar unabhängig davon, ob das Argument toter Erblasser erfolgreich ist), dass ii) Erben überraschenderweise manchmal Verdienstansprüche am ehemaligen Vermögen des Erblassers geltend machen können und dass iii) es gemäß einer verdiensttheoretischen Gesamtbeurteilung, welche die Verdienstansprüche aller Gesellschaftsmitglieder berücksichtigt, einer ökonomischen Umverteilung und – in diesem Zuge – einer egalitären Erbschaftssteuer bedarf. Verdienstbasierte Argumente gegen eine egalitäre Erbschaftssteuer können also (mittels einer verdienstinhärenten Kritik) zurückgewiesen werden.

1 Das Verdienstkonzept

In diesem Abschnitt werde ich *erstens* zwischen einer deskriptiven, einer weiten-normativen und einer engen-normativen Bedeutung von *Verdienst* unterscheiden (1.1), von denen ausschließlich die dritte (enge-normative) Bedeutung für unsere Zwecke relevant ist. *Zweitens* werde ich eine formale Analyse des (engen-normativen) Verdienstkonzeptes vorlegen (1.2), mit deren Hilfe ich *drittens* (in Anlehnung an David Miller und Thomas Mulligan) zwischen moralischen und ökonomischen Verdienstkonzeptionen differenziere (1.3).

1.1 Drei Bedeutungen von ‚Verdienst'

In unserer Alltagssprache wird der Begriff des Verdienstes sowohl in rein deskriptiver als auch in normativer Weise verwendet. In seiner deskriptiven Bedeutung beschreibt er die Höhe eines (durch Lohnarbeit oder Selbstständigkeit) „erwirtschafteten", zumeist monetären Einkommens: „Wie viel hast du diesen Monat verdient?", „Ein indischer Rikschafahrer verdient zwei Dollar am Tag", „viele Hedgefonds-Manager verdienen mehrere Hunderttausend Dollar im Jahr". In den seltensten Fällen handeln derartige Verdienstaussagen von *normativ-verdientem* Gehalt. In jedem Fall gilt: Nur weil jemand *de facto* ein bestimmtes Einkommen erhält, heißt das noch lange nicht, dass dieses auch in einem normativen Sinne verdient ist.[109] Verdiensttheoretiker*innen, die Eigentumsrechte an deskriptiv-

---

[109] Diese Doppeldeutigkeit des Verdienstbegriffes bringt der Philosoph Walter Pfannkuche im Titel seines Buches „Wer verdient schon was er verdient?" (2003) eindrücklich zum Vorschein.

verdientem Gehalt mittels einer normativen Verdienstkonzeption zu begründen versuchen, behaupten zwar, dass deskriptiver und normativer Verdienst (unter gewissen Umständen) korrelieren, doch handelt es sich hierbei nicht um einen begrifflichen, sondern um einen empirischen Zusammenhang, den es zuallererst aufzuzeigen gilt.

Neben der Unterscheidung in deskriptiven und normativen Verdienst gilt es ferner zwischen einer *weiten* und einer *engen* Bedeutung des normativen Verdienstbegriffes zu unterscheiden. In seiner weiten Bedeutung steht der Verdienstbegriff synonym für moralische Ansprüche jeglicher Art: „Menschen verdienen es, dass ihr Eigentum an ihrer Person geachtet wird", „die Schlechtestgestellten verdienen den höchstmöglichen Anteil an Grundgütern". Wird der Verdienstbegriff derart inflationär verwendet, verliert er aber seine moralphilosophische Pointe. Statt von Verdienst ließe sich dann nämlich einfach von *Ansprüchen* reden (vgl. Miller [1976] 2002, 83 – 84; Miller 1999, 185; Scanlon 2018, 117 – 118). Damit der Begriff das moralische Phänomen erfasst, welches Verdiensttheoretiker*innen am Herzen liegt, muss seine Bedeutung enger gezogen werden. In seiner engen Bedeutung zielt der Verdienstbegriff auf eine spezifische Eigenschaft oder Leistung einer Person ab, welche auf angemessene Weise belohnt werden soll: „Nach all den Jahren harter Arbeit hat sie sich den Ruhestand redlich verdient", „Womit hat sie diese Krankheit verdient? Sie hat sich nie etwas zuschulden kommen lassen". Dies ist der Verdienstbegriff, wie er von Moralphilosoph*innen in erster Linie verwendet wird und auf den sich verdienstbasierte Argumente gegen die Erbschaftssteuer stützen *müssen*, um normativ relevant und nicht redundant zu sein.

1.2 Formale Bestimmungen

In der philosophischen Literatur hat sich folgende formale Darstellung von Verdienst-Aussagen als nützlich erwiesen: X (*das Verdienstsubjekt*) verdient Y (*das Verdienstobjekt*) aufgrund von Z (*der Verdienstbasis*) (vgl. Olsaretti 2004, 12 – 13). Die Verdienstbasis des engen-normativen Verdienstkonzepts ist eine *besondere* Eigenschaft oder Handlung des verdienenden Subjektes. Anders als der weite-normative Verdienstbegriff stellt der engere Verdienstbegriff also nicht auf Eigenschaften ab, die alle Menschen ihrer gemeinsamen Natur nach teilen, sondern auf akzidentelle Eigenschaften, die von Individuum zu Individuum variieren können (vgl. Miller [1976] 2002, 85). Viele Verdiensttheoretiker*innen gehen zudem davon aus, dass die Verdienstbasis (zumindest teilweise) auf einen aktiven Beitrag des Verdienstsubjektes zurückgehen muss. Ist eine Person in *keinerlei* Weise für die Eigenschaft oder

Handlung verantwortlich, sei es verfehlt, sie hierfür zu belohnen.[110] Schließlich ist es eine verbreitete Ansicht, dass sich nur *wertvolle* (oder zumindest als wertvoll erachtete) Eigenschaften oder Handlungen als Verdienstbasis eignen (vgl. Miller [1976] 2002, 86; 1999, 182; Moriarty 2018, 3).[111]

Das Verdienstobjekt ist eine der Verdienstbasis *angemessene* Behandlung (engl.: „fitting", „appropriate"). Es wird selten ausgeführt, worin genau das Angemessenheitsverhältnis von Verdienstobjekt und Verdienstbasis besteht. Vielmehr wird auf vermeintlich allgemein geteilte Intuitionen abgestellt. Einig ist man sich lediglich darin, dass sich die Angemessenheit des Verdienstobjektes unter anderem darin ausdrückt, dass es (ebenso wie die Verdienstbasis) *wertvoll* ist und dass eine gewisse Proportionalität zwischen dem Wert der Verdienstbasis und dem Wert des Verdienst-Objektes vorliegt – die „Größen" der Werte also nicht zu stark voneinander abweichen.[112]

1.3 Moralischer vs. ökonomischer Verdienst

Nach der Klärung dieser formalen Bestimmungselemente des Verdienstkonzeptes wollen wir uns nun der spezifischen Verdienst*konzeption* zuwenden, die für das Argument gegen die Erbschaftssteuer entscheidend ist. Hierzu müssen wir das oben dargestellte Verdienstkonzept zunächst weiter konkretisieren, indem wir die drei Variablen (X, Y, Z) näher bestimmen: Welches Subjekt verdient was warum? Verdiensttheoretiker*innen stellen häufig zwei Verdienstkonzeptionen einander gegenüber, die sie *moralischen* Verdienst und *ökonomischen* Verdienst nennen (vgl. Miller [1976] 2002, 87; Mulligan 2018, 166; Olsaretti 2004, 15 – 16). (Die Bezeichnungen

---

110 Dieses „Verantwortungs-Kriterium" wird in einer stärkeren und einer schwächeren Variante vertreten. In der stärkeren Variante besagt es, dass das Verdienstsubjekt vollständig für das Bestehen des Verdienstobjektes verantwortlich sein muss, um etwas auf dieser Grundlage zu verdienen. In der schwächeren Variante besagt es lediglich, dass die Verdienstbasis *zum Teil* durch Handlungen oder Unterlassungen des Verdienstsubjektes konstituiert wird (so bspw. im Falle einer außergewöhnlichen sportlichen Leistung, die eine Kombination aus angeborenem Talent sowie eigener Anstrengung ist).
111 Dies gilt selbstverständlich nur für positiven Verdienst. Im Falle von negativem Verdienst hätte man es entsprechend mit „Übeln" oder „negativem Wert" zu tun.
112 Es liegt zudem nahe, dass das Verdienst-Objekt nicht (nur) wertvoll *simpliciter* ist, sondern wertvoll *für* das Individuum, welches das Verdienst-Objekt erhält. Das Verdienst-Objekt ist etwas „für seine Empfänger Vorteilhaftes" (Miller 1999, 180 – 181, 183).

sind ungünstig gewählt, da in beiden Fällen davon ausgegangen wird, dass das jeweilige Verdienstideal moralische Gründe erzeugt).[113]

Die moralische Verdienstkonzeption besagt, dass Menschen aufgrund ihres moralisch-motivierten Verhaltens (bzw. entsprechender Dispositionen) einen – diesem Verhalten (bzw. der Dispositionen) angemessenen – Zuwachs an Wohlergehen verdienen (vgl. Feldman & Skow 2015, n.p.). Die ökonomische Verdienstkonzeption besagt (in grober Annäherung), dass talentierte, fleißige und gesellschaftlich-produktive Menschen die Gelegenheit erhalten sollen, Berufe auszuüben, in denen sie ihren Fleiß, ihre Produktivität und ihr Talent entfalten können und dass sie eine monetäre Vergütung für die in diesem Rahmen ausgeübten Tätigkeiten und erbrachten Leistungen verdienen. Plakativ (und sehr vereinfacht) formuliert: „Tugend verdient Wohlergehen", „Leistung verdient Geld".

In historischer Betrachtung dominierte die moralische Konzeption (Überlegungen zu moralischem Verdienst finden sich bspw. bei Leibniz und Kant – vgl. Feldman & Skow 2015, n.p.). In modernen kapitalistischen Gesellschaften wurde sie jedoch zunehmend von der ökonomischen Konzeption abgelöst. Allerdings schließen sich die beiden Verdienstansätze weder aus (als *pro tanto* Werte können sie nebeneinander bestehen), noch erschöpfen sie das moralische Ideal des Verdienstes (es kann auch andere Verdienstansätze und Prinzipien geben).

Häufig trifft man auf die Behauptung, dass eine „freie" Marktwirtschaft zu einer verdienstgerechten Entlohnung führe und Angestellte deshalb einen verdienstbasierten Anspruch auf ihr Gehalt (in Höhe „ihres" Marktpreises) hätten. Mithin wird die Umverteilung von Markteinkommen eher kritisch gesehen (vgl. Mankiw 2013, 21–34; Sheffrin 2013, 194). Die Behauptung ist logisch unabhängig von der Wahl zwischen ökonomischer und moralischer Verdienstkonzeption, wenngleich sich (alle?) Philosoph*innen heute einig sind, dass sich eine markt-vermittelte Verteilung, *wenn überhaupt, dann nur* mittels der ökonomischen Konzeption (und nicht mittels der moralischen) verteidigen lässt.[114] Auch verdienstbasierte Argumente gegen die Erbschaftsteuer scheinen die These vom verdienstgerechten

---

113 Die Bezeichnungen irritieren noch aus einem weiteren Grund, und zwar, weil auch die ökonomische Verdienstkonzeption einen moralischen „Einschlag" hat: Die Verdienstbasis der ökonomischen Verdienstkonzeption besteht in einer Handlung, die positiv zum „Wohlergehen" *anderer* Personen beiträgt (die Handlung ist also im positiven Sinne altruistisch, womöglich sogar *pro tanto* moralisch wünschenswert). Außerdem soll die Handlung – zumindest gemäß mancher ökonomischer Verdienstkonzeptionen – auf Anstrengung beruhen, was lange als eine „ethische" Tugend galt.
114 Bereits Friedrich Hayek hat in seiner Verteidigung kapitalistischer Märkte darauf aufmerksam gemacht, dass die Verteilung, wie sie durch den Markt hervorgebracht wird, in keinerlei Zusammenhang zu moralisch *tugendhaftem* Verhalten stehe (vgl. Hayek 1978, 64, 71–72, 74) und Allen Buchanan weist darauf hin, dass es oft gerade schlechte Charaktereigenschaften wie Gier und List seien, die zu wirtschaftlichen Erfolgen führen (vgl. A. Buchanan 1985, 52).

Markt (und die sie stützende Konzeption ökonomischen Verdienstes) vorauszusetzen. Nur so ist zu erklären, dass das „Vor-Steuer-Einkommen" als moralisch verdient und staatliche Besteuerung als (aus Verdienstperspektive) moralisch problematisch angesehen werden. Der Fokus dieses Kapitels wird daher auf der Konzeption *ökonomischen* Verdienstes liegen.

Auch wenn die ökonomische Verdienstidee (insbesondere in kapitalistischen Gesellschaften) viel Anklang findet, führt der Versuch ihrer philosophisch-exakten Ausarbeitung in Verlegenheiten: Ist es das Talent, der Fleiß, die Produktivität (oder alles drei), welches die Verdienstbasis ausmacht? Verdient man einen Job oder das mit dem Job verbundene Gehalt (oder beides)? Ist es für den Verdienst relevant, ob Unterschiede in Fleiß, Talent und Leistung das Ergebnis ungleicher sozialer Ausgangsbedingungen sind? Die Anzahl der Philosoph*innen, die versucht haben, die ökonomische Verdienstkonzeption – trotz der damit verbundenen Schwierigkeiten – in einen konsistenten moralphilosophischen Ansatz zu überführen, ist überschaubar. Ein bekannter philosophischer Vertreter*innen ökonomischen Verdienstes ist David Miller, der sein Verdienstverständnis explizit von *moralischem* Verdienst abgrenzt: „When we argue about whether a particular employee deserves a higher wage than he is now earning, we mention his skill, his responsibilities, the effort he puts into his work, but not his moral character. It is plain that the kind of desert which is relevant to social justice is rarely *moral* desert" (Miller [1976] 2002, 87).

Ein aktueller Beitrag zum ökonomischen Verdienst kommt von Thomas Mulligan. Auch für ihn steht fest, dass „[j]ust distribution does not require deep knowledge and analysis of moral virtue; it simply requires that we evaluate individuals on their merit" (Mulligan 2018, 166). Ich werde mich im Folgenden auf die Ansätze von Miller und Mulligan beschränken, da es sich hierbei um die theoretisch ausgereiftesten Ausarbeitungen ökonomischen Verdienstes handelt. Beide Ansätze sind sich zudem hinreichend ähnlich, um sie gemeinsam zu besprechen.[115]

---

[115] Wie aus den Zitaten hervorgeht, fragen Miller wie auch Mulligan nach einer Verdienstkonzeption, die als (Teil einer) *Gerechtigkeits*konzeption taugt. Mir kommt es nicht darauf an, ob es sich um eine Konzeption der Gerechtigkeit handelt oder „bloß" um ein anderes Ideal, solange zugestanden wird, dass der Staat sich manchmal an diesem Ideal zu orientieren hat (und Verdienstansprüche legitim erzwingbar sind).

2 Ökonomischer Verdienst (bei David Miller und Thomas Mulligan)

Sowohl bei Miller als auch bei Mulligan besteht der ökonomische Verdienstansatz aus zwei *Kern*prinzipien: Einem *Prinzip der fairen Rekrutierung* und einem *Prinzip des fairen Lohnes*.[116] Das erste regelt, wer die Chance zu welcher Lohnarbeit bekommen soll, das zweite, welche berufliche Leistung wie vergütet werden soll. Wie sich jedoch zeigen wird, ist ein vollständig ausbuchstabierter ökonomischer Verdienstansatz wesentlich komplexer und würde – aus Gründen der Konsistenz sowie Plausibilität – noch weitere Prinzipien umfassen bzw. implizieren. Um nicht den Überblick zu verlieren, werde ich zunächst mit der Kerntheorie, also mit dem Prinzip der fairen Rekrutierung (2.1) und dem Prinzip des fairen Lohnes (2.2) beginnen. An späterer Stelle wird diese um drei Aspekte ergänzt, die hier bereits kurz genannt seien: i) der Verdienst von Arbeitgebern und Kapitalgebern, ii) der Verdienst für nicht-marktförmige Arbeit und iii) ein allgemeines Prinzip der Chancengleichheit.

2.1 Das Prinzip der fairen Rekrutierung

Das erste Kernprinzip ökonomischen Verdienstes besagt, dass jede Bewerber*in auf eine bestimmte berufliche Stelle (alt.: Arbeitsplatz/Job/Position) es verdient, gemäß der von ihr zu erwartenden Leistung ausgewählt zu werden (Miller 1999, 210–212, 218):

> Faire Rekrutierung: Die qualifizierteste Bewerber*in verdient die berufliche Position (auf die sie sich bewirbt) aufgrund ihrer (überlegenen) Qualifikation (für die Position).

Die Verdienstbasis ist die für die Stelle relevante Qualifikation. Hierunter wird die *Disposition* verstanden, die Stelle später erfolgreich „auszufüllen", d.h. der im Rahmen der Stelle geforderten Tätigkeiten – mit größtmöglichem wirtschaftlichen Erfolg für das Unternehmen – nachzugehen; und zwar besser (oder zumindest genauso gut) wie jede andere Bewerber*in dies tun würde.[117] Man könnte auch

---

116 „Fair" meint hier nichts anderes als „den Kriterien des Verdienstes entsprechend". Ich habe diese Bezeichnungen für die Prinzipien gewählt, weil sie unkompliziert und einprägsam sind; damit soll keine Stellung in der Frage bezogen werden, ob der ökonomische Verdienstansatz einer plausiblen Auffassung von *Fairness* entspricht.
117 Es stellt sich die Frage, ob man eine Stelle auch dann verdient, wenn man zwar die Qualifizierteste ist (bzw. zur Menge der Qualifiziertesten gehört), sich aber gar nicht auf die Stelle bewirbt.

sagen, Qualifikation ist *das größte Potential zur besten Leistung* (vgl. Miller 1999, 211). Das Verdienstobjekt ist die berufliche Position selbst, bzw. die *Gelegenheit*, für die eigene in Zukunft erbrachte Leistung (gemäß des Prinzips des fairen Lohnes) vergütet zu werden (vgl. Miller 1999, 216).[118]

Es ist erwähnenswert, dass das Prinzip der fairen Rekrutierung inhaltlich in einer wichtigen Hinsicht unterbestimmt bleibt. So setzt es (von sich aus) keine spezifischen Berufe oder Berufstypen als Verdienstobjekt fest, sondern scheint diese aus einer *bereits vorfindlichen gesellschaftlichen Tätigkeitsstruktur* zu beziehen. Welche und wie viele Berufe es gibt (und wie deren Anforderungsprofil aussieht) wird nicht mittels des Prinzips der fairen Rekrutierung (und auch nicht mittels eines anderen ökonomischen Verdienstprinzips) entschieden, sondern offenbar anhand eines *externen* normativen Kriteriums. In Millers Besprechung gewinnt man den Eindruck, dass er einfach vom gesellschaftlichen *status quo* ausgeht oder (was praktisch auf ein ähnliches Ergebnis hinausläuft) die Anzahl und Art der Berufe dem „freien" Markt überlässt.[119] Dies ist jedoch rechtfertigungsbedürftig, denn prinzipiell lässt sich das Prinzip der Rekrutierung mit *beliebigen* Tätigkeitsstrukturen kombinieren.[120]

Mit anderen Worten: Ist Qualifikation eine hinreichende Verdienstbasis oder ist die Bewerbung auf die jeweilige Stelle ein weiterer notwendiger Aspekt? Miller scheint von Letzterem auszugehen, begründet dies aber nicht weiter. Für eine kritische Auseinandersetzung mit der Behauptung, dass *Dispositionen* zur Verdienstbasis taugen, siehe Andrew Mason (2003, 51–68).

[118] Norman Daniels nennt ein solches Prinzip „Principle of *micro*productive job assignment", weil es sich (nur) auf die produktive Stellenverteilung in einer *einzelnen* Bewerbungssituation bezieht und nicht (wie das „Principle of *macro*productive job assignment") auf eine „wirtschaftlich optimale" Zuordnung *aller* arbeitsfähigen Individuen zu *allen* gesellschaftlichen Positionen. Aus wirtschaftlicher Sicht könne das Prinzip der fairen Rekrutierung daher zu einer „Fehlallokation" führen (vgl. Daniels 1978, 210–211). Da es sich beim ökonomischen Verdienstansatz aber nicht primär um eine Theorie wirtschaftlicher Produktivität, sondern um eine Theorie genuinen Verdienstes handelt, bräuchte sich die Verdiensttheoretiker*in von dieser Diagnose nicht unbedingt beunruhigt zeigen.

[119] Dass Miller hier von einem „freien" Markt *ausgeht*, ist insofern überraschend, als es ihm eigentlich darum geht, den freien Markt über einen Verdienstansatz zu *begründen*. Eine solche Begründung dürfte die Marktstruktur aber nicht bereits voraussetzen.

[120] Eine Alternative (die durchaus im Sinne vieler Verdienstanhänger*innen sein dürfte) besteht darin, mittels arbeitspolitischer Maßnahmen dafür sorgen, dass besonders talentierte Individuen die Gelegenheit erhalten, einem (bezahlten) Beruf nachzugehen, in welchem sie, ihren Begabungen entsprechende, Tätigkeiten verrichten – unabhängig davon, ob diese am Markt nachgefragt sind. Es wäre sogar denkbar, vielseitige und sinnstiftende (bezahlte) Tätigkeiten für *alle* Gesellschaftsmitglieder bereitstellen – ganz unabhängig davon, wie „talentiert" diese sind. Beides würde zwar zu einem Rückgang wirtschaftlicher Effizienz führen, mit dem Prinzip der fairen Rekrutierung scheint eine solche Politik aber nicht in Konflikt zu geraten, denn Letzteres sagt uns nur, *wie* bestimmte Jobs zu besetzen sind, nicht, *welche* und *wie viele* Jobs es überhaupt geben sollte.

2.2 Das Prinzip des fairen Lohnes

Das zweite Kernprinzip des ökonomischen Verdienstes besagt in etwa, dass diejenigen, die (verdientermaßen?) eine Stelle innehaben, ein Einkommen verdienen, welches ihrer beruflichen Leistung entspricht. Millers Formulierungen des Prinzips sind nicht immer einheitlich. Mit Blick auf die Verdienstbasis, also die zu erbringende Leistung, changiert er zwischen a) „effektive Erledigung der im Rahmen der Stelle vorgesehenen Tätigkeiten" (vgl. Miller 1999, 222, 223), b) „Beitrag zum Unternehmenserfolg" (vgl. ebd., 208, 211, 240) „Beitrag zur sozialen Wohlfahrt" (vgl. ebd., 239). Das Verdienstobjekt variiert zwischen a) „dem konkreten Einkommen, welches man tatsächlich verdient", b) „einem dem Beitrag zum Unternehmenserfolg entsprechenden Einkommen" und c) „einem dem Beitrag zur sozialen Wohlfahrt entsprechenden Einkommen".

Ich glaube, die beste Erklärung für diese Diversität ist, dass Miller das Prinzip des fairen Lohnes mal mehr und mal weniger *faktensensitiv* formuliert (vgl. Cohen 2008, 229–274), sodass man zwischen einem *fundamentalen* (fakten*in*sensitiven) Prinzip und hieraus empirisch *abgeleiteten* (faktensensitiven) Prinzipien unterscheiden kann. In diesem Abschnitt wird das Prinzip in der Variante besprochen, die ich als die fundamentale ausgemacht habe. Die abgeleiteten Prinzipien werden in Abschnitt 4.2 besprochen, wenn das Prinzips des fairen Lohnes zur *Anwendung* kommt.

Fairer Lohn (fundamentale Variante): Jede Angestellte, die (auf markt-vermittelte) Weise einen (relativen) Beitrag zur sozialen Wohlfahrt leistet, hat eine (proportionale) monetäre Belohnung dafür verdient.[121]

Die Verdienstbasis besteht im *relativen (marktvermittelten) Beitrag zur sozialen Wohlfahrt*. Unter ‚sozialer Wohlfahrt' versteht Miller – in utilitaristischer Manier – maximierte Präferenzerfüllung (vgl. Miller 1999, 235).[122] *Relativ* ist der Beitrag insofern, als er sich aus dem Verhältnis der Beiträge aller Gesellschaftsmitglieder ergibt. Das Prinzip des fairen Lohnes bezieht sich nur auf *marktvermittelte* Beiträge, ist aber damit kompatibel, dass auch *nicht*-marktvermittelte Beiträge zur allgemeinen Wohlfahrt belohnt werden sollen (und auch damit, dass diese *monetär* belohnt werden sollen) – hierauf wird später noch zurückzukommen sein. Man

---

[121] Die fundamentale Variante findet sich z.Bsp. auch in Olsarettis Besprechung von Miller (Olsaretti 2004, 64).
[122] Ein solches Verständnis ist nicht unumstritten (sowohl mit Blick auf die Metrik – Präferenzerfüllung *per se* als auch mit Blick auf das Verteilungsmuster – Maximierung), wird aber im Weiteren nicht hinterfragt (vgl. Sumner 1999, 113–137; Hausman et al. 2017, 126–143).

beachte, dass bei diesem Prinzip ausschließlich der *tatsächlich erbrachte Beitrag* zählt. Anstrengung, Fleiß, Leistungsbereitschaft und dergleichen sind (für sich genommen) vollkommen unerheblich (für eine Kritik an genau diesem Aspekt von Millers Theorie siehe Mason 2006, 45–41).[123]

Das Verdienstobjekt ist *eine proportionale (dem Beitrag entsprechende) monetäre Belohnung* – also eine bestimmte Menge *Geld*. Was heißt es aber, dass die Belohnung *proportional* ist? Es wäre absurd davon auszugehen, dass der Verdienstbasis „Beitrag x zur sozialen Wohlfahrt" eine fixe Menge Geld, sagen wir 100 €, als Verdienstobjekt gegenübersteht. Plausibler ist es, von einer fixen *Gesamt*menge Geld auszugehen, die dann auf eine bestimmte Gruppe von Personen – etwa alle Gesellschaftsmitglieder – entsprechend ihrem *relativen* Beitrag (also ihrem Beitrag im Verhältnis zu allen anderen) zu verteilen ist. Wie viel Einkommen eine bestimmte Person verdient, würde also zum einen davon abhängen, wie viel sie im Vergleich zu anderen leistet und zum anderen davon, wie viel Geld insgesamt zur Verteilung bereitsteht (vgl. Olsaretti 2004, 34–36, 74–75).

Das Verdienstobjekt „Geld" hat noch eine weitere Eigentümlichkeit: Geld ist kein materieller Gegenstand, sondern ein Bündel aus juridisch-gesicherten Fähigkeiten und Ansprüchen, welche dem Rechtssubjekt ein unüberschaubares Netz (individuell höchst unterschiedlicher, sich teils bedingender und teils ausschließender) Handlungsoptionen gewährt. Zudem kann das Rechtsbündel je nach gesellschaftlichem und positiv-rechtlichem Kontext variieren. Verdiensttheoretiker*innen gehen in der Regel davon aus, dass das verdiente Einkommen aus einem „vollständigen", „liberalen" Eigentumsrecht besteht (Honoré 1961). Als solches würde es die Fähigkeit umfassen, beliebige Produkte (steuerfrei) zu erwerben, zu verschenken, zu verkaufen oder als Kapital einzusetzen (Annis & Bohanon 1992, 545). Dies versteht sich jedoch keineswegs von selbst und ist – wie später argumentiert wird – auch aus Verdienstgesichtspunkten zu problematisieren.

3 Der Verdienst der Erben und der Erblasser

In diesem Abschnitt wird zum Ausgangspunkt unserer Untersuchung zurückgekehrt. Auf Grundlage der soeben vorgelegten ökonomischen Verdienstkonzeption wird danach gefragt, wie es um die verdienstbasierten Ansprüche von Erben und Erblassern bestellt ist und welche Rolle diese in einer verdiensttheoretischen *all-*

---

[123] Worauf es Miller allerdings ankommt, ist, dass der Beitrag „absichtlich" herbeigeführt wird und nicht zufällig. Dies ist damit vereinbar, dass der Beitrag nicht um seiner selbst willen geleistet wird, sondern bloß als Mittel zu einem (z.Bsp. egoistischen) Zweck.

things-considered Beurteilung der Erbschaftssteuer spielen. Zuerst wird überprüft, ob Befürworter*innen der Erbschaftssteuer richtig damit liegen, dass Erben *keine* verdienstbasierten Ansprüche auf das ererbte Vermögen haben. Entgegen einer verbreiteten Ansicht werde ich dafür argumentieren, dass (a priori) nicht auszuschließen ist, dass einige Erben verdienstbasierte *pro tanto* Ansprüche auf das ihnen vererbte Vermögen haben (3.1). Als nächstes wird untersucht, ob sich Gegner*innen der Steuer tatsächlich auf verdienstbasierte Ansprüche der Erblasser berufen können. Auch dies – so werde ich argumentieren – ist nicht auszuschließen, setzt aber eine Reihe fragwürdiger inhaltlicher Entscheidungen voraus (3.2). Schließlich wird gefragt, was hieraus für die (komparative) Erlaubtheit bzw. Gebotenheit der Erbschaftssteuer folgt. Mein Ergebnis ist, dass sich diese Frage nicht beantworten lässt, ohne die verdienstbasierten Ansprüche *aller* Gesellschaftsmitglieder zu berücksichtigen (3.3).

3.1 Keine verdienstbasierten Ansprüche von Erben?

Zunächst soll ein Blick auf die *Erben* geworfen werden. Wie eingangs erwähnt, sind sich Gegner*innen als auch Befürworter*innen der Erbschaftssteuer in der Regel einig, dass Erben grundsätzlich *keine* verdienstbasierten Ansprüche auf das Erbe geltend machen können. Der Gedanke dahinter ist, dass das Vermögen den Erben für gewöhnlich ohne eigenes Zutun zufällt, da sie nicht dafür gearbeitet haben.[124] So behauptet D.W. Haslett: „Nothings seems further from the idea of 'to all people according to the productivity of their labour' than inheritances, which people get for absolutely no productive labour at all" (Haslett 1997, 141). Steven Sheffrin fragt vor demselben Hintergrund: „What about the son or daughter of a wealthy family who inherits a fortune and then just lives off the capital income? [T]he son or daughter will enjoy a high standard of living. [...] In what sense could this income and their lifestyle be said to be deserved?" (Sheffrin 2013, 210).

Vor dem Hintergrund der soeben besprochenen Theorie ökonomischen Verdienstes scheint die Antwort auf diese Frage jedoch weniger eindeutig als Sheffrin und viele Verteidiger*innen der Erbschaftssteuer suggerieren. Denn nur, weil jemand die Erbschaft nicht in einem deskriptiven Sinne verdient, d.h. am Markt eingenommen hat, heißt dies nicht automatisch, dass die (durch ein Erbe) erhal-

---

[124] Eine Ausnahme stellen Familienunternehmen dar, in denen die Kinder bereits vor dem Tod ihrer Eltern mitgearbeitet und somit zum ökonomischen Erfolg des Unternehmens beigetragen haben.

tenen monetären Einnahmen *normativ* unverdient sind.[125] Ob sie dies sind oder nicht, hängt davon ab, inwieweit die Verdienstbasis und das Verdienstobjekt (des fundamentalen Prinzips des fairen Lohnes) für die erbenden Personen bereits übereinstimmen.

Nur für den Fall, dass die Erben *gar nicht* arbeiten und auch niemals in ihrem Leben gearbeitet haben, könnte mit 100 %er Sicherheit davon ausgegangen werden, dass das Erbe (hinsichtlich des Prinzips des fairen Lohnes) unverdient ist. Dann nämlich wäre jeder Euro, den die erbende Person erhält, ein Euro zu viel.[126] Hat die Person hingegen gearbeitet, so besteht grundsätzlich die Möglichkeit, dass sie weniger für ihre Arbeit erhalten hat als ihr aufgrund ihres normativen Verdienstes zusteht. In diesem Fall könnte die Erbschaftssteuer einen Ausgleich leisten. Ob eine Person das ihr vererbte Vermögen verdient, wäre daher nicht a priori, sondern von Fall zu Fall zu entscheiden (oder wenigstens aufgrund statistischer Erhebungen oder *empirischer* Spekulation).

Verdeutlichen wir uns dies an einem Beispiel: Sophie hat 20 Jahre ihres Lebens bei einem großen Unternehmen im Kundenservice gearbeitet. Sie hat durch ihre Arbeit erheblich zum Unternehmenserfolg und damit zum Wohlergehen der Kunden und letztlich zur sozialen Wohlfahrt insgesamt beigetragen.[127] Sagen wir, Sophie hat für ihren relationalen Beitrag einen Geldbetrag in Höhe von 2000 € (normativ) verdient, ihr tatsächliches Gehalt beläuft sich aber nur auf 1000 €. Damit hat sie insgesamt (über den Zeitraum der 20 Jahre) 240.000 € weniger erhalten als sie normativ verdient. Stellen wir uns nun vor, dass Sophies Vater stirbt und ihr ein Vermögen in Höhe von 200.000 € vermacht. Das Erbe würde dafür sorgen, dass sich die Kluft zwischen Verdienstbasis und Verdienstobjekt verringert. Statt 240.000 € fehlen Sophie nur noch 40.000 €. Obwohl sie das Erbe nicht *direkt* am Markt ein-

---

125 Sheffrins Beispiel klingt womöglich nur deshalb so einleuchtend, weil es sich um ein *großes* Vermögen handelt und der Erbe von den Kapitaleinnahmen lebt. Bei sehr großen Vermögen liegt aber der Verdacht besonders nahe, dass diesen (bereits auf Seiten des Erblassers) gar kein entsprechender gesellschaftlicher Beitrag zugrunde liegt und bei Kapitaleinnahmen ist unklar, ob diese überhaupt zum Verdienstobjekt zählen (siehe Abschnitt 5.1). Fragt man stattdessen: Hat eine Tochter ein kleines Erbe verdient, mit dem sie ihr geringes Gehalt aufbessern kann, mögen sich andere Intuitionen einstellen.

126 Strenggenommen wäre hier hinzuzufügen, dass *mindestens eine andere* Person gearbeitet haben muss. Denn hätte keine Person gearbeitet, wäre der Anteil aller Personen gleich niedrig, nämlich Null. In diesem (völlig unrealistischen) Fall wäre das Geld (wo auch immer dieses herkäme) unter allen Personen gleich zu verteilen.

127 Gehen wir ferner davon aus, dass sie ihre Stelle *qua* best-qualifizierte Bewerber*in verdient hat. Diese zusätzliche Annahme ist wichtig für den Fall, dass das Prinzip des fairen Lohnes so interpretiert wird, dass nur derjenige Beitrag zählt, der im Rahmen verdienter Jobs geleistet wird.

genommen, sondern als Geschenk erhalten hat, hat Sophie das Erbe aufgrund ihres Beitrages zur sozialen Wohlfahrt verdient.

Wenn es Fälle wie den von Sophie gibt, warum ist es dann ein Gemeinplatz, dass Einnahmen durch Erbschaften grundsätzlich unverdient sind? Ein erster Grund könnte damit zu tun haben, wie das Verdienstobjekt des Prinzips des fairen Lohnes konzipiert wird. Das Verdienstobjekt lautet „eine proportionale monetäre Belohnung". Versteht man unter ‚Belohnung' den *Lohn vom Unternehmen, bei dem man beschäftigt ist*, so wäre das Erbe offenbar kein geeigneter Ersatz, denn ein Erbe ist nun mal nicht dasselbe wie ein Gehalt und es wird auch nicht vom Arbeitgeber gezahlt, sondern von einer Privatperson (oft von den eigenen Eltern). Versteht man unter ‚Belohnung' jedoch eine bestimmte Menge Geld, *unabhängig davon „woher" man diese erhält*, so könnte auch das Erbe zur Übereinstimmung von Verdienstobjekt und Verdienstbasis beitragen.

Das obige Beispiel setzt die zweite Lesart voraus. In der ersten Lesart hätte Sophie das Erbe tatsächlich nicht verdient. Mir scheint die zweite Lesart weitaus plausibler als die erste. Würde nur das Gehalt des jeweiligen Unternehmens als Verdienstobjekt zählen, so könnte der Staat keinerlei Einfluss auf eine verdienstgerechtere Verteilung durch *Umverteilung* nehmen. Denn das Einkommen, welches eine Person (bspw. Sophie) vom Staat erhalten würde, wäre offensichtlich etwas anderes als das Gehalt, welches sie von ihrem Arbeitgeber bekommt. Nicht nur würde diese Implikation dem Anliegen vieler Verteidiger*innen der Erbschaftssteuer entgegenlaufen (nämlich derjenigen, welche eine umverteilende Erbschaftssteuer in den Dienst einer verdienstgerechten Verteilung stellen möchten), sie wäre vor allem höchst unplausibel. Sofern Sophie einen Beitrag zur sozialen Wohlfahrt geleistet hat, sollte sie angemessen dafür bezahlt werden. Ob sie das Geld letztlich von ihrem Arbeitgeber oder vom Staat erhält, sollte für Sophie *zumindest aus Verdienstgesichtspunkten* keine Rolle spielen.

Ein zweiter Grund, aus dem Befürworter*innen der Erbschaftssteuer glauben, Erben hätten ihr Einkommen grundsätzlich nicht verdient, könnte der folgende sein: Womöglich akzeptieren sie – gemeinsam mit den Gegner*innen der Erbschaftssteuer –, dass der Markt für eine verdienstadäquate Entlohnung sorgt. Fälle wie der von Sophie, bei denen eine Angestellte ein geringeres Gehalt bekommt als sie normativ verdient hat, kämen dann (zumindest unter „idealen" Marktbedingungen) gar nicht vor. Die Erbschaft verlöre unter diesen Umständen ihre kompensatorische Funktion. Das Problem mit dieser Argumentation ist die Prämisse, dass der Markt nach Verdienst entlohnt. Wie ich später (in Abschnitt 4.2) argumentieren werde, sind weder „ideale" noch real-existierende Märkte geeignete Instrumente, um für eine verdienstadäquate Verteilung zu sorgen.

Fassen wir zusammen: Manchmal würde eine Erbschaft dazu beitragen, dass der Erbe über einen größeren Anteil seines Verdienstobjektes verfügt. In diesem

Fall kann der Erbe einen verdienstbasierten *pro tanto* Anspruch auf das zu vererbende Vermögen geltend machen. Es stimmt daher nicht, dass Erbschaften *grundsätzlich* unverdient sind. Mithin wären Argumente, welche die Erbschaftssteuer mittels dieser Prämisse verteidigen, nicht schlüssig. Es stellt sich allerdings die Frage, ob und inwieweit die Verteidiger*in der Erbschaftssteuer überhaupt auf eine derart weitreichende Prämisse festgelegt ist. Denn der Umstand, dass manche Erben ihr Erbe verdienen, sagt uns noch nichts darüber, ob die Erhebung einer Erbschaftssteuer einen *(aus Verdienstgesichtspunkten) alles in allem unzulässigen Eingriff* in die (verdienten) Vermögen von Erben darstellt. Welche normativen Implikationen aus dem hiesigen Befund zu ziehen sind, wird in Abschnitt 3.3 untersucht. Zunächst soll jedoch ein Blick auf die möglichen verdienstbasierten Ansprüche der *Erblasser* geworfen werden.

3.2 Verdienstbasierte Ansprüche von Erblassern?

Gegner*innen der Erbschaftssteuer argumentieren, dass der Fokus auf die Erben zu einseitig sei und vom Wesentlichen ablenke; denn selbst, wenn die Erben keine verdienstbasierten Ansprüche auf das Vermögen hätten (wie Befürworter*innen der Erbschaftssteuer oft behaupten), so wären immer noch die verdienstbasierten Ansprüche der *Erblasser* zu beachten. Da Erblasser ihr Vermögen am „freien Markt" erarbeitet haben, haben sie dieses – bzw. entsprechende Eigentumsrechte daran – in einem normativen Sinne verdient. Die verdienten Eigentumsrechte umfassen die Fähigkeit, das Vermögen (auch nach dem Tod des Rechtsträgers) an dritte Parteien zu übertragen. Da die Erbschaftssteuer einen (vollständigen) Transfer des Vermögens unterbindet, stelle sie einen problematischen Eingriff in die verdienstbasierten Ansprüche der Erblasser dar.

Ich werde später argumentieren, dass nicht nur der Fokus auf die Erben, sondern ebenso der Fokus auf die Erblasser vom Wesentlichen ablenkt, nämlich von einer verdienstgerechten *Gesamt*verteilung von Verdienstobjekten (siehe Abschnitt 3.3). In diesem Abschnitt soll es aber um die Erblasser gehen; insbesondere um die Frage, ob Erblasser es verdient haben, ihr Vermögen nach ihrem Tod an andere Personen zu übertragen. Das obige Argument setzt u. a. folgende drei Annahmen voraus, die man kritisch sehen kann:

i) Die Interessen oder Rechte einer Person sind auch nach ihrem Tod zu achten.
ii) Die Fähigkeit zum *postmortem* Vermögenstransfer ist Teil des Verdienstobjektes.
iii) Markteinkommen ist (in der Regel) normativ verdient.

Jede dieser Annahmen wurde von Befürworter*innen der Erbschaftssteuer in Frage gestellt. Die übliche Replik auf das obige Argument besteht in der Zurückweisung von i. So argumentieren Befürworter*innen der Erbschaftssteuer häufig dafür, dass die Interessen bzw. Rechte der Erblasser mit ihrem Tod verschwinden, sodass eine Besteuerung des Vermögens (aus Verdienstgesichtspunkten) unproblematisch ist (vgl. Mulligan 2018, 193). Die Konzeption ökonomischen Verdienstes *als solche* verhält sich zum moralischen Status von Toten aber indifferent. Argumentationen für und wider die Berücksichtigung der Interessen toter Erblasser wurden in Kapitel 2 ausführlich diskutiert und werden an dieser Stelle nicht erneut behandelt.

Eine naheliegende alternative Strategie besteht in der Zurückweisung von ii (der Behauptung, dass das Verdienstobjekt den postmortem Transfer von Vermögen umfasst). Der Vorteil dieser Argumentation (gegenüber i) besteht darin, dass man sich nicht auf strittige Behauptungen zum normativen Status von Toten festlegt. Stattdessen bestreitet man schlicht, dass Erblasser es verdienen können, ihr Vermögen (nach ihrem Tod) steuerfrei an Dritte zu transferieren. Folgende zwei Gründe könnten aus Verdienstperspektive dagegen sprechen postmortem Transfer zum Verdienstobjekt zu zählen:

Der erste Grund ist, dass es sonst zu einem Konflikt zwischen zwei widerstreitenden Verdiensterwägungen kommen könnte; nämlich dann, wenn der Erblasser das Vermögen verdient hat, die erbende Person aber nicht. Der Umstand, dass der Erblasser es verdient hat, dass der Erbe über dessen ehemaliges Vermögen verfügt, ist ein verdienstbasierter Grund, die Erbschaft geschehen zu lassen. Der Umstand, dass der Erbe durch das Vermögen mehr erhält als er verdient, ist ein verdienstbasierter Grund, die Erbschaft zu unterbinden. Konflikte zwischen verschiedenen moralischen Erwägungen kommen aber in den meisten Moraltheorien vor, und auch ohne den soeben aufgeworfenen Konflikt wäre der ökonomische Verdienstansatz – zumindest unter halbwegs realistischen Bedingungen – voll von Konflikten zwischen Verdienst*ansprüchen* (siehe Abschnitt 3.3).[128]

Der zweite – und überzeugendere – Grund, warum postmortem Transfer nicht zum Verdienstobjekt zählen sollte, besteht darin, dass sich die Ansprüche der Erblasser sonst „*verewigen*" würden; zumindest dann, wenn die Eigentumsrechte, die vom Erblasser auf den Erben transferiert werden, ihrerseits die Fähigkeit zum postmortem Transfer umfassen. Egal wie oft das Vermögen von einer (unverdienenden) Familiengeneration zur nächsten übergeht, immer wäre es *der Verdienstanspruch des ursprünglichen Erblassers*, der den normativen Grund dafür

---

[128] Zudem handelt es sich in dem beschriebenen Fall nur dann um einen Konflikt, wenn die zugrundeliegende Verdienstkonzeption ein Problem darin sieht, dass jemand *mehr* hat als sie verdient. Viele Verdienstkonzeptionen sehen jedoch ausschließlich ein Problem darin, wenn jemand *weniger* hat als sie verdient (vgl. Arneson 2007).

liefert, den Transfer (trotz Unverdienst der Erben) zu gewähren. Die (unverdienenden) Erben selbst hätten höchstens *juridische* Eigentumsrechte am Vermögen (denn dies hätte der ursprüngliche Erblasser verdient).

Auch wenn es sich beim Verdienstanspruch des (ursprünglichen) Erblassers nur um einen pro tanto Grund handelt, ergeben sich hieraus extrem kontra-intuitive Konsequenzen. So würden selbst nach Hunderten oder Tausenden von Jahren die Verdienstansprüche längst verstorbener Personen in eine verdienstbasierte all-things-considered Beurteilung einfließen. Man könnte diesen Einwand abschwächen, wenn man nur *eine begrenzte Anzahl* von postmortem Transfers (oder nur *einen einzigen* Transfer) zum Verdienstobjekt zählt.[129] Dann aber würden die Verdienstansprüche von Erblassern nicht mehr gegen eine Erbschaftssteuer *per se* sprechen, sondern höchstens gegen eine Erbschaftssteuer, die nicht zwischen „altem" und „neuem" Vermögen differenziert (vgl. Halliday 2018, 58 - 73).

Ich komme nun zur dritten und letzten Strategie, die verdienstbasierten Ansprüche der Erblasser (und damit die auf diesen Ansprüchen fußenden Argumente gegen die Erbschaftsteuer) zurückzuweisen. Die letzte Alternative besteht in der Ablehnung von iii). So lässt sich bestreiten, dass Erblasser ihr am Markt erarbeitetes Vermögen *überhaupt normativ* verdient haben, da kein plausibler Zusammenhang zwischen Markteinkommen und individuellem Beitrag zur sozialen Wohlfahrt bestehe. Die dritte Strategie unterscheidet sich in einer auffälligen Hinsicht von den ersten zwei. Zwar wäre sie – wie die ersten zwei Strategien – in der Lage zu zeigen, dass der postmortem Transfer des Erblasservermögens *nicht immer* verdient ist (da das Vermögen als solches nicht immer verdient ist), doch wäre sie – anders als die ersten zwei Strategien – nicht in der Lage zu zeigen, dass der postmortem Transfer des Erblasservermögens *niemals* verdient ist.

Denn selbst wenn sich zeigen sollte, dass Markteinkommen *in der Regel* nicht mit dem Verdienstobjekt (des Prinzips des fairen Lohnes) korreliert, ist nicht auszuschließen, dass es *in Einzelfällen* eben doch (nahezu) übereinstimmt. Ferner wird es viele Personen geben, die ihr Markteinkommen *in Gänze* verdient haben; nämlich all jene, die *weniger* als ihren normativ verdienten Anteil erhalten. Und schließlich hätten auch diejenigen, deren Gehalt zu hoch ausfällt, denjenigen *Anteil* ihres faktischen Gehaltes verdient, der ihnen aus normativer Sicht zusteht. Solange eine Person zu Lebzeiten weniger ausgibt als sie normativ verdient, hätte sie einen verdienten Anspruch darauf, den restlichen Anteil ihres faktischen Verdienstes zu

---

[129] Alternativ dazu könnte man annehmen, dass die verdienstbasierten Ansprüche toter Personen mit der Zeit an normativer Kraft verlieren oder von vornherein nur zeitlich begrenzte Gültigkeit haben. Mit diesem Vorschlag nähert man sich der ersten besprochenen Strategie an, wenngleich es sich – anders als bei der ersten Strategie – nicht um ein metaphysisches, sondern um ein „first-order" normatives Argument handelt.

vererben (dies selbstverständlich nur unter dem Vorbehalt, dass postmortem Transfer Teil des Verdienstobjektes ist, was seinerseits voraussetzt, dass die Interessen bzw. Ansprüche verstorbener Erblasser zählen).

Ob es sich hierbei um eine Schwäche handelt, hängt davon ab, was das ursprüngliche Argument der Erbschaftssteuergegner*innen leisten sollte. Wenn dieses auf die starke These angewiesen war, dass (nahezu) *alle* Erblasser ihr *vollständiges* (am Markt erwirtschaftetes) Vermögen verdienen, so wäre ihr Argument durch die dritte Strategie widerlegt. Kommt es ihnen aber nur darauf an, dass *einige* Erblasser einen Teil ihres Gehaltes verdienen, so würde die dritte Strategie der Befürworter*innen der Erbschaftssteuer scheitern.

Fassen wir die bisherigen Ergebnisse zusammen: Anders als Befürworter*innen der Erbschaftssteuer oft behaupten, ist nicht auszuschließen, dass Erben ihr Erbe (bzw. ein Teil ihres Erbes) verdienen, nämlich immer dann, wenn die Erbschaft dazu führt, dass sich die Erben ihrem vollständigen Verdienstobjekt annähern. Ob Erblasser es verdienen, ihr Vermögen postmortem zu übertragen, hängt davon ab, i) ob es Gründe gibt, die Interessen bzw. Rechte von Toten zu achten, ii) ob postmortem Transfer zum Verdienstobjekt zählt und iii) ob das jeweils am Markt verdiente Vermögen (oder zumindest ein Teil davon) auch in normativer Hinsicht verdient ist. In Kapitel 2 wurde gezeigt, dass gute Gründe gegen Annahme i) sprechen. In diesem Abschnitt wurde ein starkes Argument gegen Annahme ii) vorgebracht. Für den Rest dieses Kapitels kann allerdings zugestanden werden, dass *einige* Erblasser verdienstbasierte Ansprüche darauf haben, ihr Vermögen zu vererben. Selbst mit diesem Zugeständnis – so werde ich argumentieren – erfordert die Konzeption ökonomischen Verdienstes die Einführung einer (weitgehend egalitären) Erbschaftssteuer.

3.3 Individuelle Verdienstansprüche vs. verdienstgerechte Gesamtverteilung

Gehen wir im Weiteren davon aus, dass prinzipiell sowohl Erben als auch Erblasser einen verdienstbasierten Anspruch gegen die Erhebung einer Erbschaftssteuer haben *können* und einige von ihnen auch *tatsächlich* einen solchen Anspruch haben. Spräche dies alles in allem (aus Verdienstperspektive) gegen die Erhebung einer Erbschaftssteuer? In diesem Grad der Abstraktion lässt sich die Frage nicht beantworten; denn zum einen kommt es nun darauf an, *wie viele* Ansprüche durch die Erbschaftssteuer (negativ) tangiert werden und *wie stark* die Ansprüche jeweils tangiert werden. Zum anderen kommt es darauf an, wie die Einnahmen der Erbschaftssteuer letztlich eingesetzt werden. Wenn mehr und stärkere Verdienstansprüche durch die Umverteilung mittels einer Erbschaftssteuer erfüllt werden als ohne eine solche Umverteilung, so könnte die Erbschaftssteuer alles in allem (aus

Verdienstperspektive) geboten sein. Mit anderen Worten: Es kommt auf die verdienstadäquate *Gesamtverteilung* von (der Erfüllung von) Verdienstansprüchen an.[130]

Jede gesellschaftliche Ordnung wird, unter nicht-idealen Umständen, den ein oder anderen Verdienstanspruch frustrieren. Es kommt deshalb darauf an, dasjenige Arrangement zu finden, welches insgesamt das verdienstgerechteste ist (oder jedenfalls verdienstgerechter als der *status quo*). Die entscheidende Frage wäre demnach, ob eine egalitäre Erbschaftssteuer Teil dieses Arrangements ist. Die These, für die ich im Weiteren argumentieren möchte, lautet, dass eine egalitäre Erbschaftsteuer *alles in allem* zu einer verdienstgerechteren Verteilung (zwischen Erblassern, Erben und allen anderen Gesellschaftsmitgliedern) führt, als wenn man die Verteilung dem „freien Markt" überlässt. Um dies zu sehen, müssen die Prinzipien der ökonomischen Verdienstkonzeption auf die gesellschaftlichen Verhältnisse als Ganze angewendet werden.

Im Zuge dieser Argumentation wird en passant die These verteidigt, dass *ein Großteil* des vererbten Vermögens weder von Seiten der Erblasser noch von Seiten der Erben verdient ist. Die stärkere Annahme, dass *kein* Erblasser und *kein* Erbe das zu vererbende Vermögen (bzw. das Vererben des Vermögens) verdient (hat), ist weder plausibel noch Voraussetzung für die erfolgreiche Verteidigung der Erbschaftsteuer aus Perspektive ökonomischen Verdienstes.

Bevor ich zur Anwendung der Prinzipien ökonomischen Verdienstes und zur Verteidigung der Erbschaftssteuer „auf verdiensttheoretischer Grundlage" übergehe, möchte ich auf einen möglichen Einwand gegen meine Darstellung der normativen Problemlage eingehen. Ich bin wie selbstverständlich davon ausgegangen, dass sich die Verdienstansprüche von Erblassern und Erben mit den Verdienstansprüchen aller anderen Gesellschaftsmitglieder in einer Art Folgenfunktion „aggregieren" lassen. Sollten wir Verdienstansprüche aber derart konsequentialistisch auffassen? Die naheliegende Alternative bestünde darin, die Ansprüche – zumindest derjenigen, die bereits über das fragliche Verdienstobjekt „verfügen" – als

---

[130] Die Verteilung von Verdienstansprüchen hätte dabei einem bestimmten Verteilungsmuster zu folgen. Die obige Formulierung entspricht einem Maximierungsprinzip. Es ließe sich jedoch auch ein strikt egalitaristisches Prinzip (vgl. Olsaretti 2004, 36–37) oder ein prioritaristisches- oder Leximinprinzip (vgl. Arneson 2007) vertreten. Meine Argumentation ist mit jedem dieser Verteilungsmuster kompatibel. Ferner ist zu beachten, dass nicht nur das Verdienstobjekt des Prinzips des fairen Lohnes verdienstgerecht zu verteilen ist, sondern auch das Verdienstobjekt des Prinzips der fairen Rekrutierung.

absolute oder zumindest starke *deontische Restriktionen* zu verstehen, die den Staat in seinen „Handlungsoptionen" *beschränken*.[131]

Ich glaube jedoch, dass dies keine ernstzunehmende Alternative ist. Wenn es zu den Aufgaben des Staates gehört, dafür Sorge zu tragen, dass alle Gesellschaftsmitglieder erhalten, was sie verdienen, so wäre es äußerst unplausibel, wenn der Staat dies nur unter der Voraussetzung tun darf, dass er dabei keine einzige Person durch aktives Eingreifen mit Blick auf ihr Verdienstobjekt (über das sie bereits verfügt) schlechter stellt.[132] Eine solche „Pareto-Klausel" würde den Staat (hinsichtlich des Ziels einer verdienstadäquaten Verteilung) nahezu handlungsunfähig machen. Denn *jede* Handlung des Staates würde die ein oder andere Person (mit Blick auf ihr Verdienstobjekt – bzw. desjenigen Anteils, über den sie bereits verfügt) aktiv schlechterstellen. Hierzu gehören nicht bloß das Beschließen neuer Gesetze und Gesetzesveränderungen, sondern auch die kontinuierliche Durchsetzung bereits bestehender Gesetze, inklusive bestehender Eigentumsverhältnisse. Denn Letztere können nicht als Kriterium für eine Verletzung deontologischer Verdienstansprüche dienen, wenn sie überhaupt erst durch das Verdienstprinzip begründet werden sollen.[133]

Ferner scheinen (fast) alle bekannten Verdiensttheoretiker*innen eine konsequentialistische Variante des Verdienstansatzes zu vertreten. Anders als bspw. bei libertären Theorien gehe es darum, ein (aus Verdienstgesichtspunkten) optimales Verteilungsmuster herbeizuführen: „With desert-based arguments the primary subjective [are] *outcomes, patterns* or *distributions* of burdens and benefits" (Olsaretti 2004, 3; hervorgehoben durch Verfasser). Miller spricht zwar die Möglichkeit einer deontologischen Variante kurz an (vgl. Miller 1999, 214), neigt aber selbst (eher) zu einer konsequentialistischen Auslegung.[134]

---

131 Dass Gegner*innen der Erbschaftssteuer so erpicht darauf sind zu zeigen, dass *kein* Erbe und *kein* Erblasser das Vermögen (bzw. den Transfer) verdient haben, könnte ein Indiz dafür sein, dass sie die entsprechenden Ansprüche als Beschränkungen auffassen.
132 Oder, gemäß einer noch strikteren Lesart der deontologischen Variante, dass der Staat niemandem Zugriff auf das *konkrete* Verdienstobjekt verweigern darf, über das die Person im status quo „verfügt".
133 Im Rahmen des „deontologischen" Ansatzes könnten sich Gegner*innen der Erbschaftssteuer zudem nicht auf die verdienstbasierten Ansprüche der *Erben* berufen, denn diese *verfügen* (vor dem Transfer) noch gar nicht über das Verdienstobjekt. Ihnen wird also nichts „weggenommen", sondern schlicht nichts „gegeben". In dieser Hinsicht unterscheidet sich ihre Situation nicht von der Situation unbeteiligter Dritter, denen es ebenfalls an ihrem (vollständigen) Verdienstobjekt mangelt.
134 Die Unterscheidung zwischen konsequentialistischer und deontologischer Variante ist nicht zu verwechseln mit der Unterscheidung zwischen *deontischen (deontic)* und *teleologischen (telic)* Verdiensttheorien (vgl. Olsaretti 2003, 8). Der hier vertretene konsequentialistisch anmutende Ansatz kann sowohl deontisch als auch teleologisch gedeutet werden.

4 Erbschaftssteuer als Mittel für eine verdienstgerechte Verteilung (I): Anwendung der Kernprinzipien

Im Folgenden soll untersucht werden, wie gesellschaftliche Institutionen beschaffen sein müssten, um die zwei Kernprinzipien des ökonomischen Verdienstansatzes (so gut es geht) zu realisieren (d. h. eine verdienstadäquate Gesamtverteilung von Verdienstobjekten herbeizuführen) und ob eine egalitäre Erbschaftssteuer Teil dieser Institutionen wäre.[135] Miller argumentiert (dem eigenen Anspruch nach) dafür, dass sich ein „idealer", „freier" Markt am besten zur Umsetzung der zwei Prinzipien eigne und dass reale Märkte dem „Ideal" hinreichend ähnlich sind (oder zumindest hinreichend angeglichen werden können), sodass seine Analyse auch für echte Gesellschaften relevant ist (vgl. Miller 1999, 227–253). Steuern wären in erster Linie für marktordnende Aufgaben zu erheben und es wäre darauf zu achten, dass die Besteuerung die verdienst-adäquate Verteilung durch den Markt so wenig wie möglich stört (tatsächlich gesteht Miller aber viele der hier behandelten Einwände zu, sodass seine Argumentation alles in allem eine unaufgelöste Ambiguität aufweist).

Sollte es stimmen, dass der Markt verdienstgerecht verteilt, so hätten Erblasser ihr Vermögen (sofern am Markt erarbeitet) normativ verdient. Umfasst das Verdienstobjekt zudem die Fähigkeit zum postmortem Transfer, so hätten *alle* Erblasser es verdient, ihr vollständiges Vermögen an andere Personen zu übertragen und eine Erbschaftssteuer würde – zumindest unter „idealen" Marktbedingungen – alles in allem *nicht* zu einer verdienstadäquaten Verteilung beitragen. Ich beginne mit der Anwendung des Prinzips der fairen Rekrutierung (4.1). Der Schwerpunkt der Analyse liegt aber auf der Anwendung des Prinzips des fairen Lohnes (4.2). Hier zeigen sich die Schwächen einer marktvermittelten Verteilung (und der Bedarf zur Umverteilung) besonders deutlich.

4.1 Anwendung des Prinzips der fairen Rekrutierung

Das Prinzip der fairen Rekrutierung besagt, dass jede, die sich auf eine Stelle bewirbt, alleine nach ihrer Qualifikation für diese Stelle auszuwählen ist und nicht

---

[135] Dass es überhaupt zur Aufgabe des Staates gehört, (notfalls auch mit Zwangsmitteln) dafür zu sorgen, dass seine Bürger*innen erhalten, was sie verdienen, ist – auch unter Verdiensttheoretiker*innen – umstritten, wird hier aber vorausgesetzt. Wenn man unter ‚Gerechtigkeit' denjenigen Bereich der Moral versteht, vom Staat erzwungen werden darf, so könnte man auch sagen, dass im Folgenden stipuliert wird, dass es sich bei den hier behandelten Verdienst-Grundsätzen um Grundsätze der Gerechtigkeit handelt.

nach Eigenschaften wie Geschlecht, Herkunft, Alter oder Aussehen (sofern diese Eigenschaften nicht selbst Teil der Qualifikation sind). Miller glaubt, dass der freie Arbeitsmarkt die Tendenz hat, Diskriminierung entgegenzuwirken: Unternehmen haben ein starkes Motiv zur Profitmaximierung und so ist es in ihrem Eigeninteresse, die qualifizierteste Person einzustellen. Der Markt tendiere also von sich aus zu einer anti-diskriminierenden Einstellungspraxis, da ein Unternehmen, welches nicht die qualifizierteste Person einstellt, Marktvorteile verspielt. Miller glaubt aber auch, dass sexistische und rassistische Vorurteile sowie der „natürliche" Wunsch, seine eigenen Freunde und Verwandten zu begünstigen, nicht vollständig verschwinden werden. Sie ließen sich aber „durch Bildung, Erziehung, Gesetzgebung und institutionelle Veränderungen bekämpfen" (Miller 1999, 229). Hier sieht er also durchaus Raum für staatliche Eingriffe.

Mit Blick auf das Prinzip der fairen Rekrutierung käme dem Staat also die Aufgabe zu, Diskriminierung in der Bewerbungssituation zu verhindern. Hierzu bedürfte es womöglich strengerer Antidiskriminierungsgesetze, Unterstützung zivilgesellschaftlicher Programme gegen Diskriminierung und Bildungsmaßnahmen gegen diskriminierende (sexistische, rassistische, klassistische etc.) Einstellungen in der Bevölkerung. Auf den ersten Blick scheinen diese Aufgaben keine großangelegte monetäre Umverteilung zu erfordern und entsprechend auch keine egalitäre Erbschaftssteuer. Wenn es allerdings stimmt, dass (wie in Kapitel 1 argumentiert wurde) ökonomische Ungleichheit einen Effekt auf den ungleichen sozialen Status von Gesellschaftsmitgliedern hat und sich dieser (oft) in Diskriminierung niederschlägt, so könnte man auch auf Grundlage des Prinzips der fairen Rekrutierung für eine ökonomische Umverteilung argumentieren.

4.2 Anwendung des Prinzips des fairen Lohns

Wie müssten gesellschaftliche Institutionen beschaffen sein, um dem Prinzip des fairen Lohnes zu entsprechen? Zur Erinnerung: Das Prinzip (in seiner fundamentalen Variante) besagt, dass Menschen für ihren (relativen) marktvermittelten Beitrag zur sozialen Wohlfahrt eine (proportionale) monetäre Belohnung erhalten sollen. Auch hier argumentiert Miller, dass ein weitgehend „freier" Markt das Instrument der Wahl sei. Dadurch, dass Unternehmen Waren und Dienstleistungen am Markt anbieten, erfüllen sie Konsument*innen-Präferenzen. Je stärker der Wunsch einer Kund*in nach einem bestimmten Produkt, desto mehr sei sie bereit dafür zu bezahlen (Miller 1999, 235). Der wirtschaftliche Erfolg eines Unternehmens hängt dieser Logik zufolge von seiner Fähigkeit ab, mehr und stärkere Präferenzen zu erfüllen als andere Unternehmen. Wenn nun zusätzlich angenommen wird, dass das Gehalt einer Angestellten ihrem persönlichen Beitrag zum Unternehmenserfolg entspricht, so erhält diese, was sie – angesichts ihres Beitrages zur allgemeinen Wohlfahrt – verdient.

Ein grundlegendes Problem mit dieser Argumentation besteht darin, dass sie (wie in wirtschaftswissenschaftlichen Modellen üblich) von einer Reihe idealisierender Annahmen ausgeht, welche *stark* von der Realität abweichen. So wird bspw. angenommen, dass alle Marktteilnehmer*innen rational und voll informiert sind. Da echte Menschen aber oft *willensschwach* sind (bspw. wenn sie Zigaretten kaufen, obwohl sie das Rauchen eigentlich aufgeben wollen) oder *unzureichend* über die Folgen ihrer Kaufentscheidung *informiert* sind (bspw. weil ihnen durch Werbung eine falsche Vorstellung vom Produkt vermittelt wurde), wird durch die Markttransaktion entsprechend häufig keine Präferenz erfüllt und demnach auch kein Beitrag zur sozialen Wohlfahrt geleistet (Mason 2006, 43; A. Buchanan 1985, 19–20).[136] Je häufiger und stärker die Realität (bzw. eine realistische Utopie) von den Modellannahmen abweicht, desto zweifelhafter wird das Ergebnis der Argumentation.

Doch auch wenn Modell und Realität sich hinreichend ähnlich sind (bzw. die Realität dem Modell angepasst werden kann), sodass auf Grundlage des Modells politische Entscheidungen getroffen werden können, ist die verdienstbasierte Argumentation für den freien Markt nicht stichhaltig. Zwei (weitere) Schwachstellen der Argumentation fallen besonders ins Auge. Erstens darf nicht davon ausgegangen werden, dass die Höhe des bezahlten Preises der Stärke der (durch das Produkt befriedigten) Präferenz korrespondiert, denn es spielt eine wesentliche Rolle, über *wie viel* Geld eine Konsument*in überhaupt verfügt (so auch Miller selbst – 1999, 237–238). Reiche Menschen sind oft bereit, sich einen kleinen Nutzenzuwachs mit einer großen Menge Geld zu erkaufen, einfach, weil sie es sich leisten können. Produziert jemand Güter, die vor allem von den Bessergestellten konsumiert werden, so erhält sie mehr Geld als jemand, der für arme Menschen produziert, obwohl letztere häufig einen größeren Nutzen aus den erworbenen Gütern ziehen (vgl. ebd., 237–238). Zweitens darf nicht davon ausgegangen werden, dass das Gehalt einer Angestellten ihrem Beitrag zur Gesamtproduktion des Unternehmens entspricht. Auf diese Annahme und eine verbreitete Begründung dafür möchte ich im Rest dieses Abschnittes näher eingehen.

Inwieweit hat der Vorstandsvorsitzende eines Unternehmens, der bspw. ein Jahreseinkommen von 100.000 € erhält, wirklich 10 mal mehr zum Unternehmenserfolg beigetragen als eine Angestellte mit einem Jahresgehalt von 10.000 €,

---

[136] Das Problem besteht nicht in der zugrundeliegenden Idee menschlichen Wohlergehens als die Erfüllung von Präferenzen, sondern in dem Umstand, dass nicht jede Konsumentscheidung wirklich zur Befriedigung von Präferenzen führt.

welche unmittelbar die materielle Produktion im Unternehmen gewährleistet? Das Gehalt einer Arbeitskraft entspricht in der Regel ihrem Marktpreis, der seinerseits von Angebot und Nachfrage bestimmt wird. Dies führt u. a. dazu, dass die Entlohnung einer Arbeitsleistung niedriger ausfällt, wenn mehr Teilnehmern*innen am Arbeitsmarkt willens und in der Lage sind diese Leistung zu erbringen. Warum also sollte man davon ausgehen, dass die ungleiche Entlohnung zwischen Vorstandsvorsitzendem und einfacher Arbeiter*in ihre ungleichen Beiträge widerspiegelt?

Um einen Zusammenhang zwischen Markteinkommen und individuellem Beitrag aufzuzeigen, ziehen manche Vertreter*innen des Verdienstansatzes die ökonomische *Theorie der Grenzproduktivitätsentlohnung* (marginal productivity of wages) heran und geben dieser eine moralphilosophische Wendung (vgl. Mankiw 2013, 21–34; Mulligan 2018, 131 - 134).[137] Die Theorie besagt, dass in einem „idealen" Markt mit vollständigem Wettbewerb die Einnahmen einer Angestellten ihrer Grenzproduktivität entsprechen. Unter Grenzproduktivität wird der Produktionszuwachs verstanden, der entsteht, wenn die „letzte" Arbeiter*in, deren Einstellung sich noch für das Unternehmen rentiert, zur Arbeiterschaft „hinzugefügt" wird (eine weitere Arbeiter*in einzustellen würde zu Verlusten führen). Die Theorie der Grenzproduktivitätsentlohnung gibt also Auskunft darüber, wie viel ein Unternehmen höchstens für eine zusätzliche Arbeitskraft bezahlen sollte, sodass die Einstellung wirtschaftlich profitabel ist.

Da die Grenzproduktivität einer Arbeiter*in im Rahmen dieser Theorie auch als ihr „Beitrag" bezeichnet wird und das Gehalt der Arbeiter*in ihrem *so verstandenen* Beitrag entspricht, haben manche daraus den Schluss gezogen, dass das Gehalt auch in einem normativen Sinne verdient ist (vgl. Schweickart 2011, 32–33; Sheffrin 2013, 196). Viele Ökonom*innen und Philosoph*innen halten dem jedoch entgegen, dass es sich um eine rein technische Definition von „Beitrag" handle, der keinerlei normative Relevanz zukomme und es vollkommen willkürlich sei, die Grenzproduktivität einer Arbeiter*in als normativ relevanten Verdienstbasis anzusehen (vgl. Schweickart 2011, 32; Heath 2014; Scanlon 2018, 128–130).

Ohne die normative Variante der Theorie der Grenzproduktivitätsentlohnung gibt es keinen Grund mehr zu der Annahme, dass der Markt „von alleine" für eine verdienst-adäquate Verteilung von Einkommen unter den Angestellten sorgt; dass also der *markt-vermittelte* Lohn dem individuellen (moralisch-relevanten) Beitrag zum Unternehmenserfolg entspricht. Miller, der die normative Theorie der Grenz-

---

[137] Die Theorie der Grenznutzenproduktivität als eine Theorie moralischen Verdienstes aufzufassen, hat unter Ökonom*innen eine lange Tradition. Auch wenn die Theorie zu Anfangs als rein positiv konzipiert wurde, kam es schnell zu einer Vermischung (bzw. Verwechslung) mit normativen Kategorien und es entwickelte sich eine „normative Variante der Grenzproduktivitätstheorie" (vgl. Wisman & Smith 2011, 986–989; Schweickart 2011, 27–34; vgl. Heath 2014, 8–12).

nutzenproduktivität abzulehnen scheint, plädiert deshalb dafür, dass „die Manager in den Unternehmen versuchen, gewissenhaft die jeweiligen Beiträge der bei ihnen beschäftigten Arbeitskräfte zu bewerten" (Miller 1999, 224) und entsprechend zu vergüten. Auf welcher Grundlage dies geschehen soll, bleibt allerdings offen. Abgesehen davon, dass man Zweifel an der schieren Möglichkeit einer solchen Bewertung haben mag – insbesondere in komplexen und kooperativen Produktionsabläufen, bei der viele Arbeiter*innen mit unterschiedlichen Tätigkeiten beteiligt sind (vgl. Heath 2014, 7–8; Wisman & Smith 2011, 989) – wird eine solche Bewertung in kaum einem Unternehmen je durchgeführt.[138] Angesichts der hierarchischen Machtstrukturen innerhalb kapitalistischer Unternehmen ist von diesen auch nicht zu erwarten, dass sie für eine faire Verteilung der Gewinne unter ihren Mitarbeiter*innen sorgen – zumindest nicht auf freiwilliger Basis. Hier bedürfte es also staatlicher Eingriffe.

Aus der bisherigen Besprechung des Prinzips des fairen Lohnes können wir festhalten, dass es keinen Grund zu der Annahme gibt, der „freie" Markt verteile Gehälter verdienstgerecht. Dies gilt nicht nur für reale, sondern auch für ideale Märkte (mit perfektem Wettbewerb, voll informierten und rationalen Individuen, ohne Externalitäten etc.). Ferner fehlt es Verdiensttheoretiker*innen, ohne die normative Theorie der Grenzproduktivität, an einem Maßstab zur Bestimmung individuellen Beitrags. Hieraus folgt nicht, dass es unmöglich ist, einen solchen Maßstab zu entwickeln. Bis dahin müssen sich Verdiensttheoretiker*innen aber – wie in den meisten Bereichen der Moralphilosophie – auf Intuitionen verlassen; zum Beispiel auf die Intuition, dass eine Manager*in nicht das 100 fache einer einfachen Arbeiter*in zum Unternehmenserfolg beisteuert.

Hält man sich an allgemein geteilte Intuitionen, so würde eine verdienstgerechte Verteilung erheblich *egalitärer* ausfallen als die Verteilung durch den Markt. Entsprechend bedürfte es der aktiven (staatlichen) Umverteilung *innerhalb* der Angestelltenschaft eines Unternehmens von den Besser- zu den Schlechterbezahlten.

---

138 Ein interessantes Beispiel für eine solche Umverteilung in der Praxis ist das Mondragon-Unternehmen (mit 80.000 Arbeiter*innen) in Spanien, in dem eine Top-Manager*in höchstens das 9-fache der niedrigst-bezahlten Arbeiter*in erhalten darf – eine Regel, die vermutlich unter anderem auf Verdiensterwägungen basiert. Das Unternehmen ist allerdings eine demokratisch geführte Arbeiter-Kooperative (vgl. Chang 2014, 132–133).

5 Erbschaftssteuer als Mittel für eine verdienstgerechte Verteilung (II): Die erweiterte Verdienstkonzeption

Bisher sind wir von den ökonomischen Verdienstprinzipien ausgegangen, die Miller und Mulligan *explizit* besprechen und haben deren institutionelle Implikationen erfragt. Es hat sich gezeigt, dass die Kernprinzipien (insbesondere das Prinzip des fairen Lohnes) keineswegs für einen unregulierten Markt, sondern für staatliche Eingriffe und Umverteilungsmaßnahmen sprechen. In diesem Abschnitt möchte ich nun auf drei Erweiterungen des vorgestellten Verdienstansatzes zu sprechen kommen, die zwar von keinem der Autoren ausführlich behandelt werden, die meines Erachtens aber aus Gründen der Konsistenz aus dem Verdienstansatz folgen. Für die hier behandelte Fragestellung sind sie deshalb relevant, weil sie (zusätzlich zu den Kernprinzipien) in Richtung einer staatlichen Umverteilungspolitik weisen.

Die erste Erweiterung betrifft den Verdienst von *Arbeitgebern* und *Kapitaleignern*. Ein ökonomischer Verdienstansatz, der nur aus dem Prinzip der fairen Rekrutierung und dem Prinzip des fairen Lohnes besteht, muss als unvollständig angesehen werden, denn er spart die „Arbeitgeber-Seite" aus (5.1). Die zweite Erweiterung betrifft den Verdienst von *nicht-marktförmiger Arbeit*. Das fundamentale Prinzip des fairen Lohnes lautet, dass der marktvermittelte Beitrag zur allgemeinen Wohlfahrt einer monetären Entlohnung bedarf. Es verweist uns damit unweigerlich auf die Frage nach der Vergütung nicht-marktvermittelter Beiträge (5.2). Die dritte Erweiterung betrifft ein allgemeines Prinzip der Chancengleichheit (5.3). Nur mittels des vervollständigten Verdienstansatzes können die Verdienstansprüche von Erben und Erblassern bestimmt und die verteilungspolitischen sowie erbrechtlichen Implikationen herausgearbeitet werden.

5.1 Beitrag durch Kapital und Produktionsmittel

Im Fokus von Miller und Mulligans Verdienstkonzeption liegt die Gruppe der Angestellten (oder Arbeiter*innen). Die Gruppe der Arbeitgeber (oder Kapitalist*innen) wird hingegen ausgeblendet. Für Letztere stellt sich aber nicht minder die Frage, ob sie ihr Einkommen überhaupt (in einem normativen Sinne) verdient haben. Mit Blick auf die moralische Beurteilung einer Erbschaftssteuer müsste diese Gruppe sogar im Zentrum der Analyse stehen, denn Arbeitgeber und Kapitalist*innen haben in der Regel mehr zu vererben als Angestellte und wären daher von einer egalitären Erbschaftssteuer am stärksten (negativ) betroffen.

Die einseitige Konzentration auf die Arbeitnehmerseite mag sich dadurch erklären, dass das *Kapital* (Geld und Produktionsmittel) der Arbeitgeber, welches diese zur Produktion im Unternehmen „beisteuern", ebenso wie der Profit, den jene durch Einsatz ihres Kapitals am „freien Markt" erwirtschaften können, als *bereits durch frühere Arbeit normativ verdient* erachtet wird. In diesem Fall wären die Arbeitnehmer von einer (erneuten) verdienstbasierten Beurteilung ausgenommen (vgl. Riley 1989, 138; Mulligan 2018, 197–199). Eine solche Annahme geht jedoch mit folgenden zwei Problemen einher: Erstens leben wir (noch) in keiner Meritokratie und insofern darf – unter realen Bedingungen – nicht davon ausgegangen werden, dass die Kapitalist*innen, die ihnen *de facto* zugesprochenen (positiv-rechtlichen) Eigentumsrechte an den Produktionsmitteln *bereits* verdient haben. Einen verdienstbasierten Anspruch am Kapital könnten die Arbeitgeber deshalb nicht geltend machen, weil – aus Perspektive des Verdienstansatzes – zumindest ein großer Anteil des Kapitals anderen Teilen der arbeitenden Bevölkerung zukommen würde.[139]

Zweitens stellt sich an dieser Stelle die Frage, ob die Eigentumsrechte, die man in einer Meritokratie verdienen kann, auch Ansprüche an Kapital beinhalten, d. h. Ansprüche darauf, Produktionsmittel (oder Aktien) zu kaufen und am Markt zur Profiterzeugung einzusetzen. Mir scheint dies eine äußerst fragwürdige Annahme zu sein, denn auf lange Sicht würden sich dadurch enorme Ungleichheiten zwischen Arbeit und Kapital ergeben, die auch (oder gerade) aus einer Verdienstperspektive unangemessen erscheinen. Falls das Verdienstobjekt aber keine Eigentumsrechte an den Produktionsmitteln umfasst, so müsste sich der Beitrag der Arbeitgeber zum Unternehmenserfolg ebenso wie der Beitrag der Arbeitnehmer an Verdienstkriterien messen lassen, und die Profite eines Unternehmens wären entsprechend (verdienstgerecht) zwischen *allen* am Unternehmenserfolg beteiligten – also zwischen Arbeitnehmern *und Arbeitgebern* – aufzuteilen.

Ohne die normative Theorie der Grenzproduktivität fällt es schwer, den individuellen Beitrag als auch den Beitrag bestimmter Gruppen (Arbeiter, Arbeitgeber, Kapitaleigner) exakt (oder überhaupt) zu bestimmen. Intuitiv könnte man aber auf die Idee kommen, dass der Beitrag der Arbeitgeber in vielen Fällen sogar geringer ausfällt als der Beitrag der Arbeitnehmer. So gibt David Schweickart zu bedenken: „The capitalist qua capitalist remains [a] passive figure [...] who engages in nothing that can be reasonably regarded as 'productive activity'" (Schweickart 2011, 35). Zwar tragen auch Unternehmer*innen häufig zum Unternehmenserfolg bei (in der wirtschaftswissenschaftlichen Literatur werden erfolgreichen Unternehmer*innen

---

[139] Überhaupt bleibt unklar, wie die meritokratische Gesellschaft „ins Rollen kommt". Wie sind die Eigentumsrechte *ex ante* in der Gesellschaft verteilt, auf deren Grundlage sich dann bestimmte Berufe herausbilden, die gemäß des Prinzip der fairen Rekrutierung verteilt und gemäß des Prinzips des fairen Lohnes vergütet werden und ihrerseits die Voraussetzung für die Existenz verdienstbasierter Ansprüche darstellen?

Eigenschaften wie „Organisationstalent", „Kreativität" oder „Innovation" nachgesagt) und dieser Beitrag wäre – gemäß der ökonomischen Verdienstidee – auch auf finanzielle Weise zu würdigen; die bloße Bereitstellung ökonomischen oder materiellen Kapitals dürfe jedoch nicht als normativ relevanter Beitrag angesehen werden. Unter Berücksichtigung dieser Umstände wäre ein großer Anteil des Vermögens wohlhabender Bevölkerungsgruppen – nämlich derjenigen, die nicht durch „eigene" Arbeit, sondern durch die Bereitstellung von Kapital und Produktionsmittel reich geworden sind – zur Gruppe der Arbeiter*innen umzuverteilen.

5.2 Nicht-marktvermittelter Beitrag

Die zweite – meines Erachtens notwendige – Erweiterung der Kerntheorie ökonomischen Verdienstes betrifft all jene individuellen Beiträge zur sozialen Wohlfahrt, die auf andere als marktförmige Weise geleistet werden. So trägt bspw. Arbeit, die im „privaten" Bereich der Familie verrichtet wird, wie Hausarbeit (Kochen, Putzen etc.), Kindererziehung und die Pflege von Angehörigen, ebenfalls in erheblichem Maße zum Gesamtnutzen in einer Gesellschaft bei.[140] Auch unbezahlte Arbeit in gemeinnützigen, zivilgesellschaftlichen Organisationen, die sich bspw. für Umweltschutz, Minderheitenrechte oder (wünschenswerten) gesellschaftlichen Wandel allgemein einsetzen, dürfte von großem gesellschaftlichem Nutzen sein (selbst wenn wir diesen – wie Miller dies tut – als Maximierung von Präferenzerfüllung verstehen).

Auch Miller hält die Erweiterung des Verdienstansatzes um die Größe des nicht-marktvermittelten Beitrages für notwendig. So schreibt er, dass „jeder im Verhältnis zu seinem produktiven Beitrag vergütet werden sollte, und zwar *unabhängig davon, ob er in einem Marktkontext arbeitet oder nicht*" (Miller 1999, 248; hervorgehoben durch Verfasser). Dieses Zugeständnis ist nur folgerichtig, denn es erscheint – aus moralischer Perspektive – vollkommen willkürlich, den Verdienst einer Person davon abhängig zu machen, ob sie den gesellschaftlichen Nutzen auf markt-förmige oder auf andere Weise befördert.[141]

---

140 Schätzungen zufolge macht nicht-marktvermittelte Arbeit ca. ein Drittel des GDP aus (vgl. Chang 2014, 156).
141 Der Grund dafür, dass Vertreter*innen ökonomischen Verdienstes ihre Untersuchung auf die Sphäre marktförmiger Arbeit beschränken, könnte darin liegen, dass sich kein Maßstab finden lässt, um nicht-marktvermittelten Beitrag zu quantifizieren. Wie jedoch argumentiert wurde, fehlt ein solcher Maßstab ebenso im Bereich des Marktes! Ferner mag man sich fragen, was es bringen würde, den marktförmigen ohne den nicht-marktförmigen Beitrag zu ermitteln. Denn wie bereits angesprochen, geht es beim Prinzip des fairen Lohnes darum, Individuen entsprechen ihres *rela-*

Die Frage, ob es sich bei einem Verdienstansatz, der auch nicht-marktförmigen Verdienst berücksichtigt, überhaupt noch um einen *ökonomischen* Verdienstansatz handelt, ist rein terminologischer Natur und ohne normative Relevanz. Entscheidend ist, dass uns der Grundgedanke hinter dem Prinzip des fairen Lohnes – nämlich, dass Beitrag zur sozialen Wohlfahrt monetär zu entlohnen ist – über marktförmigen Beitrag und marktförmige Belohnung hinausweist. Wenn nicht-marktförmiger Beitrag ebenso zu belohnen ist wie marktförmiger, so können wir die Verteilung des Verdienstobjektes ganz offenbar nicht dem „freien" Markt überlassen. Stattdessen würde es zu den Aufgaben des Staates zählen, auch allen beitragenden *Nicht*-Martteilnehmer*innen ihren verdienten Anteil zukommen zu lassen.

5.3 Verdienst und Chancengleichheit

Damit komme ich zur dritten und letzten Erweiterung des ökonomischen Verdienstansatzes. Hierbei handelt es sich um ein *meritokratisches Prinzip der Chancengleichheit*. Grob besagt dieses, dass jede Person die effektive Möglichkeit erhalten muss, entsprechend ihrer natürlichen Begabung und Anstrengung, bestimmte (für den Arbeitsmarkt relevante) Fähigkeiten und Eigenschaften zu entwickeln, die dann in einer Bewerbungssituation, ohne Diskriminierung seitens des Arbeitgebers, berücksichtigt werden. Meritokratisch ist das Prinzip insofern, als es nicht bloß die Chancen auf bestimmte Positionen gleich verteilt, sondern die Chancen darauf, Positionen *aufgrund der eigenen (überlegenen) Qualifikation* zu erhalten. Das Prinzip schließt damit unmittelbar an das Prinzip des fairen Lohnes an (hierin unterscheidet es sich von dem im ersten Kapitel formulierten Chancenprinzip). Prägnant formuliert: „[T]he best person should get the job but [...] everyone [equally talented and ambitious] should have an equal opportunity or chance of becoming the best" (Cavanagh 2002, 84).[142]

---

tiven Beitrags zur Wohlfahrt zu belohnen. Dieser lässt sich aber nur bestimmen, wenn man die Beiträge *aller am Beitrag Beteiligten* kennt.

[142] Auch wenn das Prinzip der Chancengleichheit als plausibler *Bestandteil* eines (prinzipien-pluralistischen) Verdienstansatzes angesehen werden kann, so ist nicht klar, ob es sich beim Chancenprinzip selbst um ein *Verdienst*prinzip handelt oder um ein moralisches Prinzip anderer Art. Handelt es sich um ein Verdienstprinzip, so wäre die Verdienstbasis *das angeborene Talent und die Anstrengungsbereitschaft*; das Verdienstobjekt wäre *die gleiche Chance, die Qualifikation für gesellschaftliche Positionen zu erlangen wie alle anderen, die gleiches angeborenes Talent und gleiche Anstrengung vorweisen können.*

Mulligan bekennt sich ausdrücklich zu diesem Prinzip und sieht dessen Realisierung sogar als Voraussetzung dafür an, dass die anderen Prinzipien (das Prinzip der fairen Rekrutierung und das Prinzip des fairen Lohnes) zur Anwendung kommen können. Miller dagegen ist uneindeutig. Manchmal entsteht der Eindruck, dass er umfängliche Chancengleichheit (zumindest aus Verdienstgesichtspunkten) für entbehrlich hält (vgl. Miller 1999, 193–194). An anderer Stelle gibt er jedoch zu verstehen, dass er Chancengleichheit für ein wichtiges, wenn auch in der Praxis nicht immer realisierbares – *verdiensttheoretisches* Ideal hält (Miller 1999, 227, 230–231).[143] Anders als Mulligan scheint er allerdings nicht zu glauben, dass die Geltung der zwei Kernprinzipien die Verfolgung oder gar Realisierung von Chancengleichheit voraussetzen.

Doch was spricht eigentlich *aus Verdienstgesichtspunkten* dafür, die Kernprinzipien um ein Prinzip der Chancengleichheit zu ergänzen? Das Prinzip der fairen Rekrutierung sorgt dafür, dass die qualifiziertesten Bewerber*innen einen Arbeitsplatz bekommen, und das Prinzip des fairen Lohnes sorgt dafür, dass diejenigen, die einen Arbeitsplatz erhalten haben, angemessen für ihre Arbeit bezahlt werden. Erhält auf diese Weise nicht jede, was sie verdient? Mulligan ist der Ansicht, dass sich die Abwesenheit eines Prinzips gleicher Chancen auf die Gültigkeit der anderen Verdienstprinzipien auswirke:

> "We normally want to say that the fastest runner deserves the medal on the basis of his merit. But this is no longer true if the other runners were hobbled before the starting gun went off. In that case, the winner's just claim on the medal – his claim to deserve the medal – is weakened, if not nullified. And as it goes for races, so too for our collective economic life. Justice is a matter of giving people what they deserve, and that is impossible without equal opportunity" (Mulligan 2018, 5).

Dieses Argument sieht im Prinzip der Chancengleichheit nicht bloß eine weitere moralische pro tanto Erwägung, die unabhängig von Verdiensterwägungen besteht; vielmehr sei das Chancenprinzip auf intime Weise mit den (anderen) Verdienstprinzipien verquickt. Ansprüche, die auf dem Prinzip der fairen Rekrutierung oder auf dem Prinzip des fairen Lohnes basieren, seien ohne das Prinzip der Chancengleichheit (und seiner Einhaltung) „geschwächt" oder sogar „annulliert".

Nehmen wir dieses Zugeständnis an das Prinzip der Chancengleichheit ernst und fragen nach dessen institutionellen Implikationen. Ganz offenbar kann das

---

143 So schreibt Miller bspw., dass er sich dem „meritokratischen Ideal einer Gesellschaft [verpflichtet sieht], in der die Chance jedes Einzelnen, vorteilhafte Positionen samt der daran geknüpften Belohnungen zu bekommen, *ganz* von seinen oder ihren Talenten und Anstrengungen abhängt" (Miller 1999, 227; hervorgehoben durch Verfasser). Auch Andrew Mason interpretiert Millers Ansatz so, dass dieser ein Prinzip der Chancengleichheit umfasst (vgl. 2006, 39–40).

Ideal der Chancengleichheit nicht durch einen „freien" Markt realisiert werden. Wie im ersten Kapitel besprochen, bedarf es umfänglicher ökonomischer Umverteilung von den Privilegierten zu den Schlechtergestellten, die insbesondere durch eine Erbschaftssteuer geleistet werden kann. Es besteht also ein (weiterer) *verdienstinhärenter* Grund für ökonomische Umverteilung und für die Implementierung einer (egalitären) Erbschaftsteuer. Zwar ist nicht ausgeschlossen, dass das Prinzip der Chancengleichheit mit dem Prinzip der fairen Rekrutierung oder dem Prinzip des fairen Lohnes in Konflikt gerät, doch ist davon auszugehen, dass die zusätzliche Akzeptanz des Prinzips der Chancengleichheit die Waage der verdiensttheoretischen Gründe alles in allem weiter in Richtung einer egalitären Umverteilung kippen lässt. Sollte Mulligan mit seiner Behauptung Recht haben, dass Chancengleichheit eine *notwendige* Bedingung für die Geltung der Kernprinzipien darstellt, so liegt es zudem nahe, dem Prinzip der Chancengleichheit lexikalischen Vorrang vor den anderen zwei Prinzipien einzuräumen.

Fazit

In diesem Kapitel wurde die philosophisch elaborierteste Theorie ökonomischen Verdienstes vorgestellt und ihre Implikationen für die verdienstbasierten Ansprüche von Erben und Erblassern sowie für staatliche (Um)verteilungsaufgaben und die Einführung einer Erbschaftssteuer untersucht. Es wurde dafür argumentiert, dass sowohl Erben als auch Erblasser verdienstbasierte Ansprüche haben können, die pro tanto gegen die Einführung einer Erbschaftssteuer sprechen. Da diese aber im Lichte einer verdienstgerechten Gesamtverteilung zu beurteilen sind, stellt die bloße Existenz einzelner Ansprüche kein Hindernis für die erfolgreiche Verteidigung der Erbschaftssteuer auf verdiensttheoretischer Grundlage dar. Erst in der Anwendung der Prinzipien ökonomischen Verdienstes auf die gesellschaftlichen Verhältnisse als Ganze zeigt sich, ob eine Erbschaftssteuer alles in allem (aus Verdienstperspektive) zu begrüßen ist oder nicht. Bei der Anwendung der Verdienstprinzipien hat sich herausgestellt, dass der freie Markt – anders als manche Verdiensttheoretiker*innen behaupten –, nicht „von sich aus" in der Lage ist, Menschen gemäß ihres ökonomischen Verdienstes zu belohnen. Stattdessen ist davon auszugehen, dass umfängliche Umverteilungsaufgaben für den Staat anfallen, um zu einer verdienst-adäquaten Verteilung in der Gesellschaft beizutragen. Insbesondere hätte der Staat mindestens die folgenden vier distributiven Aufgaben zu erfüllen:

i) Er hätte dafür zu sorgen, dass Einkommen unter allen Angestellten eines Unternehmens gemäß ihres normativ relevanten Beitrages und nicht gemäß ihrer Grenzproduktivität verteilt wird. ii) Das durch den Markt erzeugte Einkommensungleichgewicht zwischen Arbeitnehmern und Arbeitgebern (bzw. Arbeiter*innen und Kapitalist*innen) wäre ebenfalls – gemäß ihres (proportionalen) Beitrages – auszugleichen. iii) Um auch nicht-marktförmige Beiträge, z.Bsp. häusliche Arbeit (proportional) angemessen zu belohnen, stünden Umverteilungen zwischen der „am Markt arbeitenden Bevölkerung" und dem Rest der zum Gemeinwohl beitragenden Bevölkerung an. iv) Wenn es stimmt, dass die Kernprinzipien des ökonomischen Verdienstansatzes nicht ohne allgemeine Chancengleichheit zu haben sind, so hätte der Staat einen verdienstbasierten Grund, große ökonomische Ungleichheiten unter allen Gesellschaftsmitgliedern zu verringern (siehe auch Kapitel 1).

Zumindest in den Fällen ii – iv haben wir es tendentiell mit einer Umverteilung von den Bessergestellten zu den Schlechtergestellten zu tun: Von Arbeitgebern zu Arbeitnehmern, von der Bevölkerung mit Lohnarbeit zu der (beitragenden) Bevölkerung ohne Lohnarbeit, von den sozial Privilegierten zu den sozial Benachteiligten. Die resultierende Gesamtverteilung wird vermutlich nicht mit einer Verteilung auf rein egalitären Grundsätzen identisch sein, doch sollte die Verringerung großer ökonomischer Ungleichheiten durchaus zu einer verdienst*gerechteren* Verteilung beitragen. Die egalitäre Erbschaftssteuer wäre ein geeignetes Instrument, um diesen Ungleichheiten entgegenzuwirken und daher (mindestens im Vergleich zum status quo ohne die Steuer) auch von Verdienstanhänger*innen zu begrüßen. Verdienstbasierte Einwände gegen die egalitäre Erbschaftssteuer können also erfolgreich zurückgewiesen und das ökumenische (komparative) Argument für die Erbschaftssteuer um die wohlverstandene Konzeption ökonomischen Verdienstes erweitert werden.

V Familie

Eine weitere prominente Gruppe von Argumenten *gegen* die Erbschaftssteuer dreht sich um die Familie. Robert Lamb fasst deren Anliegen wie folgt zusammen: „[Inheritance] can be justified through reference to values such as the importance of bonds of love, family and kinship or to the particular duties that parents have to children" (Lamb 2014, 634). Ähnlich deutet Gottfried Schweiger die Stoßrichtung derartiger Argumente: Erbschaften würden als legitim bzw. schützenswert erachtet, „da enge soziale Beziehungen und Bindungen einen eigenständigen, auch gerechtigkeitstheoretischen, Wert besitzen" (Schweiger 2013, 55). Thomas Nagel spricht von einem „right [...] to use one's resources to benefit one's family" (Nagel 2009, 114) und nennt dieses später „the most significant legitimate value in support of limits on the taxation of inheritance" (ebd., 120). Auch Johann Brunner schreibt, dass viele Argumente gegen die Erbschaftssteuer „die Legitimität der elterlichen Fürsorge für die Nachkommen" betonen. Der familiäre Verband werde dabei als „eine umfassende Einheit angesehen", weshalb „die Weitergabe von Vermögen – mindestens soweit sie innerhalb dieses familiären Verbandes stattfindet – keinen Anlass für die Erhebung einer Steuer dar[stelle]" (Brunner 2013, 156).

Trotz ihrer weiten Verbreitung bleiben solche „Familienargumente" in der Regel – wie in den obigen Zitaten – bloß angedeutet. Ein näherer Blick lässt außerdem vermuten, dass sich unter dem Schlagwort der Familie sehr heterogene Argumentationsstrategien verbergen, die, außer einem vagen Bezug auf die normative Relevanz der Familie, wenig verbindet. Um die Stichhaltigkeit von „Familienargumenten" gegen die Erbschaftssteuer angemessen beurteilen zu können, ist es daher zunächst wichtig, zwischen verschiedenen (Arten von) Argumenten zu unterscheiden und diese so klar wie möglich zu formulieren.

In diesem Kapitel werden fünf verschiedene „familienbasierte" Argumente gegen die Erbschaftssteuer vorgestellt und es wird gezeigt, dass keines dieser Argumente gegen die Einführung einer egalitären Erbschaftssteuer spricht. Das erste Argument geht davon aus, dass die Familie als solche ein *Eigentumsrecht* am zu besteuernden Vermögen hat. Weder der verstorbene Erblasser noch der Erbe seien rechtmäßige Eigentümer des Vermögens, sondern die Familie als Ganze. Da das Vermögen keine Besitzer*in wechselt (die Besitzer*in ist nach wie vor die ganze Familie) sei eine Erbschaftssteuer verfehlt (1). Das zweite Argument gründet auf dem *intrinsischen Wert* von Familienbeziehungen. Die Erbschaftssteuer habe zur Folge, dass diese Beziehungen in einer Weise beeinflusst werden, die ihren Wert für die Familienangehörigen verringert (2). Das dritte Argument betrachtet Familienbeziehungen als eine genuine Grundlage *parteilicher moralischer Verpflichtungen* und Ansprüche. Derartige Verpflichtungen könnten etwa darin bestehen, das

Wohlergehen der eigenen Angehörigen in einer normativen Entscheidungssituation wichtiger zu nehmen als das Wohlergehen anderer Personen. Der Erbschaftssteuer wird vorgeworfen, dass sie es Eltern unmöglich mache, ihren besonderen Verpflichtungen gegenüber ihren Kindern uneingeschränkt nachzukommen (3). Das vierte Argument greift auf die verbreitete, aber notorisch unterbestimmte Dichotomie zwischen der *öffentlichen* und der *privaten Sphäre* zurück. Die Besteuerung von Erbschaften sei als ein Eingriff in den intimen Raum der Familie zu werten, welcher als Inbegriff des Privaten gilt und daher dem Zugriff des Staates verwehrt sein sollte (4). Das fünfte und letzte Argument weist auf die *instrumentelle* Funktion innerfamiliären Vermögenstransfers für i) die Absicherung von Familienmitgliedern, ii) wirtschaftliche Effizienz und iii) die Weitergabe identitätsstiftender Güter hin. Eine Erbschaftssteuer sei aus diesen instrumentellen Erwägungen abzulehnen (5). Im Folgenden werde ich jedes dieser Argumente so fair wie möglich darstellen und anschließend jeweils zurückweisen.[144]

1 Das Eigentumsrecht der Familie

Im öffentlichen Diskurs in Deutschland gehört der Verweis auf ein moralisches Eigentumsrecht der Familie zu den verbreitetsten Einwänden gegen eine Erbschaftssteuer (vgl. Beckert 2004, 13, 19, 66, 71; Halliday 2018, 52). Auch in den USA wurde (im Rahmen der Diskussion um die Aufhebung der Erbschaftssteuer) vermehrt auf die Idee von Familieneigentum zurückgegriffen (vgl. Alstott 2009, 130). Argumente gegen die Erbschaftssteuer, die auf dem Eigentumsrecht der Familie basieren, heben als normativ signifikant hervor, dass nicht der individuelle Erblasser Eigentümer seines Vermögens ist, sondern die Familie als Ganze. Entsprechend dürfe eine Erbschaft nicht als Vermögens*übertragung* von einem Rechtssubjekt zu einem anderen Rechtssubjekt aufgefasst werden, sondern als eine „Neuverteilung [der] Anteile des Eigentums innerhalb des Familienverbandes" (vgl. Beckert 2007b, 15). „[T]here is no „transfer" from one tax unit to another upon which to levy any tax" (Duff 1993, 61). Dies wiederum spräche (zumindest *pro tanto*) gegen die Erhebung einer Erbschaftssteuer.

---

[144] Jorgen Pederson und Steinar Boyum behandeln außerdem ein Argument, wonach Eltern ein *Recht* haben, ihren Kindern einen Nutzen zu verschaffen und eines, wonach es eine ethische *Tugend* sei, seinen Kindern zu nutzen. Außerdem behandeln sie ein Argument, wonach die Erbschaftssteuer „may impair a vital sense of continuity and belonging" (Pederson & Boyum 2019, 299). Trotz Überschneidungen zu den hiesigen Argumenten handelt es sich dabei doch um verschiedene. Die in diesem Kapitel behandelten „Familienargumente" sind also nicht erschöpfend.

Ich verstehe das Argument so, dass es – so wie die im dritten Kapitel behandelten Argumente – von einem *fundamentalen* Recht handelt. Wäre das Familienrecht aus einem anderen moralischen Prinzip – wie etwa dem utilitaristischen oder dem Prinzip des Nutzens für die Schlechtestgestellten – abgeleitet, so hinge die Schlüssigkeit der hier behandelten Argumentation weitgehend von den *instrumentellen* Argumenten aus Abschnitt 5 ab. Ob Familien als Ganze Rechtsträger sein sollten und wie umfangreich deren Rechte wären, hinge dann ganz davon ab, welche Konsequenzen die positiv-rechtliche Zuschreibung (und Anerkennung) von Familienrechten im Rahmen der vorherrschenden (oder idealen) institutionellen Ordnung *in toto* hätte. In der Regel liegen den Vertreter*innen der hiesigen Argumentation aber nicht (primär) die Gesamtkonsequenzen am Herzen, sondern der fundamentale Anspruch von Familien auf ihr Eigentum.

Bevor ich zu einer möglichen formalen Darstellung des Argumentes vom Eigentumsrecht der Familie übergehe, möchte ich kurz erklären, worin – meines Erachtens – seine spezifische dialektische Rolle besteht. Vertreter*innen des Argumentes kommen den Verteidiger*innen der Erbschaftssteuer zunächst entgegen, indem sie (implizit) zugestehen, dass die Rechte von Toten nicht berücksichtigt werden brauchen (die Konklusion des Argumentes toter Erblasser aus Kapitel 2) und dass daher weder ein (vermeintlicher) individueller Erblasser noch ein (vermeintlicher) Erbe ein Eigentumsrecht am Vermögen geltend machen können (die ersten zwei Prämissen des einfachen Argumentes aus Kapitel 3).[145] Ohne dieses Zugeständnis bräuchten sie nicht den Umweg über das Familieneigentumsrecht zu gehen, sondern könnten ebenso gut darauf bestehen, dass die egalitäre Erbschaftssteuer die moralischen Eigentumsrechte der *individuellen* Erben verletzt (bei denen es sich ebenfalls zum großen Teil um Familienmitglieder handelt). Letztere hätten das Vermögen ja durch rechtmäßigen Transfer zwischen individuellen Rechtsträger*innen erhalten.[146]

---

145 Von „vermeintlich" ist hier die Rede, da Vertreter*innen eines Familienrechtes die Existenz *individueller* Eigentumsrechte und damit die Existenz eines *individuellen* Erblassers ablehnen.
146 Zugegeben, die normativen Implikationen eines Familieneigentumsrechtes und individueller Eigentumsrechte wären verschieden. Bspw. fällt im Rahmen eines Familieneigentumsrechtes – mit dem Tod eines (vermeintlichen) Erblassers – das (vermeintliche) Erbe denjenigen Personen kollektiv zu, die bereits zuvor die Familie konstituierten. Im Rahmen von individuellen Eigentumsrechten kann das Erbe dagegen auch an Nicht-Familienmitglieder übertragen werden – dies liegt ganz in der Entscheidung des individuellen Rechtsträgers. Ein weiterer normativer Unterschied zwischen Familien- und individuellen Eigentumsrechten könnte mit Blick darauf bestehen, wer zu Lebzeiten des (vermeintlichen) Erblassers über das Vermögen entscheiden darf. *In beiden Fällen aber wäre die Erhebung einer (egalitären) Erbschaftssteuer als Verletzung von Eigentumsrechten aufzufassen.*

Aufgrund des Argumentes toter Erblasser (und der ersten zwei Prämissen des einfachen Argumentes) ziehen *Verteidiger*innen* der egalitären Erbschaftssteuer den Schluss, dass der Besteuerung von Erbschaften nichts mehr im Weg steht (die Konklusion des einfachen Argumentes aus Kapitel 3). *Gegner*innen* der egalitären Erbschaftssteuer halten diesen nun entgegen, dass sie die *kollektive* Natur der Rechtsträger*in verkennen: Selbst wenn die Rechte toter individueller Familienmitglieder (und vermeintlicher Erblasser) moralisch nicht zählen und selbst wenn kein (postmortem) Transfer des Eigentums stattgefunden hat und es daher auch keinen neuen individuellen Eigentümer gibt, so gehört das Vermögen nach wie vor dem *ursprünglichen* Eigentümer, nämlich der Familie als Ganzer. Der Erbschaftssteuer stehe also durchaus etwas im Weg, nämlich das Eigentumsrecht der Familie. Vor diesem dialektischen Hintergrund wird verständlich, warum Gegner*innen der Erbschaftssteuer darauf beharren, dass die Eigentümer*in durchgehend dieselbe bleibt und ihres Eigentumsrechtes zu keinem Zeitpunkt verlustig geht.

Argument vom Eigentumsrecht der Familie
P1: Nicht der individuelle Erblasser ist moralischer Eigentümer seines Vermögens, sondern die Familie als Ganze.
P2: Ist die Familie als Ganze moralische Eigentümerin des Vermögens, so hat der Tod eines einzelnen Familienmitgliedes (und vermeintlichen Erblassers) nicht zur Folge, dass die ursprüngliche Rechtsträgerin (die Familie) ihr Eigentumsrecht verliert.
K1: Der Tod eines einzelnen Familienmitgliedes (und vermeintlichen Erblassers) hat nicht zur Folge, dass die ursprüngliche Eigentümerin (die Familie) ihr Eigentumsrecht verliert (folgt aus P1 & P2).
P3: Verliert die ursprüngliche Eigentümerin nicht ihr Eigentumsrecht, ist die Erhebung einer Erbschaftssteuer moralisch problematisch.
K2: Die Erhebung einer Erbschaftssteuer ist moralisch problematisch (folgt aus K1 & P3).

Prämisse 1 besagt, dass es sich bei den Eigentumsrechten von Personen, die in einem Familienzusammenhang stehen, nicht um individuelle Rechte handle, sondern um Rechte der Familie – also um *Gruppenrechte*. Geläufige Kriterien, welche eine Gruppe als Träger von Rechten qualifizieren, dürften Familien in der Regel erfüllen. Familien weisen eine einheitliche Struktur auf, es gibt Verhaltensregeln und kollektive Entscheidungsstrukturen, ihre Mitglieder können gemeinsam absichtsvoll handeln, identifizieren sich subjektiv miteinander und stehen in Solidaritätsbeziehungen (vgl. Jones [2008] 2016, n.p.). Sofern man die Existenz von Gruppenrechten nicht rundheraus ablehnt, scheint es sich bei Familien daher um einen vielversprechenden Kandidaten von Trägern für Gruppenrechte zu handeln. Ich möchte jedoch drei Herausforderungen ansprechen, die sich spezifisch für eine Theorie von moralischen Familieneigentumsrechten stellen. Eine Theorie des Familieneigentums muss i) ein Kriterium dafür liefern, wo die Grenzen der Familieneinheit verlaufen, ii) erklären, wie und wann das Vermögen von individuellem in kollektiven Besitz übergeht und iii) erklären, warum der Erblasser zu Lebzeiten alleine über das Vermögen entscheiden darf. Die folgenden Ausführungen sind nicht als Kritik gedacht, sondern sollen lediglich aufzeigen, worauf eine Konzeption von Familieneigentum antworten müsste, um eine überzeugende Ergänzung oder Alternative zu individuellen Eigentumsrechten zu sein.

i) Ein Eigentumsrecht der Familie wäre kein individuelles, sondern ein Gruppenrecht.[147] Damit stellt sich die Frage, aus welchen Individuen genau sich die Gruppe bzw. Rechtsträger*in konstituiert. Wer bildet im hier relevanten Sinne eine *Familieneinheit*? Wir sind es gewohnt, bei einer Familie an Eltern und ihre Kinder zu denken, also an das, was in der westlichen Kultur die „Kernfamilie" genannt wird. Zudem werden die Begriffe ‚Eltern' und ‚Kinder' zumeist über biologische Abstammung definiert. In den letzten Jahrzehnten hat sich die Bedeutung des Familienbegriffes jedoch in beiden Dimensionen verschoben, sodass zunehmend Lebensgemeinschaften aller Art als Familien bezeichnet werden (vgl. Brighouse & Swift 2014, xi). Es ist müßig danach zu fragen, welches die „richtige" Definition von ‚Familie' ist, ohne zu wissen, welchen Zweck eine solche Definition erfüllen soll. Vertreter*innen eines Familieneigentumsrechtes müssten zunächst erklären, auf welche Familien*konzeption* sie sich berufen und warum gerade diese von normativer Relevanz ist. Eine systematische Begründung „der Familie" könnte sich auf die biologische Abstammung, die emotionale Bindung oder das kognitive Selbstverständnis der Beteiligten berufen.

ii) Eine hiermit eng verknüpfte Frage ist die nach der *Genese* eines Familieneigentumsrechtes. Wie kommt ein solches Recht in Existenz? Aneignungstheorien für individuelle Eigentumsrechte wurden in Kapitel 3 kurz angerissen. Die Grundidee von Aneignungstheorien ist, dass unbesessene Objekte frei zur Aneignung bereitstehen und durch das Ausführen einer bestimmten Handlung oder das An-

---

147 In der philosophischen Literatur zu Gruppenrechten wird ein Unterschied gemacht zwischen einem Recht, welches individuelle Akteure *gemeinsam* haben und einem Recht, welches ein *Gruppenakteur* hat (Jones [2008] 2016, n.p.). Ich sehe jedoch nicht, inwiefern dieser Unterschied für meine Argumentation relevant ist, und so werde ich der Einfachheit halber ausschließlich von *Gruppen* als Rechtsträgern sprechen, ohne mich damit zu der einen oder anderen Variante zu bekennen. Zugleich soll sich mit der Rede von „Gruppen als Rechtsträger" gegen sogenannte „group-differentiated rights" – *individuelle* Rechte, die eine Person nur dann hat, wenn sie einer bestimmten Gruppe zugehört – abgegrenzt werden (vgl. ebd., 2016).

nehmen einer bestimmten Haltung (Vermischung der Arbeit, emotionale Identifikation, bloße Beanspruchung) zum Eigentum der jeweiligen Person werden. Es ist nicht klar, wie die Aneignung von Eigentum im Falle eines kollektiven Akteurs vonstatten geht. Zwar ist nicht auszuschließen, dass sich so etwas wie eine *gemeinsame Aneignung* konzeptualisieren lässt, doch hilft eine solche Theorie (in der Regel) nicht dabei, wenn es darum geht, *Familien*eigentum zu begründen. Denn das meiste Eigentum von Familienmitgliedern kommt, wenn überhaupt, nicht durch eine gemeinsame, sondern durch eine individuelle Aneignung (bzw. individuelle Vertragsschlüsse) zustande.[148] Vielversprechender ist eine Entstehungsgeschichte, die nicht auf gemeinsamer, sondern auf individueller Aneignung beruht und anschließend aufzeigt, wie sich individuelles Eigentum – etwa durch eine spezifische Handlung der Rechtsträger*in – in Gruppeneigentum transformiert. Intuitiv naheliegende „Transformationsursachen" sind das Eingehen einer Lebensgemeinschaft sowie das Zeugen oder Adoptieren eines Kindes.[149] Besteht zum Zeitpunkt der Aneignung bereits eine Familienbeziehung, so könnten individuell angeeignete Gegenstände auch *unmittelbar* in Familieneigentum übergehen. Hier ließe sich vermutlich ebenso gut von einer „individuell ausgeführten, aber letztlich kollektiven Aneignung" sprechen. Entscheidend ist, dass die zugrundeliegende Familienkonzeption mit den Transformationsursachen kompatibel ist.

iii) Angenommen, es lässt sich ein plausibles Kriterium dafür finden, welche Individuen eine Familieneinheit (und damit den kollektiven Rechtsträger) konstituieren und angenommen, es lässt sich zeigen, wie individuelles in kollektives (Familien)eigentum übergeht, so stellt sich als nächstes die Frage, wie eine kollektive Entscheidung unter den Gruppenmitgliedern zustande kommt. Zwar ist ein Gruppenrecht *als solches* nicht auf eine kollektive Willensbildung angewiesen (es kann Gruppenrechte geben, für die keine kollektive Willensbildung erforderlich ist), doch ein *Eigentums*recht geht gewöhnlich mit der Fähigkeit einher, über den Gebrauch eines Gegenstandes zu *entscheiden*. Im Falle eines individuellen Eigen-

---

148 In manchen Fällen arbeiten Eltern und Kinder zwar gemeinsam im Betrieb der Eltern, die Arbeit der Kinder alleine taugt aber nach libertärer Rechtsdoktrin nicht dazu, aus diesen Teileigentümer*innen an den Produktionsmitteln den produzierten Waren oder deren Erlös zu machen, denn die materiellen Gegenstände waren zuvor bereits im Besitz der Eltern. Würde man zulassen, dass Arbeit an – sich bereits im Besitz befindlichen – Gegenständen einen Eigentumsanspruch an diesen Gegenständen generiert, so wäre zu erwägen, ob nicht auch Lohnarbeiter*innen in den Besitz der Produktionsmittel und die von ihnen produzierten Waren kämen.
149 Über das Problem, dass neugeborene Kinder zunächst (womöglich) keinen Personenstatus haben und insbesondere libertäre Philosoph*innen ihnen daher den Status von Rechtsträger*innen absprechen, soll an dieser Stelle hinweggesehen werden. Dieses Problem ließe sich womöglich dadurch lösen, dass die Kinder erst im Zuge ihrer Entwicklung Teil des kollektiven Rechtsträgers werden.

tumsrechtes entscheidet die individuelle Rechtsträger*in über die Verwendung des Eigentums und den Ausschluss anderer. Im Falle eines kollektiven Eigentumsrechtes liegt es nahe, dass eine *kollektive Entscheidung* über die Verwendung des Eigentums getroffen wird. Eine kollektive Entscheidung zeichnet sich dadurch aus, dass ihr eine Entscheidungsprozedur zugrunde liegt, welche *alle* Gruppenmitglieder miteinbezieht.

Dies muss nicht heißen, dass jede Person die *gleiche* Stimme oder den gleichen Einfluss auf die Entscheidung haben muss. Entscheidungsstrukturen in Gruppen können sich auf einem Spektrum von egalitär/demokratisch zu hierarchisch/diktatorisch bewegen. Vertreter*innen eines Familieneigentumsrechtes sollten aber erklären können, warum Entscheidungsbefugnisse zwischen Familienmitgliedern auf eine bestimmte Weise verteilt sind (insbesondere wenn sie ungleich verteilt sind). Vertreter*innen von Familieneigentum glauben zwar, dass Kinder ein Anrecht auf das Eigentum ihrer Eltern *nach deren Tod* haben, sie glauben aber in der Regel nicht, dass Kinder bereits zu Lebzeiten der Eltern darüber mitentscheiden (geschweige denn *gleichermaßen* mitentscheiden) dürfen, was mit dem Eigentum geschieht, wofür Geld ausgegeben wird (etc.). Vertreter*innen einer Konzeption von Familieneigentum stehen somit vor der Schwierigkeit, dass sie eine theoretische Begründung dafür geben müssen, warum die Kinder zwar Teileigentümer des elterlichen Vermögens sind, zu Lebzeiten der Eltern aber keine Entscheidungsgewalt über die Verwendung des Vermögens haben. Alternativ könnte sie akzeptieren, dass Kinder auch schon zu Lebzeiten der Eltern mitentscheiden dürfen. Dies allerdings hätte sehr kontraintuitive Implikationen für die soziale und politische Praxis.

Aus der bisherigen Besprechung sollte deutlich geworden sein, dass die Konzeptualisierung eines Eigentumsrechtes der Familie vor einigen theoretischen Herausforderungen steht. Ferner hätte die Anerkennung eines solchen Rechtes (unter Umständen) äußerst revisionistische Implikationen für die bestehende Eigentumsrechtspraxis. Vielleicht sind die aufgeworfenen Schwierigkeiten nicht unüberwindbar und vielleicht sollten wir uns an radikalen Revisionen nicht stören, denn immerhin hätte auch die Einhaltung konventioneller libertärer Theorien als auch Theorien distributiver Gerechtigkeit große gesellschaftliche Veränderungen zur Folge. An dieser Stelle sei nur darauf hingewiesen, dass bisher keine ausgearbeitete Theorie von Familieneigentum vorliegt und dass diejenigen, die ein solches Recht gegen die Erbschaftssteuer in Stellung bringen, wohl selten geneigt sein werden, die beschriebenen Revisionen in Kauf zu nehmen. Möchte man an der ersten Prämisse des Argumentes (dass die Familie als Ganze Eigentümer des vererbten Vermögens ist) festhalten, so müsste man eine Lösung für die drei besprochenen Herausforderungen finden.

Wie plausibel ist die zweite Prämisse des Argumentes – nämlich, dass der Tod eines Familienmitgliedes (und vermeintlichen Erblassers) unter Bedingungen eines

Familieneigentumsrechtes nicht dazu führt, dass die ursprüngliche Rechtsträgerin (die Familie) ihr Eigentumsrecht verliert? Die Prämisse scheint vorauszusetzen, dass die Familie eine Art von Gruppe ist, die auch dann ihre numerische Identität bewahrt, wenn eines ihrer Mitglieder stirbt. Denn würde die Gruppe ihre Identität mit dem Tod eines ihrer Mitglieder verlieren, so würde die ursprüngliche Gruppe auch ihr kollektives Eigentumsrecht verlieren und die „neue" Gruppe, die aus denselben Personen – ausgenommen der verstorbenen Person – besteht, müsste sich das vorerst eigentümerlose Vermögen *neu aneignen*. Da jedoch nicht nur die „neue" Familie ein Recht auf Erstaneignung hat, sondern jeder andere individuelle oder kollektive Akteur ebenfalls, ist nicht sichergestellt, dass das Vermögen der ursprünglichen Familieneinheit tatsächlich zum Eigentum der neuen Familieneinheit wird. Zudem können Verteidiger der egalitären Erbschaftssteuer an dieser Stelle das Argument der Risikovermeidung aus Kapitel 3 heranziehen, um auf dessen Grundlage für eine egalitäre Erbschaftssteuer zu argumentieren. Ein Ergebnis, das Vertreter*innen eines Familieneigentumsrechtes vermutlich vermeiden wollen.

Gruppen, welche verschiedene Mitgliederkonstellationen überdauern und in diesem Sinne unabhängig von ihren einzelnen Mitgliedern existieren, begegnen uns recht häufig:

> "we can think of a football club or a university department or a trade union as remaining the same football club, university department or trade union, even though the individuals who constitute its members change over time. [......] Thus, if we ascribe rights to a [such a] group, the right-bearing group will be something other than the set of individuals who happen to belong to it at any moment" (Jones [2008] 2016, n.p.).

Auch Familien stellen wir uns als Entitäten vor, die unabhängig von ihren konkreten individuellen Mitgliedern existieren und deshalb über viele Generationen *dieselben* Gruppen bleiben. Prämisse 2 scheint also durchaus an weit geteilte ontologische Intuitionen anknüpfen zu können. Um zu zeigen, dass es sich bei Familien um Gruppen handelt, die den Wechsel ihrer individuellen Mitglieder „überleben", reicht es jedoch nicht aus, sich auf Intuitionen zu verlassen. Vielmehr müsste eine systematische Begründung dafür gefunden werden, dass dies auf Familien zutrifft. An dieser Stelle werde ich mich jedoch mit der intuitiven Einsicht begnügen, da eine entsprechende „mereologische" Untersuchung über den Rahmen dieser Arbeit hinausgeht. Ich gestehe den Vertreter*innen des Argumentes vom Familieneigentumsrecht also zu, dass die numerische Identität der Familie nicht durch den Tod einzelner ihrer Mitglieder bedroht ist.

Betrachten wir nun die dritte Prämisse. Diese besagt, dass die Erhebung einer Erbschaftssteuer moralisch problematisch ist, wenn die ursprüngliche Eigentümer*in nicht ihr Eigentumsrecht verliert.[150] Was die Erhebung der Steuer hiernach problematisch macht, ist, dass sie Eigentumsrechte – nämlich Eigentumsrechte von Familien – verletzt. An dieser Stelle liegt es nahe, sich auf die Besprechung individueller Eigentumsrechte in Kapitel 3 zu beziehen. Dort wurde argumentiert, dass eine Erbschaftssteuer nur dann Eigentumsrechte verletzt, wenn diese besonders umfangreich und besonders stark verstanden werden. Vertreter*innen des obigen Argumentes scheinen davon auszugehen, dass auch das Eigentumsrecht der Familie so stark und umfangreich ist, dass es Besteuerung zu Zwecken der egalitären Umverteilung ausschließt. Unter diesen Bedingungen wäre Prämisse 3 korrekt.

Das Argument vom Eigentumsrecht der Familie ist – unter den besprochenen theoretischen Annahmen und sofern sich die angesprochenen theoretischen Leerstellen zufriedenstellend ausfüllen lassen – erfolgreich. Wie schon den Argumenten individueller libertärer Eigentumsrechte in Kapitel 3, lässt sich auch dem hiesigen Argument im Rahmen seiner Voraussetzungen wenig entgegenhalten. Ich möchte daher auch hier die Strategie vorschlagen, die besagten Eigentumsrechte *als solche* zurückzuweisen. Der Grund dafür ist nicht, dass *Familien*eigentum – im Gegensatz zu individuellem Eigentum – besonders unplausibel ist, sondern dass *fundamentale* Eigentumsrechte (seien es individuelle oder familiäre), die so umfangreich und stark sind, dass sie keine egalitäre Umverteilung zulassen, kein attraktives moralisches Ideal darstellen. Warum dies so ist, wurde bereits am Ende von Kapitel 3 angedeutet.[151]

Zuletzt möchte ich darauf hinweisen, dass das Argument des Familieneigentums aus (argumentations)strategischer Sicht redundant ist, *wenn damit ausschließlich der Zweck verfolgt wird, die egalitäre Erbschaftssteuer als illegitim auszuweisen*. Hierzu reicht nämlich der Verweis auf *individuelle* (libertäre) Eigentumsrechte – und zwar selbst unter der Annahme, dass die Interessen (toter) Erblasser nicht zählen. Denn in Kapitel 3 wurde auch gezeigt, dass es im Rahmen einer individuellen libertären Eigentumsrechtsdoktrin *andere* Gründe (als die Ei-

---

150 David G. Duff behauptet, unter einer solchen Konzeption von Eigentum sei „taxation of inherited wealth [...] *inconceivable* since there is no 'transfer' from one tax unit to another upon which to levy any tax" (Duff 1993, 61; hervorgehoben durch Verfasser). Dieser Hinweis scheint aber bloß auf eine begriffliche Spitzfindigkeit hinauszulaufen. Denn auch, wenn keine Besteuerung von Erbschaften (im herkömmlichen Sinne) möglich wäre, so könnte doch eine Steuer auf die „Neuverteilung [der] Anteile des Eigentums innerhalb des Familienverbandes" (vgl. Beckert 2007b, 15) erhoben werden. Man mag nun immer noch behaupten, dass diese Besteuerung *moralisch problematisch* ist. *Unvorstellbar* oder *unbegreiflich* wäre sie aber nicht.

151 Tatsächlich scheint eine Theorie des Familieneigentums immer auch eine Theorie individuellen Eigentums vorauszusetzen (siehe ii). Die Theorie von Familieneigentumsrechten hätte also nicht nur mit den Problemen der libertären Theorie aus Kapitel 3 zu kämpfen, sondern *zusätzlich* mit den hier aufgeworfenen.

gentumsrechte des Erblassers und der vermeintlichen Erben) dafür gibt, dass der Staat das Vermögen *nicht* besteuern (und für egalitäre Zwecke einsetzen) darf: Andere Steuern (als die Erbschaftssteuer), die bisher zum Schutz libertärer Eigentumsrechte eingesetzt wurden, verlieren in dem Moment ihre Legitimität, wenn der Staat die Einnahmen aus der Erbschaftssteuer für egalitäre Zwecke verwendet, anstatt sie für den allgemeinen Schutz von Eigentumsrechten einzusetzen (siehe Kapitel 3, Abschnitt 4.2). Die Erbschaftssteuer würde daher (wenn auch nicht die Eigentumsrechte verstorbener Erblasser, so aber) die Eigentumsrechte der gesamten – zu Steuerzahlungen verpflichteten – Bevölkerung verletzen.

Sowohl im Falle eines Eigentumsrechtes der Familie als auch im Falle individueller Eigentumsrechte wäre eine egalitäre Erbschaftssteuer moralisch problematisch (denn sie würde gegen Eigentumsrechte verstoßen), wenn die Einnahmen aus der Steuer für etwas anderes als den allgemeinen Schutz von Eigentumsrechten eingesetzt werden. Das Argument vom Eigentumsrecht der Familie hat also keinen Vorteil gegenüber Argumenten, welche die Erbschaftssteuer auf Basis individueller libertärer Eigentumsrechte zurückweisen. Da bisher keine ausgearbeitete Konzeption von Familieneigentum vorliegt, scheint sogar umgekehrt zu gelten, dass das Argument individueller Eigentumsrechte einen Vorteil gegenüber dem Argument des Familieneigentums hat.

Fazit

Existiert ein fundamentales (sowie besonders starkes und umfangreiches) moralisches Eigentumsrecht der Familie, so liefert dieses einen durchschlagenden Grund gegen die Erhebung einer egalitären Erbschaftssteuer. Wie in Kapitel 3 argumentiert wurde, scheitert die Verteidigung einer egalitären Erbschaftssteuer aber bereits im Rahmen einer (ausschließlich) individuellen Eigentumsrechtskonzeption. Geht es den Vertreter*innen von Familieneigentum nur um die Zurückweisung der egalitären Erbschaftssteuer, so könnten sie sich daher ebenso gut auf die (ausschließlich) individuelle Eigentumstheorie aus Kapitel 3 berufen. Da die Konzeptualisierung eines Eigentumsrechtes der Familie mit einigen – bisher nicht eingelösten – theoretischen Herausforderungen einhergeht, ist dies vermutlich sogar die bessere (zumindest aber die einfachere) Strategie.

2 Der intrinsische Wert familiärer Beziehungen

Es ist eine weit verbreitete Annahme, dass gelungene zwischenmenschliche Beziehungen das Leben der in diesen Beziehungen stehenden Personen (zumindest in *einer* wichtigen Hinsicht) objektiv (intrinsisch) bereichern. Das gute Leben konstituiere sich u. a. durch „certain personal and social relationships" (Brink 2003, 231), „relations of love and friendship" (Arneson 2000b, 49) oder „enthusiastic involvement with other people and many hours spent [...] in good company" (Raz [1986] 1988, 306). Auch Martha Nussbaum zufolge, deren Konzeption eines objektiv guten Lebens – nicht nur von Philosoph*innen – als maßgebend angesehen wird, zeichne sich ein gutes Leben mitunter dadurch aus, dass man von seiner Fähigkeit Gebrauch macht „to love those who love and care for us, to grieve at their absense, in general, to love, grieve, to feel longing and gratitude" (Nussbaum 1992, 222). Einige Autor*innen beziehen sich dabei dezidiert (und manche sogar exklusiv) auf *Familien*beziehungen. So glaubt Derek Parfit, dass „having children and being a good parent" von intrinsischem Wert (für Individuen) sei (Parfit 1984, 499). Joseph Raz spricht von „warm and trusting relationships with *family* and friends (Raz [1986] 1988, 306; hervorgehoben durch Verfasser) und auch Nussbaum hält die Fähigkeit „to engage in various forms of *familial* and social interaction" für einen wertvollen Aspekt des guten Lebens (Nussbaum 1992, 222; hervorgehoben durch Verfasser).

Auch wenn sich also viele Philosoph*innen einig darin sind, dass Familienbeziehungen etwas (für Individuen) Wertvolles sind, mag man unterschiedlicher Ansicht darüber sein, worin Familienbeziehungen bestehen und was *genau* an ihnen wertvoll ist. Für die folgende Argumentation ist es nicht erforderlich, notwendige und hinreichende Bedingungen von „Familie" oder „Familienbeziehung" aufzustellen. Stattdessen werde ich eine Reihe von Merkmalen nennen, die gute Kandidaten für den *Wert* von Familienbeziehungen sind und mich anschließend auf eines dieser Merkmale konzentrieren, auf welches Gegner*innen einer Erbschaftssteuer abzuzielen scheinen. Neben Intimität und Vertrauen, gemeinsamen Aktivitäten sowie geteilten Erfahrungen, Wertvorstellungen und langfristigen Projekten, zeichnen sich viele (wertvolle) Familienbeziehungen (und andere wertvolle Beziehungen wie Freundschaften und Liebesbeziehungen) dadurch aus, dass die jeweiligen Personen einander *gegenseitig um ihrer selbst willen* wertschätzen, dass sie die *Disposition* haben, der anderen Person (um ihrer selbst willen) zu helfen bzw. generell ihr Wohlergehen oder ihre Interessen zu befördern und schließlich, dass sie dies auch tatsächlich tun.

Mit diesem skizzenhaften Überblick zum Wert zwischenmenschlicher (und familiärer) Beziehungen komme ich nun auf ein Argument gegen die Erbschaftssteuer zu sprechen, welches sich auf eben diesen Wert beruft. Es beginnt mit der Feststellung, dass eine Erbschaft (genauer: der Akt des Vererbens) zwischen Familienmitgliedern ein Ausdruck von Liebe und Wertschätzung seitens des Erblassers gegenüber des Erben (zumeist der Eltern gegenüber ihren Kindern) darstellt. Damit trage die Erbschaft zur Intensität (und damit zum Wert) der jeweiligen Familienbeziehung bei: „Bequeathing something to others is an expression of caring about them, and it intensifies those bonds" (Nozick [1989] 2000, 292). Von hier ist der Weg zu einem Argument gegen die Erbschaftssteuer nicht mehr weit. Ist das Vererben ein Ausdruck von Liebe und Fürsorge und trägt damit zum Wert der (familiären) Beziehung bei, so mag man in der Erbschaftssteuer eine Gefahr für diese Beziehungen bzw. deren Wert erblicken. Wenn die Erbschaftssteuer tatsächlich den Wert familiärer Beziehungen untergräbt, so scheint dies zumindest pro tanto gegen sie zu sprechen (vgl. Thompson 2009, 69).[152]

Meine Kritik des Argumentes besteht aus drei Teilen. Erstens zeige ich, dass ein Akt des Gebens nur dann zum Wert familiärer Beziehungen beiträgt, wenn a) dieser mit bestimmten Einstellungen und Dispositionen verbunden ist und b) der Aspekt des Gebens innerhalb der Beziehungen noch nicht „ausgereizt" ist. Ich zeige, dass im Falle von Erbschaften in der Regel mindestens eine dieser zwei Bedingungen nicht erfüllt ist, weshalb der Akt des Gebens in diesem Fall nicht zum Wert der Familienbeziehung beiträgt (2.1). Zweitens argumentiere ich dafür, dass sich eine Erbschaftssteuer auch positiv auf Familienbeziehungen auswirken kann, da sie den Eltern ein Mittel nimmt, Macht über ihre Kinder auszuüben (2.2). Drittens werde ich dafür argumentieren, dass es einseitig wäre, nur die Auswirkungen zu berücksichtigen, welche die Erbschaftssteuer auf die Familienbeziehungen derjenigen hat, die in der Lage sind etwas zu vererben. Wie bei allen wertvollen Gütern gilt es auch hier die Frage nach der Verteilung des Gutes mitzubedenken (2.3).

2.1 Zwei Voraussetzungen, die erfüllt sein müssen, damit Geben zum Wert von Familienbeziehungen beiträgt

Eine erste Schwierigkeit für das Argument besteht darin, dass nicht klar ist, dass *der Akt des Gebens* für den Wert einer Beziehung entscheidend ist. So gibt Richard

---

152 Argumente, die sich auf intrinsische Werte und Fragen des guten Lebens beziehen, werden von vielen liberalen Philosoph*innen auf Grundlage eines Neutralitätsgebotes zurückgewiesen. Gesellschaftliche und politische Institutionen müssten demnach aus der Perspektive eines jeden (vernünftigen) Einzelnen gerechtfertigt werden können. Mit Blick auf Konzeptionen des guten Lebens und sogenannte „comprehensive doctrines" im Allgemeinen (vgl. Rawls 1993, xv-xviii) bestehe unter vernünftigen Bürger*innen jedoch ein Dissens, sodass sie nicht als Rechtfertigungsmaßstab dienen könnten. Wenn der Anspruch an Neutralität (und die Einschätzung, dass mit Blick auf das gute Leben kein vernünftiger Konsens vorliegt) berechtigt ist, so käme das Argument, welches die Erbschaftssteuer auf Grundlage des intrinsischen Wertes familiärer Beziehungen zurückweist, gar nicht erst zum Zuge (vgl. Clayton [2012] 2013). Auch wenn die Vertreter*innen dieses Argumentes früher oder später auf den Neutralitätseinwand eingehen sollten, wird von diesem Einwand im Folgenden kein Gebrauch gemacht. Aufgrund seiner weiten Verbreitung sei er jedoch an dieser Stelle erwähnt.

Arneson zu bedenken, dass es womöglich weniger auf die Ausführung der Handlung ankomme als vielmehr auf die aufrichtige wechselseitige *Zuneigung* und die *Disposition*, einander zu helfen und Gutes zu tun. Sind Eltern bspw. aufgrund äußerer Beschränkungen schlicht nicht in der Lage, das Wohl ihrer Kinder zu verbessern, aber gewillt dies zu tun, sobald sich die Situation dazu ergibt, so trage dies nach Arneson nicht weniger zum Wert der Beziehung bei, als wenn Eltern das Wohl ihrer Kinder tatsächlich verbessern, weil sie nicht nur gewillt, sondern außerdem dazu in der Lage sind (vgl. Arneson 2003, 393–394). Eine Erbschaftssteuer würde dieser Überlegung zufolge keinerlei Auswirkungen auf den Wert der Eltern-Kind-Beziehung haben, da die Affektion und die damit einhergehende Disposition zur Hilfe und Fürsorge weiterhin besteht, auch wenn sie nicht durch den Akt des Vererbens „zum Ausdruck kommt".

Doch selbst, wenn man – anders als Arneson – zugesteht, dass auch der *Akt* des Schenkens zum Wert zwischenmenschlicher Beziehungen beitragen kann, so scheint dieser doch von der richtigen *Motivation* abhängig zu sein. Verschenkt man bspw. nur etwas, weil man sich davon einen (beziehungsunabhängigen) individuellen Nutzen in der Zukunft verspricht, so dürfte der Akt nicht zum intrinsischen Wert der Beziehung beitragen. Mit Blick auf viele Erbschaften sind Zweifel angebracht, dass es sich bei der Handlung des *Vererbens* tatsächlich um einen Akt handelt, der das Wohl der beschenkten Person zum Ziel hat. Erblasser können aus vielen anderen Motiven handeln.[153]

Helmuth Cremer und Pierre Pestieau bspw. glauben, dass neben altruistischen Motiven auch „warm-glow Motive", „dynastische Motive" und „strategische Motive" eine Rolle dafür spielen, dass Menschen ihr Vermögen vererben (vgl. 2013, 162–163). Warm-glow Motive zielen nicht auf das Wohlergehen der beschenkten Person ab, sondern auf die eigenen angenehmen Gefühle, die man bekommt, wenn man Dank und Anerkennung durch die Beschenkten erfährt. Dynastische Motive zielen darauf ab, dass die Kinder nach dem Tod ein Unternehmen oder eine Familientradition weiterführen, für die die Erbschaft eine entscheidende Rolle spielt. Strategische Motive schließlich haben zum Ziel, dass sich die Kinder auf bestimmte Weise verhalten, etwa dass sie sich um den Erblasser kümmern, wenn dieser im Alter pflegebedürftig ist oder in anderer Hinsicht dem Willen des Erblassers Folge leisten.

---

153 Stuart White scheint davon auszugehen, dass nicht jedes Geschenk, sondern nur Geschenke von „emotionaler Bedeutung" den Wert familiärer Beziehungen befördernd können: „[I]n order to express and enjoy the kind of special intimacy that characterizes family relationships, family members do need to be able to pass on certain items of emotional significance down the generations" (White 2018, 179). Gerade bei Geldgeschenken scheint diese Bedingung nicht erfüllt zu sein. Dennoch scheint mir, dass auch Geldgeschenke eine Beziehung bereichern können, wenn sie aus den richtigen Motiven geschehen.

Wenn Erbschaften in erster Linie durch eines (oder mehrere) dieser drei Ziele motiviert sind und nicht durch Altruismus, so tragen sie nicht zum Wert der familiären Beziehung bei. Auch Nozick räumt ein, dass Erblasser nicht immer von altruistischen, sondern oft von strategischen Beweggründen geleitet sind: „[T]he power to bequeath may also bring a power to dominate, through the threat, explicit or implicit, not to bequeath if the potential receivers do not behave to one's satisfaction. We might conjecture that it is this power and continuing control that many wealthy people care about, rather than the ability to enhance and express the bonds of personal relations." (Nozick [1989] 2000, 294).

Bevor ich ein Argument dafür vorbringe, warum nicht nur für einige, sondern für einen *Großteil* aller Erbschaften gilt, dass sie nicht zum Wert familiärer Beziehungen beitragen, muss noch die zweite Voraussetzung dafür betrachtet werden, unter der der Akt des Gebens zum Wert von Familienbeziehungen beiträgt. Der Akt des Schenkens scheint einen abnehmenden Grenznutzen für den Wert von Familienbeziehungen zu haben. Hat sich zwischen zwei Menschen eine tiefe und stabile Beziehung entwickelt, die allgemein von gegenseitiger Wertschätzung, liebevoller Zuwendung und gemeinsamer Aktivität geprägt ist, trägt ein Zuwachs an (wohlwollenden) Schenkungen in der Regel nicht oder nur wenig zur Erhöhung des Wertes dieser Beziehung bei. Man könnte sagen, dass der Aspekt des (gegenseitigen) Gebens ab einem bestimmten Zeitpunkt gesättigt ist.[154] Gerade im Falle einer Erbschaft, die zum Lebensende einer der in Beziehung stehenden Personen erfolgt, sollte die Beziehung bereits eine Qualität erreicht haben, die nicht mehr durch vermehrtes Schenken an zusätzlichem Wert gewinnen kann (auch dann nicht, wenn der Akt des Schenkens auf Wertschätzung und Wohlwollen basiert und dieses zum Ausdruck bringt).

Vor dem Hintergrund dieser zwei Bedingungen (unter denen ein Akt des Gebens zu Familienbeziehungen beiträgt), lässt sich nun folgendes Dilemma formulieren, vor dem die Gegner*in der Erbschaftssteuer steht: Wenn Eltern zu Lebzeiten für ihre Kinder gesorgt haben, so scheint die Erbschaft am Ende des Lebens nicht mehr nötig zu sein, denn dann wäre der Aspekt des Gebens bereits „gesättigt" und würde nicht mehr zum Wert der Beziehung beitragen (die zweite Bedingung ist

---

154 Was aber, wenn ich einem geliebten Menschen einen großen Nutzen zuteil werden lassen kann, bei geringen Kosten für mich selbst – so wie es bei vielen Erbschaften der Fall wäre –, würde sich eine Unterlassung dieser spezifischen Handlung nicht oft auf die Qualität der Beziehung als Ganzer auswirken? Hier scheint es mir allerdings nicht die Unterlassung des Gebens (als solchem) zu sein, die sich negativ auf den Wert der Beziehung auswirkt, sondern der Umstand, dass die fragliche Person kein wirkliches Interesse am Wohl des Anderen zeigt. Es fehlt ihr offenbar an aufrichtiger Wertschätzung für die andere Person. Die Unterlassung wäre wiederum nur ein Indiz für diese fehlende Wertschätzung.

nicht erfüllt). Wenn Eltern aber zu Lebzeiten *nicht* für ihre Kinder gesorgt haben, so darf man Zweifel daran haben, dass die Erbschaft am Ende des Lebens der Eltern aus den richtigen Motiven geschieht (die erste Bedingung ist nicht erfüllt). Wir können daher schließen, dass Erbschaften in einem Großteil der Fälle nicht zum Wert der jeweiligen Familienbeziehungen beitragen würden. Einzig, wenn Eltern, die zu Lebzeiten nicht für ihre Kinder gesorgt haben, nun einen Sinneswandel erleben und die Beziehung zu ihren Kindern zum Schluss ihres Lebens verbessern wollen, wäre der Wert der Beziehung negativ durch die Erbschaftssteuer betroffen.

Es sei zugestanden, dass auch solche Fälle vorkommen. Menschen in hohem Alter, die von ihrem bevorstehenden Tod wissen, blicken oft reuevoll auf bestimmte Aspekte ihres Lebens zurück und wollen vergangene Fehler wiedergutmachen. Unter diesen Umständen könnte das Hinterlassen einer Erbschaft (mit der Absicht das Wohl der Nachkommen zu befördern) die letzte Möglichkeit sein, (bislang missglückte) familiäre Beziehungen – sozusagen ex post – aufzuwerten. „The dead can no longer offer loved ones their advice, their encouragement, sympathy in times of hardship, and joy if things go well; all they can do is pass on worldly goods to intended beneficiaries. [Confiscatory inheritance taxes] is an especially cruel injury because it deprives the dead [or people in old age] of one of their last opportunities for securing the [relationship]goods that they value" (Lomasky 1987, 270). Dass der Verlust dieser „letzten Gelegenheit", etwas zu geben, den Wert familiärer Beziehungen für die von der Erbschaftssteuer Betroffenen *in Einzelfällen* verringern kann, sei zugestanden. Die entscheidende Frage ist allerdings, wie oft solche Fälle vorkommen und wie groß der angerichtete Schaden jeweils ausfällt. Sind die Fälle selten und ist der jeweilige Schaden klein, so würden die entsprechenden Gründe (die sich auf Grundlage des Wertes von Familienbeziehungen gegen die Erbschaftssteuer richten) bei einer Gesamtabwägung kaum ins Gewicht fallen.

2.2 Wie die Erbschaftssteuer Familienbeziehungen verbessert

Selbst mit Blick auf die zuletzt genannten Fälle ist nicht ausgemacht, dass die Erbschaftssteuer die entsprechenden (Instanzen von) Familienbeziehungen alles in allem verbessert. Denn die Möglichkeit, seinen Kindern etwas zu vererben, kann sich auch *negativ* auf den Wert familiärer Beziehungen auswirken (vgl. Cunliffe & Erreygers 2013, 62; Pederson & Boyum 2019, 310). Nozicks Zitat gibt bereits einen Fingerzeig, warum dies so sein könnte. Die Fähigkeit, großes Vermögen an seine Kinder zu vererben, gibt dem Erblasser „a power to dominate through the threat, explicit or implicit, not to bequeath if the potential receivers do not behave to one's satisfaction" (Nozick [1989] 2000, 294). In diesem Fall wäre eine hohe Erbschaftssteuer also nicht nur nicht hinderlich für gute Familienbeziehungen, sie wäre sogar förderlich, denn sie würde einen Faktor, der guten Familienbeziehungen im Weg steht – nämlich die Macht der Eltern über ihre (erwachsenen) Kinder – , aus dem Weg räumen.

Schließlich könnte sich Erbschaften nicht nur negativ auf den Wert der Eltern-Kind-Beziehungen auswirken, sondern außerdem einen schädlichen Einfluss auf die Familienbeziehungen *innerhalb der Nachfolgegeneration* haben. Zum einen kommt es unter den Erbenden oft zu Streitigkeiten darüber, wer von ihnen ein Anrecht auf welchen Anteil hat. Zum anderen können die Eltern das Erbe als einen Preis für bestimmte – durch die Kinder erbrachte – Leistungen verstehen. Würden die erbrachten Leistungen der Kinder relativ zueinander beurteilt, sodass die Verdienstbasis jedes Kindes von den Verdienstbasen der jeweils anderen Kinder abhängt, versetzt dies die Nachkommen in eine Wettbewerbssituation, in der sie sich zunehmend als Konkurrent*innen wahrnehmen und miteinander um das Erbe wetteifern.[155] Beides würde sich negativ auf die Beziehungen der Nachkommen untereinander auswirken. Außerdem würde sich das kompetitive Verhältnis der Kinder vermutlich *zusätzlich* negativ auf die Eltern-Kind-Beziehungen auswirken, da die Eltern durch ihr Verhalten (mit)verantwortlich für das gestörte Verhältnis der Nachkommen wären (was die Kinder den Eltern wiederum anlasten würden).

Eine Gegner*in dieses Argumentes könnte einwenden, dass sich die beschriebenen Probleme mit der Einführung eines hohen (gleichen) Pflichtanteils umgehen ließen; wenn man also die Eltern grundsätzlich verpflichtet, ihr Vermögen (zu gleichen Teilen) ihren Kindern zu überlassen, anstatt sie selbst darüber entscheiden zu lassen, wem sie das Geld vererben. Doch damit ist es nicht getan. Denn solange man es den Eltern nicht verbietet, ihr Vermögen zu Lebzeiten auszugeben, hätten sie weiterhin ein Druckmittel gegen die Kinder in der Hand: „Entweder du tust, was wir sagen, oder wir lassen dir von dem Vermögen nichts mehr übrig".

2.3 Verteilung des Gutes gelungener Familienbeziehungen

Bis zu diesem Zeitpunkt wurden vor allem evaluative Urteile über den Wert bestimmter familiärer Beziehungen und empirische Urteile über das Verhältnis der Erbschaftssteuer und der besagten Werte getroffen. Nun soll es darum gehen, welche *normativen* Schlüsse hieraus zu ziehen sind. Ich hatte anfangs angedeutet, dass es plausibel ist, den Wert von Familienbeziehungen als personellen Wert zu verstehen. Familienbeziehungen sind in dem Sinne gut, dass sie *gut für* Individuen sind. Eine naheliegende Weise, personelle Werte in normative Prinzipien zu

---

[155] Zum Begriff der Verdienstbasis siehe Kapitel 4, Abschnitt 1.2.

überführen, besteht darin, sie zunächst mit anderen personellen Werten in einem individuellen Wohlfahrts- oder Nutzenindex zu integrieren und anschließend nach dem korrekten Verteilungsprinzip von so verstandenem individuellen Nutzen zu fragen. Als Teil individuellen Wohlergehens wären dann auch wertvolle zwischenmenschliche Beziehungen auf eine bestimmte Weise zu verteilen (vgl. Gheaus 2018, n.p.).[156] Wenn man der Ansicht ist, dass sich der Wert familiärer Beziehungen nicht mit anderen Werten verrechnen lässt, weil er entweder inkommensurable oder anderen Werten lexikalisch vor- oder nachgeordnet ist, so kann man auch nach der gerechten Verteilung des Wertes für sich genommen fragen.

In Kapitel 1 wurde ein prioritaristisches Prinzip zur Verteilung von Nutzen vorgeschlagen. Dieses trägt dem Wert der Gleichheit Rechnung, indem es den schlechtestgestellten Gesellschaftsmitgliedern Priorität einräumt. Auch wertvolle Familienbeziehungen können über ein solches Leximinprinzip „verteilt" werden. Mit anderen Worten: Der Schutz bzw. die Förderung von Familienbeziehungen derjenigen, *die mit Blick auf eben jene Beziehungen* schlechter dastehen als alle anderen, hat Priorität. Welche Implikationen hätte die Anwendung eines solchen Prinzips für die Legitimität der Erbschaftssteuer? Eine erste wichtige Einsicht ist, dass der bloße Hinweis darauf, dass eine Erbschaftssteuer den Wert konkreter Instanzen von Familienbeziehungen verringert, nicht hinreichend ist, um die Erbschaftssteuer aufgrund des Wertes von Familienbeziehungen zurückzuweisen. Denn womöglich trägt die Erbschaftssteuer zu einer gerechteren „Gesamtverteilung" wertvoller Familienbeziehungen bei, indem sie die Familienbeziehungen der Schlechtestgestellten verbessert. Handelt es sich beim Vererben etwa um einen Ausdruck von Liebe und deshalb um eine Verbesserung der Beziehung zwischen Eltern und Kindern, so ist es ebenso wichtig, dass auch arme Menschen die Fähigkeit erhalten, ihre Liebe durch ein hohes Erbe auszudrücken.[157] Außerdem

---

156 Manche Autor*innen halten die Rede von einer *Verteilung* von Beziehungen für verfehlt. Es sei „reifying and strange", wenn man versuche zwischenmenschliche Beziehungen in das distributive Rahmenwerk zu zwängen. Außerdem impliziere diese Redeweise einen „social atomism", der die Beziehungen verzerrt darstelle (vgl. Young 1990, 18). Für die (Gegen)position, dass die Redeweise von der Verteilung keinen „Atomismus", sondern lediglich einen unproblematischen „Personalismus" impliziere, siehe Pettit (1993, 23–30). Ich selbst gestehe zu, dass die Rede von der Verteilung in diesem Zusammenhang unnatürlich und erzwungen klingt, sehe jedoch (ebenso wie Pettit) nicht, was aus theoretischer Sicht gegen sie spricht.

157 Nozick behauptet, dass es einen Unterschied für den Wert des Gebens mache, ob die gebende Person das Objekt, welches weitergegeben wird, selbst *erzeugt* oder *verdient* oder bloß von jemand anderem (wie dem Staat) erhalten hat: „When the original creator or earner passes something on, a considerable portion of his self participates in and constitutes this act, far more so than when a non-earner passes on something he has received but not created." (Nozick [1989] 2000, 293). Geht man zusätzlich davon aus, dass Erblasser ihr Vermögen in der Regel selbst „erzeugt" oder verdient haben,

könnte eine Umverteilung von Vermögen dazu beitragen, dass ökonomisch benachteiligte Eltern weniger Sorgen und Stress im Alltag haben, was sich ebenfalls positiv auf die Beziehung der Eltern untereinander und auf die Beziehung der Eltern mit ihren Kindern auswirken kann (vgl. Stock et al. 2014, 18, 30; Pederson & Boyum 2019, 310).

"Poverty has a direct impact on parental mental health difficulties and depression (especially for mothers), which in turn negatively impacts on the *couple's relationship* by increasing couple conflict, hostility in couple interactions and reducing warm and supportive behaviours. It also [increases] relationship instability, such as behaviours and expectations regarding divorce and separation. Couple conflict and relationship instability then impair and disrupt *parenting*" (Stock et al. 2014, 30; hervorgehoben durch Verfasser).

Darüber hinaus ist es für Kinder, die in Armut aufwachsen, schwieriger, gelungene und stabile zwischenmenschliche Beziehungen im Erwachsenenalter zu führen (ebd., 28). Eine Umverteilung zu den Schlechtestgestellten könnte daher sowohl i) den Wert der Familienbeziehung zwischen Partnern, ii) den Wert der Familienbeziehungen zwischen Eltern und Kindern sowie iii) den Wert der (Familien)beziehungen der Kinder im Erwachsenenalter verbessern. All dies müsste berücksichtigt werden, wenn man auf Grundlage des Wertes familiärer Beziehungen darüber entscheidet, eine Erbschaftssteuer einzuführen (bzw. beizubehalten) oder sie nicht einzuführen (bzw. abzuschaffen).

Fazit

Wir können festhalten, dass sich eine Erbschaftssteuer in den meisten Fällen wohl nicht negativ auf die Familienbeziehungen zwischen den Erblassern und deren Kindern auswirkt, da der Akt des Gebens entweder „falsch" motiviert ist oder die Beziehung bereits mit diesem Aspekt „gesättigt" ist. Zudem könnte sich die Steuer sogar positiv auf die besagten Beziehungen auswirken, indem sie Machthierarchien zwischen Eltern und Kindern verhindert. Doch selbst dann, wenn sich die Erbschaftssteuer in manchen Fällen negativ auf den Wert der Familienbeziehungen auswirkt, würde dies – hinsichtlich des Wertes von Familienbeziehungen – nicht

---

so würde eine Umverteilung (mittels Erbschaftssteuer) mit Blick auf diesen Aspekt des Wertes des Gebens wesentlich weniger Wert auf Seiten der Empfänger*innen erzeugen als sie auf Seiten der besteuerten Personen „vernichten" würde. Gegen dieses Argument lässt sich allerdings einwenden, dass die Erblasser ihr Vermögen im hier relevanten Sinne *nicht* selbst erzeugt oder verdient haben. Bloß weil sie es am Markt deskriptiv verdienen, haben sie es nicht normativ verdient geschweige denn „erzeugt" (siehe Kapitel 4).

unbedingt gegen die Steuer sprechen. Denn ferner wäre zu berücksichtigen, wie die Fähigkeit in wertvollen Familienbeziehungen zu stehen, zwischen allen Personen verteilt ist. Eine (mittels Erbschaftssteuer erzielte) Umverteilung könnte die Familienbeziehungen der Schlechtestgestellten verbessern. Zuletzt sei noch erwähnt, dass ein *all-things-considered* Urteil über die Legitimität der Erbschaftssteuer zusätzlich berücksichtigen müsste, wie sich die Erbschaftssteuer auf andere Werte (und deren Verteilung) auswirkt. Gute familiäre Beziehungen sind wichtig, aber sie sind nicht alles. Andere Aspekte, die ein gutes Leben ausmachen, spielen ebenfalls eine Rolle. Schließlich gibt es auch andere Prinzipien, auf deren Grundlage für eine Erbschaftssteuer argumentiert werden kann, und die nichts mit dem *Wohlergehen* von Individuen zu tun haben (siehe alle anderen egalitären Prinzipien, die in Kapitel 1 besprochen wurden).

3 Familienbeziehungen als Grundlage assoziativer Verpflichtungen

Unabhängig davon, ob bestimmte Formen von Familienbeziehungen intrinsisch wertvoll (für die in Beziehung stehenden Individuen) sind, „erzeugen" die Beziehungen womöglich *assoziative Verpflichtungen* zwischen den Familienmitgliedern (vgl. Duff 1993, 60 – 62)[158]. Assoziative Verpflichtungen sind eine Unterklasse sogenannter *besonderer Verpflichtungen*, also solcher, die man nicht gegenüber allen Personen, sondern gegenüber einer Teilmenge aller Personen, hat.[159] ‚Assoziativ' nennt man die Verpflichtungen, weil man sie *aufgrund* zwischenmenschlicher

---

[158] Auch David G. Duff unterscheidet nicht hinreichend sauber zwischen verschiedenen Familienargumenten. Insbesondere wird bei ihm der Unterschied zwischen einem Familieneigentumsrecht und besonderen Verpflichtungen zwischen Familienmitgliedern verwischt. Zwar ist es plausibel, davon auszugehen, dass ein Familieneigentumsrecht besondere Verpflichtungen zwischen den Familienmitgliedern impliziert, umgekehrt impliziert die Existenz besonderer Verpflichtungen aber kein Familieneigentum (denn zum einen würde ein Eigentumsrecht zusätzlich aus negativen und womöglich positiven Ansprüchen gegen *Dritte* bestehen; zum anderen müssen besondere familiäre Verpflichtungen nicht den Inhalt haben, den sie als Teil eines Familieneigentumsrechts hätten).

[159] Dass man besondere Verpflichtungen gegenüber einer Teilmenge aller Personen hat, ist kontingenter Weise so. Es ist nicht ausgeschlossen, dass man besondere Verpflichtungen gegenüber allen Menschen hat. Dies wäre aber *nur dann* der Fall, wenn man mit ihnen in der – die Pflicht gründenden – besonderen Beziehung steht. Ein Beispiel hierfür wäre, wenn eine Person der gesamten Menschheit (jedem einzelnen Menschen) ein Versprechen gibt. In diesem Fall stünde die Person in einer besonderen Beziehung zu jedem Menschen und hätte eine besondere Verpflichtung gegenüber jedem Menschen, ihr Versprechen einzuhalten.

Beziehungen hat, in denen man zu anderen steht (eine weitere Form besonderer Verpflichtungen sind solche, die man aufgrund von Versprechen oder Vertragsschlüssen hat) (vgl. Jeske [2002] 2019, n.p.).[160] Genuine assoziative Verpflichtungen sind *(moralisch) fundamental*, d. h., weder dient ihre Befolgung lediglich als Instrument zur Herbeiführung wertvoller Konsequenzen (etwa der Maximierung oder Gleichverteilung von Wohlergehen), noch ist sie lediglich konstitutiver Bestandteil dieser Konsequenzen (bspw. weil sie konstitutiv für wertvolle zwischenmenschliche Beziehungen ist, die ihrerseits konstitutiv für menschliches Wohlergehen sind), sondern ihre Befolgung ist auch dann geboten, wenn diese zu schlechteren Gesamtkonsequenzen führt (als ihre Unterlassung). Die Beziehungen sind nicht als wertvolle Ziele, sondern als Auslöser (*trigger*) für die Existenz fundamentaler (akteur-relativer) Prinzipien zu verstehen (vgl. Jeske 1998, 533–534; 2019; Arneson 2003, 383).

*Familien*beziehungen gelten vielen als paradigmatischer Fall für Beziehungen, die assoziative Verpflichtungen generieren. Bspw. wird häufig davon ausgegangen, dass Eltern verpflichtet sind, ihre eigenen Kinder zu selbstständigen Erwachsenen zu erziehen, während sie nicht (im selben Maße) für die Erziehung fremder Kinder verantwortlich sind. Kindern wiederum wird oft die Verpflichtung zugeschrieben, sich um ihre Eltern zu kümmern, wenn diese (meist in fortgeschrittenem Alter) nicht mehr in der Lage sind für sich selbst zu sorgen. In diesem Kapitel geht es mir – naheliegender Weise – um Beziehungen zwischen *erwachsenen* Familienmitgliedern. Der Einfachheit halber werde ich mich außerdem auf Beziehungen zwischen Eltern und ihren (erwachsenen) Kindern beschränken. Das Argument assoziativer Verpflichtungen kann sich prinzipiell aber auch auf andere Familienmitglieder (oder enge Freunde etc.) beziehen. Des Weiteren liegt der Fokus hier auf den Verpflichtungen, die Eltern gegenüber ihren Kindern haben (und nicht umgekehrt). Schließlich beschränke ich mich auf Verpflichtungen ganz bestimmter Art, nämlich solche, zum *Wohlergehen* (der eigenen Kinder) beizutragen.[161]

---

160 Bei den zwischenmenschlichen Beziehungen, die assoziative Verpflichtungen generieren, kann es sich um *intrinsisch wertvolle* Beziehungen (wie die aus Abschnitt 2) handeln; der intrinsische Wert ist aber keine (logisch zwingende) Voraussetzung dafür, dass die Beziehungen assoziative Verpflichtungen erzeugen. Stellen wir uns bspw. eine utilitaristische Moraltheorie vor, die vom klassischen Utilitarismus einzig in der Hinsicht abweicht, dass jeder moralische Akteur das Wohlergehen seiner Freunde um einen bestimmten Faktor gewichten muss. Eine solche Theorie wäre wert-monistisch insofern, als sie ausschließlich Präferenzerfüllung oder hedonische Freude als Wert anerkennt. Freundschaft wäre nicht intrinsisch wertvoll, würde aber assoziative Verpflichtungen erzeugen.
161 Familienbeziehungen können entweder *neue* Pflichten hervorbringen oder bereits bestehende Pflichten gegenüber der spezifischen Gruppe (der Familie) *verstärken*. (Für die zweite Möglichkeit vgl. Brink 2003, 55–59). So könnten Familienbeziehungen bspw. neue positive Hilfspflichten er-

Nachdem geklärt wurde, worum es sich bei assoziativen Verpflichtungen handelt (und wie sich diese von abgeleiteten Pflichten unterscheiden, welche sich aus dem intrinsischen Wert bestimmter Beziehungen ergeben), soll nun untersucht werden, was auf Grundlage der Existenz assoziativer Verpflichtungen zwischen Familienangehörigen für die Legitimität der Erbschaftssteuer folgt. Ein Argument gegen die Erbschaftssteuer, welches auf den assoziativen Verpflichtungen zwischen Eltern und ihren Kindern basiert, könnte wie folgt aussehen:

Argument assoziativer Verpflichtungen
P1: Eltern haben assoziative Verpflichtungen gegenüber ihren Kindern.
P2: Den assoziativen Verpflichtungen können Eltern nur dann nachkommen, wenn sie ihren Kindern ihr Vermögen vererben.
K1: Eltern haben die Verpflichtung ihren Kindern ihr Vermögen zu vererben (folgt aus P1 & P2).
P3: Wenn jemand eine Verpflichtung hat, dann hat der Staat die Pflicht, die Person nicht von der Erfüllung dieser Verpflichtung abzuhalten.
K2: Der Staat hat die Pflicht, Eltern nicht daran zu hindern, ihr Vermögen an ihre Kinder zu übertragen (folgt aus K & P3).

Die erste Prämisse ist wie gesagt weit verbreitet. Eine der ersten philosophischen Argumentationen für diese These findet sich bei John Locke, demzufolge es die besondere Pflicht der Eltern ist, nicht nur die „bare subsistence" der eigenen Kinder sicherzustellen, sondern zudem dafür Sorge zu tragen, dass diese an den „conveniences and comforts of life" teilhaben (vgl. Locke [1689] 1960, §§89; Lamb 2013, 45–46; Halliday 2018, 29–31). Um der Vertreter*in des Argumentes assoziativer Verpflichtungen entgegen zu kommen, werde ich davon ausgehen, dass Prämisse 1 korrekt ist. Ferner stipuliere ich, dass Eltern verpflichtet sind, das Wohlergehen ihrer Kinder *maximal* zu befördern, dass diese Verpflichtung mögliche Hilfspflichten gegenüber anderen Personen grundsätzlich überwiegt und dass einzig das eigene Wohlergehen der Eltern (manchmal) einen Grund darstellt, das Wohl der Kinder nicht zu maximieren.

In Prämisse 2 heißt es, dass Eltern ihrer Verpflichtung nur dann nachkommen können, wenn sie ihr Vermögen vererben. Wenn wir, wie soeben bemerkt, von einer Verpflichtung ausgehen, das *Wohlergehen* der Kinder zu maximieren, müssten die folgenden drei Annahmen zutreffen, damit Prämisse 2 wahr ist: Erstens

---

zeugen, die sonst gegenüber niemandem bestehen, oder sie könnten dazu führen, dass die positiven Hilfspflichten, die man ohnehin gegenüber allen Personen hat, gegenüber den eigenen Kindern stärkeres Gewicht haben.

müsste ein Zuwachs an Geld – selbst bei Berücksichtigung seines abnehmenden Grenznutzens – für die meisten Menschen zu einem Zuwachs an Wohlergehen führen. Zweitens müsste die Weitergabe des eigenen Vermögens eine *zwingende* Voraussetzung (oder zumindest eine von mehreren zwingenden Voraussetzungen) für die Maximierung des Wohles der eigenen Kinder sein. Drittens dürfte die Weitergabe des Vermögens die Eltern weder prudentiell noch faktisch überfordern. Eine prudentielle Überforderung liegt vor, wenn Eltern ihr eigenes Wohl vernachlässigen müssen, um der Verpflichtung nachzukommen und eine faktische Überforderung liegt vor, wenn sie schlicht nicht in der Lage sind der Pflicht nachzukommen.[162] Für den Moment soll auch die Wahrheit von Prämisse 2 zugestanden werden (dass Eltern ihren assoziativen Verpflichtungen nur dann nachkommen können, wenn sie ihren Kindern ihr Vermögen vererben). Gegen Ende dieses Abschnittes wird jedoch eine Komplikation der Argumentation behandelt, in dessen Zuge auf Prämisse 2 zurückgekommen wird.

Damit kommen wir zu Prämisse 3. Für das Argument ist es entscheidend, dass nicht nur die Eltern besondere Verpflichtungen gegenüber ihren Kindern haben, sondern auch, dass der Staat die Pflicht hat, die Pflichterfüllung der Eltern nicht zu verhindern (oder sogar die Bedingungen zu gewährleisten, welche das Nachkommen der Pflicht ermöglichen) (vgl. Jeske 2018, 180 – 181). Diese Prämisse ist aber keineswegs offensichtlich. Aus dem Umstand, dass eine Person (P) eine Pflicht gegenüber einer anderen Person (P2) hat, folgt nicht, dass der Staat die Pflicht hat, P nicht am Nachkommen ihrer Pflicht (gegenüber P2) zu hindern. Zwar ist nicht *ausgeschlossen*, dass der Staat eine solche Pflicht hat, doch müsste dies zuallererst durch ein eigenständiges Argument gezeigt werden. Bisher aber haben es Vertreter*innen besonderer Verpflichtungen versäumt, aufzuzeigen, warum der Staat – als außenstehender Akteur, der selbst gar nicht in den besonderen (familiären) Beziehungen steht – moralische (negative oder positive) Pflichten hinsichtlich der in besonderen Beziehungen stehenden Bürger*innen hat und worauf diese Pflichten gründen. Eine mögliche Begründung könnte darauf abzielen, dass (parteiisches) Geben unter Familienmitgliedern den Wert der Beziehung für die in Beziehung stehenden Personen erhöht. Nimmt man nun die Prämisse hinzu, dass der Staat die moralische Pflicht hat, seinen Bürger*innen wertvolle familiäre Beziehungen zu ermöglichen, erhält man die (abgeleitete) Pflicht des Staates, seine Bürger*innen nicht am Nachkommen ihrer besonderen familiären Verpflichtungen zu hindern.

---

162 Man könnte eine dritte Bedingung hinzufügen, nämlich, dass Eltern nicht *moralisch überfordert* sind. Eine moralische Überforderung liegt vor, wenn Eltern ihrer Verpflichtung nur nachkommen können, wenn sie gegen gewichtigere moralische Gründe verstoßen. Da hier allerdings nur für eine *pro tanto* Verpflichtung argumentiert wird, soll von moralischen Gründen, welche die besonderen Verpflichtungen überwiegen, vorerst abgesehen werden.

Hiermit aber kollabiert das Argument von den besonderen Verpflichtungen in das Argument des intrinsischen Wertes familiärer Beziehungen. Der Umstand, dass genuine akteur-relative Verpflichtungen zwischen den Familienmitgliedern vorliegen, trägt nichts mehr zum Erfolg des Argumentes bei.

Ich möchte nun – wie angekündigt – auf eine Komplikation aufmerksam machen, die bisher bewusst ausgeblendet wurde. Die Komplikation betrifft sowohl Prämisse 2 als auch Prämisse 3 des Arguments: In dem Augenblick, in dem der Staat eine Erbschaftssteuer einführt, scheint sich der normative Status der assoziativen Verpflichtungen (der Eltern) selbst zu verändern. Die Einführung einer Erbschaftssteuer kann sich auf mindestens zweierlei Weise auf die Verpflichtungen der Eltern auswirken. Erstens kann die Erbschaftsteuer den Transfer des Vermögens für viele Eltern *unmöglich* machen. Für den Fall, dass es keine Möglichkeit gibt, die Steuer zu hinterziehen oder auf andere Art zu umgehen, kann es dann auch nicht mehr die Verpflichtung der Eltern sein, das (vollständige) Vermögen an die Kinder weiterzugeben. Zweitens kann die Erbschaftssteuer den Transfer des Vermögens für viele Eltern *prudentiell zu „kostspielig"* machen. Wer Steuern hinterzieht, setzt sich damit dem Risiko aus, bestraft zu werden. Eltern, die ihr Vermögen nur dann an ihre Kinder weitergeben können, wenn sie der Erbschaftssteuer auf illegale Weise entgehen, setzen sich damit einem Risiko aus, das moralisch nicht von ihnen verlangt werden darf.

Ganz allgemein scheint zu gelten, dass es schlicht nicht *möglich* ist, Menschen daran zu hindern, ihren Verpflichtungen nachzukommen, denn in dem Moment, in dem man sie daran hindert, hören die Pflichten auf zu existieren (bzw. ändern ihren Inhalt). Sollten diese Überlegungen zutreffen, so wäre Prämisse 2 – unter der empirischen Bedingung, dass eine Erbschaftssteuer durch den Staat tatsächlich erhoben wird – falsch. Denn dann würde nicht stimmen, dass Eltern ihren assoziativen Verpflichtungen gegenüber ihren Kindern nur nachkommen können, wenn sie ihnen ihr Vermögen vererben. Das Vererben des Vermögens wäre nämlich gar nicht mehr der Inhalt ihrer Verpflichtung. Nur unter der Bedingung, dass *keine* Erbschaftssteuer erhoben wird, wären Eltern weiterhin moralisch verpflichtet das Vermögen zu vererben. Selbstverständlich hindert der Staat Menschen daran, das zu tun, was zu tun ihre Verpflichtung gewesen *wäre*, wenn man sie nicht daran gehindert *hätte*. Dies ist aber etwas anderes als die Unterbindung der Pflichtbefolgung als solcher.

Ein letzter Versuch, das Argument assoziativer Verpflichtungen zu retten, könnte darin bestehen, *aktivem moralischen* Handeln (also dem aktiven Handeln aus oder gemäß moralischer Gründe) einen (personellen) Wert beizumessen, da es konstitutiv dafür ist, sich als moralischer Akteur *zu bewähren*. Durch die Erhebung der Erbschaftssteuer würde der Staat Erblassern eine Möglichkeit entziehen, *aktiv moralisch Gutes zu tun* und das besagte Interesse somit frustrieren. Eine naheliegende Replik lautet (analog zur Zurückweisung des Argumentes des intrinsischen Wertes von Familienbeziehungen), dass Menschen während ihres Lebens bereits genug Möglichkeiten hatten, sich als moralische Akteure zu bewähren. Ferner mag man das „Steuerzahlen" in einem (hinreichend) gerechten Staat (in Kombination mit dem deskriptiven Verdienen des Einkommens, welchem dem Steuerzahlen vorangeht) selbst als aktive moralische Handlung ansehen, sodass sich Erblasser gerade dadurch als moralische Akteure bewähren können, dass sie zu ökonomischem Wohlstand und dessen gerechter Verteilung beitragen.

Fazit

Besondere Verpflichtungen zwischen Eltern und ihren Kindern sprechen – selbst wenn diese sehr stark und umfangreich verstanden werden – nicht gegen die Erhebung einer Erbschaftssteuer. Weder ist zu sehen, wie sich aus derartigen Verpflichtungen Nicht-Eingriffspflichten für den Staat ergeben, noch scheinen Eltern bei einem Eingriff durch den Staat gegen ihre Verpflichtungen zu verstoßen.

4 Die Familie als Privatangelegenheit

Hin und wieder lässt sich der Einwand vernehmen, die Erbschaftssteuer sei ein unzulässiger Eingriff in die Privatangelegenheiten der Familie. Es gehe den Staat schlicht nichts an, wenn Eltern ihr Vermögen ihren Kindern vermachen, denn dieser Transfer vollziehe sich im privaten Raum familiärer Beziehungen, einer Sphäre, in welche einzugreifen für den Staat prinzipiell nicht zulässig ist.[163] Die für dieses Argument zentrale Unterscheidung von öffentlicher und privater Sphäre ist ein Topos, der bis in die Antike zurückgeht und vielen als Kernelement liberaler Theoriebildung gilt. Gleichzeitig wird selten explizit, was genau die private Sphäre auszeichnet und warum diese dem staatlichen Zugriff entzogen sein soll – so auch

---

163 Ein solcher Einwand klingt bspw. bei Anne L. Alstott an, auch wenn diese den Begriff der Privatheit letztlich auf den Wert individueller Freiheit zu reduzieren scheint: „The liberal family [is treated] as a private sphere [that] grants wide scope for individual freedom and privacy and only a narrow role for legal regulation of family life [...]. If family life is properly a sphere for individual freedom and state nonintervention, then it may seem to follow that the individual ought to be free to leave his property to those he chooses" (Alstott 2009, 127–128). Auch L.Arrondel und A.Masson, die für eine höhere Erbschaftssteuer in Frankreich argumentieren, geben als einen verbreiteten Grund gegen die Erbschaftssteuer an, diese „interfere[s] with family relations which are private matters" (Arrondel & Masson 2013, 120).

im Rahmen des Einwandes, welcher die öffentlich/privat-Unterscheidung gegen die Erbschaftssteuer in Stellung bringt. Im Folgenden werde ich den Einwand formal rekonstruieren, besprechen und zurückweisen. Im Zuge dessen werde ich auf verschiedene Bedeutungen der privat/öffentlich-Unterscheidung eingehen und zeigen, dass sich keine dieser Unterscheidungen eignet, um auf deren Grundlage gegen die Erbschaftssteuer zu argumentieren. Ferner werde ich zeigen, dass sich der Einwand eine Ambiguität im Begriff der Familie zunutze macht. Sobald diese Ambiguität in die eine oder andere Richtung aufgelöst (d. h. die Bedeutung des Familienbegriffes über alle Prämissen des Argumentes hinweg konstant gehalten) wird, erweist sich das Argument als unhaltbar.

Argument der privaten Sphäre
P1: Die Familie (bzw. Familienbeziehungen) fällt in die private Sphäre.
P2: Wenn etwas in die private Sphäre fällt, dann darf sich der Staat nicht darin einmischen.
K1: Der Staat darf sich nicht in die Familie (in Familienbeziehungen) einmischen.
P3: Eine Erbschaft vollzieht sich innerhalb der Familie und ist damit eine (oder Teil einer) Familienbeziehung.
K2: Der Staat darf sich nicht in Erbschaften einmischen (eine Erbschaftssteuer wäre aber ein solcher Eingriff und ist daher illegitim).

Ob Prämisse 1 korrekt ist – d. h., ob die Familie tatsächlich in die private Sphäre fällt –, hängt davon ab, was unter ‚private Sphäre' und unter ‚Familie' verstanden wird. Im Folgenden werde ich zeigen, wie diese Begriffe verstanden werden müssen, damit die erste Prämisse plausibel und das Argument nicht zirkulär ist. Zunächst ist es wichtig, zwei grundlegende Auslegungen der öffentlich/privat-Unterscheidung auseinanderhalten, welche ich die *formale* und die *substantielle Auslegung* nenne. In der formalen Auslegung wird ‚private Sphäre' *definiert* als ‚der Bereich, in den einzugreifen der Staat keine Befugnis hat'. Die Unterscheidung in öffentliche und private Sphäre steht damit für die Demarkationsgrenze legitimer staatlicher Tätigkeit *als solcher* und es bleibt zunächst völlig offen, wo diese verläuft.[164] Der private und der öffentliche Bereich sind das *Ergebnis* einer Grenzziehung, die auf externen moralischen Ansprüchen, Werten und Prinzipien basiert, welche nicht

---

[164] So auch Harry Kalven: „[Privacy] cannot be used to delimit the public sphere but will turn out invariably to be residual, simply what is left after the state or society has made its demands" (1966, 327).

zwingend auf einen hiervon unabhängigen Wert der Privatheit Bezug nehmen (vgl. Arneson 2000, 92 – 93; Brighouse & Swift 2014, 8 – 9).[165]

In der substantiellen Auslegung hingegen wird davon ausgegangen, dass sich bestimmte gesellschaftliche oder persönliche Sphären ausmachen lassen, die den Wert der Privatheit verkörpern und daher nicht in die Zuständigkeit des Staates fallen (etwa „freie" wirtschaftliche Tauschbeziehungen, Intimbeziehungen zwischen Erwachsenen oder Beziehungen zwischen Familienangehörigen etc.). Diese „privaten" Bereiche dienen gewissermaßen als mehr oder weniger starke normative Beschränkungen (constraints), wenn es darum geht, die Grenzen legitimer staatliche Aktivität zuallererst festzulegen: Egal was ein Staat sonst tut, er darf nicht (ungebührlich) in diese Bereiche eingreifen.

Nun gilt es zu entscheiden, welche der beiden Auslegungen für das Argument der privaten Sphäre zugrunde gelegt werden soll. Tatsächlich steht der Vertreter*in des Argumentes nur die substantielle Auslegung von ‚private Sphäre' zur Verfügung; würde sie das formale Verständnis zugrunde legen, wäre Prämisse 1 (die Familie fällt unter die private Sphäre) *gleichbedeutend* mit der Konklusion 1 (der Staat darf sich nicht in die Familie einmischen) und das Argument wäre zirkulär. Denn die private Sphäre ist gemäß der formalen Auslegung *definiert* als diejenigen Aspekte des individuellen und sozialen Lebens, auf die der Staat keinen Zugriff haben sollte. *Ob* die Familie dem staatlichen Eingriff entzogen ist, steht aber gerade zur Debatte. Das obige Argument soll *zeigen*, dass die Familie staatlichem Eingriff entzogen ist und kann dies nicht einfach voraussetzen. Damit bleibt uns nur die substantielle Auslegung, also die Auslegung, welche von einer „natürlichen", „unabhängigen" privaten Sphäre ausgeht, welche dem Staat Grenzen setzt.

Innerhalb der substantiellen Auslegung lassen sich nun noch einmal verschiedene Konzeptionen der öffentlich/privat Trennung unterscheiden, abhängig davon, wie Privatheit (als unabhängiges Phänomen) konzeptualisiert wird. Will Kymlicka bspw. bespricht zwei substantielle (und historisch prominente) Konzeptionen der öffentlich/privat Trennung, nämlich die Trennung zwischen staatlicher und zivilgesellschaftlicher Sphäre und die Trennung zwischen sozialer (staatlich/zivilgesellschaftlicher) Sphäre und persönlicher Intimsphäre (vgl. Kymlicka 1990 [2002], 209 – 225)[166]. Was die erste Konzeption betrifft, so ist nicht klar, dass die Familie überhaupt in eine der beiden Sphären fällt. Weder ist die Familie (aus-

---

165 In diesem Sinne schreibt etwa Anne L. Alstott: „An egalitarian might argue, just to take one example, that measures to equalize the distribution of inherited wealth take priority over testator freedom – in other words, that laws regulating inheritance help to define the sphere in which family privacy properly may and may not operate" (Alstott 2009, 129).
166 Statt von jeweils zwei Sphärenpaaren könnte man vermutlich auch einfach von drei Sphären und zwei Trennlinien sprechen.

schließlich) Teil staatlich-organisierter Politik, noch ist sie (ausschließlich) Teil der Zivilgesellschaft; und sofern die Familie diesen beiden Sphären *in Teilen* zugeordnet werden kann, sollte klar sein, dass sie sich nicht in diesen erschöpft. Die zweite Trennung – welche eine soziale von einer persönlichen Sphäre unterscheidet – bietet sich dagegen schon eher zu einer Verortung der Familie an. Kymlicka charakterisiert den Zustand (und Zweck) der Privatheit, verstanden als persönliche Intimsphäre, wie folgt: „Die Gegenwart anderer kann ablenkend, beunruhigend oder einfach ermüdend sein. Man braucht Zeit für sich selbst, fern vom öffentlichen Leben, zur Betrachtung, zum Umgang mit unpopulären Ideen, zur Erholung der Kräfte *und zur Pflege enger menschlicher Beziehungen*" (Kymlicka 1990 [2002], 221; Hervorhebung durch Verfasser). Im Rahmen dieser zweiten Konzeption liegt es nahe, die Familie der persönlichen Intimsphäre, also der Sphäre des Privaten, zuzurechnen; wobei es nun (zusätzlich) darauf ankommt, was genau unter einer Familie verstanden wird.

Der Begriff der Familie ist ebenfalls vage und mehrdeutig. So kann er sowohl eine Gruppe konkreter Personen bezeichnen („ihre Familie besteht aus fünf Personen") als auch bestimmte zwischenmenschliche Beziehungen/Rollen innerhalb dieser Gruppe. Da sich Personen niemals nur in einer einzigen sozialen Sphäre bewegen, sondern in mehreren zugleich, scheint die Behauptung – die Familie falle in die private Sphäre – nicht die Familie als eine Gruppe konkreter Personen zu meinen, sondern bestimmte *Beziehungsformen* zwischen diesen Personen. Im Folgenden werde ich daher von ‚Familienbeziehungen' sprechen. Als nächstes muss zwischen einer weiten und einer engen Bedeutung von ‚Familienbeziehung' unterschieden werden. Versteht man ‚Familienbeziehungen' in einem *weiten* Sinne, so würde nahezu jede Interaktion innerhalb der zuvor als Familie definierten Personengruppe unter diesen Begriff fallen. Alternativ lassen sich ‚Familienbeziehungen' aber auch in einem *engeren* Sinne verstehen, nämlich als eine bestimmte Klasse von *Intim*beziehungen. Nur mittels der zweiten Auslegung (Familienbeziehungen als Intimbeziehungen) lässt sich der ersten Prämisse des obigen Argumentes – nämlich, dass die Familie in die private Sphäre fällt – ein Sinn abgewinnen, denn offenbar fallen nicht *alle* Beziehungen zwischen Familienangehörigen in den Bereich des Privaten. Gehen Familienmitglieder bspw. gemeinsam auf eine Demonstration oder arbeiten zusammen in einem Unternehmen, so ist deren Beziehung und Interaktion in den besagten Kontexten (zu einem großen Teil) nicht privat bzw. intim, sondern öffentlich. Ähnliches gilt, wenn Personen in ihrer Rolle als Beamte (etwa als Politiker*in oder im öffentlichen Dienst) mit eigenen Familienmitgliedern zu tun haben.

Handelt es sich bei „der Familie" dagegen um eine bestimmte Klasse zwischenmenschlicher Intimbeziehungen und bei der „privaten Sphäre" um die Sphäre intimer persönlicher und zwischenmenschlicher Beziehungen, so hat man es bei

Prämisse 1 (die Familie fällt in die private Sphäre) mit einer begrifflich wahren Behauptung zu tun. Familienbeziehungen wären dann eine Teilmenge derjenigen Beziehungen, welche die private Sphäre konstituieren.[167] Wir können also zusammenfassen, dass Prämisse 1 in (einer bestimmten Variante) der substantiellen Auslegung von Privatsphäre (nämlich als Intimsphäre) und unter einem bestimmten (engen) Verständnis von Familie (nämlich als eine Unterklasse intimer Beziehungen) korrekt ist.

Ein möglicher Einwand gegen die Gleichsetzung von intimen Familienbeziehungen mit *persönlicher* Privatsphäre könnte lauten, dass persönliche Intimität gerade darin bestehe, frei von anderen Personen zu sein, worunter Familienangehörige ebenso zählen wie Freunde, Bekannte oder Fremde. Privatheit ginge demnach mit der Freiheit *von* sozialen Beziehungen einher. Arneson drückt dies ähnlich aus: „[A]n individual enjoys privacy when she is not accessible to others. Access can be variously understood. One kind of access to a person is gained when others learn facts about that person. Another kind of access is physical proximity, or perhaps physical proximity accompanied by the direction of attention toward the person" (Arneson 2000a, 93). Intime (Familien)beziehungen wären dann nicht Teil der persönlichen Intimsphäre, sondern beide stünden sich unversöhnlich gegenüber. Dennoch gibt es einen Sinn, in welchem man auch von der Intimsphäre einer Gruppe sich nahestehender Personen sprechen kann, nämlich wenn diese die Möglichkeit erhalten, *gemeinsame* Zeit *füreinander* zu haben, fern von anderen Personen, die nicht Teil der Gruppe bzw. der intimen Beziehung sind; etwas, das auch in Kymlickas Zitat anklingt, wenn er davon spricht, dass sich Privatheit in der „Zeit zur Pflege enger menschlicher Beziehungen" ausdrückt. Ich möchte diese Komplikation für den Moment ausblenden und Vertreter*innen des obigen Argumentes zugestehen, dass intime Familienbeziehungen in die Sphäre des Privaten, verstanden als Sphäre persönlicher Intimität (oder genauer: persönlicher *und zwischenmenschlicher* Intimität), fallen.

Auch zur Prüfung von Prämisse 2 – nämlich, dass sich der Staat nicht in die private Sphäre einmischen darf – müssen wir uns auf eine bestimmte Bedeutung von ‚private Sphäre' festlegen. Verstehen wir ‚private Sphäre' in der formalen Auslegung, so wäre Prämisse 2 zwingend korrekt, denn ‚private Sphäre' wäre gerade so *definiert*, dass sie diejenige Sphäre meint, in die der Staat nicht eingreifen soll. Will sich die Vertreter*in des Argumentes jedoch keiner Äquivokation schuldig

---

[167] Ob Vertreter*innen des Argumentes das Verständnis von Privatheit *als Intimsphäre* und das Verständnis von Familienbeziehungen als *Intimbeziehungen* im Auge haben, sei dahingestellt. Aus meiner Sicht handelt es sich hierbei aber um die wohlwollendste Auslegung des sonst notorisch vagen „Argumentes der Privatsphäre", denn alle anderen naheliegenden Bedeutungen von Privatheit und Familie ließen das Argument bereits mit der ersten Prämisse scheitern.

machen, steht ihr die formale Auslegung auch in Prämisse 2 nicht zur Verfügung, denn in Prämisse 1 wurde eine substantielle Auslegung zugrunde gelegt und das Argument ist nur gültig, wenn die Bedeutung des Begriffes konstant gehalten wird. Legen wir uns also – wie in Prämisse 1 – auf die substantielle Auslegung (im Sinne intimer Beziehungen) fest und fragen danach, ob der Staat die Pflicht hat, sich nicht in die Familie einzumischen, wenn diese in die (als Intimsphäre verstandene) private Sphäre „fällt".

Viele Menschen halten Privatheit (verstanden als Intimsphäre) für wertvoll und glauben, dass diese Gründe (für den Staat) erzeugt, Privatheit zu respektieren oder zu ermöglichen. Entsprechende Intuitionen stellen sich vor allem dann ein, wenn man sich Situationen vorstellt, in denen Privatheit von Personen in eklatanter Weise abwesend ist. Sehr eindrücklich zeigt sich der Wert von Privatheit etwa im Falle von Obdachlosigkeit. Menschen, die Obdachlosigkeit erfahren, sind dazu gezwungen, nahezu ununterbrochen unter den Augen der Öffentlichkeit zu existieren. Das National Law Center on Homelessness & Poverty zieht daraus bspw. den *normativen* Schluss, dass „[f]or law enforcement purposes, a person's housing, whether bricks and mortar, a tent, a tarp, or a blanket, should all be treated with equivalent respect for the right to privacy for what lies within" (National Law Center on Homelessness & Poverty 2017, 4–5). Ein anderer Fall, welcher vielen als offensichtliche Missachtung der Intimsphäre von Personen erscheint, ist die Überwachung von Wohnungen, persönlicher Kommunikation und des alltäglichen Lebens durch staatliche Institutionen (wie Geheimdienste). Solche Beispiele plausibilisieren die Annahme, dass der Staat einen *Grund* hat, nicht in die Intimsphäre von Personen einzugreifen. Handelt es sich hierbei um einen besonders starken Grund, so ließe sich unter Umständen darauf schließen, dass sich der Staat (zumindest in der Regel) nicht in die private Sphäre einmischen *darf* (P2).[168] Aus Prämisse 1 und 2 lässt sich dann schließen, dass der Staat einen auf Privatheit basierenden Grund hat, sich nicht in die Familie einzumischen (K1).

Kommen wir damit zum zweiten Teil des Argumentes. Nachdem im ersten Teil dafür argumentiert wurde, dass sich der Staat nicht in Familienbeziehungen (verstanden als Intimbeziehungen) einmischen darf, wäre als nächstes zu zeigen, dass es sich bei der Erbschaft um eine Familienbeziehung im relevanten Sinne handelt, sodass die Besteuerung der Erbschaft als illegitimer Eingriff in die Familie und

---

[168] Wie Feminist*innen nicht müde werden zu betonen, ist manchmal auch ein staatlicher Eingriff in intime Familienbeziehungen nötig; dies wird zumeist mit dem Zweck begründet, das Wohl, die Freiheit oder die Privatheit der in den Beziehung stehenden *Individuen* (vor allem Frauen und Kindern) zu schützen (vgl. MacKinnon 1989). Mein Zugeständnis, dass die Familie in der Regel durch das Recht auf Privatheit geschützt ist, hat einen rein argumentationsstrategischen Zweck und soll diese wichtige theoretische Erkenntnis feministischer Theoriebildung nicht in Abrede stellen.

damit in den Raum des Privaten aufzufassen ist. Um die Wahrheit von Prämisse 1 sicherzustellen, wurden Familienbeziehungen zuletzt als Intimbeziehungen bestimmt; und so müssen wir – um eine Äquivokation zu vermeiden – Familienbeziehungen auch in Prämisse 3 als Intimbeziehungen verstehen. Nun aber stellt sich das Problem, dass nicht ersichtlich ist, inwiefern das Vermachen einer Erbschaft ein Aspekt familiärer Beziehungen ist. Der Akt des Vererbens kann nämlich nicht ohne Weiteres als Instanz oder Aspekt einer *intimen* Beziehung aufgefasst werden. Zwar können sich Menschen, die in einer intimen Beziehung stehen, etwas vererben; dies reicht jedoch nicht aus, um davon zu sprechen, dass das Vererben *selbst* ein Aspekt der intimen Beziehung und daher als Teil der persönlichen Intimsphäre zu schützen ist.

Vertreter*innen des Argumentes könnten erwidern, dass eine Erbschaft aus sehr persönlichen Gegenständen bestehen kann und dass es niemanden etwas angehe, um welche Gegenstände es sich dabei handelt. Die Besteuerung von Erbschaften setzt voraus, dass der Wert der besagten Gegenstände bestimmt wird und dies sei nur möglich, wenn der Staat über die Natur der jeweiligen Gegenstände informiert ist. Die Verletzung der Privatsphäre bestünde dann nicht in der Besteuerung als solcher, ginge dieser aber notwendig voraus, wenn der Staat die Offenlegung der zu vererbenden Gegenstände einfordert. Man beachte jedoch, dass sich auf diese Weise lediglich gegen die Besteuerung persönlicher Sachwerte argumentieren lässt. Monetäre Werte wären von dieser Argumentation wohl nicht betroffen.[169] Auch das Vererben von wirtschaftlichen Unternehmen sowie Grundstücken und Immobilien dürfte kaum mit der Offenlegung *intimer* Informationen einhergehen.[170]

Fazit

Vertreter*innen des Argumentes der privaten Sphäre stehen vor folgendem Trilemma: Entweder sie legen durchgehend ein weites Verständnis von Familienbeziehungen zugrunde (welches alle Beziehungen zwischen Familienangehörigen umfasst), dann ist Prämisse 1 des Argumentes – nämlich, dass die Familie in die

---

[169] Ferner scheint diese Replik nichts mehr mit dem privaten Charakter der *Familie* zu tun zu haben, sondern vielmehr mit der persönlichen Intimsphäre des individuellen Erblassers oder Erben, ganz unabhängig davon, ob diese in einem Verwandtschaftsverhältnis zueinander stehen.
[170] Ein solches auf Privatheitsansprüche abstellendes Argument, hätte womöglich weitreichende Implikationen für (vielerorts bestehende) Offenlegungspflichten von Sozialhilfeempfänger*innen. Auch diese wären dann – aus Gründen der Konsistenz – als ungebührlicher Eingriffe in die Privatsphäre der jeweiligen Personen anzusehen.

private Sphäre fällt – falsch; oder sie legen durchgehend ein enges Verständnis von Familienbeziehungen (als Intimbeziehungen) zugrunde, dann ist Prämisse 3 des Argumentes – nämlich, dass es sich bei der Erbschaft um eine intime Familienbeziehung handelt – falsch; oder sie legen in Prämisse 1 ein weites, aber in Prämisse 3 ein enges Verständnis von Familienbeziehungen zugrunde – dann sind Prämisse 1 und Prämisse 3 wahr, das Argument aber ungültig. Damit ist gezeigt, dass der Bezug auf die private Sphäre nicht dazu taugt, die Erbschaftssteuer als moralisch problematische Einmischung in Familienbeziehungen auszuweisen.

5 Instrumentelle Argumente für innerfamiliären Vermögenstransfer

Die bis hierher behandelten familienbasierten Argumente gegen die Erbschaftssteuer haben gemeinsam, dass sie sich auf einer fundamentalen Ebene „abspielen". Das Eigentumsrecht der Familie wurde – analog zum individuellen libertären Eigentumsrecht – als *fundamentales* Recht betrachtet, der Wert der Familienbeziehungen als *intrinsischer* Wert, die assoziativen Verpflichtungen als *genuine akteurrelative* Verpflichtungen. Zu jedem dieser Argumente ließe sich allerdings ein abgeleitetes Pendant finden. So kann man dafür argumentieren, dass eine soziale Praxis, in der Familienrechte zugesichert, Akte des Schenkens geschützt bzw. befördert oder assoziative Verpflichtungen zugeschrieben werden, *gute Gesamtkonsequenzen* hat. Man kann diese Argumente zusammenfassen als instrumentelle oder abgeleitete familienbasierte Argumente gegen die Erbschaftssteuer.

Ich werde im Folgenden danach fragen, welche positiven Konsequenzen (jenseits der Beförderung des intrinsischen Wertes von Familienbeziehungen) es hätte, Erbschaften zwischen Familienangehörigen von staatlicher Seite zuzulassen und ob eine Erbschaftssteuer zu vergleichsweise schlechteren Konsequenzen führen würde. „Positive Konsequenzen" werden im Sinne des – in Kapitel 1 vorgestellten – Leximinprinzips verstanden. Die folgende Diskussion schließt damit an die Argumentation in Kapitel 1 an und ergänzt diese um Erwägungen, die mit dem instrumentellen Wert *innerfamiliären* Vermögenstransfers zu tun haben. Ich möchte drei solcher Argumente besprechen. Das erste hebt den instrumentellen Nutzen von *Solidarität und Reziprozität* innerhalb der Familie hervor. Gegenseitige Hilfe und Unterstützung innerhalb der Familie sorge dafür, dass niemand Not leidet und trage generell zur allgemeinen Wohlfahrt (die ich hier als leximin-Verteilung von Nutzen verstehe) bei (5.1). Das zweite Argument handelt von der *ökonomischen Funktion von Familienunternehmen*, die über mehrere Generationen geführt werden (5.2). Das dritte Argument spricht sich für innerfamiliären Transfer *identitätsstiftender*

Güter aus, da diese für die Erben einen persönlichen und besonderen Wert haben (können) (5.3).

5.1 Solidarität zwischen Familienmitgliedern

Das erste instrumentelle Argument verweist auf die Idee der Familie als Solidargemeinschaft. Gegenseitige Hilfe und Unterstützung zwischen Familienmitgliedern wird von vielen als ein notwendiger Schutz gegen wirtschaftliche Unwägbarkeiten angesehen. Zu einer Zeit, als es noch keine staatlichen Sicherungs- und Versorgungssysteme wie Rente, Arbeitslosengeld und öffentliche Krankenversicherung gab, waren Menschen besonders auf gegenseitige innerfamiliäre Unterstützung angewiesen. In den meisten Ländern der Welt ist dies heute noch so. In westlichen Industrienationen wurde die innerfamiliäre Unterstützung zwar in großen Teilen durch sozialstaatliche Institutionen abgelöst, die staatlichen Leistungen sind aber oft unzureichend. Zudem sind Menschen, durch den Rückbau sozialer Absicherung im Zuge neoliberaler Politik, auch heute wieder vermehrt auf Hilfe von Familienangehörigen angewiesen (vgl. Beckert 2013, 79). So wohnen bspw. viele junge Menschen in südeuropäischen Ländern noch bis Anfang dreißig oder länger bei ihren Eltern, weil sie sich keine eigene Wohnung leisten können (vgl. Eurofound 2014). Und alte Menschen sind oft auf die Unterstützung ihrer Kinder angewiesen, da die Rentenzahlungen zu gering ausfallen, um ein würdevolles Leben im Alter zu garantieren.

Auch Erbschaften können als ein Teil privater sozialer Absicherung verstanden werden, welche durch den Staat nicht (mehr) erbracht wird (vgl. Beckert 2007a, 25; Alstott 2009, 135; Koller 2013, 65 – 66): „Attempting to protect one's offspring from the vagaries of the market through inheritance is an individualized reaction to social conditions which expose actors to more and more insecurity" (Beckert 2013, 79). Durch eine entsprechend hohe Erbschaft wären erwachsene Nachkommen im Alter ökonomisch abgesichert, und Eltern hätten, solange sie noch am Leben sind, ein Druckmittel, um Unterstützung der Kinder einzufordern. Ein Zweck von Erbschaften wäre also der, dass Familienmitglieder einander unterstützen und gegen bestimmte Risiken absichern. Da die vorliegende Arbeit von realistischen, also nicht-idealen Bedingungen ausgeht, kann dieses Argument nicht mit dem Hinweis ausgeräumt werden, unter idealen gesellschaftlichen Arrangements gäbe es einen starken Sozialstaat und Familiensolidarität wäre in einem solchen bloß von marginaler Bedeutung. Solange der Staat *de facto* nicht für die nötige soziale Absicherung sorgt, ist es für eine Argumentation der Erbschaftssteuer unerheblich, dass er dies *idealiter* tun sollte.

Stattdessen möchte ich auf die geringe Reichweite des Argumentes aufmerksam machen: Nicht alle Menschen, die ein Erbe erhalten oder hinterlassen, sind auf die Hilfe ihrer Eltern respektive Kinder angewiesen. Wenn ein Freibetrag vorgesehen wird, der den Empfänger*innen ihren *fairen Anteil* am gesellschaftlichen Gesamtvermögen oder zumindest ein „soziales Minimum" sicherstellt, dann verliert das Argument an Schlagkraft (vgl. Alstott 2009, 136–137; Ascher 1990, 111–112). Außerdem würde eine *egalitäre* Erbschaftssteuer durch ihre Zweckbindung selbst zu besserer sozialer Absicherung für alle führen, sodass Tendenzen des Sozialstaatsabbaus entgegengewirkt werden und die Absicherung mittels einer Erbschaft damit langfristig für weniger Menschen nötig wäre als sie es jetzt ist.

Ein Freibetrag in Höhe des „Fair Share" kann keine 100%ige Sicherheit geben, dass die Erben in Zukunft nicht in Not geraten. So könnte jemand bspw. eine schwere Krankheit bekommen, deren Behandlung erheblich mehr kostet, als die Person durch ihren fairen Anteil an ökonomischen Ressourcen aufbringen kann (ein solcher Fall kann selbst dann auftreten, wenn man den fairen Ressourcenanteil anhand seines Beitrages zum individuellen Wohlergehen bemisst und bspw. berücksichtigt, dass kranke Menschen einen vergleichsweise größeren Anteil benötigen; denn zum Zeitpunkt der Bestimmung des „fairen Anteils" liegen nicht alle Informationen über einen möglichen zukünftigen Bedarf vor). Die Antwort auf derartige Fälle darf allerdings nicht sein, den Freibetrag so hoch anzusetzen, dass jedes Restrisiko, in Not zu geraten, für potentielle Erben ausgeschlossen wird. Der Grund dafür ist (einmal mehr), dass es viele Familien gibt, die über wenig oder gar kein Vermögen verfügen (und sogar Menschen, die nicht in Familienstrukturen eingebunden sind).[171] Um auch für deren soziale Absicherung zu sorgen, bedarf es der staatlichen Umverteilung. Es lässt sich festhalten: Entweder potentielle Erben gehören selbst zu den schlechtestgestellten Gesellschaftsmitgliedern, dann sind sie bereits durch den entsprechenden Freibetrag von der Steuer ausgenommen (siehe Kapitel 1, Abschnitt 2.2); oder sie gehören nicht zu den Schlechtestgestellten, dann scheint – auf Grundlage des Wertes sozialer Absicherung – nichts gegen eine *egalitäre* Erbschaftssteuer zu sprechen, welche unter anderem zum Ziel hat, *alle* Gesellschaftsmitglieder *gleichermaßen* abzusichern.

---

[171] In Deutschland bspw. verfügt die vermögensschwächere Hälfte der Bevölkerung nur über 1,3 % des nationalen Gesamtvermögens (vgl. Grabka et al. 2020, 26–27).

5.2 Wirtschaftliche Funktion von Familienunternehmen

Das zweite instrumentelle Argument für innerfamiliäre Vermögenstransfers bezieht sich auf die wichtige *wirtschaftliche* Funktion von Familienunternehmen. „Effizienz-Argumente" gegen die Erbschaftssteuer wurden bereits in Kapitel 1 (Abschnitt 1.5) besprochen. Im Rahmen des vorliegenden Kapitels soll es nun um ein spezifisches Effizienz-Argument gehen, nämlich um eines, welches die wirtschaftliche Rolle von *Familien*unternehmen hervorhebt. Nicht nur setze die Erbschaftssteuer „falsche" Anreize (nämlich weniger zu arbeiten und zu produzieren sowie Geld auszugeben anstatt es zu sparen), sie führe auch dazu, dass familiengeführte Unternehmen in ihrer Existenz bedroht sind, da sich die Nachkommen die Weiterführung des Unternehmens – angesichts der hohen Erbschaftssteuer – nicht leisten können. Dies sei nicht nur schlecht für das Wohl der Familie, sondern schade auch der Wirtschaft und damit der Gesellschaft als Ganzer.

Zwei Kritiklinien lassen sich hier voneinander unterscheiden. Die erste zielt darauf ab, dass Familienunternehmen in der Regel zu *kleinen und mittelständischen Unternehmen* zählen und diese eine Erbschaftssteuer weniger „verkraften" als große Unternehmen. Dies führe dazu, dass Unternehmen aufgelöst werden müssen, was wiederum mit einem wirtschaftlichen Schaden und weniger Arbeitsplätzen einhergeht. Genau genommen geht es bei diesem Argument also nicht um Familienunternehmen als solche, sondern um kleine und mittelständische Unternehmen. Dass sich einige Erblasser die Fortführung dieser Unternehmen bei Einführung einer hohen und stark-progressiven Erbschaftssteuer nicht mehr leisten können, ist nicht von der Hand zu weisen. Hieraus folgt jedoch nicht zwingend, dass die Unternehmen selbst (und damit Arbeitsplätze, Wirtschaftswachstum und sozialer Wohlstand) gefährdet sind.

Ob ein wirtschaftlicher Schaden entsteht (und wie groß dieser ausfällt), kommt in erheblichem Maße darauf an, was mit dem Betriebsvermögen (Geld, Produktionsanlagen etc.) nach Erhebung der Steuer geschieht. Eine bedenkenswerte Möglichkeit besteht darin, das Unternehmen samt des nötigen Kapitals den Angestellten zu überlassen und in eine wirtschaftsdemokratische Organisationsform zu überführen. Auf diese Weise würde das Unternehmen weiterbestehen und es gingen keine Arbeitsplätze verloren. Zugleich wäre das Vermögen des Erblassers breiter verteilt, als wenn dieses alleine den Nachkommen zufiele. Eine konventionellere Alternative besteht darin, Betriebsvermögen in einem Maße von der Steuer auszunehmen, das es für die Nachkommen weiterhin möglich und lohnenswert macht, das Unternehmen fortzuführen. Kombiniert mit der Möglichkeit zur Steuerstundung oder Ratenzahlung wäre eine umfängliche Verschonung des Betriebsvermögens in vielen Fällen zudem gar nicht nötig, da die Erbschaftssteuer dann aus zukünftigen Unternehmensgewinnen bezahlt werden könnte (vgl. Truger 2016, 379).

Die zweite Kritiklinie zielt darauf ab, dass innerhalb der Familie häufig nicht nur der monetäre und materielle Besitz übertragen wird, sondern außerdem sogenanntes *Humankapital* in Form von (lokalem) Wissen und (lokalen) Fähigkeiten, die es den nachfolgenden „Generationen" ermöglichen, das Unternehmen effizienter zu führen als Außenstehende (vgl. Koller 2013, 66). Erhebt der Staat eine (hohe) Erbschaftssteuer auf Betriebsvermögen, kann dies dazu führen, dass das Unternehmen verkauft oder aufgelöst werden muss und das Humankapital der Nachkommen einen weniger effizienten Einsatz findet. Der beschriebene „Effizienzgewinn" ist allerdings nur dann zu erwarten, wenn die Kinder tatsächlich über das spezifische Humankapital verfügen und auch die Führung des Unternehmens antreten. Manche Erben von Familienunternehmen halten sich zu Lebzeiten der Eltern völlig aus deren Geschäften heraus und gehen ihrem eigenen Beruf nach. Andere sind zwar an geschäftlichen Angelegenheiten beteiligt, entscheiden sich nach dem Tod der Eltern aber zum Verkauf des Unternehmens. In diesen Fällen spräche das vorangegangene Argument nicht gegen eine (hohe) Erbschaftssteuer. An der bisherigen Besprechung könnte man zurecht kritisieren, dass sie etwas Entscheidendes übersieht:

> "[T]he family farm or business seems to have a personal quality [and is therefore] not only a source of income and economic security: It also typically bears the family name and, over time, has created for each family member a reputation, a status in the community, and a sense of belonging. So, the value offended by the prospect that a family might lose its farm or business is what we might term *the identity value of the family*" (Alstott 2009, 133; hervorgehoben durch Verfasser).

Dieser Hinweis trifft auch auf andere Güter zu, die nicht zu den Produktionsmitteln zählen. Dies führt uns zum dritten instrumentellen Argument für innerfamiliären Vermögenstransfer (und gegen eine Erbschaftssteuer).

5.3 Weitergabe identitätsstiftender Güter

Ein Großteil vererbten Vermögens besteht aus ökonomischen Gütern wie Geld, Aktien oder anderen Geldanlagen. Doch nicht immer ist eine Erbschaft (ausschließlich) monetärer Natur. Sie kann auch konkrete Gegenstände wie Möbel, Autos, Häuser, Grundstücke, Schmuck, Kleidung und andere Güter umfassen. Manche dieser materiellen Güter sind für Familienangehörige des Erblassers von besonderer Bedeutung, weil sie einen identitätsstiftenden (ideellen, persönlichen, sentimentalen etc.) Wert für die Person haben: Der Schmuck der Urgroßmutter, das Haus oder Grundstück der Eltern, ein über mehrere Generationen geführtes Familienunternehmen oder der Steinway Flügel, auf dem man als Kind seinen ersten

Klavierunterricht hatte.[172] Menschen können zu solchen und vielen anderen Dingen in einer emotionalen Bindung stehen, wenn diese Gegenstände eine wichtige Rolle in der eigenen Lebensgeschichte, in der Lebensgeschichte einer geliebten bzw. nahestehenden Person oder in der *gemeinsamen* Lebensgeschichte mit dieser anderen Person spielen oder gespielt haben. Wenn eine Erbschaftssteuer zu hoch ausfällt, kann dies dazu führen, dass Erben es sich nicht leisten können, diese identitätsstiftenden Gegenstände zu behalten (vgl. Tabarrok 2005, 10–11; Pederson & Boyum 2019, 307). Es handelt sich bei diesem Argument um eine spezifische Variante des *expensive tastes* Einwandes, der schon im ersten Kapitel (Abschnitt 1.5) besprochen wurde; nur dass sich die hiesige Variante nicht gegen ökonomische Umverteilung per se, sondern gegen Umverteilung identitätsstiftender Güter richtet.

Zunächst ist auch hier auf die geringe Reichweite des Einwandes hinzuweisen. So würde der Einwand nicht gegen eine Erbschaftsteuer im Allgemeinen sprechen, sondern höchstens gegen eine Erbschaftssteuer, welche keine Ausnahmen für derartige Güter vorsieht (vgl. Ascher 1990, 112; Duff 1993, 59; Pederson & Boyum 2019, 308).[173] Ferner könnte es mit Blick auf wohlhabende Erben bereits ausreichen, ihnen die exklusive Möglichkeit zu geben, die entsprechenden Gegenstände zum Marktpreis (oder unter Umständen aber auch zu einem niedrigeren oder einem höheren Preis) zu erwerben. Für Menschen, die über zu wenig Mittel verfügen, könnte es zusätzlich die Möglichkeit geben, die Güter langfristig (zinslos) abzubezahlen (vgl. Duff 1993, 33). Solange diese Möglichkeiten nicht ausgeschöpft sind, braucht man die entsprechenden Gegenstände nicht gänzlich von der Steuer ausnehmen.

---

172 Das Verfügen über identitätsstiftende Güter kann dabei unterschiedliche Rollen für das Wohlergehen des Individuums spielen. So mag es den (personellen) Wert von *Identität* erhöhen, eine besonders starke *Präferenz* erfüllen oder zum (personellen) Wert von *Familienbeziehungen* (sowohl des Erblassers als auch des Erben) beitragen, wie im Abschnitt 2 besprochen wurde. Zum letzten Wert siehe bspw. Duff: „[P]rincipal residences and family heirlooms, [...] are most closely associated with the experience of family life and the expression of familial bonds [and are therefore] necessary to express and reinforce the bonds of familial affection" (Duff 1993, 59; siehe auch Halliday 2018, 168).

173 Eine Schwierigkeit bei der Bestimmung einer solchen Ausnahmeregelung besteht darin, ein Kriterium dafür zu finden, wann und in welchem Maße ein bestimmter Gegenstand als identitätsstiftend anzusehen ist. Fasst man das Kriterium sehr weit, so könnte dies (pro tanto) tatsächlich für die vollständige Abschaffung der Erbschaftssteuer sprechen: „[M]any people genuinely understand even the most generic financial inheritance to be at least weakly linked to family and personal identity" (Alstott 2009, 133). Dies aber würde den Begriff der Identität zu sehr ausdünnen, sodass nicht mehr ersichtlich ist, was an so verstandener Identität schützenswert ist. Und in jedem Fall scheint die Beweislast auf Seiten derjenigen zu liegen, die eine solche Verbindung zwischen (zu schützender) Identität und bloßen (Geld)geschenken postulieren.

Schließlich stellt sich aber auch hier die Frage, was dazu berechtigt, den Fokus (einseitig) auf die Erben zu legen. Ebenfalls zu berücksichtigen sind die Konsequenzen, welche die Unterlassung der Umverteilung (via Erbschaftssteuer) auf die potentiellen Empfänger*innen der Steuereinnahmen hätte, die ohne eine Erbschaftssteuer offenbar schlechter dastünden als mit ihr. Gemäß des Leximinprinzips könnte eine egalitäre Erbschaftssteuer auch dann geboten sein, wenn diese die Interessen der potentiellen Erben an „deren" identitätsstiftenden Gütern frustriert. Ist das Gut „im Besitz identitätsstiftender Gegenstände zu sein" mit anderen Gütern verrechenbar, so ist leicht vorzustellen, dass die Empfänger*innen der Umverteilung – nämlich die schlechtestgestellten Gesellschaftsmitglieder – mit Blick auf ihren persönlichen *Gesamt*nutzen auch nach der Umverteilung noch schlechter (oder jedenfalls nicht besser) dastehen als die Erben. Letztere sind zwar gezwungen, auf die besagten identitätsstiftenden Gegenstände zu verzichten, sie hätten aber (in der Regel) weiterhin privilegierten Zugang zu vielen anderen wertvollen Fähigkeiten und Seinsweisen (bessere Möglichkeit ihre Präferenzen zu erfüllen etc.). Die Erhebung der Steuer würde in diesem Fall höchst wahrscheinlich einen Nutzen für die Schlechtestgestellten erzeugen.

Doch selbst, wenn sich der Wert „im Besitz identitätsstiftender Gegenstände zu sein" nicht mit anderen Werten verrechnen lässt, so wäre keineswegs klar, dass dies – mit Blick auf *diesen spezifischen Wert* – gegen die Besteuerung von Erbschaften spricht. Denn es ist nicht abwegig, dass eine Umverteilung die (hinsichtlich des besagten Wertes) Schlechtestgestellten mit Blick auf eben diesen Wert besserstellt: Auch arme und weniger wohlhabende Menschen verlieren identitätsstiftende Güter. Nicht weil sie von einer (zu hohen) Erbschaftssteuer betroffen sind, sondern weil sie (unabhängig davon) über zu wenig monetäre Ressourcen verfügen, um sich den Besitz der Güter weiterhin leisten zu können. Aufgrund von Arbeitslosigkeit oder Gentrifizierung müssen viele Menschen ihre Wohnung oder ihren Wohnort verlassen und werden so aus ihrem vertrauten Umfeld herausgerissen. Auch sie müssen sich von Orten und Gegenständen trennen, zu denen sie eine emotionale Bindung aufgebaut haben. Zudem können nicht nur materielle Gegenstände wichtig für die Identität einer Person sein, sondern auch Tätigkeiten und Lebensweisen. Körperliche und psychische Beschwerden, die oft das Ergebnis schlechter Lebens- und Arbeitsbedingungen sind, führen häufig dazu, dass Menschen liebgewonnene und *identitätsstiftende* Tätigkeiten und soziale Rollen aufgeben müssen.

Eine Umverteilung mittels Erbschaftssteuer würde den Empfänger*innen mit Blick auf ihre persönlichen materiellen sowie immateriellen identitätsstiftenden Güter von Nutzen sein. Es ist nicht zu sehen, warum *dieser* Nutzen (der sich ebenfalls aus dem Verfügen über identitätsstiftende Güter konstituiert) weniger ins Gewicht fallen sollte als der Nutzen, den die potentiellen Erben aus der Erbschaft ziehen (vgl. Alstott 2009, 133–134).[174] Zwar wäre es übereilt, sich auf Grundlage dieser Einsicht (ohne eine genauere Konzeption identitätsstiftender Güter) für die Einführung der Erbschaftssteuer auszusprechen. Die zuletzt angestellten Überlegungen sollen aber deutlich machen, dass sich nicht nur die Gegner*innen, sondern auch die Befürworter*innen einer Erbschaftssteuer auf den Wert identitätsstiftender Güter berufen können.[175] Das „Argument identitätsstiftender Güter" (gegen die Erbschaftssteuer oder zumindest für eine Ausnahmeregelung bei identitätsstiftenden Gütern) dürfte damit – selbst als pro tanto Argument – in Frage stehen.

Fazit

Es wurden drei instrumentelle Gründe vorgestellt, die für einen Vermögenstransfer zwischen Familienmitgliedern sprechen. Innerfamiliärer Vermögenstransfer kann Angehörige vor wirtschaftlicher Not schützen, Humankapital bewahren und die Weitergabe identitätsstiftender Güter ermöglichen. Keiner dieser instrumentellen Gründe spricht gegen die Erbschaftssteuer in Gänze, sondern (höchstens) für einen moderaten Freibetrag und gezielte Ausnahmeregelungen für Familienmitglieder. Um dafür zu sorgen, dass hinterbliebene Familienmitglieder hinreichend abgesichert sind, sollten bedürftige Familienmitglieder (und bedürftige Erben allgemein) von der Steuer ausgenommen sein. Aus ökonomischer Sicht kann es sinnvoll sein, dass Betriebsvermögen im Familienbesitz bleibt, sofern die Angehörigen das Unternehmen weiterführen möchten und über spezifische (lokale) Fähigkeiten, Erfahrungen und Wissen verfügen, welche durch den Transfer an eine neue (familienexterne) Eigentümer*in verloren gehen würden. Der Umstand, dass eine Erbschaft nicht nur aus Geldwerten, sondern auch aus konkreten Gegenständen bestehen kann, wirft die Frage auf, wie mit Gütern verfahren werden soll, die eng mit der

---

174 Auch Alstott fragt: „[W]hat about the many people without assets to support their family-linked identity? [I]s family-linked identity only worth special treatment for those who inherit it along with valuable assets?" (Alstott 2009, 133–134). Unklar bleibt, ob sie eine Antwort auf diese Frage erwartet oder ob jene lediglich eine rhetorische Funktion erfüllt.

175 Wie bereits im letzten Kapitel angemerkt, wird im Diskurs um die Erbschaftssteuer allzu oft der Standpunkt der Erblasser und Erben eingenommen (selbst dann, wenn es nur um deren *Interessen* oder *Verdienstobjekte* und nicht etwa um fundamentale Eigentumsrechte geht). Das Argumentationsmuster, welches dezidiert die Interessen (oder den Verdienst) der Schlechtestgestellten – also der Empfänger*innen der Steuereinnahmen – ins Blickfeld rückt, ist nicht nur theoretisch folgerichtig (und zwar zunächst unabhängig davon, welches Verteilungsmuster – Leximin, Priorität, Maximierung – man wählt), sondern kann meines Erachtens gar nicht oft genug wiederholt werden, um diese „diskursive Schieflage" zu korrigieren.

Geschichte und Identität der Erben verknüpft sind. Hier könnte den Erben ein exklusives Erwerbsrecht zugesprochen und ggf. ein Darlehen angeboten werden.

Abschließendes Fazit

In diesem Kapitel wurden fünf verschiedene Argumente gegen die Erbschaftssteuer behandelt, die man als „familienbasiert" bezeichnen kann. Bis auf das Argument vom Eigentumsrecht der Familie spricht keines gegen die Einführung einer Erbschaftssteuer. *Das Argument vom intrinsischen Wert der Familie* scheitert daran, dass das Hinterlassen einer Erbschaft in der Regel nicht zum Wert von Familienbeziehungen beiträgt. Das *Argument assoziativer Verpflichtungen* ist nicht erfolgreich, da weder zu sehen ist, wie sich aus derartigen Verpflichtungen Nicht-Eingriffspflichten für den Staat ergeben, noch dass die Eltern im Falle eines „Eingriffs" durch den Staat gegen ihre assoziativen Verpflichtungen verstoßen. Das Argument von der privaten Sphäre wird gegenstandslos, wenn man die Ambiguitäten in den Begriffen der Familie und der privaten Sphäre auflöst. Die zuletzt behandelten instrumentellen Argumente können – zumindest wenn man sie als Argumente gegen die Erbschaftssteuer als solche versteht – ebenfalls nicht überzeugen, da sie allerhöchstens für bestimmte Ausnahmeregelungen sprechen, aber nicht gegen die Erbschaftssteuer per se. Was das *Argument vom Eigentumsrecht der Familie* betrifft, so schlage ich vor, seine normative Grundannahme zurückzuweisen. Ein fundamentales Eigentumsrecht – sei es individueller oder kollektiver Natur –, welches so umfangreich und stark ist, dass es keine egalitäre Umverteilung zulässt, ist kein attraktives moralisches Ideal.

Schluss

In diesem Abschlusskapitel möchte ich die wichtigsten Argumentationsschritte der letzten fünf Kapitel rekapitulieren und die Resultate der Arbeit zusammenfassen.

In Kapitel 1 wurden verschiedene egalitäre Argumente für eine Erbschaftssteuer vorgestellt. Aufgrund ihrer progressiven Struktur und bei entsprechender Zweckbindung ist die Erbschaftssteuer ein geeignetes Instrument, um großer *ökonomischer* Ungleichheit entgegenzuwirken. Die Verringerung großer ökonomischer Ungleichheit ihrerseits trägt zur Realisierung verschiedener (höherrangiger) egalitärer Ideale bei.

Erstens führt sie zu größerer *Chancengleichheit*, indem sie weniger wohlhabenden Menschen den Zugang zu besserer Bildung und anderen kulturellen Ressourcen ermöglicht und sich positiv auf deren Gesundheit, Selbstwert und andere Grundbedürfnisse auswirkt.

Zweitens trägt die Verringerung ökonomischer Ungleichheit zu mehr *politischer Gleichheit* bei. Geld ist eine politische Ressource, wenn sie für Wahlspenden oder die Beeinflussung des öffentlichen oder akademischen Diskurses (z.Bsp. über Thinktanks und Stiftungen) eingesetzt wird. Grob vereinfacht lässt sich sagen, dass eine Umverteilung von Geld mit einer Umverteilung politischer Einflussmöglichkeiten einhergeht. Außerdem kann sich eine ökonomische Umverteilung indirekt auf die politischen Einflussmöglichkeiten benachteiligter Gruppen auswirken, indem sie entsprechende Voraussetzungen schafft. Zu diesen zählen Zeit und Energie, politische Bildung sowie soziale Grundlagen der Selbstachtung.

Drittens würde die Verringerung ökonomischer Ungleichheit zu mehr *sozialer Gleichheit* führen. Bei dieser geht es (in finaler Hinsicht) nicht um eine bestimmte Verteilung von Chancen, politischem Einfluss, Ressourcen oder Wohlergehen, sondern darum, dass Menschen einander nicht als unter- oder überlegen ansehen und behandeln, sondern einander als Gleiche anerkennen und respektieren. Eine ökonomische Umverteilung würde sich positiv auf die Anerkennungsverhältnisse in einer Gesellschaft auswirken, indem sie dazu beiträgt, Statusunterschiede zu verringern. In kapitalistischen Gesellschaften ist monetärer (und allgemein materieller) Wohlstand bereits für sich genommen status-relevant. Zusätzlich kann ökonomisches Kapital in kulturelles und soziales Kapital „umgewandelt" werden, welche ihrerseits den Status einer Person erhöhen.

Viertens kommt eine ökonomische Umverteilung den schlechtestgestellten Gesellschaftsmitgliedern zugute, indem sie diese mit Blick auf ihren individuellen Nutzen besserstellt. Ganz gleich, ob wir individuellen Nutzen als Grundgüter, Präferenzerfüllung oder das Verfügen über objektive Güter (bzw. die effektive Freiheit zu diesen Gütern) verstehen, wirkt sich eine ökonomische Umverteilung „von oben nach unten" positiv auf den *absoluten Nutzen der Schlechtestgestellten* aus, indem sie ihnen Zugang zu (objektiv) wertvollen bzw. (subjektiv) wertgeschätzten Gütern und Seinsweisen verschafft.

Das egalitäre Argument hat einen *pro tanto Status*, d.h. es führt moralische Erwägungen an, die *für* die Einführung der Erbschaftssteuer sprechen, ggf. aber durch andere moralische Erwägungen überwogen oder übertrumpft werden können. Um zu einer möglichst vollständigen Beurteilung der Erbschaftssteuer zu gelangen, war es nötig, sich weitere moralische Prinzipien anzusehen; insbesondere solche, die mit den egalitären Idealen prinzipiell in Konflikt stehen. In Kapitel 3 - 5 habe ich daher die drei wichtigsten Einwände *gegen* die Erbschaftssteuer besprochen, die auf anderen (nicht-egalitären) Prinzipien basieren. Die hier zugrundeliegenden moralischen Ideale sind libertäre Eigentumsrechte (Kapitel 3), der Verdienstgrundsatz (Kapitel 4) und eine Reihe moralischer Gründe, die sich um die Familie drehen (Kapitel 5).

Bevor ich jedoch in den Kapiteln 3 - 5 auf die nicht-egalitären Prinzipien und entsprechenden Einwände gegen die Erbschaftssteuer zu sprechen kam, habe ich in Kapitel 2 ein Argument behandelt, welches im öffentlichen Diskurs weit verbreitet ist und mit dem Anspruch vorgebracht wird, eine ganze Klasse von Argumenten *gegen* die Erbschaftssteuer – nämlich Argumente, welche die Interessen oder Rechte der Erblasser ins Zentrum stellen – *auf einen Schlag* zu widerlegen: Das Argument toter Erblasser. Das Argument besagt, dass die Interessen und Rechte von Erblassern aus moralischer Perspektive nicht von Belang sind, da die Erblasser zu dem Zeitpunkt, wenn die Erbschaftssteuer erhoben wird, bereits verstorben sind. Alle Argumente, welche auf den Interessen oder Rechten von Erblassern basieren, müssen daher fehlschlagen. Da die in Kapitel 3 und 4 aufgegriffenen Einwände gegen die Erbschaftssteuer auf Grundlage libertärer Eigentumsrechte und Verdiensterwägungen (zum Teil) ebenfalls auf bestimmten Interessen bzw. Rechten von Erblassern basieren, scheinen diese unmittelbar vom Argument toter Erblasser betroffen zu sein: Haben die Interessen und Rechte der Erblasser kein moralisches Gewicht, so zählen weder die Eigentumsrechte noch die Verdienstansprüche der Erblasser und entsprechen kann auf dieser Grundlage nicht gegen eine Erbschaftssteuer argumentiert werden.

Ich habe das Argument in seiner stärksten Variante konstruiert, wobei sich der Bedarf ergab, deutlicher zwischen verschiedenen *Klassen* von Erblasserinteressen zu differenzieren als dies in der Regel getan wird. Ich habe fünf verschiedene Klassen von Erblasserinteressen unterschieden: i) Die Interessen toter Erblasser, ii) freischwebende Interessen, iii) postmortem Interessen verstorbener Erblasser, iv) antemortem Interessen verstorbener Erblasser und v) antemortem Interessen noch lebender Erblasser. Für die ersten vier dieser fünf Klassen konnte gezeigt werden, dass sie moralisch nicht berücksichtigt werden brauchen. Das (von mir erweiterte) Argument toter Erblasser wurde damit auf ein stabileres Fundament gestellt. Anders, als einige seiner Vertreter*innen meinen, befreit der (partielle) Erfolg des Argumentes toter Erblasser jedoch nicht von der Notwendigkeit, sich mit Theorien libertärer Eigentumsrechte und Verdiensttheorien im Detail zu beschäftigen. Dies liegt *nicht* daran, dass das Argument nur partiell erfolgreich ist – also nicht für alle Erblasserinteressen zeigen kann, dass diese moralisch unerheblich sind –, sondern daran, dass sowohl im Libertarismus als auch in Verdiensttheorien die Interessen bzw. Ansprüche *anderer* Individuen (als der Erblasser) zu berücksichtigen sind.

In Kapitel 3 habe ich daher zunächst das Verhältnis zwischen der Erbschaftssteuer und libertären Eigentumsrechten untersucht. Libertarier*innen behaupten, dass eine umverteilende Erbschaftssteuer nicht zu rechtfertigen sei, da sie mit der Verletzung fundamentaler Eigentumsrechte einhergehe. Ich habe die in Kapitel 2 gewonnenen Ergebnisse – nämlich, dass die Eigentumsrechte *toter* Erblasser nicht zählen – vorausgesetzt, und untersucht, ob sich der libertäre Einwand gegen die Erbschaftssteuer vor diesem Hintergrund weiter aufrechterhalten lässt. Hierzu habe ich vier (teils aufeinander aufbauende) Argumente betrachtet, welche zeigen sollen, dass sich eine egalitäre Erbschaftssteuer und libertäre Eigentumsrechte (entgegen dem ersten Anschein) keineswegs ausschließen:

Das einfache Argument setzt unmittelbar an das Argument toter Erblasser an. Es geht davon aus, dass das Eigentumsrecht des Erblassers mit dessen Tod endet. Doch auch die vermeintlichen Erben können kein Eigentumsrecht am besteuerten Vermögen geltend machen, da ein rechtmäßiger Transfer des Vermögens weder vor noch nach dem Tod des Erblassers stattgefunden habe. Hieraus wird gefolgert, dass der Staat eine (beliebig hohe) Erbschaftssteuer auf das Vermögen erheben und diese für egalitäre Zwecke einsetzen darf. Das einfache Argument scheitert jedoch am libertären Prinzip der *Erstaneignung:* Andere Individuen (als der Erblasser und der Erbe) haben die normative Fähigkeit und den normativen Anspruch, sich unbesessenes Vermögen anzueignen. Sollte eine Aneignung durch dritte Parteien stattfinden, so gäbe es eine neue Rechtsträger*in des Vermögens. Die Besteuerung der Erbschaft wäre – ohne weitere Argumentation – als eine Rechtsverletzung dieser neuen Rechtsträger*in aufzufassen.

Das Argument der Risikovermeidung schließt an das einfache Argument an. Es nennt einen Grund dafür, warum der Staat das Recht hat, die Neuaneignung des nunmehr „freigewordenen" Vermögens zu unterbinden: Das Prinzip der Erstaneignung sei im Falle von *Neu*aneignungen außer Kraft gesetzt, da es sich hierbei um eine Situation handle, in der ein hohes Risiko für Rechtsverletzungen von ursprünglichen Eigentümer*innen und Aneigner*innen besteht. Der Staat habe daher das Recht, Erstaneignungen zu verbieten und das Vermögen verstorbener Erblasser für egalitäre Zwecke einzusetzen. Doch auch das Argument der Risikovermeidung kann nicht vollends überzeugen. Zwar berücksichtigt es – anders als das einfache Argument – das Prinzip der Erstaneignung, doch blendet es (ebenso wie das einfache Argument) weitere libertäre Ansprüche aus: Um den generellen Schutz von Eigentumsrechten zu gewährleisten, erhebt der Staat Steuern und greift dabei in individuelle Eigentumsrechte ein. Solange diese Eingriffe *nötig* dafür sind, um den allgemeinen Schutz von Eigentumsrechten (auf einem vernünftigen Niveau) zu gewährleisten, werden diese von vielen Libertarier*innen als legitim erachtet und daher nicht als Rechts*verletzungen* angesehen. Die normative Situation verändert sich aber, wenn dem Staat zusätzliche Einnahmen (wie die aus der Erbschaftssteuer) zur Verfügung stehen. Ab diesem Moment ist die Erhebung der anderen Steuern nicht mehr (bzw. nur noch zu einem geringeren Ausmaß) nötig und würde von nun an eine Rechts*verletzung* seitens des Staates darstellen.

Der Staat hätte demnach die Pflicht, die Einnahmen aus der Erbschaftssteuer für den allgemeinen Schutz von Eigentumsrechten einzusetzen und andere Steuern (die bisher für diesen Zweck erhoben wurden) zu senken. Andernfalls verlöre die Erhebung (eines Teiles) der bisher erhobenen Steuern ihre Legitimität. Selbst wenn das Argument der Risikovermeidung also in der Lage ist, die Erbschaftssteuer als legitim auszuweisen (und zwar unter der Bedingung, dass sie für den Schutz von Eigentumsrechten verwendet würde), so wäre es doch nicht die Art von Erbschaftssteuer, für die in Kapitel 1 auf Grundlage egalitärer Prinzipien argumentiert wurde und für die sich Autor*innen einsetzen, welche auf die Kompatibilität des Libertarismus mit der Erbschaftssteuer insistieren.

Mit dem dritten und vierten Argument wird eine alternative Strategie verfolgt. Es wurde zu zeigen versucht, dass sich der Bedarf für eine egalitäre Umverteilung aus libertären Prämissen selbst ergibt. Eine egalitäre Erbschaftssteuer wäre dann nicht nur kompatibel mit dem Libertarismus, sondern würde (unter bestimmten empirischen Umständen) aus seinen theoretischen Grundannahmen folgen. *Das Argument der Wiedergutmachung* macht sich ein genuin libertäres Prinzip – und zwar das Prinzip der Wiedergutmachung – zunutze, um zu zeigen, dass dieses eine in groben Zügen egalitäre Umverteilung erforderlich macht. Verteidiger*innen der egalitären Erbschaftssteuer finden unverhoffte Unterstützung für diese Behauptung bei Robert Nozick, der in Betracht zieht, dass eine Umverteilung zu den schlechtestgestellten Gesellschaftsmitgliedern – unter bestimmten historischen Voraussetzungen und epistemisch ungünstigen Bedingungen – die bestmögliche Annäherung an eine Verteilung ist, wie sie das libertäre Prinzip der Wiedergutmachung vorsieht. Die entscheidende Schwäche dieses dritten Argumentes ist seine Abhängigkeit von höchst spekulativen empirischen Annahmen. Zudem setzt es – wie gezeigt werden konnte – einige theoretische Entscheidungen voraus, die dem „libertären Geist" zuwiderlaufen.

Das letzte Argument, welches sich für die Kompatibilität der egalitären Erbschaftssteuer mit libertären Eigentumsrechten ausspricht, ist *das Argument vom starken Proviso*. Dieses beruft sich auf ein weiteres libertäres Prinzip, wonach eine (Erst- oder Neu)aneignung von unbesessenem Vermögen nur dann legitim ist, wenn allen anderen „genug und gleich Gutes" übrig gelassen wird. Viele Philosoph*innen sehen in diesem sogenannten „Lockeschen Proviso" das „Trojan Hourse of right-libertarianism" (Fried 2004, 69). Je anspruchsvoller das Proviso ausgelegt wird, desto einfacher ist es, innerhalb eines libertären Theorierahmens für eine egalitäre Umverteilung zu argumentieren. Gegeben die empirische Annahme, dass es sich bei der (egalitären) Erbschaftssteuer um ein geeignetes Mittel handelt, eine egalitäre Verteilung herbeizuführen und gegeben die theoretische Annahme, dass die Durchsetzung des Provisos zu den Aufgaben des Staates gehört, wäre es aus libertärer Perspektive geboten, eine egalitäre Erbschaftssteuer einzuführen (anstatt sie nicht einzuführen).

Das Problem mit dem letzten Argument sind seine *links*libertären Prämissen; nicht weil diese Prämissen falsch sind (ob sie dies sind, habe ich offengelassen), sondern, weil sie unter Libertarier*innen höchst umstritten sind. Es sind Rechts- und nicht Links-Libertarier*innen, die von der Sinnhaftigkeit einer egalitären Umverteilung überzeugt werden müssen. Dem Anliegen des Kapitels – nämlich einer Verteidigung der egalitären Erbschaftssteuer unter Berücksichtigung libertärer Eigentumsrechte – kann das Argument daher nur teilweise genügen. Ich bin zu der Konklusion gekommen, dass keines der vier Argumente in der Lage ist, den Rechts-Libertarismus mit einer umverteilenden Erbschaftssteuer zu versöhnen. Um die Erbschaftssteuer zu verteidigen, sind daher die rechtslibertären Prämissen als solche zurückzuweisen. Zugleich konnte aber gezeigt werden, dass sich die egalitäre Erbschaftssteuer innerhalb des *Links*-Libertarismus verteidigen lässt.

In Kapitel 4 habe ich mich einem weiteren wichtigen Argument *gegen* die Erbschaftssteuer angenommen. Dieses besagt, dass der Erblasser sein Vermögen selbst erarbeitet und daher in einem normativ gehaltvollen Sinne *verdient* habe. Erhebt der Staat eine Steuer auf das Vermögen, so untergrabe er die verdienstbasierten Ansprüche von Erblassern. Befürworter*innen der Erbschaftssteuer, welche dem Verdienstgedanken nicht grundsätzlich abgeneigt sind, halten dem entgegen, dass die Ansprüche der Erblasser nicht zählen, da jene bereits verstorben sind (Kapitel 2). Zusätzlich geben sie zu bedenken, dass die Erben ihr Vermögen nicht selbst erarbeitet und daher auch nicht verdient hätten, was – aus Verdienstperspektive – sogar *für* eine Erbschaftssteuer spräche. Auch diesen Gedanken habe ich aufgegriffen.

Da Verdienstargumente vor allem im öffentlichen (nicht akademischen) Diskurs anzutreffen sind, werden ihre philosophischen Grundlagen in der Regel nicht explizit gemacht. Ich habe daher versucht, die Verdienstargumente zunächst theoretisch zu fundieren, indem ich zwischen verschiedenen Verdienst*konzeptionen* unterschieden und anschließend David Millers Verdienstkonzeption besprochen habe, welche unter Philosoph*innen als der elaborierteste Ansatz sogenannten *ökonomischen* Verdienstes gilt. Anschließend habe ich diesen Ansatz auf die Fragen angewandt, wie eine gesellschaftliche Ordnung beschaffen sein müsste, um Prinzipien ökonomischen Verdienstes zu entsprechen, was dies für die verdienstbasierten Ansprüche von Erblassern und Erben bedeutet, und was hieraus alles in allem (hinsichtlich des Ideals ökonomischen Verdienstes) für den moralischen Status der Erbschaftssteuer folgt.

Ob *Erblasser* verdienstbasierte Ansprüche auf ihr Vermögen geltend machen können, hängt von verschiedenen theoretischen Vorannahmen ab; insbesondere davon, i) ob es Gründe gibt, die Interessen bzw. Rechte von Toten zu achten (siehe Kapitel 2), ii) ob auch die Fähigkeit, sein Vermögen nach dem Tod an andere weiterzugeben, verdient sein kann und iii) ob das jeweils am Markt verdiente Vermögen (oder zumindest ein Teil davon) auch in normativer Hinsicht verdient ist. Was die Seite der *Erben* betrifft, so komme ich zu dem überraschenden Ergebnis, dass – anders als Befürworter*innen der Erbschaftssteuer oft behaupten – nicht auszuschließen ist, dass Erben ihr Erbe (bzw. ein Teil ihres Erbes) verdienen.

Für Verteidiger*innen der egalitären Erbschaftssteuer ist dies jedoch kein Grund zur Beunruhigung, denn – wie ich weiter argumentiert habe – lenkt der Fokus auf die Ansprüche von Erblassern und Erben ohnehin vom Wesentlichen ab. Aus Verdienstperspektive spielen nämlich nicht nur die Ansprüche der Erblasser und Erben eine Rolle, sondern auch die Verdienstansprüche *aller anderen Gesellschaftsmitglieder.* Diese sind mit den Verdienstansprüchen der Erblasser und Erben abzuwägen. Schließlich ist danach zu fragen, welches institutionelle Arrangement eine (aus Verdienstgesichtspunkten) alles in allem wünschenswerte Verteilung herbeiführt und ob die Erbschaftssteuer Teil dieses Arrangements ist (bzw. im Rahmen einer komparativen Strategie: Ob die Einführung einer egalitären Erbschaftssteuer zu einer verdienstgerechteren Verteilung beiträgt als der status quo ohne Erbschaftssteuer).

Anders als Miller bin ich zu dem Schluss gekommen, dass ein „freier" (weitgehend unregulierter) Markt nicht einmal annähernd dafür sorgt, dass Menschen erhalten, was sie (entsprechend des Ideals ökonomischen Verdienstes) normativ verdienen. Zur Stützung der These, dass Markteinkommen normativ verdient sind, wird häufig auf die (positive) ökonomische Theorie der Grenznutzenproduktivität zurückgegriffen, der eine normative Wendung gegeben wird. Dies geschieht dadurch, dass der rein technische Begriff des „Beitrages" (in der positiven Theorie der Grenznutzenproduktivität) als normativ relevanter Beitrag gedeutet wird. Diese Gleichsetzung ist jedoch – aus moralischer Sicht – völlig unmotiviert und wird unserem intuitiven Verständnis davon, was es heißt einen Beitrag zu leisten, in keiner Weise gerecht. Darüber hinaus habe ich im zweiten Teil des Kapitels dafür argumentiert, dass Millers Theorie in entscheidender Hinsicht unvollständig ist, da sie i) die „Arbeitgeber-Seite" ausspart, ii) nicht-marktförmige Arbeit ausblendet sowie iii) die Rolle von Chancengleichheit im Rahmen einer Verdienstkonzeption unberührt lässt. Die Berücksichtigung dieser drei theoretischen Aspekte gibt uns ergänzende Gründe, die dafür sprechen, eine tendenziell egalitäre Umverteilung (mittels Erbschaftssteuer) auf Basis des Verdienstideals vorzunehmen.

Neben fundamentalen Eigentumsrechten und Verdiensterwägungen wird regelmäßig auf „die Familie" Bezug genommen, um gegen die Erbschaftssteuer zu argumentieren. In Kapitel 5 habe ich daher fünf verschiedene „familienbasierte" Einwände *gegen* die Erbschaftssteuer unterschieden, welche in der Fachliteratur häufig nicht hinreichend differenziert werden, und ich habe jeden dieser Einwände zurückgewiesen. Der erste Einwand lautet, die Erhebung einer egalitären Erbschaftssteuer verstoße gegen das moralische *Eigentumsrecht der Familie*. Da bisher keine ausgearbeitete Theorie moralischen Familieneigentums vorliegt, habe ich zunächst drei Herausforderungen besprochen, denen sich Vertreter*innen einer solchen Theorie gegenübersehen. Diese betreffen die Definition von ‚Familie', die Genese des Rechts sowie dessen kollektive Entscheidungsstruktur. Sollte sich eine überzeugende Theorie von Familieneigentum entwickeln lassen und konzeptualisiert man das Eigentumsrecht als ebenso umfangreich und stark wie das individuelle Eigentumsrecht in Kapitel 3, so würde dessen Existenz in der Tat (konklusiv) gegen eine egalitäre Erbschaftssteuer sprechen – und zwar aus denselben Gründen, aus denen auch die individuellen (libertären) Eigentumsrechte gegen die Steuer sprechen. Ebenso wie im Falle individueller (libertärer) Eigentumsrechte scheint es aber wenig plausibel, die Rechte derart umfangreich und stark zu verstehen, weshalb ich auch hier dafür plädiert habe, die Existenz des Rechtes als solchem abzulehnen. Zuletzt habe ich aufgezeigt, dass Gegner*innen der Erbschaftssteuer mit einem Rekurs auf Familieneigentum nur wenig gewinnen, da individuelle Eigentumsrechte die gleiche argumentative Funktion erfüllen können.

Der zweite Einwand besagt, dass sich die Erbschaftssteuer negativ auf den *Wert von Familienbeziehungen* auswirkt. Erbschaften stellten einen Akt des liebevollen Gebens dar und seien damit konstitutiv für wertvolle Beziehungen zwischen Eltern und ihren Kindern. Ich habe dafür argumentiert, dass Erbschaften nur selten zum Wert von Familienbeziehungen beitragen, da sie in den meisten Fällen entweder nicht aus altruistischen Motiven geschehen oder der Aspekt des Schenkens (als solcher) die Eltern-Kind-Beziehung bereits in „hinreichendem Maße" konstituiert und daher nicht mehr zur Erhöhung ihres Wertes beiträgt. Außerdem können Erbschaften, wenn sie (von den Eltern) als Machtinstrument genutzt werden, oder zu einem Wettbewerb zwischen den Kindern führen, Familienbeziehungen sowohl zwischen Eltern und Kindern als auch zwischen den Nachkommen verschlechtern.

Schließlich ist auch zu berücksichtigen, dass sich die Umverteilung durch eine Erbschaftssteuer positiv auf die Familienbeziehungen der schlechtestgestellten Gesellschaftsmitglieder auswirken dürfte.

Der dritte „familienbasierte" Einwand gegen die Erbschaftssteuer lautet, jene behindere das Nachkommen *assoziativer Verpflichtungen zwischen Familienmitgliedern*. Familienmitglieder stünden in besonderen Beziehungen zueinander, die akteur-relative Verpflichtungen zwischen ihnen erzeugen. Die Weitergabe einer Erbschaft sei nötig, um diesen assoziativen Verpflichtungen in vollem Umfang nachzukommen. Hier habe ich dafür argumentiert, dass zum einen unklar bleibt, wie und warum sich das Vorliegen besonderer Verpflichtungen zwischen Familienmitgliedern in moralischen Pflichten auf Seiten des Staates niederschlägt, der ja selbst *nicht* in den besagten Beziehungen steht. Zum anderen scheinen die assoziativen Verpflichtungen in dem Moment ihren Inhalt zu verändern, in dem der Staat tatsächlich eine Erbschaftssteuer erhebt. Dann nämlich können Familienmitglieder diejenigen Handlungen nicht mehr ausführen, die auszuführen – bei Abwesenheit der Erbschaftssteuer – von ihnen gefordert gewesen wäre. Hiermit aber entfallen zugleich die entsprechenden Verpflichtungen.

Der vierte Einwand sieht in der Erhebung einer Erbschaftssteuer einen Eingriff in „*die private Sphäre*", zu der die Familie zweifellos gehöre und aus welcher der Staat sich herauszuhalten habe. Ich habe mehrere Bedeutungen von ‚private Sphäre' und von ‚Familie' unterschieden und das Argument so wohlwollend wie möglich rekonstruiert. Dabei zeigte sich, dass die Wahrheit aller Prämissen nur auf Kosten einer Äquivokation des Familienbegriffes zu haben ist. Versteht man ‚Familie' in einem weiten Sinne, sodass alle Beziehungen zwischen Familienmitgliedern als Familienbeziehungen gelten, so wäre die Erbschaftssteuer ein Eingriff in die Familie, letztere fiele aber nicht in die private Sphäre. Versteht man ‚Familie' hingegen in einem engen Sinne, nämlich als eine Unterklasse intimer Beziehungen zwischen Familienmitgliedern, so fiele die Familie zwar (logisch zwingend) in die private Sphäre, die Erbschaftssteuer wäre aber nicht als Eingriff in die Familie zu werten. Löst man die Doppeldeutigkeit im Familienbegriff auf, so verliert das Argument seine Gültigkeit.

Der fünfte und letzte „familienbasierte" Einwand verweist auf den *instrumentellen Nutzen*, den die Praxis des innerfamiliären Vermögentransfers für die daran Beteiligten (insbesondere für die Erben) und die gesellschaftliche Wohlfahrt insgesamt habe. Diese Praxis trage nicht nur zu einer ökonomischen Absicherung der Nachkommen in Zeiten der Not bei, sie gewährleiste zudem die generationsübergreifende Fortführung von Familienunternehmen und wirke sich dadurch positiv auf die Wirtschaftsleistung aus. Ferner ermögliche sie die Weitergabe von Gütern, welche einen ganz persönlichen, „identitätsstiftenden" Wert für die Nachkommen von Erblassern haben. Tatsächlich sprechen diese instrumentellen

Erwägungen zu einem gewissen Grad für die Ermöglichung innerfamiliären Vermögentransfers. Gleichzeitig scheint keiner der genannten Punkte gegen die Erbschaftsteuer per se zu sprechen. Der Funktion ökonomischer Absicherung kann durch einen Freibetrag für besonders bedürftige Erben Rechnung getragen werden. Die wirtschaftliche Funktion von Familienunternehmen kann durch verschiedene Ausnahmeregelungen sichergestellt werden; ebenso die Weitergabe identitätsstiftender Güter. Als Argumente gegen die Erbschaftssteuer als solche kann daher keines der fünf „familienbasierten" Argumente überzeugen.

Ich habe die Arbeit mit einem egalitaristischen ökumenischen pro tanto Argument für die Erbschaftssteuer begonnen. Im Zuge dessen wurde ein *überlappender Konsens* zwischen vier verschiedenen egalitären Idealen aufgezeigt. Es wurde also demonstriert, dass Vertreter*innen unterschiedlicher egalitärer Positionen (die eines der vier Prinzipien oder beliebige Kombinationen dieser Prinzipien) vertreten, sich – trotz voneinander abweichender Wertvorstellungen – auf eine egalitäre Erbschaftssteuer einigen können. Im Verlauf der Arbeit habe ich dann die wichtigsten Argumente gegen die Erbschaftssteuer (die auf anderen, nicht-egalitären Prinzipien beruhen) zum Anlass genommen, um weitere normative Ideale wie libertäre Eigentumsrechte, ökonomischen Verdienst oder „die Familie" auf ihr Verhältnis zur egalitären Erbschaftssteuer zu untersuchen. Dabei konnte nicht nur gezeigt werden, dass der Großteil aller Argumente, welche auf Grundlage nicht-egalitärer Ideale gegen die Erbschaftssteuer vorgebracht werden, fehlgehen, sondern außerdem, dass die Ideale selbst eine egalitäre Erbschaftssteuer erfordern.

Im Lichte dieser Ergebnisse konnte das egalitaristische ökumenische Argument aus Kapitel 1 um verschiedene (nicht-egalitäre) Prinzipien bzw. Positionen erweitert werden. Es bietet sich an, zum Abschluss der Arbeit einen Überblick über die verschiedenen behandelten Prinzipien zu geben, um zu zeigen, zwischen welchen Positionen eine Schnittmenge hinsichtlich der egalitären Erbschaftssteuer besteht und zwischen welchen nicht. Zugleich erleichtert ein solcher Überblick – wie wir gleich sehen werden – die systematische Beantwortung der zentralen Frage der Arbeit, nämlich ob wir eine Erbschaftssteuer brauchen

Tab. 1: Überblick Argumentation

	Prinzip	Steuer erlaubt	Steuer geboten	Kapitel
1	Chancengleichheit	✓	✓	1
2	Politische Gleichheit	✓	✓	1
3	Soziale Gleichheit	✓	✓	1
4	Leximin	✓	✓	1

Tab. 1: Überblick Argumentation *(Fortsetzung)*

	Prinzip	Steuer erlaubt	Steuer geboten	Kapitel
5	Rechts-Libertarismus	x	x	3
6	Links-Libertarismus	✓	✓	3
7	Verdienstansatz	✓	✓	4
8	Familieneigentum	x	x	5
9	Wert familiärer Beziehungen	✓	✓	5
10	Assoziative familiäre Verpflichtungen	✓	x	5

Die obige Tabelle beinhaltet die wichtigsten der in dieser Arbeit besprochenen Prinzipien.[176] Neben den vier egalitaristischen Prinzipien *erlauben* auch die meisten nicht-egalitaristischen Prinzipien die Einführung einer egalitären Erbschaftssteuer (nämlich alle außer dem Rechts-Libertarismus und dem Eigentumsrecht der Familie). Mit Ausnahme des Prinzips assoziativer Verpflichtungen gilt für alle Prinzipien, die eine egalitäre Erbschaftssteuer erlauben, dass sie die Einführung der egalitären Erbschaftssteuer zudem *erfordern*.

Die zentrale Frage dieser Arbeit wurde zu Beginn wie folgt formuliert: *Sollte es unter gegebenen gesellschaftlichen Umständen eine Erbschaftssteuer geben und falls ja, wie müsste diese beschaffen sein?* Genau besehen handelt es sich bei dieser Frage um zwei Teilfragen. Die erste Teilfrage, ob es unter gegebenen Umständen eine Erbschaftssteuer geben sollte, lässt sich unter Rückgriff auf die obige Tabelle nun leicht beantworten:

---

[176] Einige der Prinzipien bzw. Positionen, die in dieser Arbeit zur Sprache kamen, tauchen in der Tabelle nicht auf. Bspw. ließe sich das Leximinprinzip noch in Ressourcen-, Präferenz- und „objektive-Güter"-Varianten unterteilen. Das Prinzip vom Familieneigentum könnte mit einem (mehr oder weniger starken) Proviso versehen werden, und auch das Prinzip, welches dem Wert familiärer Beziehungen korrespondiert, könnte man – je nach Verteilungsmuster – in unterschiedliche Varianten aufschlüsseln. Ferner hätte man noch weitere „Familienprinzipien" auflisten können, wie den Schutz der privaten Sphäre oder den Wert identitätsstiftender Güter. Ich möchte es bei der obigen Liste belassen, da i) viele der nicht genannten Prinzipien *unterbestimmt* sind (etwa, weil zum Verteilungsmuster geschwiegen wird), ii) weil es eine nahezu grenzenlose Anzahl an *Variationen* der einzelnen Prinzipien gibt (fast jede Autor*in vertritt ihre ganz eigene Variante) und iii) weil die grundsätzliche Schwierigkeit existiert, Prinzipien zu *individuieren* (handelt es sich bspw. beim Prinzip sozialer oder beim Prinzip politischer Gleichheit um jeweils ein Prinzip oder um ganz viele Prinzipien? – siehe die Besprechung in Kapitel 1).

Unter gegebenen Umständen sollte es eine Erbschaftssteuer geben, und zwar eine egalitäre Erbschaftssteuer. Dies allerdings nur unter der Voraussetzung, dass i) eines der Prinzipien korrekt ist, nach welchen die egalitäre Erbschaftssteuer geboten ist (d.h. Prinzipien 1, 2, 3, 4, 6, 7 oder 9) und ii) keines der Prinzipien korrekt ist, wonach die egalitäre Erbschaftssteuer nicht erlaubt ist (also Prinzipien 5 oder 8).[177]

Entfernt man den Inhalt der Klammern, so entpuppt sich die Antwort als bloße Tautologie: Spricht etwas für x und nichts gegen x, so wäre x zu tun (bzw. dann sollte es x geben). Der Wert dieser Arbeit bestand aber gerade darin, zu zeigen, *welche* Prinzipien potentiell für und welche gegen x (in diesem Fall eine Erbschaftssteuer) sprechen und warum dies so ist. Weder für die Korrektheit noch für die Falschheit eines der oben aufgelisteten Prinzipien wurde in dieser Arbeit argumentiert. Es wurde einzig dafür geworben, die Grundannahmen der rechtslibertären Position (5) und des (ebenfalls libertär inspirierten) Familieneigentumsrechts (8) abzulehnen. Außerdem wurde vorausgesetzt, dass mindestens eines der egalitären Prinzipien (1- 4) korrekt ist (was erklärt, warum es in dieser Arbeit um die Verteidigung einer egalitären und nicht irgendeiner Erbschaftssteuer ging).

Was die zweite Teilfrage betrifft, nämlich wie eine egalitäre Erbschaftssteuer beschaffen sein müsste, so wurden mit Blick auf das instrumentelle Ziel, große ökonomische Ungleichheit zu verringern (welches aus Perspektive der Prinzipien *1, 2, 3, 4, 6, 7 und 9* geteilt wird), einige tentative Vorschläge für ein konkretes Steuermodell gemacht. Zugleich aber kann im Rahmen einer philosophischen Arbeit nicht abschließend und detailliert beantwortet werden, welches konkrete Erbschaftssteuermodell eingeführt werden soll. Hierzu bedarf es nicht nur philosophischer, sondern auch sozialwissenschaftlicher und ökonomischer Analysen – und zwar in einem weit größeren Umfang, als dies in der vorliegenden Arbeit geleistet werden konnte. Insbesondere stellt sich die Frage, wie sich Höhe, Progression, Freibeträge für Familienmitglieder (etc.) auf die Anreize, zu arbeiten und zu sparen – und damit letztlich auf den absoluten Nutzen der schlechtestgestellten Gesellschaftsmitglieder –, auswirken.

Trotz dieser Vorbehalte konnte in dieser Arbeit *prima facie* ein starkes ökumenisches Argument für die egalitäre Erbschaftssteuer vorgebracht werden, welches sich nicht nur auf egalitaristische, sondern außerdem auf viele weitere nor-

---

[177] Streng genommen gilt diese Formulierung nur i) unter der Annahme, dass es keine weiteren, in dieser Arbeit unberücksichtigten, Prinzipien gibt, nach welchen die Erbschaftssteuer geboten ist und solche, nach denen sie nicht erlaubt ist oder ii) wenn man den Inhalt der ersten Klammer um die Klausel „und alle weiteren Prinzipien, wonach die Erbschaftssteuer geboten ist" und den Inhalt der zweiten Klammer um die Klausel „und alle weiteren Prinzipien, wonach die Erbschaftssteuer nicht erlaubt ist" ergänzt.

mative Maßstäbe berufen kann.[178] Lassen sich die empirischen Bedenken ausräumen, so dürfte die These, dass eine egalitäre Erbschaftssteuer (komparativ) geboten ist, Teil eines breiten rationalen gesellschaftlichen Konsenses sein. Ist zudem eines der Prinzipien korrekt, nach welchen die Erbschaftssteuer geboten ist und keines der Prinzipien korrekt, wonach die Erbschaftssteuer nicht erlaubt ist, so wäre die Erbschaftssteuer nicht nur vor einer breiten Öffentlichkeit gerechtfertigt, sondern außerdem („all-addressed-principles-considered") tatsächlich geboten. Da die hier behandelten Prinzipien ein großes Feld der normativen Ethik bzw. politischen Philosophie abdecken, ist es nicht unwahrscheinlich, dass mindestens ein korrektes Prinzip darunter ist. Die generelle Ablehnung der Erbschaftssteuer, also das Ausbleiben eines tatsächlichen Konsenses, scheint vor diesem Hintergrund – sowohl aus subjektiver wie aus objektiver Perspektive – unangebracht. Ich hoffe daher, dass diese Arbeit dazu beiträgt, dass der Erbschaftssteuer wieder die Bedeutung beigemessen wird, die ihr aus normativer Sicht zukommt.

---

178 ‚Prima facie' meint hier, dass ein endgültiges Urteil noch aussteht, weil Unsicherheit über bestimmte empirische sowie normative Fakten vorherrscht. Selbst ein pro tanto Urteil – also die Annahmen, dass die Erbschaftssteuer aufgrund bestimmter Prinzipien pro tanto geboten ist, aber überwogen werden kann – hat, auf Basis der hier vorgelegten Daten und Argumente, nur einen prima facie Status.

Literatur

Albig, Hanne/ Clemens, Marius/Fichtner, Ferdinand/Gebauer, Stefan/Junker, Simon/ Kholodilin, Konstantin 2017: *Zunehmende Ungleichheit verringert langfristig Wachstum. Analyse für Deutschland im Rahmen eines makroökonomischen Strukturmodells*, Berlin: Friedrich Ebert Stiftung.
Alstott, Anne L. 2009: „Family Values, Inheritance Law, and Inheritance Taxation", in: *63 Tax Law Review* 123, 123–138.
Anderson, Elizabeth 1999: „What's the Point of Equality?", in: *Ethics*, Vol.109, No.2, 287–337.
- 2010: *The Imperative of Integration*, Princeton/New Jersey: Princeton University Press.
- 2012: „Equality", in: *The Oxford Handbook of Political Philosophy*, David Estlund (Hrsg.), New York: Oxford University Press, 40–55.
Annis, David B./ Bohanon, Cecil E. 1992: „Desert and Property Rights", in: *The Journal of Value Inquiry* 26, 537–546.
Arneson, Richard 1998: „Real Freedom and Distributive Justice", in: *Freedom in Economics: New Perspectives in Normative Analysis*, Jean-Fracois Lasier, Marc Fleurbaey, Nicolas Gravel & Alain Trannoy (Hrsg.), London/New York: Routledge.
- 2000a: „Egalitarian Justice versus the Right to Privacy?", in: *Social Philosophy and Policy* 17, No.2 (Summer 2000), 91–118.
- 2000b: „Perfectionism and Politics", in: *Ethics*, Vol.111, No.1 (Oct. 2000), 37–63.
- 2002: „Why Justice requires Transfers to offset Income and Wealth Inequalities", in: *Should Differences in Income and Wealth Matter?*, Ellen Frankel Paul, Fred D. Miller Jr. & Jeffrey Paul (Hrsg.), New York: Cambridge University Press.
- 2003: „Special Tie Partiality", in: *The Monist*, Vol.86, No.3, 382–401.
- 2007: „Desert and Equality", in: *Egalitarianism. New Essays on the Nature and Value of Equality*, Nils Holtug & Kasper Lippert Rasmussen (Hrsg.), Oxford: Oxford University Press, 262–293.
- 2011: „Side constraints, Lockean individual rights, and the moral basis of libertarianism", in: Ralf M. Bader (Hrsg.): *The Cambridge Companion to Nozick'sAnarchy, State, and Utopia*, Cambridge: Cambridge University Press, 15–37.
Arrondel, Luc/Masson, André 2013: „Favouring wealth intergenerational mobility by increasing the inheritance tax: putting the case for France", in: *Inherited Wealth, Justice and Equality*, John Cunliffe & Guido Erreygers (Hrsg.), London/New York: Routledge, 119–140.
Ascher, Mark L. 1990: „Curtailing Inherited Wealth", in: *Michigan Law Review*, Vol. 89, No.1, 69–151.
Atkinson, Anthony [2015] 2016: *Ungleichheit. Was wir dagegen tun können*, Stuttgart: Klett-Cotta.
Baker, John 2015: „Conceptions and Dimensions of Social Equality", in: *Social Equality. On What it Means to Be Equals*, Carina Fourie, Fabian Schuppert & Ivo Wallimann-Helmer (Hrsg.), New York: Oxford University Press, 65–86.
Baum Levenbook, Barbara 1984: „Harming someone after his death", *Ethics*, Vol.94, No.3, 407–419.
Beckert, Jens 2004: *Unverdientes Vermögen. Soziologie des Erbrechts*, Frankfurt/ New York: Campus Verlag.
- 2007a: „Neid oder Soziale Gerechtigkeit? Die gesellschaftliche Umkämpftheit der Erbschaftssteuer", in: *Aus Politik und Zeitgeschichte* 67, 23–29.
- 2007b: „Wie viel Erbschaftssteuer?", in: *MPIfG Working Paper*, Köln: Max-Planck-Institut für Gesellschaftsforschung.
- 2013: „Are we still modern?", in: *Inherited Wealth, Justice and Equality*, John Cunliffe & Guido Erreygers (Hrsg.), London/New York: Routledge, 70–80.

Beckert, Jens/ Arndt, Lukas R. 2016: „Unverdientes Vermögen oder illegitimer Eingriff in das Eigentumsrecht? Der öffentliche Diskurs um die Erbschaftssteuer in Deutschland und Österreich", in: *MPIfG Discussion Paper* 16/8, Köln: Max-Planck-Institut für Gesellschaftsforschung.

Bird-Pollan, Jennifer 2013: „Death, Taxes, and Property (Rights): Nozick, Libertarianism, and the Estate Tax", in: *Maine Law Review*, Volume 66, Number 1, 1 – 28.

- 2016: „Why Tax Wealth Transfers?: A Philosophical Analysis", in *Boston College Law Review*, Vol.57, No.3, 859 – 881.

Bödeker, Sebastian 2012: „Soziale Ungleichheit und politische Partizipation in Deutschland", In: *WZBrief Zivil-Egagement*, April 2012.

Bracewell-Milnes, Barry 1997: „The hidden costs of inheritance taxation", in: *Is Inheritance Legitimate?*, Guido Erreygers & Toon Vandevelde (Hrsg.), Berlin: Springer.

Brassington, Ian 2019: „On Rights of Inheritance and Bequest", in: *The Journal of Ethics* 23 (2019), Berlin: Springer, 119 – 142. URL = https://link.springer.com/article/10.1007/s10892-019-09283-5

Bratu, Christine/Dittmeyer, Moritz 2017: *Theorien des Liberalismus. Zur Einführung*, Hamburg: Junius Verlag.

Braun, S. Stewart 2010: „Historical Entitlement and the Practice of Bequest: Is there a Moral Right to Bequest?", in: *Law and Philosophy 29*, 695 – 715.

Brighouse, Harry/ Swift, Adam 2014: *Family Values. The Ethics of Parent-Child Relationships*, Princeton/New Jersey: Princeton University Press.

Brink, David 2003: *Perfectionism and the Common Good*, New York: Oxford University Press.

Brennan, Geoffrey/Buchanan, James M. 1980: „The Power to Tax. Analytical foundations of a fiscal constitution", New York: Cambridge University Press, 60 – 80.

Brennan, Geoffrey 2018: „Striving for the Middle Ground. Taxation, Justice, and the Status of Private Rights, in: *Taxation. Philosophical Perspectives*, Martin O'Neill & Shepley Orr (Hrsg.), Oxford/New York: Oxford University Press,

Broome, John 1991: „Utility", in: Economics and Philosophy, No.7, 1 – 12.

Brunner, Johann K. 2013: „Vermögensbesteuerung: die ökonomische Sicht", in: *Erbschaftssteuer im Kontext*, Helmut P. Gaisbauer, Otto Neumaier, Gottfried Schweiger & Clemens Sedmak (Hrsg.), Wiesbaden: Springer, 143 – 162.

Buchanan, Allen 1985: *Ethics, Efficiency and the Market*, New Jersey: Rowman & Littlefield.

Callahan, Joan C. 1987: „On harming the dead", *Ethics*, Vol.97, No.2, 341 – 352.

Caney, Simon 2005: *Justice Beyond Borders. A Global Political Theory*, Oxford/New York: Oxford University Press.

Carens, Joseph 1987: „Aliens and Citizens: The Case for Open Borders", in: *The Review of Politics*, Vol.49, No.2, 251 – 273.

Carter, Ian 1999: *A measure of freedom*, New York: Oxford University Press.

Cavanagh, Matt 2002: *Against Equality of Opportunity*, Oxford: Clarendon Press.

Chang, Ha-Joon 2014: *Economics. The User's Guide*, New York: Bloomsbury Press.

Chappell, Richard Yetter [2013] 2015: „Value Receptacles", *Nous*, Vol.49, No.2, 322 – 32.

Christiano, Thomas 2012: „Money in Politics", in: *The Oxford Handbook of Political Philosophy*, David Estlund (Hrsg.), New York: Oxford University Press.

Clayton, Matthew [2012] 2013: „Equal inheritance. An anti-perfectionist view", in: *Inherited Wealth, Justice and Equality*, John Cunliffe & Guido Erreygers (Hrsg.), New York: Routledge, 98 – 118.

Clemente, Frank/Gural, Harry 2014: *Tax Fairness Briefing Booklet, Americans for Tax Fairness*, URL = https://americansfortaxfairness.org/files/Tax-Fairness-Briefing-Booklet.pdf.

Cohen, Gerald A. 2008: *Rescuing Justice and Equality*, Cambridge M.A/London: Harvard University Press.

- 2011: *On the Currency of Egalitarian Justice, and Other Essays in Political Philosophy*, New Jersey: Princeton University Press.
Cremer, Helmuth/Pestieau, Pierre 2013: „The economics of wealth transfer taxation", in: *Inherited Wealth, Justice and Equality*, John Cunliffe & Guido Erreygers (Hrsg.), New York: Routledge, 154–172.
Cunliffe, John/Erreygers, Guido 2013: „Equal inheritance and equal shares: a reconsideration of some nineteenth-century reform proposals", in: *Inherited Wealth, Justice and Equality*, John Cunliffe & Guido Erreygers (Hrsg.), New York: Routledge, 54–69.
Cunliffe, John/Erreygers, Guido/Reeve, Andrew 2013: „The debate about inherited wealth and its taxation. An introductory essay", in: *Inherited Wealth, Justice and Equality*, John Cunliffe & Guido Erreygers (Hrsg.), New York: Routledge, 1–16.
Daniels, Norman 1978: „Merit and Meritocracy", in: *Philosophy & Public Affairs* Vol.7, No.3 (Spring 1978), 206–223.
Dworkin, Ronald 2000, *Sovereign Virtue: The Theory and Practice of Equality*, Cambridge, MA: Harvard University Press.
Duff, David G. 1993: „Taxing inherited wealth: philosophical argument", in: *Canadian Journal of Law and Jurisprudence*, 6(1), 3–62.
Emerton, Patrick/ James, Kathryn 2017: „The Justice of the Tax Base and the Case for Income Tax", in: *Philosophical Foundations of the Tax Law*, Monica Bhandari (Hrsg.), New York: Oxford University Press.
Epstein, Richard 1998: *Principles for a Free Society: Reconciling Invididual Liberty with the Common Good*, New York: Basic Books.
Eurofound 2014: *Social situation of young people in Europe*, Publications Office of the European Union, Luxembourg.
Fabre, Cécile 2001: „The Choice-Based Right to Bequeath", in: *Analysis*, Vol.61, No.1, 60–65.
- 2008: „Posthumous Rights", in: *The Legacy of H.L.A. Hart: Legal, Political, and Moral Philosophy*, Matthew H. Kramer (Hrsg.), New York: Oxford University Press, 235–238.
Feinberg, Joel 1974: „the rights of animals and unborn generations", in: *Philosophy & Environmental Crisis*, Williams T. Blackstone (Hrsg.), Athens: The University of Georgia Press, 43–68.
- [1977] 2014: „harm and self-interest", in: *Rights, Justice, and the Bounds of Justice*, Princeton University Press, 45–68.
- 1987: *harm to others. the moral limits of the criminal law*, New York: Oxford University Press.
Feldman, Fred/Skow, Brad 2015: „Desert", in: *The Stanford Encyclopedia of Philosophy*, Edward N. Zalta (Hrsg.). URL=https://plato.stanford.edu/entries/desert/ (aufgerufen am 03.02.2020).
Feser, Edward 2005: „There is no such thing as an unjust initial aquisition", in: *Social Philosophy & Policy Foundation*, 22 (1), 56–80.
Fourie, Carina/ Schuppert, Fabian/ Wallimann-Helmer, Ivo 2015, „The Nature and Distinctiveness of Social Equality. An Introduction", in: *Social Equality. On What it Means to Be Equals*, Carina Fourie, Fabian Schuppert & Ivo Wallimann-Helmer (Hrsg.), New York: Oxford University Press.
Fourie, Carina 2015: „To Praise and to Scorn: The Problem of Inequalities of Esteem for Social Egalitarianism", in: *Social Equality. On What it Means to Be Equals*, Carina Fourie, Fabian Schuppert & Ivo Wallimann-Helmer (Hrsg.), New York: Oxford University Press.
Fried, Barbara 2004: „Left-Libertarianism: A Review Essay", in *Philosophy and Public Affairs*, Vol.32, No.1 (Winter 2004), 66–92.
Friedman, Milton & Rose Friedman [1980] 1990: *Free to Choose. A Personal Statement*, New York: Harcourt.

Gaisbauer, Helmut P./Neumaier, Otto/Schweiger, Gottfried/Sedmak, Clemens 2013: „Erbschaftssteuer im Fokus. Zur Einleitung", in: *Erbschaftssteuer im Kontext*, Berlin: Springer, 9 – 19.
Gates, William H. Sr./Collins, Chuck 2003: *Wealth and Our Commonwealth*, Boston M.A.: Beacon Press.
Gheaus, Anca 2018: „Personal Relationship Goods", in: *The Stanford Encyclopedia of Philosophy*, Edward N. Zalta (Hrsg.). URL = https://plato.stanford.edu/entries/personal-relationship-goods/ (aufgerufen am 23.09.2020).
Grabka, Markus M./König, Johannes/Schröder Carsten 2020: „Personelle Vermögensverteilung in Deutschland", in: *APuZ, Zeitschrift der Bundeszentrale für Politische Bildung*, 41/2020, 25 – 32.
Halliday, Daniel 2013: „Is inheritance morally distinctive?", in: *Law and Philosophy* 32, Springer, 619 – 644.
- 2018: *The Inheritance of Wealth. Justice, equality, & the right to bequeath*. New York: Oxford University Press.
Hamlin, Alan/Stemplowka, Zofia 2012: „Theory, Ideal Theory and the Theory of Ideals", in: *Political Studies Review*, Vol.10 (2012), 48 – 62.
Haslett, D.W. 1986: „Is Inheritance Justified?", in: *Philosophy & Public Affairs*, Vol.15, No.2, 122 – 155.
- 1997: „Distributive Justice and Inheritance", in: *Is Inheritance Legitimate?*, Guido Erreygers & Toon Vandevelde (Hrsg.), 133 – 155.
Hausman, Daniel/McPherson, Michael/Satz, Debra 2017: *Economic Analysis, Moral Philosophy, and Public Policy*, New York: Cambridge University Press.
Hayek, Friedrich 1978: *Law, Legislation and Liberty Volume 2: The Mirage of Social Justice*, Chicago/London: The University of Chicago Press.
Heath, Joseph 2014: „On the very idea of a just wage", in: *Erasmus Journal for Philosophy and Economics*, Vol.11, No.2 (Autumn 2018), 1 – 33.
Hessel, Stéphane 2010: *Empört Euch!*, Berlin: Ullstein Verlag.
Hohfeld, Wesley Newcomb 1913: „Some Fundamental Legal Conceptions as Applied in Judicial Reasoning", in: *The Yale Law Journal*, Vol.23, No.1, 16 – 59.
Honoré, Anthony Maurice 1961: „Ownership", in: *Oxford Essays in Jurisprudence*, Guest, A.G. (Hrsg.), New York: Oxford University Press, 107 – 147.
Jeske, Diane 1998: „Families, Friends, and Special Obligations", in: *Canadian Journal of Philosophy*, Vol.28, No.4, 527 – 555.
- 2018: „Moral and Legal Obligations to Support the ‚Family'", in: *Philosophical Foundations of Children's and Family Law*, Elizabeth Brake & Lucinda Ferguson (Hrsg.), New York: Oxford University Press.
- [2002] 2019: „Special Obligations", in: *The Stanford Encyclopedia of Philosophy*, Edward N. Zalta (Hrsg.). URL = https://plato.stanford.edu/entries/special-obligations/ (aufgerufen am 14.08.2020).
Jones, Peter [2008] 2016: „Group Rights", in: *The Stanford Encyclopedia of Philosophy*, Edward N. Zalta (Hrsg.). URL = https://plato.stanford.edu/entries/rights-group/ (aufgerufen am 20.09.2020).
Kalven, Harry Jr. 1966: „Privacy in Tort Law. Were Warren and Brandeis Wrong?", in: *Law and Contemporary Problems*, Vol.31, No.2, Privacy (Spring, 1966), 326 – 341.
Kaplow, Louis/Shavell Steven 2002: *Fairness versus Welfare*, Cambridge, MA: Harvard University Press.
Koller, Peter 2013: „Plädoyer für progressive Erbschaftssteuern", in: *Erbschaftssteuer im Kontext*, Helmut P. Gaisbauer, Otto Neumaier, Gottfried Schweiger & Clemens Sedmak (Hrsg.), Salzburg: Springer, 59 – 79.
Kymlicka, Will [1990] 2002: *Politische Philosophie heute: Eine Einführung*, Frankfurt: Campus Verlag.

Lakner, Christoph/Milanovic, Branko 2013: Global Income Distribution. From the Fall of the Berlin Wall to the Great Recession, in: *Policy Research Working Paper* 6719, The World Bank, Development Research Group: Poverty and Inequality Team.
Lamb, Robert 2013: „Inheritance and bequest in Lockean rights theory", in: *Inherited Wealth, Justice and Equality*, John Cunliffe & Guido Erreygers (Hrsg.), New York: Routledge, 40–53.
- 2014: „The Power to Bequeath", in: *Law and Philosophy*, Vol.33, No.5 (Sep. 2014), Berlin: Springer, 629–654.
Lampert T./, Kroll, L.E. 2010: „Armut und Gesundheit", in: *GBE kompakt* 5/2010, Robert Koch-Institut Berlin. URL = https://www.rki.de/gbe-kompakt (Stand: 01.12.2010).
Locke, John [1689] 1960: *Two treatises of Government*, New York: Cambridge University Press.
Lomasky, Loran E. 1987: *Persons, Rights, and the Moral Community.* New York: Oxford University Press.
Lovett, Frank 2010: *A General Theory of Domination and Justice*, New York: Oxford University Press.
Mack, Eric 2011: „Nozickian Arguments for the More than Minimal State", in: *The Cambridge Companion to Nozick's Anarchy, State, and Utopia*, Ralf M. Bader (Hrsg.) Cambridge: Cambridge University Press, 89–115.
- 2018: *Libertarianism*, Cambridge: Polity Press.
Mackie, John L. 1977: *Ethics: Inventing Right and Wrong*, Harmondsworth: Penguin.
MacKinnon, Catharine 1989: *Toward a Feminist Theory of the State*, Cambridge, MA: Harvard University Press.
Mankiw, N. Gregory 2013: „Defending the One Percent", in *Journal of Economic Perspectives* 27 (3), 21–34.
Mason, Andrew 2003: „Meritocracy, Desert, and the Moral Force of Intuitions", in: *Forms of Justice. Critical Perspectives on David Miller's Political Philosophy*, Daniel A.Bell & Avner de-Shalit (Hrsg.), Lanham, Maryland: Rowman & Littlefield.
- 2006: *Levelling the Playing Field. The Idea of Equal Opportunity and its Place in Egalitarian Thought*, New York: Oxford University Press.
McCaffrey, Edward J. 1999: „Grave Robbers. The Moral Case against the Death Tax", in: *Cato Institute Policy Analysis*, No.353, 1–20.
McCardle, Megan 2011: „Why Do We Allow Inheritance at All?", in: *The Atlantic*, 6. Juni 2011. URL = https://www.theatlantic.com/business/archive/2011/06/why-do-we-allow-inheritance-at-all/240004/.
Miklosi, Zoltan 2018: „Varieties of Relational Egalitarianism", in: *Oxford Studies in Political Philosophy Volume 4*, David Sobel, Peter Vallentyne & Steven Wall (Hrsg.), New York: Oxford University Press, 110–138.
Miller, David [1976] 2002: *Social Justice*, Oxford: Claredon Press.
- 1999: „Grundsätze sozialer Gerechtigkeit", in: *Theorie und Gesellschaft Band 58*, Axel Honneth, Hans Joas, Claus Offe und Peter Wagner (Hrsg.), Frankfurt/ New York: Campus Verlag.
Moriarty, Jeffrey 2018: „Desert-based Justice", in *The Oxford Handbook of Distributive Justice*, Serena Olsaretti (Hrsg.), New York: Oxford University Press, 152–174.
Mulligan, Thomas 2017: „What's Wrong with Libertarianism: A Meritocratic Diagnosis", in: Jason Brennan, David Schmidtz & Bas van der Vossen (Hrsg.), *The Routledge Handbook of Libertarianism*, New York: Routledge, 77–91.
- 2018: *Justice and the Meritocratic State*, New York: Routledge.
Nagel, Thomas 1975: „Libertarianism without Foundations", in *Yale Law Journal* Vol.85, No.1, 136–149.
- 2009: „Liberal democracy and hereditary inequality", in: *Tax Law Review* 63(1), 113–122.
Narveson, Jan 2001: *The Libertarian Idea*, Peterborough: Broadview Press.

National Law Center on Homelessness & Poverty 2017: Violations of the Right to Privacy for Persons Experiencing Homelessness in the United States. A Report to the Special Rapporteur on the Right to Privacy. URL = https://nlchp.org/wp-content/uploads/2018/10/Special-Rapporteur-Right-to-Privacy.pdf (aufgerufen am 02.08.2020).
Nozick, Robert [1974] 2013: *Anarchy, State, And Utopia*. New York: Basic Books.
- 1989: *The Examined Life*, New York: Simon & Schuster.
- [1989] 2000: „Parents and Children", in *Left-Libertarianism and its Critics. The Contemporary Debate*, Peter Vallentyne & Hillel Steiner (Hrsg.), Hampshire/New York: Palgrave Macmillan, 290–294.
Nussbaum, Martha 1992: „Human Functioning and Social Justice. In Defense of Aristotelian Essentialism", in *Political Theory*, Vol.20, No.2, Mai 1992, 202–246.
Olsaretti, Serena 2003: „Introduction: Debating Desert and Justice", in *Desert and Justice*, Serena Olsaretti (Hrsg.), Oxford: Clarendon Press, 1–24.
- 2004: *Liberty, Desert and the Market*, Cambridge: Cambridge University Press.
Ostry, Jonathan D./Berg, Andrew/Tsangarides, Charalambos G. 2014: Redistribution, Inequality, and Growth, *IMF Staff Discussion Note* February 2014.
Otsuka, Michael 2003: *Libertarianism without inequality*. New York: Oxford University Press.
O'Neill, Martin 2007: „Death and Taxes. Social Justice and the Politics of Inheritance Tax", in: *Renewal*, Vol.15, No.4.
- 2008: „What Should Egalitarians Believe?", in: *Philosophy and Public Affairs* 36, No.2, 119–156.
O'Neill, Martin/Williamson, Thad (Hrsg.) 2012: *Property-Owning Democracy. Rawls and Beyond*, West-Sussex: Willey-Blackwell.
O'Neill, Martin/Orr, Shepley 2018: „Introduction", in: *Taxation. Philosophical Perspectives*, Martin O'Neill & Shepley Orr (Hrsg.), Oxford/New York: Oxford University Press, 1–14.
Parfit, Derek 1984: *Reasons and Persons*, Oxford/New York: Clarendon Press, Oxford University Press.
Partridge, Ernest 1981: „Posthumous Interests and posthumous respect", in: *Ethics*, Vol.91, No.2, 243–264.
Pederson, Jorgen/Boyum, Steinar 2019: „Inheritance and the Family", in: *Journal of Applied Philosophy* Vol.37, No.2, 299–313.
Perez, Nahshon 2014: „Libertarianism, Rectification and Property Rights: A Re-evaluation", in: *Canadian Journal of Law and Jurisprudence* Vol.XXVII, No.1, 123–143.
Perry Fleischer, Miranda 2017: „How is the Opera like a Soup-Kitchen", in: *Philosophical Foundations of Tax Law*, Monica Bhandari (Hrsg.) New York: Oxford University Press, 255–279.
Pettit, Philip 1993: „The contribution of analytical philosophy", in: *A Companion to Contemporary Political Philosophy*, Robert E. Goodin & Philip Pettit (Hrsg.), Oxford/Cambridge: Blackwell, 7–38.
Pfannkuche, Walther 2003: *Wer verdient schon was er verdient?*, Stuttgart: Reclam.
Pigou, A. C. 1932: *The Economics of Welfare*, 4th edition, Hampshire: Macmillan.
Piketty, Thomas [2013] 2014: *Capital in the Twenty-First Century*, Cambridge, MA: Belknap Press of Harvard University Press.
Pitcher, George 1984: „The Misfortunes of the Dead", *American Philosophical Quarterly* Vol.21, No.2, 183–188.
Prabhakar, Rajiv 2013: „Does the financial crisis create opportunities for wealth taxation?", in: *Inherited Wealth, Justice and Equality*, John Cunliffe & Guido Erreygers (Hrsg.), London/New York: Routledge, 141–153.
Rand, Ayn [1961] 1964: „The Objectivist Ethics", in: *The Virtue of Selfishness*, New York: Signet, 13–39.
Rasmussen, Douglas/Den Uyl, Douglas 2005: *Norms of Liberty: A Perfectionist Basis for Non-Perfectionist Politics*, Pennsylvania: Pennsylvania State University Press.

Rawls, John [1971] 2009: *A Theory of Justice*. Cambridge: Harvard University Press.
- 1993: *Political Liberalism*, New York: Columbia University Press.
Raz, Joseph [1986] 1988: *The Morality of Freedom*, New York: Oxford University Press.
Rehbein, Boike et al. 2015: *Reproduktion sozialer Ungleichheit in Deutschland*, Konstanz/ München: UVK Verlagsgesellschaft.
Riley, Jonathan 1989: „Justice under Capitalism", in: *Nomos*, Vol.31 (Markets and Justice), 122 – 162.
Robeyns, Ingrid 2019: „What if anything is wrong with extreme wealth?", in: *Journal of Human Development and Capabilities*, Vol.20, No.3, 251 – 266.
Rodgers, Lamont 2014: „Death, Taxes and Misinterpretations of Robert Nozick: Why Nozickians Can Oppose The Estate Tax", in: *Libertarian Papers*, Vol.7, No.1 (2005), 1 – 18.
Rothbard, Murray N. [1982] 2013: *The Ethics of Liberty*, New York: New York University Press.
Rowlingson, Karen 2008: „Is the Death of Inheritance Tax Inevitable? Lessons from America", *The Political Quartery*, Vol.79, No.2. (April-June 2008), 153 – 161.
Satz, Debra 2012: „Unequal chances: Race, Class and schooling", in: *Theory and Research in Education*, 10(2) (2012), 155 – 170.
Sawhill, Isabel V. 2019: *Capitalism and the Future of Democracy*, Brookings Institution (Tuesday, July 9, 2019). URL = https://www.brookings.edu/wp-content/uploads/2019/07/Sawhill_Capitalism-and-the-Future-of-Democracy-.pdf.
Scanlon, Thomas 2003: „The Diversity of Objections to Inequality", in: *The Difficulty of Tolerance*, Thomas Scanlon (Hrsg.) Cambridge: Cambridge University Press.
- 2018: *Why Does Inequality Matter?*, New York: Oxford University Press.
Schemmel, Christian 2011: „Why Relational Egalitarians Should Care About Distribution", *Social Theory and Practice* 37, 365 – 390.
Schmidt am Busch, Hans-Christoph 2018: „Beruht das Recht zu vererben auf einer Fiktion? Auf dem Weg zu einer philosophischen Theorie des Erbrechts", in *Zeitschrift für Praktische Philosophie* Vol. 5, No.1, 15 – 42. URL = https://doi.org/10.22613/zfpp/5.1.1.
Schmidtz, David 2006: *Elements of Justice*. Cambridge, New York: Cambridge University Press.
Schrader, David E./Winfrey, John C. 1984: „Is there property after death?", in *Human Rights Quarterly*, Vol.6, No.1, 107 – 124.
Schuppert, Fabian 2015: „Being Equals: Analyzing the Nature of Social Egalitarian Relationships", in: *Social Equality. On What it Means to Be Equals*, Carina Fourie, Fabian Schuppert & Ivo Wallimann-Helmer (Hrsg.), New York: Oxford University Press.
Schürz, Martin 2013: „Zu den Rechtfertigungsverhältnissen einer Erbschaftssteuer", in: *Erbschaftssteuer im Kontext*, Helmut P Gaisbauer, Otto Neumaier, Gottfried Schweiger & Clemens Sedmak (Hrsg.), Salzburg: Springer, 207 – 227.
Schweickart, David 2011: *After Capitalism*, Lanham, Maryland: Rowman & Littlefield.
Schweiger, Gottfried 2013: „Erbschaftssteuer, Vermögensungleichheit und die Krise des Wohlfahrtsstaates", in: *Erbschaftssteuer im Kontext*, Berlin: Springer, 4 – 58.
Sen, Amartya 1980: „Equality of What?", in: *The Tanner Lectures on Human Values*, S. Murrin (Hrsg.), Cambridge: Cambridge University Press, 196 – 220.
- 1987: *On Ethics & Economics*, Cambridge: Blackwell Publishers Inc.
Sheffrin, Steven 2013: *Tax Fairness and Folk Justice*, Cambridge: Cambridge University Press.
Shields, Liam 2012: „The Prospects for Sufficientarianism", in: *Utilitas*, Vol.24, No.1, 101 – 107.
Simmel, Georg 1900: *Philosophie des Geldes*, Berlin: Duncker & Humboldt Verlag.
Simmons, John A. 2005: „Consent Theory for Libertarians", in: *Social Philosophy and Policy*, Vol.22, No.1, 330 – 356.

Slote, Michael [2004] 2009: „Two Views of Satisficing", in: *Satisficing Maximizing. Moral Theorists on Practical Reason*, Michael Byron (Hrsg.), New York: Cambridge University Press.

Stark, Jennifer Anna/Kirchler, Erich 2016: „Inheritance tax compliance – earmarking with normative value principles", in: *International Journal of Sociology and Social Policy*, Vol 37, No.7/8 (2017), Bingley: Emerald Publishing Limited, 452 - 467.

Steiner, Hillel 1995: *An Essay on Rights*, Oxford: Blackwell Press.

Stiglitz, Joseph 2019: *Measuring what Counts. The Global Movement for Well-Being*, New York/London: The New Press.

Stock, Laura/Corlyon, Judy/Castellanos Serrano, Cristina/Gieve, Matthew 2014: *Personal Relationships and Poverty. An Evidence and Policy Review*, The Tavistock Institute of Human Relations. URL = https://www.tavinstitute.org/wp-content/uploads/2014/08/Personal-Relationship-and-Poverty-Final-Report.pdf.

Sumner, L.Wayne. 1999: *Welfare, Happiness, and Ethics*, New York: Oxford University Press.

Tabarrok, Alexander 1997. „Equality and the Death Tax", in: *The Free Market* 15, No.9.

- 2005: „Death Taxes: Theory, History, And Ethics", in: *Essays in Political Economy*, Auburn, Alabama: Ludwig von Mises Institute. URL = https://cdn.mises.org/deathtax_4.pdf.

Thompson, Janna 2009: *Intergenerational Justice. Rights and Responsibilities in an Intergenerational Polity*, New York/London: Routledge.

Tomasi, John 2012: *Free Market Fairness*, Princeton, New Jersey: Princeton University Press.

Tomlin, Patrick 2015: „What is the Point of Egalitarian Social Relationsships?", in: *Distributive Justice and Access to Advantage. G.A. Cohen's Egalitarianism*, Cambridge: Cambridge University Press, 151 – 179.

Truger, Achim/Scholz, Birger 2016: „Die Demontage der Erbschaftssteuer", in: *Wirtschaftsdienst*, Vol.96, No.6, Heidelberg: Springer, 378 – 379. URL = http://dx.doi.org/10.1007/s10273-016-1986-0.

Tullock, Gordon 1971: „Inheritance Justified", in: *The Journal of Law & Economics*, Vol.14, No.2 (Oct. 1971), 465 – 474.

Twele, Marcel 2023: What Libertarians (Should) Think About Inheritance Taxation, *Res Publica* 29, 89 – 110.

UN 2020: *World Social Report 2020. Inequality in a Rapidly Changing World*, New York: UN, URL = https://doi.org/10.18356/7f5d0efc-en.

Valentini, Laura/List, Christian 2016: „Freedom as Independence", in: *Ethics*, 126, No.4, 1043 – 1074.

Vallentyne, Peter 2007: „Libertarianism and the State", in: *Social Philosophy and Policy* 24 (1), 187 – 205.

- 2012: „Left-Libertarianism", in: *The Oxford Handbook of Political Philosophy*, David Estlund (Hrsg.), New York: Oxford University Press, 152 – 168.

Vallier, Kevin 2011: „Convergence and Consensus in: Public Reason", in: *Public Affairs Quarterly* 25 (4), 261 – 280.

Van der Vossen, Bas [2002] 2019: „Libertarianism", in: *The Stanford Encyclopedia of Philosophy*, Edward N. Zalta (Hrsg.) URL = https://plato.stanford.edu/entries/libertarianism/ (aufgerufen am 10.10.2020).

Van Parijs, Philippe 1997: „Nothing Wrong With Unearned Wealth? A Comment on Haslett and Bracewell-Milnes", in: *Is Inheritance Legitimate?*, Guido Erreygers & Toon Vandevelde (Hrsg.), Berlin: Springer, 202 – 209.

Vogel, Claudia/Künemund, Harald 2013: „Umverteilung und Reproduktion sozialer Ungleichheit durch Erbschaften und Schenkungen in Deutschland", in: *Erbschaftssteuer im Kontext*, Helmut P. Gaisbauer, Otto Neumaier, Gottfried Schweiger & Clemens Sedmak (Hrsg.), Salzburg: Springer, 185 – 206.

Wendt, Fabian 2009: *Libertäre Politische Philosophie*. Paderborn: mentis Verlag.

- 2017: „Rescuing Public Justification from Public Reason Liberalism", in: *Oxford Studies in Political Philosophy Volume 5*, David Sobel, Peter Vallentyne & Steven Wall (Hrsg.), 39–64.
- 2018: „Three Types of Sufficientarian Libertarianism", in: *Res Publica* 25, 301–318.

White, Stuart 2018: „Moral Objections to Inheritance Tax", in: *Taxation. Philosophical Perspectives*, Martin O'Neill and Shepley Orr (Hrsg,), New York: Oxford University Press, 62–71.

Wiens, David 2015: „Political Ideals and the Feasibility Frontier", in: *Economics & Philosophy* 31 (3), 47–77.

Winter, Steven 2010: „Against posthumous rights", in: *Journal of Applied Philosophy*, Vol.27, No.2, 186–199.

Wright, Erik Olin [2010] 2017: *Reale Utopien. Wege aus dem Kapitalismus*, Berlin: Suhrkamp Verlag.

Wisman, Jon D./Smith, James F. 2011: „Legitimating Inequality. Fooling most of the people all of the time", in: *The American Journal of Economics and Sociology*, Vol.70, No.4 (October 2011), 974–1013.

Wündisch, Joachim 2014: *Towards A Right-Libertarian Welfare State*. Münster: mentis Verlag.

Young, Iris Marion 1990: *Justice and the Politics of Difference*, New Jersey: Princeton University Press.

Personenregister

Alstott, Anne L.   157, 179, 181, 187f., 190f., 193
Anderson, Elizabeth   31, 33–35
Annis, David B.   134
Arndt, Lukas R.   8, 124
Arneson, Richard   40, 54, 88, 123, 139, 142, 166, 168, 175, 181, 183
Arrondel, Luc   179
Ascher, Mark L.   24, 188, 191
Atkinson, Anthony   19, 21f.

Baker, John   34
Baum Levenbook, Barbara   66, 68, 74
Beckert, Jens   7f., 28, 48, 124, 157, 164, 187
Bird-Pollan, Jennifer   20, 58, 93, 96–99, 101–105, 122
Bödeker, Sebastian   30
Bohanon, Cecil E.   134
Bracewell-Milnes, Barry   27
Brassington, Ian   59
Bratu, Christine   3
Braun, Stewart S.   58, 93, 96–99, 122
Brighouse, Harry   24, 32, 160, 181
Brink, David   166, 175
Broome, John   37
Brunner, Johann K.   156
Buchanan, James M.   44f
Buchanan, Allen   8, 60, 129, 146

Callahan, Joan C.   66, 68, 70, 75
Caney, Simon   5
Carens, Joseph   20
Carter, Ian   54
Cavanagh, Matt   152
Chang, Ha-Joon   148, 151
Chappell, Richard Yetter   72
Christiano, Thomas   29
Clayton, Matthew   61, 167
Clemente, Frank   7
Cohen, Gerald A.   13, 86, 99, 133
Collins, Chuck   24, 28f., 55
Cremer, Helmuth   42, 168
Cunliffe, John   19, 24, 27, 42f., 170

Daniels, Norman   132
Den Uyl, Douglas   91
Dittmeyer, Moritz   3
Duff, David G.   19, 21, 28, 42f., 47, 55, 157, 164, 174, 191
Dworkin, Ronald   31

Emerton, Patrick   56
Epstein, Richard   91
Erreygers, Guido   19, 24, 27, 42f., 170

Fabre, Cécile   60, 61, 93
Feinberg, Joel   66, 68, 70f., 73–76, 79
Feldman, Fred   129
Feser, Edward   101, 117
Fourie, Carina   32f.
Fried, Barbara   122, 199
Friedman, Milton   25, 27
Friedman, Rose   25, 27

Gaisbauer, Helmut P.   124
Gates, Williams H. Sr.   24, 28f., 55
Geoffrey, Brennan   44
Gheaus, Anca   172
Grabka, Markus M.   5f., 188
Gural, Harry   7

Halliday, Daniel   19, 28, 31, 52, 54, 88, 140, 157, 176, 191
Hamlin, Alan   15f.
Haslett, D.W.   19, 24, 42f., 47, 49, 52, 135
Hausman, Daniel   133
Hayek, Friedrich   129
Heath, Joseph   125, 147f.
Hessel, Stéphane   4
Hohfeld, Wesley Newcomb   88
Honoré, Anthony Maurice   92, 134

Jeske, Diane   175, 177
Jones, Peter   159f., 163

Kalven, Harry Jr.   180
Kaplow, Louis   39

Kirchler, Erich   52
Koller, Peter   6, 17, 187, 190
Kroll, Lars E.   40
Künemund, Harald   6
Kymlicka, Will   72, 181–183

Lakner, Christoph   6
Lamb, Robert   61, 67, 74, 156, 176
Lamont, Rodgers   115
Lampert, Thomas   40
List, Christian   39, 129, 204
Locke, John   101, 103, 117, 176
Lomasky, Loran E.   92, 170
Lovett, Frank   50 f.

Mack, Eric   41, 88, 107, 113, 123
MacKinnon, Catharine,   184
Mackie, John L.   80
Mankiw, Gregory N   129, 147
Mason, Andrew   125, 132, 134, 146, 153
Masson, André   179
McCaffrey, Edward J.   92
McCardle, Megan   58
Miklosi, Zoltan   31
Milanovic, Branko   6
Miller, David   11, 13, 125–128, 130–134, 143– 149, 151, 153, 200 f.
Moriarty, Jeffrey   124, 128
Mulligan, Thomas   123, 125 f., 128, 130 f., 139, 147, 149 f., 153 f.

Nagel, Thomas   31, 123 f., 156
Narveson, Jan   101, 113, 116 f.
Nozick, Robert   90–92, 94 f., 101, 103 f., 106, 112, 115, 118, 123, 167, 169 f., 172, 198
Nussbaum, Martha   21, 39–41, 166

Olsaretti, Serena   25, 124 f., 127 f., 133 f., 142 f.
O'Neill, Martin   17, 19
Otsuka, Michael   118, 120

Parfit, Derek   166
Partridge, Ernest   66, 68, 70, 73 f., 81
Pederson, Jorgen   157, 170, 173, 191
Perez, Nahshon   116
Perry Fleischer, Miranda   50
Pestieau, Pierre   42, 168

Pettit, Philip   172
Pfannkuche, Walther   126
Piketty, Thomas   6, 19
Pigou, Arthur Cecil   1
Pitcher, George   73
Prabhakar, Rajiv   7 f.

Rand, Ayn   30, 91, 117
Rasmussen, Douglas   91
Rawls, John   13, 21 f., 25, 27, 29, 61, 90, 167
Raz, Joseph   16, 54, 84, 166
Rehbein, Boike   5, 26, 32–34
Riley, Jonathan   150
Robeyns, Ingrid   24
Rothbard, Murray N.   94, 117
Rowlingson, Karen   7 f.

Satz, Debra   26
Sawhill, Isabel V.   124
Scanlon, Thomas   34, 127, 147
Schemmel, Christian   31, 33, 35
Schmidt am Busch, Hans-Christoph   93
Schmidtz, David   91
Schrader, David E.   93
Schuppert, Fabian   33 f.
Schürz, Martin   6 f.
Schweickart, David   17, 147, 150
Schweiger, Gottfried   31, 40, 156
Sen, Amartya   21, 37, 54
Shavell, Steven   39
Sheffrin, Steven   8, 39, 129, 135 f., 147
Shields, Liam   40
Simmel, Georg   42
Simmons, John A.   94
Skow, Brad   129
Slote, Michael   15
Smith, James F.   147 f.
Stark, Jennifer Anna   52
Steinar, Boyum   157
Steiner, Hillel   93, 97, 101, 118
Stemplowka, Zofia   15 f.
Stiglitz, Joseph   4
Stock, Laura   40, 173
Sumner, L. Wayne   133
Swift, Adam   24, 32, 160, 181

Tabarrok, Alexander   27, 92, 124, 191

Thompson, Janna 167
Tomasi, John 41, 113
Tomlin, Patrick 31
Truger, Achim 189
Tullock, Gordon 53
Twele, Marcel 86

Valentini, Laura 50
Vallentyne, Peter 88, 97, 122
Vallier, Kevin 3
Van der Vossen, Bas 88
Van Parijs, Philippe 24
Vogel, Claudia 6

Wendt, Fabian 13, 86, 98, 118
White, Stuart 19, 21f., 168
Wiens, David 17
Winfrey, John C. 93
Winter, Steven 67, 69
Wisman, Jon D. 147f.
Wright, Erik Olin 29
Wündisch, Joachim 111, 114, 118

Young, Iris Marion 31, 34, 172

Sachregister

Anerkennung   27, 30 f., 33 – 35, 42, 50, 68, 104, 158, 162, 168
Armut   38, 40, 47 f., 146, 172 f., 192

Beitrag   5, 11, 16 – 18, 26, 30, 39, 57, 87, 125, 127, 130, 133 f., 136 f., 140, 144 – 152, 154 f., 168 – 170, 173, 179, 188, 191, 200 f.
Besondere Verpflichtungen   3, 12, 14, 49, 157, 174 – 179, 186, 194, 202, 204

Capability Approach   21
Chancengleichheit   2, 9, 19 f., 22 – 28, 34, 48, 57, 91, 131, 149, 152 – 155, 195, 201, 203

Demokratie   4, 16, 29, 50 f., 91, 148, 162

Effizienz   25, 27, 37, 43, 48 f., 53, 55, 57, 88, 91, 125, 132, 157, 189
Egalitäre Erbschaftssteuer   2 – 4, 9, 11, 14, 16 – 20, 45, 52, 59, 85 – 87, 93, 95 f., 103, 106, 112, 117 f., 122 f., 126, 142, 144 f., 149, 155 f., 158 f., 163 – 165, 188, 192, 197 – 201, 203 – 206
Egalitarismus   2 f., 7, 9, 13 f., 16, 18 – 24, 28, 31, 44 – 50, 52 f., 55 – 57, 59, 86, 94 – 100, 102 – 108, 110, 112, 114, 116 – 123, 125, 141 f., 148, 154 f., 158, 162, 164 f., 174, 194 – 199, 201, 203, 205
Eigentum   1, 3, 8, 10, 14, 18, 20, 44 – 46, 57 f., 83, 86 – 92, 95 – 105, 107 – 111, 113 – 116, 121 – 123, 126 f., 138 – 140, 150, 157 – 165, 193, 196 – 199, 201, 203
Erstaneignung   101 – 106, 109, 113 f., 116 – 119, 121, 163, 197 f.
Expensive taste   38, 191

Familie   11 f., 28, 40, 49, 59, 85, 151, 156 – 166, 173, 175, 179 – 190, 193 f., 196, 201 – 204
Familienbeziehung   12, 49, 156, 161, 166 f., 169 – 175, 179 f., 182 – 186, 191, 194, 201 f.
Familienunternehmen   135, 186, 189 f., 202 f.
Freibetrag   7, 46 – 51, 57, 188, 193, 203

Freiheit   31, 38, 46 f., 50 f., 53 – 56, 86, 98 f., 105, 179, 183 f., 195

Gesundheit   26, 39 f., 81, 195
Grenznutzen   147 f., 169, 177, 200

Hausarbeit   151
Hedonismus   39, 60 f., 175

Identitätsstiftende Güter   157, 187, 190 – 193, 203 f.

komparativ   2, 9, 15 – 17, 20, 53, 112, 115, 135, 155, 200, 206
Konsens   3, 15, 94, 167, 203, 206
Konsequentialismus   142 f.
Konstitutionalismus   44

Legitimität   3, 12 f., 15, 91, 94, 108, 123, 156, 165, 172, 174, 176, 198
Levelling down Levelling up   28, 29, 51
Libertarismus   10 f., 86 – 88, 91, 93 – 96, 98, 100, 102 f., 106, 113 f., 118 f., 122 f., 197 f.
Links-Libertarismus   101, 122, 199, 204
Lockesches Proviso   101, 106, 117 – 122

Meritokratie   150, 152 f.
Minimalstaat   88 f., 91, 94 f., 107 – 109, 113 f.

Neoliberalismus   1, 8, 51, 88, 187
Nutzen für die Schlechtestgestellten   9, 19 – 22, 24, 37 f., 41, 43, 48, 50, 112 f., 115, 119, 158, 186, 192 f., 203

Politische Gleichheit   2, 9, 19 f., 22 f., 28 f., 31, 34, 48, 195, 203 f.
Präferenz   37 – 39, 60 f., 81, 145 f., 191 f., 204
Prioritarismus   21, 37, 142, 172
Progression   8, 17, 42, 44, 47 f., 205
Pro tanto vs. All-things-considered   3, 11, 14, 20, 26 f., 33, 41, 54, 56, 67, 80, 86, 88, 99 f.,

Sachregister

110–114, 119 f., 125, 129, 135, 138, 140, 153 f., 157, 167, 174, 177, 191, 193, 196, 203, 206
Public Reason 13

Rechts-Libertarismus 101, 199, 204
Recht, zu vererben 2, 9 f., 12, 16, 29 f., 32, 47, 58, 60, 64, 66, 72, 77, 80, 83 f., 86–88, 90–93, 97 f., 100–105, 107, 110–113, 115, 117 f., 123, 138 f., 141, 154, 157–160, 162 f., 184, 186, 196 f., 199–201
Reflective Equilibrium 123
Relationaler Egalitarismus 21
Republikanismus 51

Schenkungssteuer 7, 17, 47, 52, 58
Sozialer Status 28, 32–35, 48, 50, 51, 55, 57, 145, 195
Sozialismus 17
Sparen 41–43, 48 f., 55, 189, 205
Staatliche Willkür 44, 52
Suffizienz 40

Umverteilung 1, 5, 11, 21, 23 f., 26–31, 35–41, 43 f., 46, 48, 51–53, 55–57, 59, 88, 95, 108, 113, 118, 123, 125 f., 129, 137, 141, 144 f., 148, 154 f., 164, 173 f., 188, 191 f., 194 f., 198 f., 201 f.
Utilitarismus 21, 37, 41, 45, 49, 72, 133, 158, 175
Utopie 17, 146

Verantwortung 27, 34 f., 75, 123, 128, 171, 175
Verdienst 3, 11, 14, 18, 58, 85, 124–137, 139–142, 144, 147, 149, 151 f., 154 f., 193, 200, 203
Vermögenssteuer 6, 9, 16, 20, 53–57
Vertrag 93, 101, 104, 161, 175

Wiedergutmachung 87, 89, 96, 108–117, 119, 121 f., 198
Wohlergehen 54, 60, 61, 67, 82, 118–120, 129, 136, 146, 157, 166 f., 175–177, 188, 191
Wohlfahrt 11, 37, 51, 111, 133 f., 136 f., 140, 145 f., 149, 151 f., 172, 186 f., 202
Wohltätigkeit 47, 50 f.

Zwang 89, 112
Zweckbindung 52, 188, 195